Jon Lee Anderson

GUERILLAS

Jon Lee Anderson

GUERILLAS

Töten für eine bessere Welt

Aus dem Englischen von Dietmar Zimmer

List

List ist ein Verlag der Ullstein Buchverlage GmbH

ISBN 3-471-77043-7

Gesetzt aus der Janson bei alias gmbh, Berlin
Druck und Bindung: Clausen & Bosse, Leck
Printed in Germany

Für Erica, Bella, Rosie und Máximo
mit all meiner Liebe

So wie ich dieses Leben liebe, die Poesie
und die Menschen,
wie kann ich da nicht meine Knochen opfern?

– aus einem Gedicht von Haroldo,
Guerillero aus El Salvador

Inhalt

Einleitung

Wenn die Voraussetzungen stimmen, kann in jeder Gesellschaft eine Guerillabewegung entstehen. Wenn Menschen das Gefühl haben, daß ihnen ihre Regierung auf Dauer ihre bürgerlichen Rechte genommen hat oder sie in ihrem eigenen Land unterdrückt, dann ist es sogar wahrscheinlich, daß es irgendwann zu Gewalt kommt. Menschen greifen aus vielen verschiedenen Gründen zu den Waffen, von Empörung über ökonomische Ungleichheit und soziale Ungerechtigkeit bis zu systematischen Formen der kulturellen, rassischen und politischen Unterdrückung.

Da die meisten Menschen auf der Welt nun einmal von der Besonderheit ihres Stammes, ihrer Kultur oder Nation zutiefst überzeugt sind, ist auch der Impuls, Eindringlinge von außerhalb abzuwehren, eine typisch menschliche Reaktion, und es gibt weniges, was den Geist des Widerstandes leichter auslöst als eine Militärinvasion des eigenen Landes durch eine fremde Macht. Die amerikanische Besatzung des Irak ist wie ein fehlgeschlagenes chemisches Experiment, bei dem man sämtliche notwendigen Zutaten, um einen Aufstand auszulösen, in einen Topf geworfen hat.

Guerillagewalt brach im Irak schon wenige Wochen nach der Einnahme Bagdads durch die amerikanische Armee im April 2003 aus. Als US-Präsident George W. Bush am 1. Mai das »Ende der Feindseligkeiten« verkündete, waren die ersten Schüsse des irakischen Aufstands längst abgefeuert.

Das war wahrscheinlich unvermeidlich. Selbst wenn die Besetzung des Irak unter der Führung von amerikanischen und britischen Truppen gut geplant und organisiert worden wäre, hätte sie niemals die herzliche Zustimmung aller Irakis bekommen. Schon lange vor dem Krieg gab es viele Spekulationen im Irak über die eigentlichen Kriegsziele der Koalition. Viele Iraker glaubten das, wovor sie Saddam Hussein immer wieder gewarnt hatte: daß der Westen die irakische Zivilisation zerstören und sein Öl stehlen wolle. Diese vorherrschende Skepsis verband sich mit anderen Faktoren und bildete die Saat einer irakischen Widerstandsbewegung.

Fast über Nacht wurden waffenstarrende junge amerikanische Soldaten, die kein Wort Arabisch sprachen, zu den neuen Herren im Irak. In Bagdad und überall im Land übernahmen sie Saddams grandiose Paläste und verwandelten sie in Operationsbasen. Tausende Soldaten patrouillierten bald durch die Straßen und besetzten Kontrollpunkte. Als Bagdad fiel und seine öffentlichen Gebäude unter den gleichgültigen Blicken der neu eingetroffenen »Befreiungsarmeen« prompt geplündert und niedergebrannt wurden, löste das bei den meisten Irakis, selbst bei den erbittertsten Saddamgegnern, Zorn und Groll aus. Die Tatsache, daß die Amerikaner das irakische Ölministerium geschützt hatten, nicht aber die Schätze des Nationalmuseums, wurde weithin aufmerksam zur Kenntnis genommen und überzeugte viele, daß die ganze Aktion nur ein Teil eines schändlichen Masterplans zur Auslöschung der irakischen Kultur war. Dann ordnete der von Präsident Bush neu ernannte Statthalter für den Irak, Paul Bremer III., die Auflösung der irakischen Armee an und erklärte die Baath-Partei für illegal, womit er mehrere Millionen Irakis und ihre Angehörigen um alle Zukunftshoffnungen in diesem – jetzt großspurig so bezeichneten – »Neuen Irak« brachte.

Unterdessen strömten Zehntausende zurückkehrende Exiliraker und gutbezahlte ausländische »Vertragspartner« ins Land. Während des ganzen langen, heißen Sommers 2003 blieb Bagdads Elektrizitätsversorgung, die im Krieg beschädigt worden war, größtenteils unrepariert, und große Teile der Stadt hatten über Monate keinen Strom. Die Ölindustrie lief dagegen rasch wieder an, eine Tatsache, die wahrscheinlich ökonomisch sinnvoll war, aber nur den Verdacht zahlreicher Irakis bestätigte, daß es den Amerikanern im Irak in erster Linie ums Öl gehe und die Besatzung tatsächlich nur eine Vergewaltigung ihrer Nation zum Nutzen von Ausländern sei. Die Koalition tat wenig, derartige Bedenken zu zerstreuen, ebensowenig, wie sie sich um das wachsende Entfremdungsgefühl unter der sunnitischen Minderheit im Irak kümmerte, die unter Saddam die herrschende Schicht stellte und jetzt all ihrer Macht beraubt war.

Die ersten Guerillaaktionen gegen die Amerikaner fanden in Falludscha statt, einer sunnitischen Stadt westlich von Bagdad. Zum Ende des Jahres hatte sich der Sunnitenaufstand ausgeweitet; im ganzen Zentral- und Nordirak waren die amerikanischen Truppen in Kämpfe verwickelt, und jeder Tag brachte neue Opfer.

Bei einem Besuch im Irak im Dezember 2003, acht Monate nach dem Sturz Saddam Husseins, traf ich mich mit mehreren sunnitischen Aufständischen in einem Haus am westlichen Stadtrand von Bagdad. Meine Mittelsmänner waren ein irakischer Geschäftsmann und einer seiner Freunde, ein arbeitsloser Ingenieur. Beide waren sehr kritisch den Amerikanern gegenüber eingestellt und hatten mir angeboten, mich mit »dem Widerstand« bekannt zu machen. Das Treffen fand in dem Haus des Ingenieurs statt. Nachdem er mich in sein Wohnzimmer gebeten hatte, verließ der Ingenieur den Raum. Er kam mit drei anderen Irakern zurück. Sie nickten mir kurz zu, aber ansonsten zeigten ihre Gesichter keine Regung.

Ich trat auf sie zu, um sie zu begrüßen. Als wir uns die Hand gaben, lächelten zwei der Männer und schauten mir kurz in die Augen, aber der dritte schien sich unwohl zu fühlen und blickte zur Seite. Er lächelte nicht, und als wir uns hingesetzt hatten, fiel mir auf, daß er mich mit blankem Mißtrauen anschaute. Er war untersetzt, stämmig, wirkte aggressiv und schien Ende dreißig zu sein. Er setzte sich an die Tür. Der erste Mann schien Anfang fünfzig, mit silbernem Haar und einem Schnurrbart, und trug eine Feldjacke über seiner grauen *Didasha*, dem traditionellen bodenlangen Rock. Der dritte Fremde unterschied sich deutlich von den anderen beiden. Er war hellhäutig, groß und jünger, vielleicht Anfang dreißig, und hatte ein teures blaues Hemd mit Perlknöpfen an, das europäisch aussah. Er trug einen hellgrünen Blazer und eine dunkelblaue Freizeithose und fingerte an einem Band mit blauen Gebetsperlen. Mir fiel auf, daß die Schuhe, die er am Eingang ausgezogen hatte, teuer aussehende Wildledermokassins waren.

Wir klärten die Bedingungen für unser Gespräch. Jeder der Männer wählte ein Pseudonym für meine Notizen. Der silberhaarige Besucher wollte »Abu Achmed« genannt werden, der ungehobelt-aggressive »Abu Barwan« und der große mit dem lichten Haar »Abu Abdullah«.

»Warum gibt es überhaupt Widerstand?« fragte ich Abu Achmed.

»Die Amerikaner kamen gewaltsam und als Besatzer hierher, also was denken *Sie* denn? Sie sagen, sie bringen uns Demokratie, aber bis jetzt haben wir noch nichts gesehen von alldem, was sie uns angekündigt haben.«

Der Mann mit dem lichten Haar, Abu Abdullah, unterbrach und meinte, die Irakis bekämpften deshalb die Amerikaner, weil sie nicht an deren angebliche Kriegsziele glaubten. Er lehnte sich vor und sprach mir direkt ins Gesicht: »Ich traue auch Ihnen nicht, mein Freund, denn stellen Sie sich vor, jemand aus Europa oder Mexiko käme in *Ihr* Land mit Waffen, könnten Sie dem dann vertrauen?« Ich schüttelte den Kopf, um, wie ich hoffte, Einverständnis anzudeuten, aber insgeheim war ich zunehmend irritiert über die Wendung, die das Gespräch zu nehmen schien. Nach einer kurzen Pause sprach er weiter: »Aber das heißt nicht, daß wir etwas gegen Sie unternehmen werden. Sie können von Scotland Yard oder der CIA sein, mir egal, wir wollen ja, daß Ihre Länder diese Informationen bekommen.« Er fuhr fort: »Es ist normal, daß im Irak Amerikaner getötet werden, mein Freund. Wenn es nicht so wäre, das wäre unnormal, denn hier ist jeder gegen sie.«

Ich richtete mich an Abu Achmed, den silberhaarigen Mann an der Tür, und fragte: »Kämpfen Sie für Saddam?« (Unser Treffen fand ein paar Wochen, bevor Saddam in seinem Versteck in Tikrit festgenommen wurde, statt.) »Nein«, antwortete er. »Ich bin kein Anhänger der Baath-Partei. Ich war einer von denen, die vor dem Krieg gegen Saddam waren, aber jetzt, bei alldem, was ich von den Amerikanern gesehen habe, könnte ich Saddam Hussein die Hand reichen.«
Ich fragte die Männer nach den amerikanischen Plänen einer Machtübergabe an eine irakische Regierung. Wenn es freie Wahlen gäbe, meinte ich, sei es doch sehr wahrscheinlich, daß die Bevölkerungsmehrheit der Irakis, die aus Schiiten besteht, die neue Regierung bilden würde. Was hielten sie von dieser Möglichkeit? Würden sie dann ihren Aufstand beenden?

Abu Achmed ging auf meine Bemerkung ein, die Irakis seien eher proschiitisch als prosunnitisch. »Das stimmt so nicht. Aber wenn es eine Wahl gibt und die Leute einen Schiiten wählen, dann bin ich damit einverstanden, und auch der Widerstand wird aufhören.«

Jetzt schnalzte der Aggressive, der bisher noch fast nichts gesagt hatte, mit der Zunge und schüttelte energisch den Kopf: »Nein«, meinte er. »Das wäre überhaupt nicht gut, wenn die Schiiten gewinnen würden. Ich glaube, der Widerstand würde weitergehen, gegen die neue Schiitenregierung und gegen die Amerikaner.«

Abu Abdullah pflichtete Abu Barwan bei. »Ich denke, die Amerikaner täuschen sich, wenn sie glauben, daß das die Lösung des Irak-Problems sein wird. Ich glaube, das ist die falsche Lösung, und die Amerikaner ziehen nur immer noch mehr Haß auf sich. Wenn sie den Schiiten die Macht geben, weil sie denken, daß die mehr als die Sunniten sind, wäre das den Sunniten gegenüber unfair. Der Widerstand würde nicht aufhören; er würde sich dann gegen die Schiiten richten und gegen die USA, weil der Widerstand beide ablehnt und keiner der beiden Seiten vertraut.«

»Aber was wäre denn dann eine Lösung?« fragte ich. Abu Abdullah antwortete: »Ich glaube, die Lösung wäre, daß die Amerikaner abziehen, und bevor sie abziehen, sollten sie, um ihr Image bei den Irakis zu verbessern, dem irakischen Volk noch wirklich die Macht übertragen. Aber ich denke, die Leute von der Republikanischen Partei in den USA wollen überhaupt keinen Frieden, sie sind Männer des Krieges, und deshalb weiß ich nicht, ob sie das tun würden ... Ich habe gehört, daß die Demokratie gut sein soll, im Westen, daß sie die Wirtschaft stabilisiert und so. Das habe ich *gehört*, aber ich weiß es nicht. Mir ist es ziemlich egal, was für eine Art Regierung der Irak im Moment hat, solange es überhaupt weitergeht. Hier geht alles drunter und drüber, und ich glaube nicht, daß Amerika weiß, was es hier überhaupt will oder was seine Ziele sind. Das ist meine Meinung, mein Freund.«

Nach einer Pause fügte Abu Abdullah noch hinzu: »Die Amerikaner sind doch jetzt schon dabei, den Krieg zu verlieren. Und ich sage Ihnen, daß sie bald noch viel mehr Verluste haben werden. Früher oder später wird Amerika verlieren.«

Abu Abdullahs Vorhersage könnte sich durchaus als richtig erweisen. Seit April 2004 hatten es die Amerikaner nicht nur mit einem sunnitischen Aufstand, sondern dazu noch mit einer schiitischen Revolte zu tun, einer Bewegung unter der Führung des militanten jungen Geistlichen Moqtada Al Sadr. Allein im April verloren über einhundert amerikanische Soldaten ihr Leben. Ab Mitte Mai, nach den erbärmlichen Enthüllungen über den Mißbrauch irakischer Gefangener im Abu-Ghraib-Gefängnis, hatten die Amerikaner den Großteil ihrer moralischen Autorität verloren, ebenso wie eines der wenigen übrigen Argumente, um doch noch im Irak zu bleiben – daß sie hier seien, um die Herrschaft des Gesetzes und den Respekt der Menschenrechte wiederherzustellen. In Großbritannien und den USA wurden die Stimmen nach einem »Ausstiegsszenario« immer lauter, also Forderungen, die amerikanischen und britischen Truppen so schnell wie möglich aus dem Land abzuziehen. Spätestens zu diesem Zeitpunkt waren auch die meisten Irakis für diesen Abzug.

Als ich vor fast sechzehn Jahren für dieses Buch die Welt der Aufständischen zu erforschen begann, wollte ich verstehen, warum ganz gewöhnliche Leute sich entschließen, in den Krieg zu ziehen, den Entschluß treffen, zu töten und zu sterben für ein Ideal, das zumindest zu Beginn nur in ihren eigenen Köpfen existiert. Der erste Schritt, so erschien es mir zumindest, ist dabei der entscheidende, denn er verlangt das Überschreiten einer unsichtbaren Linie zu einer Art Parallelwelt, in der die Wahrscheinlichkeit zu überleben geringer ist als die zu sterben. Ich hatte das Gefühl, daß es dieses Bewußtsein war, das Guerillakämpfer von uns übrigen trennt. Schon Che Guevara hatte in einem berühmt gewordenen Zitat bewaffnete Revolutionäre als »die höchste Form des Menschen« bezeichnet, und so schienen Guerillas auch mir eine ganz besondere Spezies zu sein.

Im Jahre 1967 sah ich als zehnjähriger Junge auf der Titelseite einer Zeitung das verschwommene Foto von Che Guevara auf seinem Totenbett. Dieses Bild ist ein Klassiker geworden: Ein hagerer, bärtiger Che liegt ohne Hemd auf einer Bahre; sein Oberkörper ist von Kugeln durchsiebt, und um ihn herum stehen, in Uniform, seine Mörder. Ich hatte zuvor noch nie von Che Guevara oder seinem Plan zur Befreiung Amerikas durch einen Guerillakrieg gehört. Durch seinen Tod wurde ich zum ersten Mal darauf aufmerksam, daß es Menschen wie ihn gab, doch von diesem Augenblick an nahm mich das Bild des Rebellen, des Guerillakämpfers, gefangen. Dieses Buch stellt fünf Guerillagruppen vor – die Mudschaheddin in Afghanistan, die Karen in Burma, die Polisario in der Westsahara, die FMLN in El Salvador und eine Gruppe palästinensischer Jugendlicher im Gaza-Streifen –, doch es berichtet auch über eine Lebensweise, die zwar den meisten von uns sehr fremd ist, aber doch auch Eigenheiten aufweist, die universell für die menschliche Existenz sind. Obwohl Guerillagruppen im wesentlichen politische Organisationen sind, schreibe ich doch vor allem über die Menschen, die dort Mitglieder sind, nicht über die Gruppen als solche. Ich betrachte die Guerilla als globales Phänomen, nicht als Regionalerscheinung. Ich untersuche die Guerillabewegungen genauso, wie ich jede andere Gruppe von Menschen untersuchen würde, indem ich ihre gemeinsamen Interessen in den Bereichen Familie, Religion, Wirtschaft, Gesellschaft, Rechtssystem und Mythologie beleuchte und herauszufinden versuche, wie all diese Aspekte sich in ihrem Alltagsleben auswirken. Ich vergleiche die Gemeinsamkeiten und Unterschiede zwischen einzelnen Mitgliedern dieser Armeen, doch in erster Linie habe ich versucht, den reichen Fundus von Geschichten zu erkunden, die alle Guerillas gleichermaßen in Ehren halten. Alles in allem, so hoffe ich, ist ein Porträt davon entstanden, was es heißt, Guerillakämpfer in der heutigen Welt zu sein.

Guerillas, bewaffnete Aufständische und Rebellengruppen sind zu allgegenwärtigen Figuren geworden, die mit ihren Anschlägen unsere Zeitungen und Fernsehbildschirme füllen. Einzelne ihrer Embleme, Slogans und Abkürzungen, die fast wie Maschinengewehrsalven klingen – IRA, PLO, FMLN –, machen fast täglich Schlagzeilen. Ständig finden überall auf der Welt mehrere Dutzend Guerillakriege gleichzeitig statt. Bei einigen handelt es sich um ethnische oder territoriale Konflikte, die durch Waffen und Berater regionaler Mächte ausgelöst wurden, andere ziehen sich seit ihrer Zeit als Stellvertreterkonflikte während des Kalten Krieges hin. Einige Guerillagruppen haben sich im Laufe der Zeit derart etabliert, daß sie in ihren Gebieten schon fast die Rolle einer Regierungsmacht übernommen haben.

In dieser »anderen Welt« ist die Präsenz von Waffen keine Anomalie, sondern sie bestimmt das Dasein. Kinder werden geboren, wachsen auf und werden erzogen im Strudel des Krieges. Guerillas sind Menschen, die in ständiger Abwehr eines Gegners leben, der sie gern besiegen möchte, sie leben nach ihren eigenen Gesetzen und Glaubenssätzen, überliefern ihre eigenen Geschichten und Legenden – und schreiben damit Geschichte. Doch wie gut wir auch manchmal ihre politischen Argumente verstehen, bleiben die Menschen, die dahinterstehen, den meisten von uns doch unerreichbar und nebulös. Sie sind Fremde, die wir nur von Fotos kennen, auf denen sie furchteinflößend mit automatischen Waffen posieren, mit grimmigem Gesichtsausdruck oder getarnt mit einer Maske.

Zu diesem Buch wurde ich angeregt, als ich Journalist wurde und über die Guerillakriege in Mittelamerika berichtete. Den Jahresanfang 1986 verbrachte ich gemeinsam mit FMLN-Guerillas in der salvadorianischen Provinz Morazán. Das von Guerillas beherrschte Morazán lag nur drei Stunden von der Hauptstadt El Salvadors, San Salvador, entfernt, wo ich wohnte, war aber eine andere Welt. Mehrere Tage fuhr ich mit meinem Jeep über steinige Ochsenpfade, immer in Begleitung dieser Guerilleros, deren automatische Waffen bei jedem Schlagloch an die heißen Metallwände des Wagens schlugen. Wo wir auch hinkamen, schienen sie sich an Orte zu erinnern, wo bedeutende Ereignisse stattgefunden hatten, Ereignisse, die in ihren Herzen weiterlebten und sie zu immer weiteren Taten antrieben. Ich fragte mich allmählich, wieviel unbekannte Geschichten und Geschichte diese Menschen noch besäßen. Mir wurde deutlich, dass ich in Morazán zu etwas ganz Bemerkenswertem Zugang erhielt – einer Rebellengesellschaft, die außerhalb der regulären Gesetze ihres Landes lebte. Und es genügte ein Dreh am Globus, um festzustellen, daß dieses Phänomen überall auf der Welt anzutreffen war; große Landstriche standen inzwischen nicht mehr unter der Kontrolle der Regierungen, die dort offiziell herrschten, sondern von politischen Outlaws, welche die wahren Herrscher waren.

Für dieses Buch wollte ich ein so breites Bild von dem Phänomen Guerilla gewinnen wie möglich. Hierzu, das wußte ich, mußte ich Kriegsgebiete in verschiedenen Gebieten der Erde aufsuchen. Weil es jedoch unmöglich war, alle Regionen der Welt abzudecken, konzentrierte ich mich auf eine Handvoll Gruppen, die mir für moderne Guerillabewegungen repräsentativ erschienen. Dennoch erhebe ich keineswegs den Anspruch, daß die von mir ausgewählten Gruppen repräsentativ für alle Guerillas dieser Welt stehen.

Als erstes machte ich mich auf nach Afghanistan. Dorthin hatte ich nicht nur eine Einladung von einer Mudschaheddin-Gruppe, sondern auch die Sowjets hatten ihren Rückzug aus dem Land noch nicht abgeschlossen, und ich wollte die seltene Gelegenheit nutzen, Guerillas im Kampf gegen einen fremden Eroberer zu beobachten. Ich ging nach Kandahar in der südafghanischen Wüste. Danach besuchte ich mit Frontguerillas der Polisario die umstrittenen Gebiete der Westsahara. Das war die am besten »organisierte« all dieser Reisen. Ich hatte erst dann ein Visum in der algerischen Botschaft in London bekommen, nachdem die Polisario meiner Reise zugestimmt hatte, und wurde in Algier von einem ihrer Vertreter am Einreiseschalter des Flughafens in Empfang genommen. Diese Art offener Komplizenschaft zwischen einer Guerillaarmee und einer ausländischen Gastnation ist selten. Anschließend kehrte ich wieder nach Afghanistan zurück, um die erfolglose Belagerung der Stadt Dschalalabad durch die Mudschaheddin mitzuerleben. Ich verbrachte einige Monate in der pakistanischen Grenzstadt Peschawar und ging immer wieder kurz über die Grenze.

Mein drittes Reiseziel war Burma, das heute Birma oder Myanmar heißt. In einem Brief hatte mir ein Exilpolitiker einen herzlichen Empfang zugesichert. Er arbeitete mit den Karen-Guerillas zusammen, die an der Grenze zu Thailand kämpften. Drei Monate lang besuchte ich wiederholt die Stützpunkte der Karen.

Schließlich flog ich nach El Salvador, ein Land, das ich bereits gut kannte und wo mir Freunde den Zugang zur von FMLN-Guerillas »befreiten Zone« in den Bergen von Chalatenango ermöglichten. El Salvador war wichtig für mich, denn meine früheren Erlebnisse dort hatten mich zu diesem Buch inspiriert.

Zuletzt fuhr ich in den von Israel besetzten Gaza-Streifen, ins Flüchtlingslager Breij, wo ich zuvor bereits Freundschaft mit militanten Angehörigen der Jugendbewegung *Shabbab* geschlossen hatte, die dort in die Intifada verwickelt waren. Vielleicht wundert sich der eine oder andere, daß ich die *Shabbab* in einem Buch über Guerillabewegungen aufführe, aber sie sind genau das, was ich unter Guerillas verstehe: Leute, die ihr Leben dafür riskieren, bestimmte Dinge zu verändern, und zwar mit sämtlichen Mitteln, die ihnen zur Verfügung stehen.

Ich habe dieses Buch im Präsens geschrieben, um dem Leser ein Gefühl der unmittelbaren Beteiligung zu vermitteln; die Orte, an denen ich mich aufhielt, sind so beschrieben, wie ich sie damals, während meiner Reisen zwischen Dezember 1988 und Januar 1992, vorfand. Doch Kriege verändern sich, und das gleiche gilt auch für die hier beschriebenen Situationen. Aber letztendlich geht es in diesem Buch nicht um die aktuelle Situation in den spezifischen Kriegsgebieten, die ich besucht habe. Es geht um Guerillas, wie man sie zu jeder Zeit an jedem Ort vorfinden könnte. Vor allem, so hoffe ich, zeigt es die menschliche Seite ihrer Geschichte, die doch nur allzu leicht auch unsere eigene werden könnte.

1

Ursprungsmythen

In alten Zeiten blieben die unerforschten Bereiche der Welt auf den Karten weiß; Kartographen bezeichneten sie mit den Worten *terra incognita* – unbekanntes Land. Oft waren diese Gegenden durchaus bewohnt, nur noch nicht entdeckt von den kolonialen Mächten, und so blieben sie offiziell »unbekannt«.

Später, als diese Bereiche erkundet wurden und nach und nach unter die Herrschaft der wachsenden europäischen Mächte gelangten, wurden die weißen Flecke allmählich gefüllt, und neue koloniale Grenzen ersetzten gewaltsam die alten Stammesgebiete und Königreiche.

Landkarten spiegeln seit jeher das Geschichtsbild der Eroberer; das ist auch heute nicht anders. Auch heute sind die von Guerillas bewohnten Gebiete, jener Menschen, die dort Kriege führen, um ihre eigenen Lebensentwürfe zu verwirklichen, in keinem der modernen Atlanten aufgeführt. Ihre Grenzen, wenn es überhaupt welche gibt, finden sich nur in ihren eigenen militärischen Lageplänen und denen ihrer Feinde. Die fließenden Grenzen auf diesen Karten sind nicht offiziell, oft sogar geheim, und mit Sicherheit ungenau. Und doch spiegeln sie die Realität besser wider als die Karten der offiziellen Nationalstaaten mit ihren Verwaltungsbezirken, Provinzen und Landesgrenzen.

Überall in der Welt gibt es Landschaften, die nur Guerillas und ihre Anhänger wahrnehmen. Für sie sind das Dickicht der Wälder und das Gestrüpp der Wüste, das sie Heimat nennen, mit unendlich vielen dramatischen und denkwürdigen Ereignissen verknüpft, manche grauenhaft, andere großartig und erhaben. Was ist nicht alles geschehen in diesen überwucherten Ruinen, die einst von Menschen bewohnt wurden! Hier gab es einen Kampf. Dort starb ein Guerillaheld ... eine feindliche Kolonne wurde in einen Hinterhalt gelockt ... ein Hubschrauber wurde abgeschossen ... Orte, an denen Massaker stattfanden, erhalten Würde durch ihre Einsamkeit, ihre Stille, die nur durch das Zirpen der Zikaden oder das Rascheln von Vögeln im Blattwerk unterbrochen wird. Schon bald überwuchern Triebe und Ranken den Schutt einstiger Häuser, die Stelle, wo einmal die Kirche die Gläubigen zum Gebet rief. Und dort liegen die Toten, und niemand sieht sie.

Diese Orte vermitteln ein Gefühl von »heiliger Erde«; hier bewegen sich die Guerillas bedächtig und sprechen mit gedämpfter Stimme. Für sie sind diese Orte der schreckliche Beweis für das Wesen des Feindes – und auch eine Erinnerung an den Preis, den Unschuldige zu zahlen hatten für die einfache Tatsache, einfach nur dazusein.

Die Götter und Geister des Krieges, seine Schurken und Helden, seine Augenblicke von Mut, Kühnheit und Niederlage – all diese transzendenten Momente, welche die Geschichte eines Krieges ausmachen – bleiben für den Außenstehenden unsichtbar, aber sie bestehen fort in den Herzen und Köpfen der Guerillas und ihrer Anhänger und sind für sie mit dem Land verbunden.

Irgendwann einmal, falls sie es schaffen, die Macht zu übernehmen, werden sie diesem geisterhaften Pantheon Gedenktafeln und Statuen errichten; an Stellen, wo Blut vergossen wurde, werden Denkmäler stehen, an denen man Gedenkkränze niederlegen und versuchen kann, sich die Ereignisse wieder in Erinnerung zu rufen. Doch heute wird diese lebendige Geschichte erst gemacht, das Blut fließt noch, und die Erinnerung daran muß noch mündlich, in Erzählungen, die immer wieder aufs neue wiederholt werden, an die Jüngeren vermittelt werden. Diese Folklore, diese innere Landschaft des Krieges, wird es auch weiter geben, solange Guerillas überleben, um zu erzählen, was geschah, und um dessen zu gedenken. Und irgendwann werden all diese Geschichten zu Mythen.

Alle Guerillabewegungen haben derartige Ursprungsmythen. Um das Töten zu rechtfertigen, mythologisieren die Menschen die Ursprünge ihrer Konflikte, und im fortschreitenden Krieg auch die Berichte der Ereignisse. Für Guerillakämpfer dient die dabei entstehende Folklore ihrem Bedürfnis, ihre Taten unsterblich zu machen, sicherzustellen, daß ihre eigene Version von Geschichte erzählt wird. Denn sie fürchten, durch ihr Leben als Flüchtlinge für die Welt jenseits der Schlachtfelder, auf denen sie kämpfen und sterben, für immer unsichtbar zu bleiben. Gerade so, wie Menschen sich in den Spiegelungen eines Gewässers selbst betrachten, haben die Guerillas ein Bedürfnis, sich selbst zu sehen, sich selbst ihrer eigenen Existenz in Raum und Zeit zu vergewissern.

Tief in den Weiten der Wüste Sahara hat eine Gruppe von Guerillas einen der ungewöhnlichsten Ursprungsmythen überhaupt geschaffen: Sie erklärten ihr ödes Wildnisrefugium zu nichts weniger als zu einer souveränen Republik und sich selbst zu deren Regierung und Bürgern.

Der Stacheldrahtverhau zieht sich quer über einen Sandwall in einer halben Meile Entfernung. Von einem Scharfschützenposten aus und im heißen Wüstenwind des Vormittags ist er nur als ungleichmäßige weiße Linie vor dem Hintergrund der Dünen zu erkennen. So wie er gleißt und flimmert, könnte dieser Wall ebensogut eine Fata Morgana sein, eine jener silbrigen Wasserflächen, die sich dem Reisenden in der Wüste immer wieder auftun, um dann bei näherem Hinsehen zu verschwinden.

Dies ist die Frontlinie im Krieg um die Westsahara, eine ehemalige spanische Kolonie im Nordwesten von Afrika. Seit fast zwanzig Jahren führen die Angehörigen der Sahraouis einen Guerillakrieg gegen König Hassan II. von Marokko.

Er war es, der diesen fast 2400 Kilometer langen befestigten Wall um zwei Drittel des Gebietes bauen ließ. Dieser Wall, der sich endlos durch die einsame Wüste zieht, hat den Konflikt zu einem der merkwürdigsten auf der Welt gemacht.

Wie der Wall scheint auch der Krieg selbst ständig wie ein Wirbelsturm am Horizont zu dräuen und doch nie recht faßbar zu sein. Vielleicht paßt das ja auch zu einer Wüste ohne jede klar erkennbare Grenze und mit nur wenigen Zeichen menschlicher Besiedlung. Hier die ausgebleichten, einstmals gelben Mauern eines spanischen Kolonialforts; dort ein Nomadenzelt aus zusammengestückelten Tuchbahnen; ansonsten nichts als Sand und Himmel, soweit das Auge reicht. Es gibt keine Bäume außer den kleinen, dornigen *Ejdari*-Gewächsen, deren Rinde sich zum Gerben von Ziegenhäuten eignet, und *Atil*, welche die Nomaden zum Zähneputzen verwenden. Und es gibt keine Straßen mit Ausnahme der Pisten, welche die Jeeps der Guerillas in den Sand gegraben haben. Doch auch diese sind nicht von Dauer; Wind kommt auf, und sie sind verschwunden, gerade so wie die Dünen, die mit den Jahreszeiten und ihren Winden wandern.

Manchmal legt sich der Wind, und die Wüste wird stickig und unerträglich heiß. Dann wieder bläst der Wind heiß und erbarmungslos und verändert die Gestalt der Landschaft. Im Winter, wenn ein feuchter Nebel vom Atlantik das Land einhüllt und die Erde für die Kamel- und Ziegenherden der Nomaden ergrünen läßt, bilden sich Tümpel aus Regenwasser. Diese sind keine Fata Morgana, sondern tatsächlich Teiche, die oft plötzlich in den Niederungen der Wüste entstehen. Sie füllen sich mit sauberem Süßwasser, das man in Ziegenhäute füllt. Doch ein Schirokko, ein heißer Wüstenwind, kann diese Wasserflächen innerhalb von Stunden austrocknen; wo sich morgens noch kleine Wellen kräuselten, ist abends wieder Wüste. Dann ist es doch wieder eine Fata Morgana, die quecksilbrig aus der Ferne blinkt.

Als im Herbst 1975 der spanische Diktator Francisco Franco im Sterben lag, übertrug er, schon halb im Delirium, seine phosphatreiche Kolonie Spanisch-Sahara an Marokko und Mauretanien und machte damit die Hoffnung der Sahraouis auf einen unabhängigen Nationalstaat zunichte. Der spanische Rückzug wurde von König Hassan II. von Marokko mit einer Machtdemonstration erwidert, der mit dem sogenannten »grünen Marsch« 350 000 seiner Untertanen in das Gebiet einmarschieren ließ – ein gigantischer Propagandafeldzug, mit dem angeblich das marokkanische Volk spontan Teile eines früheren »großmarokkanischen Reiches« zurückeroberte. Tatsächlich diente die Aktion zur Verschleierung der gleichzeitig stattfindenden militärischen Annexion des Gebiets, denn Hassan setzte zugleich Heerestruppen in Marsch, um Schlüsselstellungen und wichtige Ortschaften zu besetzen sowie die lokale Opposition mundtot zu machen.

Bei ihrem Einmarsch stieß die marokkanische Armee mit Guerillakämpfern der fliehenden Sahraoui-Unabhängigkeitsbewegung zusammen, der *Frente popular para la liberación de Saguía el-Hamra y Rio de Oro*, kurz *Polisario*. Gegründet 1973 zur Beendigung der spanischen Kolonialherrschaft, operierte die Polisario im Untergrund, während sie ihre Kämpfer im benachbarten Algerien ausbildete. Über die einheimische Bevölkerung übte sie nur wenig Kontrolle aus. Die dort lebende Gruppe der Sahraouis bestand damals aus weniger als 100000 Personen, meist halbnomadische Stammesangehörige oder Händler, die sich in einem der Handvoll sonnendurchglühten Marktflecken niedergelassen hatten. Nun jedoch machte sich die Polisario-Guerilla daran, sich der marokkanischen Expansion entgegenzustellen und einige Siedlungen ihrer Landsleute als Stützpunkte auszubauen.

Doch das mißlang. Nach einigen Monaten des Kampfes, wobei ihnen hier und da eine tapfere Verteidigung gelang, zog sich die Polisario schließlich zurück. Unter heftigem Bombenhagel aus der Luft, der von marokkanischen wie mauretanischen Bodentruppen unterstützt wurde, flüchteten die Guerillas in sichere Basislager jenseits der Grenze im benachbarten Algerien. Ihnen folgten auch zahlreiche Sahraoui-Zivilisten.

Moulay war erst fünfzehn, als sein Vater ihn zwei Jahre älter machte, um ihn bei der Polizeitruppe der spanischen Kolonialverwaltung unterzubringen. Das war eine der wenigen Möglichkeiten für Sahraouis, einen sicheren Arbeitsplatz mit einem verläßlichen Einkommen zu erhalten. Doch die Karriere des Jungen dort dauerte keine drei Jahre, denn kurz nachdem er eingerückt war, erklärten die Spanier ihren baldigen Abzug aus der Kolonie. Als es dann wirklich soweit war, war Moulay ein Nationalist geworden, ein heimliches Mitglied des Polisario-Untergrunds.

»Ich verteilte immer Polisario-Flugblätter, wenn wir unterwegs waren«, erzählt Moulay und kichert. Heute ist er ein stämmiger junger Mann von dreiunddreißig Jahren mit einer Boxernase und lockigem blondem Haar. »Als die Spanier abzogen, ließ ich mich in einem gemieteten Wagen in die Wüste zu den Polisario-Lagern fahren.«

Seit damals ist Moulay oft in seine Heimat zurückgekehrt, aber heimlich, in Kampfeinsätzen für die Polisario. Gegen Ende der 1970er Jahre führten Kämpfer wie Moulay den Krieg der Polisario um das verlorene Land weiter und drangen oft tief in das Gebiet ein, manchmal sogar bis nach Mauretanien und Marokko. 1979 war das verarmte Mauretanien durch die ständigen Polisario-Angriffe so weit geschwächt, daß es die Kriegskosten nicht mehr aufbringen konnte, und verzichtete in einem Friedensabkommen mit der Polisario auf seine Gebietsansprüche. Doch das bislang von Mauretanien besetzte Gebiet wurde rasch von den Marokkanern vereinnahmt und dadurch ein Machtvakuum verhindert. Seitdem pumpt Marokko mit umfangreicher Unterstützung des Westens gigantische Ressourcen in diesen Krieg.

Der marokkanische König blieb keineswegs untätig, wenn es um die weitere Schwächung der Polisario ging. Nach Jahren ständiger Scharmützel und nach ein paar spektakulären Niederlagen seiner Truppen gegen die Guerillas griff Hassan schließlich zu einer der ältesten und ursprünglichsten Kriegstechniken: Er baute einen Wall. Was sollte man auch sonst tun mit den ärgerlichen Nachbarn?

Hassans Wall. Er ist auf seine Art ebenso historisch wie die Große Mauer in China oder der Hadrianswall in Nordengland, denn es handelt sich um eine mehrere hundert Kilometer lange Befestigungsanlage mit enormen Bau- und Unterhaltskosten, die den größten Teil der Westsahara umschließt, um die Polisario draußen zu halten. Dieser Koloß aus festgewalztem Sand und Stein starrt vor modernster Kriegsausrüstung, denn Hassan kaufte nur das Allerneueste an Minen, Artillerie, Radar und elektronischen Sensoren und ließ es entlang der gesamten Länge des Walles installieren. Darüber hinaus wird er rund um die Uhr von nicht weniger als 160 000 Soldaten bewacht – wie eine mittelalterliche Burgbefestigung, von deren Zinnen die Wächter den Horizont nach Feinden des Königreiches absuchen.

Kaum einem Herrscher ist es je gelungen, seine Feinde in eine solch absurde Situation der Ohnmacht zu bringen. Denn mit einer so einfachen Maßnahme hat Hassan die Polisario nicht nur in der Wüste eingesperrt, sondern sie auch von allem abgeschirmt, was sich in der Westsahara überhaupt zu besitzen lohnt: von der Atlantikküste mit ihren Fischereihäfen, den einzigen bewohnten Siedlungen, und den Phosphatminen, der Hauptquelle für den Wohlstand des Landes.

Hinter dem Wall bleibt nur noch ein unfruchtbarer Streifen mit Sand und Geröll, der sich entlang der nicht markierten Grenze zu Algerien und Mauretanien erstreckt. Auf ihn hat Hassan vorerst verzichtet. Leicht absurd bezeichnet die Polisario diesen Sandstreifen als »befreites Gebiet«. Wie Don Quichotes des zwanzigsten Jahrhunderts preschen ihre turbantragenden Kämpfer mit ihren olivgrünen Landrovers durch diesen menschenleeren Streifen mit dem Ziel, sich mit dem Feind Gefechte zu liefern. Doch der Feind ist hier nur ein lebloser und nicht von der Stelle zu bewegender Sandwall. Gelegentlich gelingt ihnen ein Durchbruch, und sie verwickeln die marokkanische Armee in ein blutiges, verlustreiches Scharmützel, doch das sind bedeutungslose Siege in einem Krieg, der nach allem menschlichen Ermessen bereits verloren ist.

Dennoch kämpfen die Guerillas weiter und haben jetzt einen Zermürbungskrieg erklärt. Ihre Hoffnungen liegen in der Annahme, daß König Hassan die gewaltigen Kosten für den Unterhalt des Walles nicht endlos wird zahlen können und irgendwann Verhandlungen mit ihnen aufnehmen wird oder sich gar zurückzieht. Ein anderes optimistisches Szenario besteht darin, daß Hassan durch einen Volksaufstand gestürzt wird. Wie es auch geschieht, so meinen die Guerillas, wenn ihr Tag kommt, werden sie zur Stelle sein, bereit, den Wall zu überrennen und sich als rechtmäßige Besitzer wieder in der Westsahara niederzulassen.

In den Jahren, seitdem Moulay und Zehntausende Sahraoui-Zivilisten zur Polisario in ihren algerischen Lagern gestoßen sind, ist die Zahl der Flüchtlinge auf etwa 170 000 gestiegen. Diese Sahraouis sind keine gewöhnlichen Flüchtlinge, sondern Menschen, die an einen Traum glauben – einen Traum, der von der Polisario genährt wird in diesem Kokon ihres Wüstenexils. Dieser Traum besteht darin, ihre Heimat eines Tages tatsächlich als das zu sehen, als was sie sie bereits erklärt haben: als »Demokratische Arabische Republik Sahara«, kurz »DARS«, ihren eigenen, unabhängigen Staat. Für diesen Tag haben sie bereits eine eigene Staatsflagge, Nationalhymne, einen Premierminister, ein Kabinett und vor allem Staatsbürger – sich selbst, das Volk der Sahraoui.

Die Sahraouis sind eine Mischung verschiedener Berberstämme mit der gemeinsamen Sprache Hassaniyah. Viele haben einen sichtbaren Anteil schwarzafrikanischen Blutes, was zu einer wohlansehnlichen Mischung semitischer und negroider Charakteristika führt. Sahraouis haben hellbraune oder kupferfarbene Haut und dunkelbraune Augen und Haare; einige sind recht groß und behende. Wenige von ihnen haben eine tiefschwarze Hautfarbe, ehemalige Sklaven, die durch eine Erklärung der Polisario nach dem Exodus von 1975 für frei erklärt worden sind. Heute leben die ehemaligen Sklaven und ihre früheren Besitzer gleichberechtigt miteinander und haben sich beide in ihrer jeweils neuen Identität zurechtgefunden.

»Es ist nicht einfach, Leute dazu zu bringen, ihre Wohnungen und Fernsehapparate aufzugeben und zum Kampf in die Wüste zu ziehen, aber genau das haben wir gemacht«, sagt Mahfoud Ali Beiba, ein bärtiger, athletischer Guerillakämpfer und Stellvertreter des Polisario-Präsidenten Mohamed Abdelaziz. »Doch die Polisario ist ja nicht einfach vom Himmel gefallen. Der antikoloniale Kampf unserer Leute reicht ja schon hundert Jahre zurück, aber bisher fehlte es ihm eindeutig an konkreten Zielen. Die Polisario hat dieses innere Vakuum gefüllt, indem sie ein *Land* organisiert hat. Wir begannen, bei den Menschen ein Bewußtsein zu wecken, so daß der Konflikt nicht auf der Ebene von Diskussionen hängenblieb, sondern zu Taten führte, zu einer vollkommenen Überzeugung.«

Während Ali Beiba sich weiter im Salon des Empfangsgebäudes des Lagers Aoussert nahe der algerischen Garnisonsstadt Tindouf mit seinen Besuchern unterhält, steht ein ehemaliger Sklave bereit. Er serviert Kaffee in Porzellantäßchen mit Sahraoui-Emblem. Der Mann mit hohen Wangenknochen und tiefliegenden schwarzblauen Augen betritt immer wieder den Raum, um mit ergebener Ruhe jeden Besucher zu bedienen. Der Guerillaführer trägt eine schmucklose Militäruniform: einfaches Olivgrün, leicht glänzend, wie es die Kubaner tragen. Vielleicht liegt es auch daran, daß er selbst wie ein Kubaner aussieht, wie ein Mulatte. Er macht einen leidgeprüften Eindruck: tiefe dunkle Tränensäcke und die wachen Augen eines Mannes mit großer Verantwortung.

Obwohl erst siebenunddreißig Jahre alt, ist Ali Beiba bereits Mitglied des siebenköpfigen Exekutivkomitees der Polisario; er zählt sogar zu den Gründern der Organisation. Außerdem ist er der Premierminister der Demokratischen Arabischen Republik Sahara und zugleich ihr Justiz- und ihr Innenminister – alles in einer Person.

Ali Beiba wurde für dieses Leben erzogen. Schon als Junge war er mit seiner Familie immer unterwegs; sie zogen von einem Teil der spanischen Kolonie in den nächsten, weil sein Vater, ein Sahraoui-Nationalist, immer auf der Flucht vor den Kolonialbehörden war. »Meine Kindheitserinnerungen bestehen darin, daß meine Familie von Soldaten und Flugzeugen gejagt wurde, und das hat mich offensichtlich geprägt«, meint er.

In den 1960er Jahren, als er älter wurde, beeinflußten ihn die afrikanischen nationalen Befreiungsbewegungen gegen die portugiesische Kolonialherrschaft in Guinea-Bissau, Angola und Mosambik. Näher bei ihm zu Hause hatten gerade die ehemaligen französischen Kolonien Algerien, Marokko und Mauretanien ihre Unabhängigkeit erlangt; insbesondere der harte algerische Unabhängigkeitskrieg wurde zu einem Vorbild für andere Kämpfe gegen den Kolonialismus. Und was besonders wichtig war: Das neue unabhängige Algerien lieferte Waffen, gab Geld und bot Zuflucht für die Sahraouis. Im Jahre 1973 gründeten Ali Beiba und andere junge Sahraoui-Nationalisten die Polisario mit dem Ziel, die Westsahara in die nationalen afrikanischen Befreiungskämpfe mit einzubeziehen. Damals war er gerade zwanzig. Ein Jahr später verließ Ali Beiba die Kolonie, weil ihm die spanischen Behörden auf den Fersen waren. Sein Ziel war Syrien, wo er – er bleibt absichtlich vage – angeblich »allgemeine Verwaltung« studiert hat. Diese Studien wurden durch die marokkanische Invasion seiner Heimat 1975 unterbrochen; Ali Beiba kehrte zurück, um mitzukämpfen. Seitdem wird sein Leben durch den Unabhängigkeitskampf bestimmt. Seine Frau lernte er während des Krieges kennen. Mit ihr hat er zwei Kinder, beide geboren in den Wüstencamps, über welche die Polisario herrscht.

In ihrem Exil in der Wüste haben die Guerillas große Anstrengungen unternommen, um ihren Einfluß auf die Flüchtlinge aufrechtzuerhalten. Zum einen geschieht dies dadurch, daß sie den Sahraouis das Gefühl einer Nation vermitteln. Das beginnt mit der gemeinsamen Lebensweise. So sind beispielsweise alle vier Lager, die sich von Norden nach Süden auf algerischem Gebiet entlang der Grenze zur Westsahara erstrecken, nach den wichtigsten Städten des Westsaharagebiets benannt: Dakhla, El Aaiún, Smara und Aoussert. Zudem sind die meisten Flüchtlinge in Lagern untergebracht, deren Namen denen ihrer Heimatstädte entsprechen. In trotziger Verleugnung ihres Flüchtlingsstatus beziehen sich die Sahraouis immer nur auf den Namen der Stadt, aus der sie stammen, niemals darauf, in welchem der Lager sie leben. Das ist manchmal verwirrend. Wenn etwa Moulay sich jemandem vorstellt, dann erklärt er, seine Familie stamme ursprünglich aus Smara, sei dann aber erst nach El Aaiún und schließlich nach Dakhla umgezogen.

»Wir haben versucht, uns einen Bezugsrahmen zu bewahren, der uns das Gefühl gibt, in unserem eigenen Land zu leben«, meint Ali Beiba. Er erklärt, daß die Lager bewußt weit entfernt von algerischen Siedlungen errichtet wurden, um eine »Assimilierung« zu verhindern, und daß die Verwaltungsstruktur der Lager diejenige des »Mutterlands« widerspiegelt. So wurden die Lager in *Wilyat*, Provinzen, aufgeteilt, und diese wiederum in *Dairat*, Bezirke, die nach Regionen der Westsahara benannt sind. Dies war der erste Verwaltungsschritt der Polisario.

Der zweite Schritt bestand darin, alle Bewohner in Zelten unterzubringen. »Natürlich hätten wir auch Häuser bauen können, wenn wir das gewollt hätten«, meint Ali Beiba. »Aber hier ist nicht unser Zuhause; das ist in der Westsahara, und deshalb haben wir Zelte gebaut, um das Provisorium unseres Exils zu betonen. Und außerdem wurde von Anfang an festgelegt, daß nur Frauen, Kinder und alte Menschen Flüchtlinge sind. Erwachsene Männer sind keine Flüchtlinge. Sie sind Soldaten der Sahraoui und kämpfen im befreiten Gebiet.«

Der Anspruch der Polisario auf nationale Legitimität zwingt sie zu dieser rituellen Verleugnungsübung. Die offizielle Polisario-Politik beharrt darauf, daß ihre Demokratische Arabische Republik Sahara eine Mehrheit des Sahraoui-Volkes repräsentiert und von der befreiten Zone aus regiert. Dies läßt schlicht die Tatsache außer acht, daß mit Ausnahme des Streifens diesseits des Walls, wo vereinzelte Nomaden die Kamel- und Ziegenherden der Revolution hüten, der

Polisario-»Staat« und seine Bürger Flüchtlinge sind, die in Zeltlagern auf algerischem und nicht auf Westsahara-Gebiet leben.

Um diese Ansprüche auf das Land zu unterfüttern – und der Bedeutung der Traditionen zur Bewahrung einer eigenen ethnischen Identität wohl bewußt –, unterstützt die Polisario die Wiederbelebung der traditionellen Sahraoui-Folklore, ihres Kunsthandwerks sowie von Tänzen und Gesang. Das vom »Polisario-Kulturminister« definierte Geschichtsverständnis beruft sich bis zurück in die Jungsteinzeit und führt archäologische Beweisstücke für eine alte Sahraoui-Zivilisation wie Höhlenmalereien, Pfeilspitzen und Grabdenkmäler an. Mahfoud Ali Beiba erklärt, daß das kollektivistische System, das die Polisario aufgebaut hat, ein getreues Abbild traditioneller Sahraoui-Kultur sei – und ein Beweis, daß eine starke nationale und ethnische Identität aufständische Bestrebungen weiter am Leben hält.

Wie Experimentatoren eines utopischen Sozialismus hat die Polisario eine *Schöne Neue Welt* mitten in der Sahara errichtet, über die sie eine unbestrittene und fast vollkommene Kontrolle ausübt. Ihre Revolution ist allwissend und allmächtig, und sie ist auch der Große Bruder, der für alles sorgt. Alles läuft über die Polisario. Lebensmittel, Wasser, Kleidung, Elektrizität, Unterkunft – alles wird von der Polisario kostenlos gestellt. Jedes Lager hat seine Kindertagesstätten, Grundschulen und Jugendtreffpunkte. Es gibt eine »nationale« höhere Schule, und über Kontakte der Polisario mit befreundeten ausländischen Regimes sind Universitätsstipendien verfügbar. Zivilkomitees und Subkomitees mit der Bezeichnung »Volksräte« regeln die meisten Angelegenheiten des Lagerlebens und fungieren als Augen und Ohren für ihre jeweiligen von der Polisario kontrollierten Minister. Nach der »Unabhängigkeit« soll aus ihnen dann die Zivilverwaltung der neuen Regierung werden.

Was vielleicht noch wichtiger ist: Es gibt in den Lagern kein Geld. Die Menschen könnten auch nichts damit anfangen. Sie leben ohne Pässe tausend Meilen von Nirgendwo und sind damit das abhängigste Volk der Welt. Und genau das will die Polisario – jetzt und für die absehbare Zukunft.

»Das Sahraoui-Volk ist noch nicht reif für ein Mehrparteiensystem«, erklärt uns Ali Beiba. »Ich glaube zwar an eine Vielfalt von Ideen, aber nicht an ein sofortiges Mehrparteiensystem, weil ein solches einen weiterentwickelten Bürgersinn erfordern würde, als es bisher der Fall ist.«

Normalerweise sind in den Lagern nur Kinder, Mütter und alte Männer zu sehen. Junge Männer und Frauen sind entweder auswärts und besuchen die »staatliche« höhere Schule, eine Universität im Ausland oder, wenn sie nicht tatsächlich im Fronteinsatz sind, werden in einem der Militärausbildungslager der Polisario trainiert. Wenn die Jüngeren nicht in der Schule sind, versammeln sie sich in Zentren, die nach Polisario-Märtyrern benannt sind, und spielen Tischtennis, malen und zeichnen oder proben für Amateurtheateraufführungen. Kleine Kinder laufen umher, singen und spielen um die Zelte herum Fangen.

Am späten Nachmittag, wenn die Sonne sinkt, versammeln sich die weißhaarigen alten Männer vor ihren Zelten im langsam abkühlenden Sand. Gekleidet in einen weißen oder himmelblauen *Dra*, die Alltagsbekleidung des Sahraoui-Mannes, den Kopf mit einem schwarzen Turban bedeckt, streifen sie ihre Ledersandalen ab, strecken sich aus oder sitzen mit gekreuzten Beinen zum Gespräch und wackeln mit ihren nackten Zehen im Sand.

Eingehüllt in leuchtend bunte Saris und limonengrüne, fuchsienrote und intensiv blaue Baumwollkopftücher sehen die Frauen aus wie tropische Vögel. Sie tragen Sandalen an den Füßen und zeigen den leichten Schritt weidender Gazellen.

Ansonsten spielt sich das Leben innerhalb der großen rechteckigen Feldzelte ab, wobei jedes eine eigene Familie beherbergt. Die Zelte sind wie ein ordentliches Dorf im Sand in Reihen ausgerichtet, wobei ihre spitzen Dächer, geraden Seitenwände und einstmals weißen Baumwollplanen sorgfältig mit Seilen geradegezurrt sind. An einem Ende jedes Zeltes steht eine kleine Kochhütte aus schokoladenbraunen Ziegelsteinen. Wasser wird in Eimern von gemeinschaftlichen Verteilstellen herbeigeschafft.

Während der heißesten Stunden des Tages, wenn kein Wind weht und sich die Hitze in den Zelten staut, werden die Zeltplanen zurückgeklappt, um zumindest für ein wenig Luftzug zu sorgen. Alle dösen vor sich hin oder gehen sehr langsam ihren Aufgaben nach. Nur in der kühlen Abendluft oder nach Sonnenuntergang können die Sahraouis wirklich ihre Arbeit erledigen.

Dieser Krieg ist unsichtbar, mit Ausnahme der Jeeps der uniformierten Kämpfer, die ständig knatternd ins Lager hinein- oder aus ihm hinausfahren und Guerillas zur Front oder von dort zurückbringen. Nirgends sind Waffen zu sehen; wenn die Männer zu Hause sind, zeigen sie sie nicht offen.

Die Sahraouis betrachten sich selbst als Bürger einer souveränen Nation, und in vielerlei Hinsicht sind sie das auch. Schließlich ist auch eine empfundene Realität eine Form von Wirklichkeit. So haben sich auch die Sahraouis – ähnlich wie Neureiche, die den Status alten Geldes erreichen wollen – so manche Insignien nationaler Souveränität in Form einer emblematischen Reihe von Märtyrern, Slogans und Symbolen zugelegt, um so ihre revolutionäre und ethnische Identität auszudrücken. Das stärkste dieser Symbole ist die Nationalflagge, ein roter Stern und ein aufgehender Halbmond auf drei waagerechten Streifen Schwarz, Weiß und Grün, in die von der Seite ein rotes Dreieck ragt. Der Stern und der Halbmond stehen für die Zugehörigkeit ihres Volkes zum Islam, so die Guerillas, während das Rot das Blut ihrer Märtyrer symbolisiert. Grün steht für Hoffnung und Weiß für Frieden. Der obere schwarze Streifen steht für die vergangenen Schrecken der Kolonialzeit, den Krieg und die Entbehrungen der Gegenwart. Nach der Unabhängigkeit soll der schwarze Streifen nach unten versetzt werden, denn dann wird alles Schlechte besiegt sein, und das Weiß des Friedens wird seinen Platz einnehmen.

Diese politische Ikonographie findet sich überall: *Toda la patria o el martirio* (»Das ganze Vaterland oder der Märtyrertod«), verkünden Graffiti überall in den Lagern. Und eingepunzt in die Ohrringe der Frauen, aufgemalt auf Kissen, graviert in Teeservices aus Porzellan: das Sahraoui-Nationalwappen, zwei gekreuzte Gewehre, an deren Läufen jeweils eine Nationalflagge hängt, darüber ein Hammer, und das Ganze gekrönt von einem aufgehenden Mond, einem Stern und eingefaßt von zwei Ölzweigen. Wie bei einem Designerlabel sind die Buchstaben »RASD«, die spanische Abkürzung für den Polisario-Staat, auf die Umhänge der Frauen gedruckt, in dicken Lettern an die Wände gepinselt und sogar in wollene Decken und Teppiche gewoben.

In dieser Atmosphäre können Gespräche frustrierend eintönig verlaufen. Die Sahraouis wiederholen auf jede Frage die immergleichen Parolen wie Mantras, als ob sie dadurch den Zeitpunkt ihrer Befreiung aus dem Exil beschleunigen könnten. Und ihre Sprache ist gespickt mit Begriffen, die sie stets aussprechen, als seien sie Totems, heilige Wörter.

Jedes Gespräch über »die Revolution« führt fast reflexartig zu der Erklärung, daß »das Volk der Sahraoui den Krieg für die Befreiung unseres Heimatlandes gegen die Besatzungsmacht Marokko« führt. Im gleichen Sinn wird der Begriff »Front« bevorzugt für den niemals erwähnten Wall. Schließlich wird auch nie über den Tod geredet, sondern immer nur von Martyrium.

Abba ist ein Kind dieser Nation im Wartestand. Er war kaum zehn Jahre alt, als die Feindseligkeiten begannen. Seine Familie besaß einen kleinen Laden in der Stadt El Aaiún, der spanischen Kolonialhauptstadt auf halbem Wege zwischen der Küste und den Phosphatminen von Bou Craa. Jetzt weht in El Aaiún die marokkanische Flagge, und die Stadt beherbergt marokkanische Soldaten.

Und Abbas Familie hat jetzt keinen Laden mehr, sondern gehört zu den Flüchtlingen. Als Abba dreizehn war, wurde sein Vater als Polisario-Kämpfer getötet und so zu einem »Märtyrer auf dem Feld der Ehre«. Abba war stolz darauf, daß sein Vater auf diese Weise gestorben war. Als er im Flüchtlingslager aufwuchs, wünschte er sich nichts sehnlicher, als in die Fußstapfen seines Vaters zu treten und selbst Soldat der Sahraoui zu werden. Wie alle Jugendlichen der Sahraoui machte auch er nach dem Abschluß der höheren Schule eine militärische Grundausbildung, doch dann wurde er nicht an die Front geschickt, sondern an die Universität in Algier. Als er von dort zurückkehrte, gab ihm die Polisario einen Job in ihrem protokollarischen Dienst.

Heute kümmert sich Abba in bewährter Weise um Gäste der Revolution. Als schlanker Mann von dreiundzwanzig Jahren mit haselnußbraunen Augen und ordentlichem Auftreten führt er Besuchern das Wüstenwunder der Polisario vor und rühmt mit seiner wohltönenden Stimme ihre Stärken. Immer noch wäre er gern bei den Kämpfern. »Denken Sie aber nicht, daß ich mich beklage«, meint Abba. »Nein, nein. Ich bin glücklich, alles zu machen, was die Revolution von mir verlangt, genauso wie alle anderen Sahraouis.«

Allerdings hätte er auch kaum eine andere Wahl. Aufgewachsen in einer Gemeinschaft, deren Existenz auf dem einzigen Ziel der nationalen Befreiung ruht, leben junge Sahraouis wie Abba mit einem einzigartigen Identitätsbewußtsein: Sie sind Sahraouis, aber sie sind zugleich auch die Polisario – beide Identitäten sind praktisch ununterscheidbar. Wie Jugendliche, die in der Werkssiedlung eines Großbetriebs aufwachsen, ist ihr Schicksal bereits vorgezeichnet. Die Revolution ist ihr einziger Arbeitgeber. Und ähnlich wie eine Religion, die das Leben ihrer Anhänger formt, ergreift auch die Revolution nicht nur Besitz von ihrer Vergangenheit, sondern hält auch den Schlüssel für ihre Zukunft parat. Die Menschen sprechen von sich aus nicht mehr über die »Zeit vor« dem Wüstenexil, mit dem einmal ihr neues Leben begann. In diesem Leben ist die Polisario ihr Schöpfer.

»Wir wollen die Vergangenheit vergessen«, sagt Abba während einer Audienz bei Wadha Ibrahim, einem majestätischen islamischen Richter, der in der *Daira* Argab von Dakhla lebt. Das entlegenste der Lager, Dakhla, ist zugleich auch das größte und beherbergt 60 000 Sahraouis auf dem nackten Wüstenboden, umgeben von Dünen, die schwarz und golden in der Sonne leuchten.

Der Richter skizziert uns kurz die Geschichte des Volks der Sahraoui, doch er gibt keine Antwort auf die Frage, von welchem Stamm er selbst kommt. Er schaut hilfesuchend zu Abba, doch der blickt unsicher erst zur Decke, dann auf den Boden des Zeltes. Niemand spricht. Schließlich sagt Abba: »Wir fragen nicht gerne danach, von welchem Stamm wir kommen. Wir wollen die Vergangenheit vergessen.«

Sichtlich erleichtert nickt der Richter nun heftig zustimmend. »Ja, die Stämme teilten das Volk doch nur«, meint er. »Jetzt wollen wir lieber von der Demokratischen Arabischen Republik Sahara reden.« Andere Themen haben die Sahraouis tatsächlich kaum. Die Polisario hat sie aus ihren Häusern geholt, den meisten Privatbesitz kollektiviert, sie ihren Stämmen entfremdet, indem sie den alten Scheichs ihre Autorität nahm, und die Jugend dazu erzogen, das Alte zu verachten. Die Polisario hat sich die Sahraouis nach ihrem eigenen Bilde erschaffen.

Aufgewachsen mit den Schöpfungsmythen der Polisario, betrachtet die junge Generation der Sahraouis eine idealisierte Zukunft als ihr Fluchtziel aus der Wüste, die ihr ganzes Leben bestimmt hat. Ein solches symbolträchtiges Bild der ersehnten Zukunft beherrscht das Innere des Jugendclubs »Märtyrer Said Gaswani Baha« im Lager Aoussert: Ein gewaltiges, schwarz eingefaßtes gelbes Banner bedeckt eine ganze Wand. Große Lettern wie auf dem Filmplakat eines Hollywood-Straßenfegers quer über die obere Hälfte verkünden *»Toda la patria o el martírio«*, und darunter prangt eine Karte der Westsahara über einem riesigen Sonnenuntergang, dessen Strahlen bis zu den Rändern der Landkarte und dem Slogan am Himmel reichen. Im Vordergrund erstreckt sich eine Saharalandschaft mit Sanddünen. Links bewegt sich eine Reihe von Kamelen, Ziegen und Kindern auf die Sonne zu. Rechts fährt eine Kolonne von Kampffahrzeugen, vollgepackt mit Kämpfern, die spitzen Silhouetten ihrer Waffen nach oben gerichtet, aufmerksam und kampfbereit. Gemeinsam, sagt das Bild, wird das Volk der Sahraouis auf getrennten Pfaden voranschreiten, um sich dann im Sonnenaufgang des neuen Tages zu vereinen.

»Vielen Dank, daß Sie gekommen sind, und willkommen bei der Revolution!« ruft Muhammed Lamin Sidalli, ein Nomade, der mit seiner Familie in dem »befreiten« Wüstenstreifen lebt. »Kommen Sie herein, setzten Sie sich!«

Der Hirte mit lückenhaftem Gebiß und struppigem grauem Bart in seiner schmutzigen schwarzweiß gestreiften Dschellaba ist offensichtlich Besuch von den Guerillas gewohnt. Während seine Frau rasch Tee zubereitet, übt sich Lamin weiter in rhetorischen Nettigkeiten. Als der Tee fertig ist, bringt Sidallis Frau ihn herein, reicht die Kanne zum Ausschenken an Moulay – eine Geste der Ehrerbietung – und setzt sich zu den Männern.

Lamin lacht, als ich ihn frage, ob er zur Polisario gehört. »Natürlich! Wie alle Sahraouis – wie könnte es bei mir anders sein!« Er lacht wieder über diese seltsame Frage und fügt hinzu: »Die Marokkaner haben mit der Invasion einen Fehler gemacht. Es war falsch und gegen die Gesetze der Scharia. Es war nicht ihr Land.«

Moulay ist interessiert an Lamins ausdrücklichem Bekenntnis zur Revolution und fragt ihn: »Wenn die Polisario irgend etwas von dir braucht, würdest du es dann geben?«

Lamin nickt heftig: »Aber sicher! Alles, was sie wollen, sollen sie haben. Und alles, was wir brauchen, bekommen wir von der Polisario. Egal, was ich für sie tun soll, ich mache es!« Anders als viele andere Sahraouis, die sich für das leichtere Leben in den Lagern entschieden haben, ist Lamin bei dem harten Nomadenleben geblieben. »In der Wüste geht es mir am besten.« Lamin lächelt. »Und ich habe meine Tiere, also bin ich geblieben. Hier im Grenzstreifen gibt es viele Familien wie meine. Wir sind auf den Regen angewiesen, und weil das allen Nomanden so geht, sind wir wie Brüder. Normalerweise ziehen wir alleine mit unseren Familien umher, aber wenn es irgendwo etwas Grün gibt, treffen wir uns alle dort.

Und selbst mit dem Wall leben wir doch genauso wie früher. Wir haben Kamele und Ziegen und ziehen von hier nach da. Es gibt immer noch Regen, und wir bewegen uns immer noch frei in der befreiten Zone. Es gibt immer noch jede Menge Platz zum Umherziehen. Und im Frühling, wenn alles grün ist, finden wir immer noch genug Futter für unsere Tiere.«

Nomaden wie Lamin sind auch für die umherstreifenden Kampfeinheiten der Polisario wertvoll. Sie ziehen frei mit ihren Kamel- und Ziegenherden durch den gesamten Grenzstreifen und können dabei die marokkanischen Stellungen und Truppenbewegungen entlang des Walls ständig beobachten, und die Kämpfer können sich auf sie bei der Suche nach einer Unterkunft, Nahrung und Wasser verlassen. Wenn sie für die Polisario für diesen Zweck nicht zu gebrauchen wären, wären sie auch nicht hier.

An einem anderen Tag nimmt Moulay eine alte stummelzahnige Frau in einem schwarzen Kleid mit dem Auto mit. Sie ist alleine in der Wüste unterwegs, um Feuerholz zu sammeln; ein schmales Bündel davon trägt sie unter dem Arm. Sie scheint vom Anblick von Moulays Jeep etwas überrascht, und kaum sitzt sie im Auto, fängt sie laut an zu klagen, daß ihre Söhne in die Polisario-Lager gegangen seien und sie alleine mit den Kamelen und Ziegen zurückgelassen hätten.

»Ich habe zwar noch einen Sohn bei mir, aber der ist praktisch nutzlos, weil er ständig krank ist«, jammert sie. »Jetzt ist das Land grün, und die Tiere haben Junge. Die einen laufen hierhin und die anderen dorthin, und ich kann sie kaum alleine beisammen halten. Lassen Sie einen von meinen Söhnen wieder zurückkommen und mir helfen!«

Ihr Lamento geht ununterbrochen weiter, bis eine Nomadensiedlung in Sicht kommt. Hier wohnt die alte Frau, und Moulay setzt sie hier ab, mitten in einer Herde blökender Ziegen und bei dem nutzlosen Sohn, doch erst, nachdem sie ihm die Zusage abgerungen hat, ihre Beschwerde an die verlorenen Söhne im Lager weiterzuleiten.

Außer den Nomaden leben keine Menschen im Grenzstreifen; hier herrscht üppige Leere. Wo sich Himmel und Erde treffen, sind die Farben sehr klar: Der Himmel ist sehr blau, die Erde sehr gelb. Das weite, kraftvolle Land mit seinen Hochebenen, Wadis und sinnlichen Sanddünen beherbergt auch rätselhafte Mineralgebilde, die an Menschen erinnern, die in schlafende Statuen verwandelt sind. Die Wüste ist hier zum größten Teil flach, und die Oberfläche ist entweder salzverkrustet weiß oder glänzend schieferschwarz und übersät mit Fossilien und Felsen aus rosafarbenem Sandstein und Quarz. Gelegentlich sieht man Stechginsterbüsche mit trockenen, knorrigen Zweigen und größere Dornbüsche, die Kamele gern fressen. Und überall liegt Ziegendung, wie Rosinen verstreut zwischen den Steinen. Es ist Vorfrühling, und an einigen Stellen haben durch den spärlichen Regen und die feuchten Atlantiknebel des Winters kleine Pflanzen gekeimt. Aus der Ferne scheinen sie das Land mit einem dünnen Grün zu überziehen, aber das ist eine optische Täuschung. Kommt man näher, erkennt man, daß die Pflanzen vereinzelt stehen, eine von der anderen getrennt durch mehrere Meter trockenen Wüstenbodens, während überall schwarze gepanzerte Eidechsen mit unheilvoll orangen Augen und großen gezackten Halskrausen die Eingänge ihrer Höhlen bewachen. Und über allem ziehen Falken ihre Kreise im Wind, auf der Suche nach Beute.

Gelegentlich tauchen Militärlastwagen auf, wirbeln große Staubwolken auf und holpern über den unebenen Boden. Die im Fond zusammengedrängten Männer winken im Vorbeifahren: Kämpfer auf dem Weg zur Front oder auf dem Rückweg von dort. Nur ihre Augen sind unter ihrem Turban und ihrem Gesichtsschleier zu erkennen. Eines Nachmittags hält ein ganzer Trupp neben einem der seltenen Bäche. Sie sind ausgelaugt und schmutzig vom monatelangen Aufenthalt in der Wüste. Jetzt fahren sie auf eine wohlverdiente Erholungspause zu ihren Familien in die Lager zurück, und sie wollen möglichst gut aussehen. Einige rasieren sich am Bachufer und waschen ihre Kleidung; andere putzen ihre Stiefel und schrubben sich die schmutzigen Haare und Füße.

Eines Nachts erzählt Moulay in einem Familienzelt nicht weit entfernt von dem Wall, wie er einmal an einem Einsatz bis tief ins Innere von Marokko teilgenommen hat und fast nicht wieder zurückgekehrt wäre. Beim Sprechen schwenkt er seine großen Fäuste – einer Hand fehlt der Daumen –, um seine Rede zu untermalen.

Die Nomadenfrau legt Klumpen eines aromatischen Harzes auf einen Holzkohlengrill, und bald wird das Zelt wie ein türkisches Dampfbad von duftendem Rauch durchzogen. Als nächstes bringt ihre pummelige Tochter einen getriebenen Zinnkelch und gießt den Männern aromatisiertes Wasser in die aufgehaltenen Hände.

Moulay spicht Hassaniyah mit Brocken von grobem Spanisch, während Abba übersetzt. Er bezeichnet sich selbst und seine Kamaraden als *Matadores*, Killer, aber eigentlich will er damit sagen, daß sie Soldaten waren.

»Es war im April«, beginnt Moulay. »Wir rückten mit zwei Gruppen von *Matadores* nach Marokko vor. Auf unserem Weg begegneten uns alle möglichen Marokkaner; sie hatten Pferde, Panzer und Hubschrauber, und dann begannen wir den Krieg. Es war neun Uhr abends, an einer Stelle zwischen zwei Hügeln. Doch bald waren wir umzingelt, und wir sagten uns: ›Wir müssen hier raus, tot oder lebendig‹, und so sind wir los.

Wir hatten vier Kamele, die wurden alle getötet. Sie hatten unseren Proviant und unser Wasser getragen. Wir liefen weiter. Irgendwann wurden wir dann von den Marokkanern eingeholt. Jemand rief: ›Stehenbleiben!‹ Wir erschossen ihn und liefen weiter. Dann überraschten uns die Marokkaner nochmals an einer Quelle und feuerten auf uns ...«

Abba unterbricht seine Erzählung, bricht in schallendes Gelächter aus und schlägt sich auf die Schenkel. Moulay grinst freudig. Abba wischt sich die Tränen aus den Augen und erklärt, was so lustig ist.

»Als die ersten Schüsse fielen, sprang Moulay in die Quelle, um sich darin zu verstecken, aber da waren schon ein paar Marokkaner drin! Sie flehten ihn an, sie nicht zu töten – was er dann auch nicht tat, aber er nahm ihnen die Waffen weg.«

Moulay fährt fort: »Wir verloren dort aber einen Mann, und so beschlossen wir, uns in Zweier- und Dreiergruppen aufzuteilen, um unsere Chancen zu erhöhen. Es ging weiter. Nichts zu essen, kein Wasser. Wir hatten schon seit drei Tagen nichts mehr gegessen.« Moulay macht eine Pause und trinkt einen Spritzer Ziegenmilch aus einem Lederbeutel, den er dann weitergibt. Er zieht den Kragen seines grauen, wollenen Wintermantels über seine Ohren – die Nacht ist kalt –, und weiter geht seine Geschichte.

»Wir stiegen in die Berge. Eine alte Frau sah uns und fiel vor uns auf die Knie: ›Erst Marokkaner aus dem Süden und jetzt – Geister aus dem Norden!‹ Sie hielt uns für Geister!« Moulay prustet los. »Nachdem wir sie überzeugt hatten, daß wir keine Geister waren, sagte sie uns, daß die Marokkaner ihre Herde abgeschlachtet hätten, und zeigte uns, wo wir ihre Linien durchbrechen konnten. Doch gerade als wir das tun wollten, auf dem Gipfel eines Hügels, kamen wir ins Stolpern und rollten den gesamten Hügel hinunter. Die Marokkaner hörten uns und griffen uns an, mit Gewehren, Granaten – allem. Wir schrien einander zu, damit wir uns in der Dunkelheit nicht verloren. Später fanden wir uns dann alle wieder und machten einen Plan, die Marokkaner zu überfallen. Mein Freund warf eine Granate, während ich das Feuer eröffnete. Wir töteten sechs ihrer Leute, und die anderen riefen uns zu, wir sollten aufhören, sie seien verwundet. Wir suchten sie und fanden ein paar AK-47 und Feldflaschen. Die nahmen wir mit und zogen weiter. Bis wir schließlich einen Hund bellen hörten ...«

Und weiter und weiter geht es mit Moulays Geschichte. Schließlich, so endet er, kamen die *Matadores*, müde und hungrig, wieder glücklich zurück in ihr Lager. Als Moulay dieses Abenteuer erlebte, war er zwanzig. Seitdem sind dreizehn Kriegsjahre vergangen, und er kann sicher noch viele solcher Geschichten erzählen. Als neues Element in der altehrwürdigen Tradition der mündlich überlieferten Wüstenfolklore ist Moulays episches Abenteuer viel mehr als nur eine lange Erzählung. Als Geschichte eines Kriegers bildet sie vielmehr einen integralen Bestandteil des Ursprungsmythos der Polisario.

Letztendlich ist es mit diesen Geschichten ähnlich wie mit den Fata Morganas der Wüste: Die Tatsachen sind gar nicht so wichtig, sondern vielmehr der Eindruck, den sie hinterlassen. Jede Story verleiht der neuen Geschichtsschreibung zusätzliches Gewicht und Substanz und erlaubt es damit den Aufständischen, ihren eigenen Weg durch die Zeit zu markieren.

Und diese neue Geschichtsschreibung verkündet, daß die Sahraoui-Flüchtlinge nach der Feuerprobe in der Wüste wiedergeboren wurden als das Volk der Polisario. Dort ist ihnen eine neue Vision zuteil geworden, und sie sind auferstanden aus der Asche der Vergangenheit, frei wie so manch anderer Phönix der Wüste.

Weil sie von ihren Geburtsorten buchstäblich durch eine Mauer getrennt sind, haben es die Sahraouis letztendlich sogar einfacher als andere vertriebene Völker. Die physische Trennung und ihre Isolierung vom Rest der Welt ermöglichen ihnen eine leichtere Flucht aus ihrer mißlichen Lage in die Traumwelt ihrer Zukunftshoffnungen. Der Schmerz ihrer Vertreibung, so hart er auch ist, wird dennoch etwas gemildert durch die Tatsache, daß sie sich selbst immer noch frei fühlen. Ihr Land mag besetzt sein, aber *sie* sind kein besetztes Volk. Wenn sich die Sahraouis in ihrer Wüste umblikken, ist der Horizont in jeder Richtung endlos. Das gleiche, so scheint es, gilt auch für ihre Möglichkeiten.

Für die Palästinenser, die unter israelischer Besatzung im Westjordanland und im Gaza-Streifen leben, gibt es keine derart inspirierende Freiheit. Die Wunden ihrer Vertreibung können nicht heilen: Viele Palästinenser fahren tagtäglich zu Handlangertätigkeiten durch die Reste ihrer dem Erdboden gleichgemachten alten Dörfer und Höfe. Für einige der jungen Männer, die in Flüchtlingslagern aufgewachsen sind und denen man vom Leben früher erzählt hat, ist die Vorstellung, auf diesen alten Familienbesitz zurückzukehren, fast zu einem mystischen Zwang geworden.

Anders als die Sahraouis, welche die Vergangenheit als Schmach empfinden, halten die Palästinenser ihre eigene Geschichte, als Beweis ihres Leidens und als Rechtfertigung für ihren Kampf um ihre Heimat, lebendig. Und sie idealisieren die Vergangenheit. Zumindest *damals*, sagen die jungen Palästinenser, lebten ihre Eltern frei in einem Land namens Palästina.

Im Gaza-Streifen ziehen träge Kamele und kleine Esel hölzerne Karren über die Straße, die fast völlig im Sand verschwindet. Kleine Kinder spielen in Tümpeln am Wegrand. Von den Strommasten über ihren Köpfen hängt ein Gewirr von Leitungen. Hier und da erheben sich Minarette aus dem Einerlei schmutziger Betonhäuser, und Megaphone verkünden mit heiserer Stimme die Rufe der Muezzins zum Gebet, und überall sind Menschen, Menschen, Menschen. Wenn man auf der israelischen Fernstraße nur eine Stunde südwärts von Tel Aviv unterwegs ist, bedeutet eine Fahrt in den Gaza-Streifen einen plötzlichen Wechsel von der Welt des modernen Europa direkt in den Nahen Osten des Mittelalters. Hinter den schwerbewachten israelischen Militärkontrollpunkten an der Grenze werden die Straßen zu Pisten, und die Menschen sind jetzt keine Europäer mehr, sondern Araber. Männer und Frauen tragen lange Gewänder, die Männer Kaffiyehs, und die Frauen sind verschleiert. Überall türmen sich Müll und verrostete Autowracks.

Der Gaza-Streifen ist nur etwa zweiundvierzig Kilometer lang, zwischen sechs und acht Kilometer breit und eines der am stärksten überbevölkerten Gebiete unseres Planeten. Über 750 000 Palästinenser leben hier, viele von ihnen Flüchtlinge aus Städten und Dörfern, die nun zum Staat Israel gehören. Mit einer Prise schwarzen Humors erklären die Bewohner des Gaza-Streifens, das Gebiet sei mittlerweile so übervölkert, daß sie noch nicht einmal mehr Platz hätten, ihre Toten zu begraben. Breij ist eines der sieben Flüchtlingslager im Gaza-Streifen. Es ist zugleich eines der kleinsten und beherbergt zwanzigtausend Personen. Fast alle, die hier leben, kamen im Jahre 1948 hierher, nachdem sie in dem

Krieg, der den Staat Israel hervorbrachte, ihre Heimat verloren hatten.

Nach viereinhalb Jahrzehnten hat Breij den slumähnlichen Dauerzustand aller typischen Gaza-Dörfer angenommen. Ursprünglich ein Zeltlager auf dem Gelände einer früheren britischen Militärgarnison, ist Breij heute ein Durcheinander von armseligen, unfertig aussehenden Häusern aus Hohlblocksteinen. Seine Skyline wird bestimmt von antennengespickten Flachdächern, Wassertanks und herausragenden Eisenkonstruktionsdrähten; irgend jemand baut immer eine zweite Etage für den gerade verheirateten Sohn und seine Familie. Zwischen den Häusern erstreckt sich ein Labyrinth von engen Gassen mit offenen Abwasserkanälen.

In Breij gibt es ein paar kleine, behelfsmäßige Moscheen, einen Schlachthof, einige einfache Autowerkstätten und einen kleinen Markt für Fleisch und Grundnahrungsmittel. In einigen Geschäften werden billige Kleidung und Schuhe aus arabischen Fabriken im Westjordanland verkauft. Auch ein Krankenhaus gibt es, betrieben vom UN-Flüchtlingshilfswerk UNRWA, das sämtliche Flüchtlingslager Gazas verwaltet; einen Kindergarten, von Quäkern betrieben; ein veraltetes Tuberkulosespital, umgeben von staubbedeckten Eukalyptusbäumen; und einen Jugendclub, der von den Behörden geschlossen wurde.

Die schmutzigen Lagerstraßen sind rechtwinklig angeordnet, damit das israelische Militär leicht auf ihnen patrouillieren kann. Die Gebäude werden durch diese Straßen in mehrere größere Wohnblocks unterteilt. Ebenfalls aus Sicherheitsgründen hat das Lager nur zwei ständig geöffnete Haupteingänge; die übrigen sind durch herangekarrte Erdhaufen versperrt. Vor dem Haupteingang haben die Israelis ein Militärlager errichtet. Umgeben von Befestigungen, auf denen sich häßlicher Stacheldraht entlangzieht, kann man von den vorgefertigten Wachtürmen das gesamte Lager Breij überblicken.

Das Militärlager befindet sich zwischen Breij und der Hauptstraße, die von Gaza-Stadt im Norden zur ägyptischen

Grenze bei Rafah im Süden führt. Jenseits der Straße befinden sich große Anlagen zum Verpacken von Zitrusfrüchten, beide geschlossen und die Höfe voller aufeinandergestapelter Obstkisten und unbenutzter Gabelstapler. Dahinter liegt Nuseirat, ein anderes Flüchtlingslager, erbaut auf den Dünen des nahen azurblauen Mittelmeers.

Überall rings um Breij wachsen lange Reihen von Orangen-, Oliven- und Mandelbäumen. Im Frühjahr ist es schön hier. Es weht ein leichter Wind vom Meer, die Sonne scheint, und der zarte, zu Kopf steigende Duft von Orangenblüten erfüllt die Luft.

Sami ist der älteste Sohn einer der Flüchtlingsfamilien in Breij. Im Innenhof des Hauses seiner Eltern steht ein schöner Feigenbaum. Rund um diese offene Fläche sind die Küche sowie die kleinen Schlafräume der Familie angeordnet – die Jungs schlafen gemeinsam in einem Raum, die Mädchen in einem anderen. Der Boden eines weiteren Raumes ist mit Stroh bedeckt. Dort leben große, pelzige Kaninchen und gurrende Tauben. In einem winzigen Gelaß ist die unordentliche Nähmaschinenreparaturwerkstatt von Samis Vater untergebracht, mit einem geheimen Guckloch, durch das man nach draußen auf die Straße blicken kann. Samis Vater kommt oft nach der Ausgangssperre hierher, um nach den *Shabbab* Ausschau zu halten, den Jugendlichen, welche die Parolen für die Demonstrationen des nächsten Tages an die Wände schreiben.

In dem Raum, wo sich die Familie tagsüber aufhält, hängt Samis Diplom der Universität des Jemen eingerahmt neben einem grellorange-grünen Gebetsteppich mit einem Bild des Felsendoms und der Al-Akhsa-Moschee in Jerusalem. Samis Vater ist stolz auf die Abschlüsse seines Sohnes und zeigt sie gern. Aus den Zeugnissen geht hervor, daß Sami ein durchschnittlicher Student war. Er erhielt ein »Befriedigend« in »Grundlagen des Sozialismus« und »Geschichte der jemenitischen Revolution« sowie ein »Sehr gut« in Sozialpsychologie.

Sami ist ein großgewachsener junger Vierundzwanzigjähriger mit gebeugten Schultern und einem dürren Bart. »Lassen Sie sich durch den Bart nicht irritieren«, meint Sami lachend. »Ich bin kein Fundamentalist.« Als Mitglied der Demokratischen Front zur Befreiung Palästinas (DFLP), einer radikalmarxistischen PLO-Gruppierung, konnte Sami vier Jahre lang an der Universität der Volksrepublik Jemen studieren und machte einen Bachelor-Abschluß in Englisch. Bei seiner Rückkehr hoffte er auf eine Stelle als Grundschullehrer, »um den Geist von Kindern zu formen«.

Aber es war keine gute Zeit, um einen Job in Breij zu finden. Ganz Gaza war in Aufruhr, als im Dezember 1987 die Intifada, der palästinensische Aufstand gegen die israelische Herrschaft, voll entbrannte.

Statt einer Anstellung als Lehrer fand Sami rasch eine Beschäftigung in der Untergrundbewegung Gazas. Gemeinsam mit anderen zwanzig- bis vierzigjährigen Kämpfern half er, die überwiegend jugendlichen *Shabbab* zu organisieren, welche die täglichen Scharmützel mit Steinwürfen und Reifenverbrennungen gegen die israelische Armee anführten. Er hat ein Klapp-Rasiermesser in der Hosentasche seiner Jeans, das er gern mit der Bemerkung vorzeigt, falls die Israelis *ihn* fassen wollten, werde er es ihnen nicht leicht machen.

Eines Abends nach Beginn der Ausgangssperre versammelt sich die gesamte Familie, während ihre hübsche, verkrüppelte Mutter eine Geschichte erzählt, die sie alle schon oft gehört haben. Versunken und voll unterdrückter Emotionen lauschen sie ihr in vollkommener Stille. Nur Samis heranwachsende Schwester, die sich nicht mit fremden Männern im gleichen Raum aufhalten darf, ist nicht da. Weil sie aber vor Neugier fast platzt, stellt sie sich hinter die Tür des Frauenraums, schaut herein und wirft jedesmal, wenn jemand zu ihr hinüberschaut, ihr langes dunkles Haar zurück, um sich dahinter zu verbergen.

Die Stadt, in der Samis Mutter geboren wurde, gehört heute zu Israel. Im Krieg von 1948 war sie noch ein kleines Mädchen. Eines Tages erschien eine jüdische Guerillaeinheit an der Tür ihres Elternhauses und warf eine Handgranate hinein. Die Explosion tötete ihre Mutter und verstümmelte sie selbst. Irgendwie – sie weiß es selbst nicht genau – wurde sie von ihrem Vater getrennt, der damals nicht zu Hause war. Doch nach langer Suche fand er sie schließlich in einem Jerusalemer Krankenhaus, wohin sie nach der Explosion gebracht worden war.

Sie und ihr Vater schlossen sich dem Exodus arabischer Flüchtlinge aus Palästina an, denn ihr Vater suchte nach einem Ort, wo er arbeiten und seine Tochter anständig großziehen konnte. Zuerst gingen sie nach Beirut, dann zurück nach Jerusalem und schließlich nach Hebron, das damals von Jordanien besetzt war. Mit einem Anflug von Stolz und mit gedämpfter Stimme erinnert sie sich, wie ihr Vater sie eines Nachts in einer wahrhaft mutigen Aktion auf einem Esel von den Hügeln Hebrons quer durch israelisches Gebiet bis in den von Ägypten besetzten Gaza-Streifen brachte.

Sie wuchs in Gaza auf. Dort lernte sie ihren späteren Ehemann kennen, und sie gründeten eine Familie. Für ihre Söhne waren der verstümmelte Körper ihrer Mutter und ihre unbeweglichen Gliedmaßen der lebende Beweis für das Wesen ihres Feindes. Jedesmal, wenn sie ihre Geschichte hören, wird ihr Pflichtgefühl, sie zu rächen, auf dramatische Weise neu angestachelt. So eine Familiengeschichte erklärt, daß Sami niemals nur einfach ein Lehrer sein kann.

Geschichten wie die von Samis Mutter sind zum wertvollen Erbe der sich entwickelnden mündlichen Überlieferung Palästinas geworden. In einer anderen Familie bewahrt der Vater die Schlüssel zu dem Haus auf, aus dem sie 1948 flüchteten. Heute ist es der komfortable Wohnort einer jüdischen Familie, aber die Schlüssel hängen immer noch an einer gut sichtbaren Stelle in der Flüchtlingsunterkunft der Familie, damit keines der Kinder die Vergangenheit vergißt.

Wie Dienerinnen der Geschichte sorgen Erzählungen wie diese dafür, daß die palästinensische Geschichte von Vater und Mutter an Söhne und Töchter weitergegeben wird. Zugleich wird auch die Pflicht vererbt, die Vorfälle der Vergangenheit zu rächen. Ihres Landes beraubt, haben die Palästinenser tatsächlich kaum mehr als ihre Geschichte, womit sie ihre Identität begründen könnten. Je länger der Konflikt andauert, um so mehr fügen sie neue Ereignisse zu ihrer Geschichte hinzu und versuchen so, ihr mehr Gewicht zu verleihen, als ob auf diese Weise irgendwie der Tag nähergebracht werden kann, an dem sie in ihr Land zurückkehren.

Ohne eigenes Land, das sie als Fortschritt auf dem Weg zu einem anerkannten Volk auf einer Karte eintragen könnten, sind die palästinensischen Flüchtlinge statt dessen stolz auf ihre Fähigkeit zu leiden. Und stolz auf ihre Fähigkeit, Schmerz zu ertragen, gewinnen sie Selbstvertrauen durch Taten, die weitere Vergeltung auf seiten ihrer Feinde hervorrufen. Die adrenalinschwangeren Kämpfe der Intifada setzen die aufgestaute Frustration, die Wut und das Testosteron der *Shabbab* frei und nähren den paradoxen Glauben, daß sie, selbst wenn es ihnen abends schlechter geht als morgens, *überhaupt* etwas zur Veränderung ihrer Situation getan haben. Die Palästinenser glauben, daß ihr Leiden letztendlich belohnt werden wird. Wie Unfallopfer am Straßenrand hoffen auch sie auf die humanen Instinkte von Passanten, die ihre Wunden verbinden, bevor es zu spät ist. Doch bis dahin werfen sie sich weiter vor Autos und wetteifern miteinander darum, umgefahren zu werden.

In vielen Wohnungen hängen Porträtfotos von jungen Männern wie Ikonen an der Wand. Meist zeigen sie einen Sohn der Familie, der im Gefängnis sitzt oder den Märtyrertod gestorben ist – beides Grund zum Stolz, denn es beweist, daß die Familie ihren Anteil zu der palästinensischen Sache beiträgt. Sie sind auch Erinnerungsstücke, die auf den dauerhaften Charakter des Kampfes hinweisen. Vor einem Haus in Breij steht das Wrack eines Lastwagens, der einem Mann gehört hat, den die Israelis vor Jahren getötet haben. Seine Eltern weigerten sich, das Fahrzeug zu verkaufen oder auch nur woanders hinzubringen. Im Laufe der Jahre ist der Wagen ein Teil der Straße geworden. Er rostet vor sich hin, und zwischen den Achsen sprießt Grün, und so ist er zu einem Wahrzeichen von Breij geworden, das Denkmal für einen Märtyrer der Gemeinde. Und drinnen im Haus halten die alten Eltern des Getöteten sein Zimmer genau in dem Zustand wie an dem Tag, als er starb.

Sami steckt voll von dieser neuen Folklore, wie sie die Intifada hervorbringt. Er erzählt eine Geschichte aus Jabaliyah, dem größten Flüchtlingslager in Gaza, das mit dem Beginn der Aufstände eine große Bedeutung als Symbol des Widerstandes gewonnen hat. Obwohl diese Geschichte wahrscheinlich nicht belegbar ist, illustriert sie doch das Bedürfnis der Palästinenser, ihren Kampf über die alltägliche Realität von Mühsal und Elend in den Lagern hinauszuheben.

»Einige Händler aus Gaza-Stadt schickten eine LKW-Ladung Kartoffeln zum Verteilen an die Bewohner von Jabaliyah, und wissen Sie, was passiert ist?« fragt Sami rhetorisch. »Die Leute waren so selbstlos, daß niemand die Kartoffeln annehmen wollte! Überall hörten die Fahrer nur: ›Gebt meinen Anteil meinen Nachbarn.‹ Und so zogen sie von Haus zu Haus und wurden ihre Ladung nicht los. Schließlich verließen sie Jabaliyah mit genauso vielen Kartoffeln, wie sie mitgebracht hatten!« Samis Geschichte glorifiziert das Leben der Palästinenser, indem sie ihre Tapferkeit herausstellt, ihre Opferbereitschaft und ihren Gemeinschaftssinn: all jene idealisierten Tugenden, die der Jugend von Gaza soviel bedeuten.

Einer von Samis nächsten Nachbarn ist Mahmoud, ein Mitglied der Al-Fatah, dem wichtigsten Flügel der PLO unter dem Vorsitz von Jassir Arafat. Mahmoud ist ein starker, hellhäutiger Mann mit kastanienbraunem Haar und blauen Augen. In Israel geht er als Jude durch. Schon seit ihrer Kindkeit sind er und Sami Rivalen. Als Jungen spielten sie in zwei gegnerischen Fußballmannschaften des Lagers, und, so Mahmoud, »Samis Mannschaft hat immer verloren«. Jetzt gehören sie rivalisierenden Fraktionen der PLO an und sprechen eigentlich nur noch miteinander, weil die Initfada sie zu unfreiwilligen Verbündeten macht.

Trotz ihrer Rivalität haben die beiden vieles gemeinsam. Wie Sami beteiligt sich auch Mahmoud aktiv am Aufstand, aber er engagiert sich als Mitglied von Al-Shabibeh, der Jugendorganisation von Al-Fatah. Wo immer die Fatah stark ist, übt auch Al-Shabibeh ihren Einfluß bei der Planung und Ausführung der Befehle der Intifada-Untergrundführung aus.

Mahmoud hat an der Islamischen Universität Gaza etwas Englisch lernen können, bevor sie kurz nach dem Beginn der Intifada von den Israelis geschlossen wurde. Er beneidet Sami um dessen Studienjahre im Ausland und tut sie mit der Bemerkung ab, Samis rivalisierende Splittergruppe habe solche Stipendien deshalb angeboten, um die jungen Leute von der Fatah wegzubringen. Für Mahmoud beweist das nur, daß Sami sein Studium – von seinem politischen Engagement ganz zu schweigen – mehr als allem anderen seinem Opportunismus verdanke. Während Sami es sich im Ausland habe gutgehen lassen, sei er selbst, Mahmoud, zu Hause geblieben und habe mit seinen Leuten gelitten. Mahmoud mißt seinen eigenen Wert im Vergleich zu Sami daran, wer mehr gelitten hat, als ob der Gewinner der bessere Palästinenser sei.

Eines Tages taucht ein kräftiger junger Mann bei Mahmoud zu Hause auf. Jaquer kommt gerade aus Jabaliyah, wo er wohnt, und hat trotz Ausgangssperre das Lager verlassen. Schmutzig und schweißnaß pflanzt er sich in Mahmouds Wohnzimmer hin. Den ganzen Tag erträgt Mahmoud seinen Gast, erlaubt ihm, ihn zu unterbrechen und ständig laute und ungehobelte Kommentare abzugeben. Schon bald wird der Grund für Mahmouds ungewöhnliche Geduld und Jaquers ungehöriges Benehmen deutlich.

»Ich bin Vater von drei Töchtern«, erklärt er. »Und bis zur Intifada hätte ich noch ein viertes Kind bekommen, und zwar einen Sohn.«

Nach Jaquers Angaben war sein Bruder der erste Märtyrer der Intifada, erschossen von den Israelis während der Aufstände von Jabaliyah, durch welche die Erhebung damals ausgelöst wurde. Jaquers schwangere Frau, die mit dabei war, lief vor, um ihren toten Schwager zu küssen. Aus einiger Entfernung und unfähig, irgend etwas zu tun, mußte Jaquer voller Entsetzen mit ansehen, wie ein israelischer Soldat seiner Frau mit dem Gewehrkolben in den Unterleib stieß und so eine Fehlgeburt auslöste.

Jaquer griff nach einem Messer und lief vor, um den Soldaten umzubringen, doch dieser konnte flüchten. »Wenn ich diesen Soldaten jemals wiedersehe, bringe ich ihn um, egal wo«, sagt Jaquer mit einem bitteren Lächeln. »Wenn ich im Auto sitze und ihn auf der Straße sehe, fahre ich ihn um; wenn ich ein Messer dabeihabe, benutze ich es auch ... Jetzt ist jeder neunte eines Monats, der Tag, an dem es geschah, *mein* Tag.«

Jaquer schweigt und faltet beide Hände mit einem Ausdruck tiefer Rührung über seiner Brust zusammen und blickt zur Zimmerdecke. »Das werde ich nie vergessen.« Unter den Leidenden ist Jaquer ein König.

Die *Shabbab* sehen sich selbst als jüngste Inkarnation der palästinensischen Fedajin, den Guerillakämpfern der Generation ihrer Eltern. Damals stand Gaza unter ägyptischer Kontrolle, und diese Kämpfer verübten viele Anschläge im Inneren von Israel. Doch als Israel den Streifen besetzt hatte, wurden die Fedajin verjagt und der bewaffnete Widerstand in Gaza erstickt.

Im Sechstagekrieg 1967 gelangten das Westjordanland, Ostjerusalem und der Gaza-Streifen unter die Kontrolle Israels. Unter der Führung der neu gegründeten Palästinensischen Befreiungsorganisation (PLO) mit Jassir Arafat an der Spitze operierten die Fedajin jetzt von Stützpunkten in Jordanien aus – bis der jordanische König Hussein aus Angst vor ihrer Stärke sie im Jahr 1970 zum Verlassen des Landes zwang. Ohne eine territoriale Basis für seinen Kampf konzentrierte sich der palästinensische Widerstand in den 70er Jahren auf den internationalen Terrorismus und verübte eine blutige Serie von Entführungen, Morden und Bombenanschlägen. Unterdessen formierten sich die Guerillas im Libanon neu und begannen von ihren neuen Stützpunkten aus mit Raketenangriffen auf Israel. Nach der israelischen Invasion des Libanon 1982 mußte die PLO Beirut endgültig verlassen und ihr Hauptquartier gut zweitausend Kilometer weiter westlich in Tunis aufschlagen. Dieser Umzug machte klar, daß die Palästinenser durch Operationen *außerhalb* ihres Gebietes, so gut bewaffnet und ausgebildet sie auch sein mochten, wenig für die Sache eines unabhängigen Palästina ausrichten konnten. Einige Jahre lang schwärte die Situation vor sich hin, bis die Intifada begann und das Kampfgebiet sich erneut verlagerte, diesmal an seinen unvermeidlichen, endgültigen Schauplatz, nach Palästina selbst.

Die Anlässe, welche die Erhebung auslösten, hatten selbst auf merkwürdige Weise etwas Mythisches: Zuerst flog wie ein palästinensischer Ikarus ein einzelner Guerillakämpfer mit einem Hanggleiter vom Südlibanon nach Israel. Nach der Landung griff er ein israelisches Militärlager an und tötete sechs Soldaten, bevor er selbst niedergeschossen wurde. Dieser Vorfall fesselte die Phantasie der Palästinenser überall in den besetzten Gebieten; Israels angeblich unüberwindliche Grenze hatte also doch Löcher, und die Vorstellung vom palästinensischen Widerstand gewann durch diese einzigartige Heldentat neues Leben.

Es gab auch bestätigte Berichte, daß ein israelischer Wachsoldat, der den Angreifer hätte aufhalten können, statt dessen in feiger Panik davongelaufen sei. Zusätzlich zu diesem Hochgefühl, das der Angriff an sich schon unter den Palästinensern auslöste, wurde damit suggeriert, daß auch der legendäre israelische Mut nur ein Mythos war, ebenso wie die vermeintlich unüberwindliche israelische Verteidigung. Vielleicht hatten sie ja sogar Angst vor den Palästinensern.

Diesem Ereignis folgten bald darauf weitere. Kurz danach wurde im Menschengewühl des Palestine Square im Geschäftsviertel von Gaza-Stadt am hellichten Tag ein israelischer Jude von einem Araber erstochen. Dieser sektiererische Mord war eine bewußte Provokation. Schon wenige Tage später schien es zu einer Vergeltungsaktion zu kommen, diesmal in Form eines Unfalls: Ein israelischer Militärlaster, der über Gazas dichtbefahrene Straßen fuhr, geriet außer Kontrolle und tötete vier Arbeiter am Straßenrand. Und weil Palästinenser immer bereit sind, das Schlimmste zu glauben, verbreitete sich schnell das Gerücht, der Zusammenstoß sei kein Unfall, sondern eine bewußte Vergeltungsaktion der Israelis für den Vorfall auf dem Palestine Square gewesen. Im Lager Jabaliyah, wo die vier Männer gelebt hatten, brach ein Aufstand aus, und die Intifada war geboren.

Die Unruhen weiteten sich rasch aus. Innerhalb weniger Tage wurden sie in den gesamten besetzten Gebieten wie in Israel selbst zu einem regelrechten Ritual. Tagtäglich machten sich die *Shabbab*, maskiert mit ihren karierten Kaffiyehs, über die schwerbewaffneten Soldaten der israelischen Armee lustig und forderten sie heraus. Wenn die Soldaten dann mit Tränengas und scharfer Munition auf die Jugendlichen schossen oder sie sinnlos mit Holzknüppeln prügelten, gab es regelmäßig Tote.

Die Israelis versuchten, die Unruhen mit allen möglichen Mitteln zu unterdrücken. Die Soldaten erhielten den Befehl, gefangenen Aufständischen die Knochen zu brechen, und dieser Befehl wurde durchaus auch wörtlich genommen. Neue Gefangenenlager entstanden, wo Tausende Palästinenser über Monate ohne Gerichtsverfahren unter harten Bedingungen festgehalten wurden. Jetzt wurde es zu einem terroristischen Angriff erklärt, einen Molotowcocktail zu werfen, und die Häuser der Täter wurden von israelischen Abrißexperten in die Luft gesprengt.

Durch andere Maßnahmen der Kollektivbestrafung wurde auch versucht, die Palästinenser ökonomisch zu treffen. So wurde beispielsweise der Gaza-Streifen tagelang vollständig von der Außenwelt abgeriegelt.

Diese drakonischen Maßnahmen trugen wenig zur Beruhigung der Situation bei und schienen die Sehnsucht der Palästinenser nach Konfrontation nur noch zu verstärken. Mit wenigen Ausnahmen setzten die *Shabbab* keine tödlichen Waffen ein. Rasch erkannten sie: Wenn sie die Hauptlast der Verletzten trugen, gewann ihr Anliegen in der öffentlichen Meinung an Gewicht. Die Liste ihrer »Märtyrer« wuchs von Tag zu Tag, und die Palästinenser stießen in der Öffentlichkeit weithin auf Sympathie, als Opfer in einem ungleichen Kampf von David gegen Goliath. Zum ersten Mal seit Jahren konnten sie das Etikett des Terrorismus abstreifen, das bislang aufgrund der bewaffneten Aktionen der PLO immer an ihnen geklebt hatte.

Während die *Shabbab* sich an der Frontlinie der Intifada zu schaffen machten, versuchten die miteinander konkurrierenden Untergrundorganisationen, zu denen sich viele Palästinenser loyal verhielten, diese zu kontrollieren und zu organisieren. Der Hauptflügel der PLO, Al-Fatah, machte sich bald zum Wortführer des Aufstandes, war aber im Grunde zur Zusammenarbeit mit seinen alten Rivalen gezwungen. Diese reichten von PLO-Gruppen wie der DFLP und der Volksfront zur Befreiung Palästinas (PFLP) bis zur Muslimbruderschaft und ihrem radikalen Ableger, dem Dschihad Al-Islamiyah, welcher in Gaza besonders stark ist. Ebenfalls in Gaza bildete sich die neue, gewalttätige Islamische Widerstandsbewegung, Hamas, und kämpfte mit Al-Fatah um die Führung der Intifada.

Durch die Zusammenarbeit in einer zwielichtigen Gruppe von Untergrundkomitees miteinander verbunden, bilden diese Gruppen ein geheimes Koordinierungsgremium, die *Unified National Command of the Uprising* (UNCU), die Befehle erläßt, die dann in den Städten und Lagern des »besetzten Palästina« umgesetzt werden sollen. Auf dieser Graswurzelebene arbeiten Sami, Mahmoud und andere politisch organisierte Männer als Anführer von Untergrundzellen, indem sie die Anweisungen der Unified Command an die meist jugendlichen Mitglieder der *Shabbab* weiterleiten. Um die Gewalt gezielt zu steuern, koordinieren sie auch Aktivitäten zwischen einzelnen Lagern, Städten und Dörfern in den gesamten besetzten Gebieten sowie innerhalb von Israel.

Ahmed ist ein Fatah-Führer in Breij. Für terroristische Anschläge – »ein paar Explosionen«, meint er mit schüchternem Lächeln – saß er fünf Jahre lang in israelischen Gefängnissen; er wurde im Austausch gegen israelische Geiseln im Südlibanon freigelassen.

Jetzt ist Ahmed wieder zurück im Lager und hält sich dort versteckt. Über die Organisation Shabibeh (die Jugendgruppe der Fatah) nutzte Ahmed das Jugendzentrum von Breij als Ort, um *Shabbab*-Mitglieder für Al-Fatah zu rekrutieren, zu organisieren und zu indoktrinieren. Doch seit Gazas Schulen und Jugendtreffpunkte geschlossen sind, muß er all dies heimlich tun. Treffen finden in Privatwohnungen oder in unbewohnten Häusern rund um das Lager statt; es werden Wachen aufgestellt, um vor sich nähernden israelischen Patrouillen zu warnen.

Zwei von Ahmeds jüngsten Anhängern sind die Sechzehnjährigen Yasir und Dasir. Sie sind gute Freunde. Yasir hat ein freundliches, offenes Gesicht; er trägt ein graues Tuch, das er wie einen Turban verwegen um den Kopf geschlungen hat. Dasir hat braune Locken und ein Engelsgesicht, das im Kontrast zu seinen erwachsenen Augen steht. Er trägt eine Kaffiyeh im traditionellen schwarzweißen Hahnentrittmuster als Ausdruck seiner Loyalität zur Al-Fatah.

Diese beiden Jungen sehen ihre Rolle darin, »Jüngeren ein gutes Vorbild zu sein und ihnen etwas über den Befreiungskampf beizubringen«. Sie haben die Befehle der Unified Command akzeptiert, vorerst nur Steine zu werfen, aber, so erklären sie mit Ahmeds Erlaubnis, sie seien bereit, auch Messer und Feuerwaffen einzusetzen, wenn sie Israel mit Steinen allein keine Zugeständnisse abringen könnten. Sie hoffen, daß dieser Tag bald kommen wird.

»Ich will in einer Kommandoeinheit für die Rückeroberung der heiligen Stätten kämpfen und für mein Land sterben«, sagt Yasir.

»Wenn wir befreit sind, will ich Arzt werden, anderenfalls Kämpfer in einer Kommandoeinheit«, erklärt Dasir.

»Das ist unsere Jugend!« unterbricht ein Fatah-Veteran, der gemeinsam mit Ahmed die *Shabbab* bei solchen Treffen überwacht. Er weist auf Yasir und Dasir, die ruhig zuhören, während er spricht. »Sie sind hier geboren, aber sie wissen, wo ihre Väter herkommen. Sie wissen, wo sie wirklich zu Hause sind. Und sie wollen ihr Leben ändern. Aber was sollen sie machen, wenn sie mit der Schule fertig sind? Für die Israelis arbeiten – harte Arbeit für wenig Geld –, das ist alles. Ist das ein Leben?«

Dasir ist eines von sieben Kindern, deren Vater Flüchtling ist und in einer israelischen Fabrik arbeitet. »Der Aufstand ist für mich ein einfaches Mittel, meine Gefühle auszudrücken«, sagt Dasir. »Ich kann nicht darauf warten, daß andere meine Probleme lösen, also muß ich es selbst machen. Und ich habe keine Angst vor den Soldaten, denn wenn sie mich töten, dann ist es für unser Land. Ich würde alles dafür geben, daß wir unser Land wieder zurückbekommen.«

Während der ersten zehn Lebensjahre von Yasir war sein Vater in Israel im Gefängnis – »für die Fatah«, erklärt Yasir stolz. Seit seiner Freilassung darf er sich nur in den besetzten Gebieten aufhalten, wo er aber keine Arbeit findet, um seine Familie zu ernähren. Deshalb kümmern sich Verwandte um Yasir und seine Geschwister.

»Wir sind Soldaten der PLO«, erklärt der Fatah-Mann. »Aber den Israelis gegenüber verschweigen wir das, weil sie uns sonst einsperren würden. Das Problem ist, daß sie praktisch vor unserer Haustür stehen und bewaffnet sind. Wir leben unter Besatzung und haben nur unsere Steine. Wir wissen, daß die Steine nichts bewirken. Aber wir schauen weiter voraus, um der Außenwelt sagen zu können, was wir wollen. Fürs erste sprechen erst einmal die Steine für uns. Wenn uns die Juden schlecht behandeln, wie damals, als ich sah, wie sie einen alten Mann mit Stöcken verprügelten, um ihn zum Sprechen zu bringen, dann machen sie uns damit nur Mut, es ihnen erst recht heimzuzahlen.

Was soll ich tun? Ich habe nur Steine. Wenn ich die Politiker über uns reden höre – davon, wie sie die Araber loswerden wollen und so weiter –, was soll ich tun? Soll ich hundert Jahre auf meine Rechte warten? Was würden *Sie* tun, wenn Sie seit vierzig Jahren unter Besatzung leben würden?«

Bei der Intifada ging es niemals nur um Steine, Molotowcocktails oder Graffiti. Schon früh fanden ihre Anführer Gefallen an der wachsenden Gewalt, bekannten sich aber nicht klar dazu. Doch Jungen wie Yasir und Dasir wollen nicht bloß Steine werfen, sie wollen leidenschaftlich zustechen, schießen und Israels Soldaten in die Luft jagen. »Wir wissen doch schon, wie man Steine wirft und unerkannt entkommt«, meint Yasir. »Dann können wir genausogut auch Soldaten erschießen und abhauen.«

Einen gewissen Ausgleich stellt für die ungeduldigen jungen Leute die Erlaubnis der Aufstandsführung dar, daß sie Kollaborateure in ihren eigenen Reihen eliminieren dürfen. Die Intifada-Kommandos in Breij haben bereits etliche Personen heimlich exekutiert. »Die Kommandos bringen angebliche Informanten an einen einsamen Ort und verhören sie«, erklärt Yasir. »Wenn sie dann gestehen, werden sie mit dem Messer umgebracht.« Mit einem imaginären Messer in der Hand greift Yasir Dasir von hinten um den Hals, hält seinen Kopf fest und demonstriert, wie dem Opfer die Kehle durchgeschnitten und ihm dann mehrmals das Messer in Herz und Lunge gerammt wird.

An einem anderen Tag kommen Dasir und Mahmoud ohne Yasir und Achmed zu unserer Verabredung außerhalb von Breij. Ahmed hält sich versteckt, denn die israelischen Behörden sind gerade auf der Suche nach ehemaligen politischen Gefangenen wie ihm, weil sie zu Recht vermuten, daß sie sich an der Organisation der Intifada beteiligen. Yasir steht unter Arrest. Er wurde von Soldaten mitgenommen, die am Vorabend in seine Wohnung gekommen waren. Bestimmt haben Kollaborateure aus dem Lager ihn bei den Israelis denunziert als jemand, der sich aktiv an den Aufständen beteiligt.

Mahmoud und Dasir scheinen sich keine Sorgen um ihren Freund zu machen. Wenn die Israelis ihm nichts Besonderes anhängen können, werde er wahrscheinlich bloß verprügelt und die üblichen achtzehn Tage eingesperrt. Mahmoud und Dasir sind stolz auf Yasir, der sicher noch härter und noch schlauer wieder aus dem Gefängnis zurückkommt; um seine Erfahrungen werden ihn dann die Jüngeren noch mehr beneiden.

Inzwischen bereitet die *Shabbab* einen wichtigen dreitägigen Generalstreik vor, der von der Intifadaführung ausgerufen wurde. Sie wollen unbedingt ihren Gehorsam unter Beweis stellen. »Das ist Training für uns, um Geduld und so hungern zu lernen wie die palästinensischen Kämpfer im Libanon«, meint Dasir. Vor dem Fasten verbrachten sie einen Tag in der Moschee, beteten um Hilfe gegen ihre Feinde und besuchten die Gräber der Märtyrer.

Offensichtlich erkennen die Intifadaführer gewisse Vorteile darin, den *Shabbab* eine Mixtur aus palästinensischer Mythologie und Islam einzuflößen, um dann entsprechende Ergebnisse auf ihren Schlachtfeldern zu erzielen. In Breij funktioniert das gut: Dasirs Augen leuchten vor Hunger, Opferbereitschaft und Frömmigkeit, und er freut sich auf die kommenden Kämpfe.

Am ersten Morgen des Generalstreiks sind Dasir und Mahmoud früh auf den Beinen und kümmern sich um die *Shabbab*. Schon jetzt lungern sie in Zweier- und Dreiergruppen an den Straßenecken, und in der Luft liegen Spannung und Vorfreude. Einige Jungen haben bereits die palästinensische Flagge an gut sichtbaren Stellen aufgehängt und frische Graffiti an die Wände gesprüht. Schwarze Rauchschwaden quellen aus den orangeroten Flammen brennender Autoreifen. Mahmoud wirkt selbstbewußt und ruhig und strahlt Verantwortungsgefühl aus. Er wirft Dasir bedeutungsvolle Blikke zu, der katzenartig zwischen den wartenden Jugendlichen umherschleicht und murmelnd Instruktionen und taktische Ratschläge gibt.

Jetzt nähern sich kleine Jungen dem hohen Müllberg, der Breij von dem israelischen Militärlager trennt. Sie beginnen damit, Steine zu werfen. Ältere Jungen schließen sich ihnen an und feuern ganze Salven von Steinen mit ihren Steinschleudern, den *Mugla*. Dann skandieren einige: »PLO! Israel *no*!« Bald erscheinen Soldaten in Kampfanzügen. Einige zielen und verschießen Tränengas, während die anderen nach nur einer kurzen Pause von dem Abfallberg hinuntergerannt kommen. Die *Shabbab* rufen »Allahu akhbar!« – »Gott ist groß!« –, ihr Geschrei ist zugleich Verteidigungs- und Angstgebrüll, dann drehen sie sich um und rennen los, verschwinden in den Seitengassen in ihren Wohnungen und greifen im Laufen nach Zwiebeln, aufgeschnittenen Zitronen oder Erfrischungstüchern, alles Gegenmittel gegen das überall wabernde Tränengas.

Später, als einzelne Bereiche des Lagers abgeriegelt und durchsucht werden, wird die Stille nur noch unterbrochen durch ein paar Schüsse, das Reifenquietschen dahinrasender israelischer Militärjeeps mit nicht richtig eingelegten Gängen und entfernte Kommandos auf hebräisch.

Nach einer Stunde sind die meisten Israelis verschwunden; jetzt kann man in Sicherheit von Haus zu Haus gehen und die Schäden inspizieren. Die Israelis haben das Haus von Nasser verwüstet, einem stämmigen Mann Anfang zwanzig. Er zeigt seinen Neffen, ein Baby. Es hat Quetschungen am Fuß, auf den ihm ein Soldat getreten ist. Nassers dicke Mutter führt uns in die kleine Küche, wo der Abfall auf dem Boden liegt. »Womit habe ich das verdient?« ruft sie.

Eine Nachbarin, eine alte Frau, kommt weinend herein. »Mir ist zum Lachen und zum Heulen!« ruft sie und bricht in hysterisches Gelächter aus. Nassers Bruder, ein bärtiger Mann, den die anderen wegen seiner Frömmigkeit scherzhaft »den Scheich« nennen, steht mitten im Raum, schwingt ein großes Fleischermesser und schreit: »Alle meine Kinder sollen in Kommandos gehen! Mit diesem Messer will ich die Juden töten!«

»Ich glaube nicht, daß Hitler so schlecht war wie diese Leute zu uns«, meint Nasser. »Glauben Sie mir, ich weiß es.« Er zieht ein Hosenbein hervor und zeigt auf ein Loch, wo ihn bei einer früheren Gelegenheit einmal ein Schuß traf, und auf eine Narbe am Haaransatz, wo eine zweite Kugel seine Augenbrauen streifte. »Ich habe einen Bachelorabschluß in Weltgeschichte.«

Im Haus seines Freundes ist der Schaden viel schlimmer. Usama ist ein dunkler, gutaussehender Mann in den Zwanzigern und Kettenraucher. Er ist erst vor kurzem nach einem Ingenieurstudium in Italien nach Breij zurückgekehrt. Wie Sami geriet auch er gleich nach der Ankunft in den Strudel der Intifada. Jetzt ist eine Katastrophe über ihn hereingebrochen, und er und seine Brüder werden von Soldaten gesucht. Usama sagt nicht, warum, außer daß »Verräter« im Spiel gewesen sein müssen. Bei dem letzten israelischen Einsatz einige Tage zuvor waren er und seine Brüder nicht zu Hause, nur seine sechzigjährige Mutter.

»Sie suchten hier nach uns und forderten meine Familie auf, herauszukommen. Ein Soldat schlug meine Mutter auf Kopf und Bauch. Sie blutete aus dem Mund und starb innerhalb von fünf Minuten«, berichtet Usama.

Als könne er es immer noch nicht fassen, beschreibt Usama dann, wie die Soldaten später nochmals zurückkehrten und alle Schlösser an Türen und Fenstern aufbrachen; sogar die Stühle hätten sie zertrümmert. Er führt uns in einen Raum und zeigt auf einen leeren Vogelkäfig mit offener Klappe – Singvögel züchten gehört zu den beliebtesten Hobbys der Gaza-Bewohner – : »Sie kamen hier herein und ließen unsere Kanarienvögel frei. Wir hatten achtzehn Stück.«

Weil sie wissen, daß die Soldaten immer noch nach ihnen suchen, schlafen Usama und seine Brüder nicht mehr zu Hause, sondern verstecken sich bei Freunden. Wie jemand, der auf der Flucht ist, ist er heute nur kurz nach Hause gekommen, um nach seiner Familie zu sehen. Ein weiterer herber Schlag: Usama wollte diese Woche heiraten, aber jetzt ist die Hochzeit auf unbestimmte Zeit verschoben.

Wieder draußen, zeigen uns ein Gestank nach verbrannten Autoreifen und die schwarze Asche auf den schmutzstarrenden Straßen von Breij, wo heute die Kämpfe wüteten. Runde, schwarze Tränengaspatronen aus Gummi liegen überall herum wie überreife Früchte, und kupferne Patronenhülsen sind verstreut wie Zigarettenkippen. Von den Stromkabeln über uns hängen Dutzende ineinander verhedderte Fahnen wie Spielzeugdrachen: die verbotene grün-schwarz-rote palästinensische Flagge und die schwarzen Fahnen des Dschihad –

die *Shabbab* hatten sie durch Seile mit Steinen beschwert und dort hinaufbefördert. Überall auf den Wänden finden sich Graffiti in schön geschwungenen arabischen Schriftzeichen, die stumm die Menschen zu Aktionen aufrufen.

Dasir, der mit allen anderen verschwunden war, als die Soldaten kamen, taucht jetzt wieder auf. Mit breitem Grinsen fragt er: »Na, wie fandet ihr's? Das war doch eine gute Demonstration, oder?«

Ebenso, wie sie ihr eigenes Leben mythologisiert haben, verpassen die Palästinenser auch ihren Feinden ein überlebensgroßes Image. Gerade eben – Sami trinkt Tee in einem Haus an der Hauptstraße nahe Breij – rast ein Konvoi aus israelischen Militärjeeps heran, die einen gelben Landrover eskortieren. »Das war Rafi, dort in dem gelben Jeep«, meint Sami. Rafi ist der verhaßte Kommandeur der israelischen Truppen in diesem Gebiet. Alle *Shabbab* nennen ihn nur bei seinem Vornamen, mit der Art von Vertraulichkeit, die nur wahren Feinden vorbehalten bleibt. Einige von ihnen spekulieren, daß er gar kein Israeli ist, sondern Mitglied der Religionsgemeinschaft der Drusen, von denen viele mit den Israelis zusammenarbeiten und deren Männer berüchtigt sind für ihre Brutalität. Sami nennt Rafi einen Faschisten, einen Sadisten, der es liebt, Palästinenser »eigenhändig« zu verprügeln.

Ob das stimmt oder nicht, Rafi ist für die *Shabbab* eine wichtige Persönlichkeit, obwohl er nur *ein* Mitglied des Pandämoniums der Breij-Bewohner ist. Noch viel furchteinflößender sind die israelischen Siedler, jene paramilitärischen Zivilisten, die auf provokative Weise und unter dem Schutz des israelischen Militärs große Teile von Gaza und dem Westjordanland besetzt haben. Die Präsenz dieser Siedler in Gaza nährt die Furcht der Palästinenser, daß ihnen Israel früher oder später ihr gesamtes Land wegnehmen und sie sogar noch aus den besetzten Gebieten vertreiben wird. Unterdessen machen die Siedler wenig Anstalten, etwas an ihrem furchterregenden Image zu ändern: Wenn sie durch Gaza fahren, schwenken sie automatische Waffen, und ihre Häuser sind wahre Festungen, ständig von Patrouillen bewacht und mit Stacheldraht umgeben.

Verständlicherweise halten die Palästinenser die Siedler für kaum etwas anderes als Soldaten in Zivilverkleidung und als solche für legitime Ziele ihrer Steine und Molotowcocktails. Auch feindliche Begegnungen zwischen den beiden Gruppen sind keine Seltenheit, wobei jeder einzelne Vorfall die bereits in den Köpfen der Palästinenser verwurzelte Dämonologie um ein weiteres Element vergrößert.

In Breij erzählt uns ein neunjähriger Junge, Riad, wie er einmal von Siedlern »gekidnappt« wurde. Als Sohn eines bekannten PLO-Kommandoaktivisten, der wegen terroristischer Aktivitäten siebzehn Jahre in einem israelischen Gefängnis gesessen hat, war Riad bereits eine bekannte Persönlichkeit im Lager, doch jetzt ist er wirklich berühmt und hat eine eigene Heldentat vorzuweisen. Er hat sich schon daran gewöhnt, daß er von seiner Famile wie ein preisgekrönter Rassepudel neugierigen Besuchern vorgeführt wird.

Wie die Geschichte so vieler anderer wurde auch die Riads bereits in die volkstümliche Folklore von Breij eingewoben, die Teil des entstehenden Schöpfungsmythos von Palästina ist. Während der Junge ausdruckslos und still gehorsam inmitten der Runde Erwachsener steht, erzählt sein Großvater, was an jenem Schicksalstag geschah.

»Ich saß draußen vor dem Haus und aß zu Mittag; der Junge spielte in der Nähe«, beginnt der Mann, der die weiße Kopfbedeckung eines Hadschis trägt, als Zeichen, daß er einmal eine Pilgerfahrt nach Mekka unternommen hat. »Ich kümmerte mich um ihn, weil sein Vater zur Arbeit war. Drei Siedler in Zivil kamen von der Hauptstraße herangelaufen. Sie standen am Tor. Zuerst begrüßte ich sie, weil ich dachte, daß sie vielleicht anders als die anderen seien. Aber zwei von ihnen hatten Pistolen und einer ein Gewehr, mit dem sie dann gleich vor uns herumfuchtelten und auf hebräisch herumschrien. Sie griffen sich Riad. Ich fragte: ›Was macht ihr hier? Wenn der Junge etwas angestellt hat, werde ich ihn selbst bestrafen!‹, und ich versuchte, ihn wieder zu befreien.

Aber sie zielten auf mich und meinten: ›Laß los oder wir schießen!‹ Dann liefen sie wieder zur Straße und nahmen den Jungen mit.«

Hier macht der Großvater eine Pause, ist sichtlich bewegt. Dann meint er eindringlich, als ob er seine Zuhörer anflehen wolle, ihm zu glauben: »Ich *habe* versucht, ihn zu befreien, aber es ging nicht.«

Er lief zum Telefon, um die Polizei anzurufen. Da sah zufälligerweise ein weiterer seiner Söhne, der in der Nähe der Hauptstraße arbeitete, die Siedler mit dem Jungen, und er und andere begannen, laut zu schreien und ihnen nachzurennen. Aber sie konnten sie nicht mehr einholen. Als die Siedler mit Riad davonfuhren, merkte sich der zweite Sohn das Kennzeichen des Autos. Rasch waren die Behörden zur Stelle, erfuhren von der Entführung und bekamen die Autonummer.

Bald kam die Nachricht von einem der Gaza-Grenzübergänge, daß der Wagen angehalten und Riad wohlbehalten war. »Wir hatten schon nicht mehr damit gerechnet, das Kind wiederzusehen«, sagt einer von Riads Onkeln. »Wir dachten, sie würden ihn sicher umbringen, wenn man sie faßt.«

Die Vermutung der Familie, ihr Sohn werde dafür umgebracht, daß er Steine auf das Auto der Israelis geworfen hatte – dessen hatten die Siedler ihn offenbar beschuldigt –, zeigt, wie stark die negativen Einstellungen in den Köpfen der Palästinenser bereits die Oberhand über rationale Wahrnehmungen gewonnen haben. Aber die Dämonisierung ihrer Feinde stellt auch eine wichtige Quelle des Selbstvertrauens für die Jungen dar, die gegen die Israelis kämpfen. Wenn sie das Schlimmste über die Israelis annehmen, fällt es ihnen leichter, noch drastischer gegen sie vorzugehen; wenn eines Tages die *Shabbab* aufgefordert werden, nicht mehr nur Steine zu werfen, sondern zu töten, dann werden sie es ohne Bedenken tun.

In Breij erwachen ebenso wie in den Polisario-Lagern der Westsahara tagtäglich junge Krieger mit einem unguten Gefühl und spüren das Gewicht ihrer eigenen Verantwortung, denn sie wollen Geschichte schreiben für Menschen, die eine

Zukunft suchen ebenso wie eine Vergangenheit. Sie leben auch in dem Wissen, daß ihr Schöpfungsmythos mit jeder durchgeführten Aktion wächst – der Mythos neuer Staaten, die um ihre Geburt kämpfen müssen.

Dieser Prozess der Selbsterfindung ist lebenswichtig und versorgt die Guerillas mit einem Zusammengehörigkeitsgefühl, einem machtvollen Drang, ihren Kampf weiter fortzuführen. Ohne eine Vergangenheit – oder, wie im Fall der vertriebenen Palästinenser oder Sahraouis, sogar ohne eine Heimat – gibt es auch keine Zukunft, und so müssen die Guerillas zumindest ihre eigene Geschichte besitzen. Ob korrekt oder mystisch überhöht, in jedem Fall sind all diese Geschichtsschreibungen der Fundus für ihre kulturelle Identität und damit ebenso wichtig für ihren Kampf wie ihre Waffen.

2

Parallele Welten

Auf den ersten Blick scheint Las Flores ein Dorf wie alle anderen in El Salvador. Alte Männer mit Strohhüten spielen Karten auf der Schwelle eines verfallenden Hauses an der Ekke des Marktplatzes. Im sengenden Sonnenlicht streunen Hühner, Enten und Schweine über die groben Kieselsteine und wühlen nach Futter.

Mehrere Jungen spitzen durch die offenen Läden einer einfachen Zahnklinik, wo eine junge Frau auf einer Trage liegt, den Mund für den Zahnarzt sperrangelweit geöffnet. Ein Liebespaar spaziert Hand in Hand auf eine Bank in der Mitte des Platzes zu, um sich dort einer Illusion von Privatheit hinzugeben – sie sind außer Hörweite, und doch zugleich sichtbar für das ganze Dorf.

San José de las Flores liegt am Fuß einer Reihe grüner Hügel, auf denen Mais angebaut wird. Etwa fünfzig Häuser umstehen den großen, kiesbedeckten Platz. Am einen Ende steht eine weißgekalkte Kirche mit alten hölzernen Torbögen und einem Glockenturm. Eine Königspalme wächst aus den Steinen in der Nähe der Kirchentreppen. Nicht weit davon hat einmal der Rotary Club eine Pyramide aus Zement errichtet. Um sie herum stehen Sitzbänke.

Die Mitte des Platzes bildet ein Basketballfeld mit Betonboden. Ein einzelner ausladender Baum überwölbt eine Ecke, der Rest des Feldes liegt jetzt voller ausgerissener Bohnenpflanzen, die dort zum Trocknen in der Sonne ausgebreitet sind. Gegenüber beschützt ein Dach aus roten Ziegeln auf

Holzpfeilern eine handbetriebene Maismühle und einen gewölbten Lehmofen. Hier stellen sich jeden Morgen die Frauen und Mütter von Las Flores an. Jede von ihnen hat eine blaue oder rote Plastikschale voller leuchtend gelber Maiskörner, die zu Mehl für Tortillateig vermahlen werden sollen. Die Lehmhäuser um den Platz haben niedrige, mit roten Ziegeln überdachte Hauseingänge auf Holzpfeilern. Wenn sie überhaupt angestrichen sind, dann weiß mit braunen Tür- und Fensteröffnungen, oder in jenem scheußlichen Anstaltsgrün, das seine letzte Ruhe in Lateinamerika gefunden zu haben scheint. Von den vier Ecken des Platzes gehen Straßen ab, die bald zu schmutzigen Wegen werden, um sich in den Wäldern und Feldern ringsum zu verlieren.

Ein Fahrweg aus dunkelrotem Vulkanstaub windet sich von der Provinzhauptstadt Chalatenango herauf und endet hier. Hinter Las Flores steigt das Land in zerklüftete Hügel an, um dann wieder zum Fluß Sumpul hin abzufallen. Am anderen Ufer liegt Honduras. Las Flores ist das Ende der Welt.

Trotz des ersten Eindrucks ist irgend etwas in Las Flores anders. Wenn ein Fremder kommt, laufen ihm die Kinder *nicht* sofort entgegen, sie stellen keine Fragen und betteln nicht um Süßigkeiten. Niemand nähert sich. Die Leute grüßen kurz mit der Hand und schauen weg, als hätten sie kein Interesse. Und sie drehen sich auch nicht nach dem Besucher um.

Fremde werden in Las Flores nicht sofort willkommen geheißen. Die Dorfbewohner stellen sich nicht vor und fragen auch den Fremden nicht nach seinem Namen, woher er kommt oder wohin er will. Dabei ist die Atmosphäre nicht unfreundlich. Man ist eher vorsichtig; man spricht mit gedämpfter Stimme, und selbst wenn der Platz brummt vor Gesprächen, bekommt der Fremde doch nicht mit, worüber gesprochen wird.

Selbst bei den unschuldigsten Alltagsbeschäftigungen – Feuerholz sammeln, Wasser schöpfen, Mais mahlen – scheinen die Leute von Las Flores eine spezielle Haltung auszustrahlen. Ihr Verhalten drückt aus, daß alles, was sie machen, überlebenswichtig ist. Es ist, als hätte man auf der leeren Piste hierher eine unsichtbare Grenze überschritten.

Und das ist tatsächlich der Fall. Die Reise nach Las Flores hat uns in eine andere, eine Parallelwelt geführt, an einen Ort, der vollkommen anders ist als der, den wir gerade verlassen haben, und doch neben diesem existiert. Die Bewohner hier leben nach ihren eigenen Gesetzen, ihrer eigenen Ideologie, in einem Zustand der ständigen Rebellion gegen die Welt dort draußen.

Wann immer Giovanni nach Las Flores kommt, kommt er zu Fuß von der Straße, die am *Comedor popular* entlangführt, und taucht leise auf der Plaza auf. Mit seinem sorgfältig gekämmten Schnurrbart und seiner dunklen Brille wirkt er wie ein Intellektueller. Er ist ein Mestize, aber sein dickes schwarzes Haar und seine dunkle Haut zeigen, daß die meisten seiner Vorfahren Indios waren.

Melida, ein schüchterner Teenager, begleitet Giovanni überallhin, hält aber wie ein Schatten immer ein paar Schritte Abstand. Sie ist klein und stämmig und hat langes, kastanienbraunes Haar. Sie trägt ein Funkgerät bei sich. Gelegentlich spricht sie etwas hinein, empfängt eine Botschaft oder richtet die lange Antenne.

Giovanni hat immer etwas zu tun. Geschäftig schreitet er auf der Plaza auf und ab und spricht oder verhandelt hier und da. Oft kommen andere auf ihn zu; manche stecken ihm diskret sorgfältig gefaltete kleine Zettel zu. Dann bleibt er jedesmal stehen, faltet das Papier auseinander und liest die Nachricht. Die Boten warten geduldig, betrachten still sein immer ausdrucksloses Gesicht. Wenn er zu Ende gelesen hat, faltet er die Zettel wieder sorgfältig zusammen und steckt sie in einen Plastikbeutel in seiner Hemdtasche. Nach ein paar Worten an den Boten geht er weiter.

Man kann nur schwer sagen, was Giovanni genau macht oder wer er ist. Niemand in Las Flores scheint seinen vollen Namen zu kennen: nur »Giovanni«, keinen Familiennamen. Sie wissen auch nichts über seine Familie oder sonst etwas über ihn, denn Giovanni stammt nicht aus Las Flores. Er wohnt noch nicht einmal hier, aber kommt her, wann immer er will – kurze, unangekündigte Besuche, immer mit Melida an seiner Seite.

Für diese Geheimniskrämerei gibt es gute Gründe: Las Flores ist das Nervenzentrum einer der ältesten revolutionären Fronten im salvadorianischen Bürgerkrieg. Hier in der Provinz Chalatenango, zwei Autostunden von der Landeshauptstadt San Salvador entfernt, haben die Guerillakämpfer der *Frente Farabundo Martí para la Liberación Nacional (FMLN)* Zuflucht gefunden und harren während des nun schon über zehnjährigen Kriegs gegen die von den USA unterstützte Armee ihres Landes aus. Der Herrschaftsbereich der Regierung endet zwölf Kilometer von hier, an einer Straßensperre des Militärs am Stadtrand von Chalatenango.

Die Hügel rund um Las Flores gehören zum Gebiet der *Fuerzas Populares de Liberación (FPL)*, der orthodoxesten marxistischen Untergruppe der fünf Fraktionen, die zusammen die Koalition der FMLN bilden. Obwohl die FPL im ganzen Land aktiv ist, bildet das Hinterland von Chalate mit seinen steinigen kleinen Maisfeldern und Schweinefarmen das eigentliche Kerngebiet der Gruppe, und Las Flores war immer schon ihr Zentrum. Einmal erklärten die Guerillas Chalate etwas voreilig zum »befreiten Gebiet« und nannten es halb scherzhaft schon »Volksrepublik Chalatenango«.

Inzwischen sind alle etwas reifer und durch die Jahre im Busch gemäßigter geworden, und die Guerillakämpfer sind über solche rhetorischen Triumphgesten hinausgewachsen. Dennoch betrachten sie das Gebiet auch weiterhin als »unter ihrer Kontrolle«. Und diese Bezeichnung ist auch durchaus berechtigt. Außer bei den regelmäßigen Operationen der Armee, während deren sich die Guerilleros in die Wälder zurückziehen, ist die FPL tatsächlich die Autorität in der Region.

Die Autorität der Guerillas wird durch Menschen wie Giovanni repräsentiert. Giovanni ist ein dienstälterer Offizier, zu dessen Aufgaben auch die Überwachung der Werkstätten gehört, in denen die FPL ihre eigenen »Volkswaffen« herstellt. Melida ist seine *Radista*, seine Helferin. Ihre Gesichter mögen den Einwohnern von Las Flores zwar bekannt sein, aber ihre wahre Identität bleibt ein Geheimnis. »Giovanni« ist ein

Nom de guerre, ein Kriegsname, ein Pseudonym, ebenso wie »Melida«. Falsche Identitäten sind in Las Flores nichts Ungewöhnliches, denn die Leute hier bilden eine Gemeinschaft, deren Überleben vom Verbergen der wahren Identität und der eigenen Vergangenheit abhängen kann. Wie der Ort San José de las Flores mit seiner Fassade eines »zivilen Dorfes« pflegen auch die Menschen, die hierherkommen, eine gewisse diplomatische Fassade, was ihren Aufenthaltszweck betrifft. Und das Weitergeben der Zettel ist nichts anderes als das geheime Untergrundpostsystem der Guerillas, der *Correo*, welchen die Feldkommandanten zur Weiterleitung von Nachrichten verwenden.

Die Guerillas haben ihre Lager überall im Wald hinter Las Flores aufgebaut. Innerhalb von Minuten können sie packen und verschwinden und sämtliche Utensilien ihrer vollständig im Untergrund lebenden Gemeinschaft mitnehmen: Feldlazarette, Radiosender, eine Druckmaschine für Untergrundpublikationen und sogar Werkstätten für Waffen und Munition sowie Waffenlager.

Im Laufe der Jahre sind die Guerillas immer wieder aus ihren Verstecken hervorgekommen und haben der Armee verheerende Schläge versetzt. Im Gegenzug hat die salvadorianische Armee mit massiver Brutalität geantwortet und versucht, die zivile Unterstützung der FMLN durch das »Austrocknen des Fischteichs«, wie sie es nannte, zu unterbrechen. Mit Orten wie Las Flores, die für die Guerillakämpfer praktisch wie ein Fenster zur zivilen Welt sind, waren die Partisanendorfbewohner zu den ersten Zielen der Regierungstruppen geworden. Schließlich wird in El Salvador nicht in erster Linie ein Krieg um Land geführt, sondern um die Köpfe und Herzen gewöhnlicher Einwohner – und unter den gewöhnlichen Einwohnern finden sich auch die meisten Opfer.

Die sogenannte *Counterinsurgency*-Taktik der Regierung zur »Aufstandsbekämpfung« reichte von Massenmassakern zu Beginn des Konflikts im Jahre 1980 bis zu unterscheidungslosen, flächendeckenden Luftbombardements zu Ende des Jahrzehnts. Mehr als 80 000 Menschen starben bisher in diesem Krieg, die meisten unbewaffnete Zivilisten. Sympathisanten der Guerilla – Politiker, Landbewohner, Priester, Gewerkschafter, Studenten und Lehrer – wurden immer wieder festgenommen, gefoltert und dann von den »Todesschwadronen« der Regierung ermordet. Ihre Leichname wurden entweder in der Öffentlichkeit liegengelassen oder »verschwanden« völlig. Von den fünf Millionen Einwohnern El Salvadors sind mindestens 500 000 aus dem Land geflüchtet, während eine weitere Million Flüchtlinge im eigenen Land sind und durch die Kämpfe aus ihren Häusern vertrieben wurden.

Etwa drei Kilometer außerhalb von Las Flores befindet sich jener Ort in der Nähe des Sumpul-Flusses, wo die salvadorianische Armee an einem einzigen Tag im Jahre 1981 etwa sechshundert zivile Einwohner massakrierte. Nach El Sumpul, wie die Leute aus der Region heute diesen ungeheuerlichen Vorfall nennen, flohen die Menschen aus der Gegend von Las Flores nach Honduras und überließen ihre Häuser den Grillen, Schlangen und den Scharmützeln zwischen der Armee und den Guerillas. In den 1980er Jahren war Las Flores überwiegend eine Geisterstadt.

In den Augen der Regierungstruppen drückt ein Zivilist allein dadurch, daß er in einer Guerillazone lebt, bereits seine Solidarität mit dem Feind aus, ein »Verbrechen«, auf das die Todesstrafe steht. Zumindest war das früher einmal so. In der letzten Zeit haben die Aktivitäten der Armee nachgelassen: ein Ergebnis der kaltblütigen Recherchearbeit von Menschenrechtsaktivisten, Kirchenoffiziellen, Journalisten – und der neuen Gesetzgebung des US-Kongresses, der jetzt als Gegenleistung für den ununterbrochenen Fluß lebenswichtiger Militärhilfe gewisse Zeichen von Wohlverhalten verlangt. Morde und sogar Massenmorde an Zivilisten kommen immer noch vor, aber nicht mehr so häufig oder so beliebig wie früher.

Diese etwas entspanntere Atmosphäre gab den Flüchtlingen zumindest ein minimales Sicherheitsgefühl, so daß sie langsam einer nach dem anderen wieder nach Hause zurückkehrten. 1987 erlaubte die Regierung widerstrebend einer größeren Zahl von Menschen die Rückkehr, auch als einen Versuch, ihr stark ramponiertes Menschenrechtsimage etwas zu verbessern. Jetzt leben einige hundert Menschen offen in Las Flores und ein paar Weilern in der Nähe, nachdem sie mit Unterstützung der katholischen Kirche, internationaler Hilfsorganisationen und natürlich der FMLN wieder eine – wenn auch bescheidene – Lebensgrundlage gefunden haben. Dies sind keine gewöhnlichen Leute, sondern Bauern, deren Leben sich in den ersten zehn Jahren des Krieges dramatisch verändert hatte. Die meisten erlebten fürchterliche persönliche Tragödien. Einige sind Überlebende von Massakern wie El Sumpol, die in den armseligen Flüchtlingslagern in Honduras Zuflucht gefunden hatten. Andere waren jahrelang innerhalb von El Salvador auf der Flucht, verbargen sich vor der Armee, um zu überleben, suchten ihre Nahrung im Busch und hausten in Höhlen. Die meisten sind glühende Unterstützer der FMLN, sie sind die Leute, die man hier »las masas« nennt, die Massen, das einfache Volk.

Wenn die Armee könnte, würde sie diese »Volkskommunen« auslöschen, wie sie es früher auch tat, als die FMLN noch nicht so stark war und ihre zivilen Anhänger noch nicht verteidigen konnte. Doch während die Bewohner von Las Flores zwar immer noch an den Rand gedrängt und oft drangsaliert werden, jagt man sie doch nicht mehr wie Hunde. In El Salvador ist dies ein bedeutender Wechsel zum Besseren. Dies ist der Grund, warum die Menschen in Las Flores so stolz und triumphierend davon sprechen, »ihre Häuser wiedererobert« zu haben.

Die Bindungen der Einwohner von Las Flores zur FMLN sind tief, und wenn das Dorf auch auf den ersten Blick reichlich normal erscheint, beweist ein näherer Blick rund um die Plaza etwas anderes: Überall prangen schwarz-rote Graffiti: ORGANISIERT EUCH FÜR DEN KAMPF; KÄMPFT FÜR DEN SIEG – FMLN. Überall sind Wände von Maschinengewehrsalven übersät oder durchschossen, dort wo eine Rakete oder ein Mörsergeschoß einschlug. An einem Eckhaus hat eine explodierende Bombe ein Bild wie die Kriegsflagge von Japan auf der Fassade hinterlassen: vom Einschlagszentrum gehen Schrapnellspuren nach außen wie tanzende Flammen.

Zu beiden Seiten des Kirchentores prangt das mit einer Schablone gefertigte Schwarzweißbild des Märtyrers Erzbischof Oscar Arnulfo Romero, einer Ikone der salvadorianischen Linken. Mit der Darstellung seines Bildes an einem so prominenten Ort stellt sich die Kirche offen auf die Seite »des Volkes«: Zu seinen Lebzeiten vertrat Romero die katholische Lehre der Theologie der Befreiung, die sich für revolutionäre soziale Veränderungen zugunsten der Armen stark macht.

Ein anderes Anzeichen für die Existenz der *Compas*, wie hier jeder die Guerilleros nennt – eine Abkürzung für *Compañeros* (Gefährten, Genossen) –, ist, daß sie ein Alkoholverbot durchgesetzt haben. Dies ist eine Maßnahme, mit der sie zum einen ihre Autorität unterstreichen und zugleich erreichen wollen, daß die Menschen einen klaren Kopf behalten, um sich auf die Revolution zu konzentrieren. Die einzige frühere Alkoholverkaufsstelle ist mit Brettern vernagelt; auf ihrer Fassade prangt noch das Bild eines bunten, glutäugigen Hahns, das Symbol für das einheimische *Aguardiente*, ein »Feuerwasser« namens Tic Táck. So erklärt es sich, daß es auf der Plaza von Las Flores keine Betrunkenen gibt. In jedem anderen Dorf sieht man dagegen bei Tag und Nacht eine ganze Reihe stinkender, aufgedunsener Trinker mit dunkelroten Gesichtern, *Bolos*, die zusammengekrümmt auf den Kirchentreppen ihren Rausch ausschlafen. Fast jeden Morgen kann man sie dort antreffen, mit dem Rücken gegen das große, schwere Kirchentor gelehnt. Wenn die Kühle der Morgendämmerung der Wärme der Morgensonne weicht, überblicken sie von dort aus die Plaza.

Selbst der Name des *Comedor Popular Nuevo Amanecer* (»Volksküche zur Neuen Morgendämmerung«) ist nicht ganz unschuldig. Bei der rustikalen Kantine handelt es sich um eine von der Guerilla gesponserte Suppenküche für die

Compas. Hier erhalten sie Verpflegung, wenn sie in der Stadt sind, und haben sogar Kredit, wenn sie wollen. Die Revolution ist ein guter Kunde und zahlt immer ihre Rechnungen. Zwei Türen weiter kümmert sich ein Kindergarten um die Kleinen der Guerilleros. Mehrere Mädchen im Teenageralter versorgen tagsüber zwei Dutzend Kinder, wiegen die Kleinsten in regenbogenbunten Hängematten in den Schlaf und geben sie am Abend wieder zurück: aber nicht ihren Müttern, sondern ihren Großmüttern.

Diese alten Frauen halten Las Flores tatsächlich am Laufen, indem sie die Alltagsgeschäfte für ihre Töchter und Söhne erledigen, die »an der Front« sind, jenem nur schwer zu bestimmenden Kriegsschauplatz, der immer woanders ist, vielleicht am anderen Ende des Landes, vielleicht gerade in den Wäldern kurz hinter dem Dorf. Nur gelegentlich, wenn die Lage ruhig und die Armee nicht in der Nähe ist, können ihre erwachsenen Kinder selbst herkommen, sich sehen, lieben und mit ihren Babys spielen.

Ebenso, wie die »Mütter« von Las Flores meist alte Frauen sind, sind die einzigen männlichen Einwohner entweder Jungen unter zehn oder Männer über fünfzig Jahren. Alle jüngeren Männer, die zu sehen sind, tragen die Uniform der FMLN. Las Flores kann im einen Moment völlig leer sein, und im nächsten schleppt sich eine verschwitzte Kolonne von *»los muchachos«*, den Jungs, leise durch den Ort, um dann auch gleich wieder zu verschwinden.

Während die jungen Leute kämpfen, kümmern sich die alten um die Äcker und verbringen den größten Teil des Tages auf den Mais- und Bohnenfeldern auf den Hügeln rund um das Dorf. Hier hat die soziale Revolution der FMLN bereits stattgefunden. Wenn die Gemeinschaftsarbeit getan ist, gehen die alten Männer für eine oder zwei Stunden auf ihr eigenes Stück Land und schlurfen dann zurück zur Plaza. Müde und schmutzig gehen die meisten sofort zum Waschen und Schlafen nach Hause und fallen todmüde in ihre Hängematten. Wer noch genug Energie hat, spielt in der Abenddämmerung vor dem Comedor popular mit Freunden Karten.

Das Leben ist gemeinschaftlich, sozialistisch. Das macht auch die Atmosphäre in und um Las Flores so einzigartig. Die Menschen hier leben ein Ideal, das so nur im Schutz der Waffen der FMLN möglich ist. Während des Krieges haben die *Compas* und ihre Leute sich einen Platz zum Leben nach ihren eigenen Vorstellungen erkämpft, selbst wenn sich damit noch nicht all ihre Träume vom Beginn der Revolution erfüllt haben – damals glaubten sie, daß ihnen bald das ganze Land gehören würde. Immerhin haben sie jetzt auch schon etwas erreicht.

»Haroldo« verfolgt die Sendungen des Untergrundradios Farabundo Martí seit zehn Jahren. Vor dem Krieg war der langsam kahl werdende, bebrillte Intellektuelle Mitte Dreißig ein junger Dichter von beträchtlichem Ansehen. Auch während seiner Jahre in den Bergen hat er immer weitergeschrieben und auch publiziert – allerdings unter seinem richtigen Namen, nicht unter seinem *Nom de guerre*.

Trotz seiner tiefen Hingabe an die Revolution sehnt sich Haroldo offen nach der Welt jenseits von *La Montaña*, jenseits der Berge. In El Salvador ist *La Montaña* viel mehr als nur »die Berge« – es ist der Ort, wo die Guerillas sind, wo die Revolution stark ist; sie sind die »andere Realität« des Landes. Doch Haroldo klagt über die Trennung zwischen seinem heimlichen Leben auf dem Lande und der von der Regierung gehaltenen Stadt, wo er aufwuchs, zwei Welten, die, mit seinen Worten, »so unterschiedlich sind wie Wasser und Luft«.

»Unser Gemeinschaftsleben hier hat mehr mit unserer Vorstellung von der Welt zu tun, aber es ist nicht in jeder Hinsicht besser. Wir brauchen einander, weil wir eine neue Gesellschaft aufbauen möchten, und dafür brauchen wir ziemlich viel von *diesem* Leben hier, aber auch eine Menge von *dem* dort. Wir versuchen, Wege zwischen den beiden Welten zu öffnen, nicht, uns ein eigenes Landidyll zu erschaffen. Wir wollen das ganze Land aus seiner Misere befreien, es soll keine Grenzen mehr im Land geben.«

Solange dieser Krieg andauert, hat Haroldos »neue Gesellschaft« jedoch nur dort eine Chance, wo die *Compas* offen agieren können, wie in Las Flores. Bei all seinem Wunschdenken über eine ungeteilte Zukunft für sein Land wird noch viel passieren müssen, bevor eine Vereinigung dieser beiden parallelen Welten zustande kommen kann. Die Menschen, die den Krieg zusammen mit den *Compas* oder als Flüchtlinge verbracht haben, unterscheiden sich sehr von denen, die in den Städten geblieben sind. Ob es Haroldo gefällt oder nicht, es gibt innere Grenzen im Land, und sie sind ebenso physischer wie psychologischer Natur.

In Chalatenango liegt die physische Grenze zwischen den Welten an der Straßensperre der Armee am Ende der Piste von Las Flores. Nach dem Krieg wird dieses Hindernis entfernt werden, aber die Distanz zwischen den Leuten auf beiden Seiten dieser Linie wird weiterbestehen. Haroldo macht sich Gedanken darüber, wie man den Lebensstil der *Compas* auch jenseits der Grenzen von Chalate propagieren und ihn für alle in einem wiedervereinigten Nachkriegs-El-Salvador Wirklichkeit werden lassen kann. Unterdessen geht der Krieg weiter, und für die *Compas* ist es eine Frage des Überlebens, einen Ort für sich zu haben.

Den ganzen Tag brennt die Sonne auf die Plaza. In der Hitze scheint das Dorf wie verlassen, doch das Leben geht in den kühlen Innenräumen der Häuser von Las Flores weiter. Nachmittags ist die Luft heiß und stickig, und die Plaza liegt totenstill, während das Dorf Siesta hält.

Aber es ist Ende Juli, der Beginn der Regenzeit, und plötzlich erscheinen dicke Gewitterwolken am Himmel. Von Minute zu Minute werden sie größer, bis der Himmel die Farbe von Blei annimmt, und dann prasselt unter kräftigem Donnern der Regen herunter und überspült die Plaza. Die Enten und Hühner kommen heraus, um in den Pfützen zu planschen, und das Dorf liegt ganz still da; man hört nur noch den Regen und das abziehende Donnergrollen. Dann kommt wieder ein frischer, kühler Wind auf und trägt den Geruch von Waldbränden heran und das Aroma von Süßmais und kräftigen Kaffeebohnen, die auf offenen Feuern geröstet werden.

In der Kühle der Dämmerung erwacht das Dorf zu neuem Leben. Die Leute kommen vor die Tür und halten ein Schwätzchen auf der Schwelle. Bald ist auch die Plaza voll von laut miteinander redenden Leuten; sie sind aufgeregt wie ein Theaterpublikum vor Beginn der Vorstellung. Doch Hauptdarsteller auf der Bühne hier ist eine zerzauste, freudig kreischende Kinderschar auf einem Sandhaufen in einer Ecke des Basketballfelds. Einer der Jungen springt immer wieder in die Luft und zeigt den anderen ein paar Kung-Fu-Tritte, die er mit schrillem Kriegsgeschrei untermalt.

An manchen Abenden, während die lange Dämmerung die Plaza in rosa Farben taucht, spielen alle gemeinsam eine Art verrücktes Basketball – die Kinder gegen die Erwachsenen –, und der ganze Platz tobt von den frenetischen, aufgekratzten Rufen und stampfenden Füßen der spielenden Menschen. An anderen Abenden setzt jemand den einzigen Generator des Dorfes in Gang, und die wenigen nackten Glühbirnen an den Leitungen um die Plaza beginnen zu leuchten. Auf einen Tisch auf der Veranda vor dem Comedor popular wird ein Fernsehgerät gestellt, und dann versammeln sich alle wie Nachtfalter an einer Laterne vor seinen rauschenden Bildern. Als erstes kommen immer die Abendnachrichten aus der Landeshauptstadt San Salvador, dann eine Seifenoper, eine dieser pompös-farbenprächtigen Telenovelas aus Mexiko oder Brasilien, melodramatische Familiensagas, welche die Abgründe von Gut und Böse ausloten, wobei die Figuren entweder unermeßlich reich oder hoffnungslos arm sind. Die Dorfbewohner schauen unkritisch, völlig in Trance, und in ihren Gesichtern spiegeln sich unwillkürlich all die übersteigerten Seufzer, Jauchzer und finsteren Blicke der Schauspieler.

Eines Nachts gibt es Tanz. Die Musik wummert aus einem tragbaren Lautsprecher, und jeder schiebt sich zu Creedence Clearwater Revival, der aktuellen Top-Gruppe, über die Plaza. Jugendliche Liebespaare kommen sich auf dem Basketballfeld näher, und ihre jüngeren Geschwister, die in den Ecken tanzen, imitieren ihre Bewegungen. Guerillakämpferjungs und -mädchen in schlecht sitzenden Uniformen tanzen mühsam in ihren Stiefeln, die Waffe über die Schulter gehängt. Gruppen schüchterner heranwachsender Mädchen schauen aus den Hauseingängen rings um die Plaza, umarmen einander, flüstern sich gegenseitig ins Ohr und kichern hysterisch, wann immer es ein Junge wagt, eine von ihnen anzusprechen.

Eines Nachmittags ist ein neues Geräusch über dem Gemurmel der Plaza zu hören: ein fernes, mechanisches Grollen wie von einem Preßlufthammer, das eine ganze Zeit andauert. Zuerst kümmert sich niemand darum, doch das Geräusch läßt nicht nach. Dabei ist es tatsächlich kaum wahrnehmbar und bildet eher einen bloßen Hintergrund für die anderen Geräusche auf dem Platz.

Dann bemerkt jemand in einiger Entfernung eine Rauchfahne. Die Leute stellen sich in Grüppchen zusammen und schauen genauer. Die Kartenspieler unterbrechen ihr Spiel, behalten aber ihr Blatt in den schwieligen Händen. Die Kinder verstummen und stehen von dem Sandhaufen auf. Die Frauen aus dem Comedor popular hören auf damit, ihre Tortillas zu kneten, und kommen auf die Straße; an ihren Händen klebt noch feuchtes Mehl. So versammeln sie sich in einer stummen Menge und starren über die mit roten Ziegeln gedeckten Dächer der Häuser an der Plaza hinüber zu den Hügeln, die das nächste Tal in etwa drei Kilometern Entfernung umgeben.

Dort, in der grünen Mulde unterhalb der Flanken der kahlrasierten Hügel, fliegt ein Kampfhubschrauber herum, im Kreis wie eine Libelle. Immer wieder gibt er Schüsse ab – aus großkalibrigen Maschinengewehren. Der Rauch und die dunklen, grauen Wolken werden immer stärker. Einer der alten Kartenspieler schaut genauer und meint, das sei nur eine Rauchbombe. Die Armee versucht, mit einem Hubschrauber ihre Soldaten von der Stelle zu evakuieren, wo sie von den *Muchachos* überrascht und eingekesselt wurden.

Inzwischen zieht der Hubschrauber seine dunklen Kreise immer enger am Boden und schießt und schießt. Der Rauch quillt unerbittlich und verdeckt bald die Gipfel der Hügel. Dann, plötzlich, hört das Brummen auf, und die mechanische Libelle ist weg. Der Rauch steht noch eine Zeitlang in der Luft und verzieht sich dann langsam in das letzte Blau des Tages.

Die Kartenspieler nehmen ihr Blatt wieder auf, die Kinder laufen wieder zu ihrem Sandhaufen, und die Frauen verschwinden wieder in der Küche, um noch ein paar Tortillas fürs Abendessen zu backen. Unter den dunklen Wolken hat sich die Plaza kaum abgekühlt. Nur kurze Zeit später ist es auch wieder warm, die Kinder schreien, die Männer lachen und machen gutmütige Scherze, und aus dem Inneren des Comedor popular klatschen die Hände der Frauen beim Schlagen des Tortillateigs.

Die Leute von Las Flores nehmen den Krieg als notwendiges Übel hin, aber sie sind sich der Eigentümlichkeiten ihres Lebens durchaus bewußt. An einem Morgen kommen ein paar junge Guerilleros mit Schaufeln und einer Schubkarre und laden Sand von dem Haufen am Basketballfeld auf. Eine alte Frau betrachtet unbeweglich diese hektische Aktivität. Sie weiß nicht, was die Männer tun, und weil sie es ihr nicht gesagt haben, fragt sie auch nicht. Lange Zeit schaut sie den *Compas* stumm zu. Schließlich blickt sie sich mißtrauisch um, hält eine Hand vor den Mund, um ihre Zahnlücken zu verbergen, und flüstert mit leiser, verschwörerischer Stimme: »Vielleicht ist es ja *geheim*!« Dann prustet sie plötzlich los und lacht über ihren eigenen Witz.

Die Revolutionäre haben ihren eigenen Humor, oft schwarz und voller Anspielungen. Er scheint zu ihrem Berufsethos zu gehören, ihrer Art und Weise, mit einem Leben umzugehen, das voll ist von Verlusten und Tragödien. Einer der lustigsten *Compas* ist Jacínto, ein schlaksiger Typ Mitte dreißig mit zerzaustem Bart. Er kommt nicht sehr oft in die Stadt. Aber wenn doch, dann saust er wie ein wirbelnder Derwisch bestens gelaunt um die Plaza, reißt Witze, umarmt andere Leute wie Teddybären und fragt, wie es ihnen und ihren Familien geht.

»Vergón, vergón«, ruft Jacínto fröhlich, wann immer jemand eine gute Neuigkeit hat. »Vergón« kommt von »verga«, das männliche Geschlechtsteil, aber in salvadorianischem Slang ist es ein Ausruf des Wohlbefindens, wie im Amerikanischen »all right!« oder »cool!«.

»Hey, *Compa*! Gib deiner Frau einen Kuß von mir!« ruft er eines Abends einem gleichmütig dreinblickenden Landarbeiter zu, der sich gerade nähert. »Aber werd mir bloß nicht eifersüchtig!«

Der Bauer grinst gutmütig und gibt die passende Antwort: »Keine Angst, *Compa*. Schließlich gebe *ich* ihr den Kuß!«

In den späten 1970ern war Jacínto ein Protestsänger. Er spielte Gitarre und sang gegen die Regierung bei vielen der Demonstrationen, die schließlich in den Bürgerkrieg mündeten. Als dann die Repression des Militärs zu stark wurde, ging er in die Berge. Das war vor neun Jahren. Jetzt arbeitet er mit Haroldo und dem übrigen Team von Radio Farabundo Martí als Techniker.

»Ich würde gerne wieder singen und Gitarre spielen«, meint Jacínto versonnen. »Aber bei meinen ganzen Verpflichtungen bleibt mir zuwenig Zeit zum Üben, und meine Finger haben die Akkorde schon fast vergessen.«

Jacínto ist drei Tage nach Las Flores gekommen, auf Urlaub, zu dem ihn seine Kameraden fast genötigt haben; drei Monate war er ohne Unterbrechung im Busch und wirkt ein wenig erschöpft. Er lacht bei dem Gedanken, in Las Flores »Urlaub« zu machen. Und mit diesem Lachen ist sein Heimweh auch schon vergessen.

Nachts spannt Jacínto seine Hängematte in der Krankenstation auf. Auf den Dächern huschen Ratten hin und her, und der Regen läuft durch die klaffenden Löcher, welche die Mörsergranaten geschlagen haben. Wieder einmal zitiert er laut ein bittersüßes, tröstendes Sprichwort, mit dem die salvadorianischen Guerilleros sich selbst daran erinnern, *warum* sie dort sind, *wo* sie sind: »Wir sind wie Priester: ledig, aber nicht, weil wir es sein wollen; arm, aber nicht, weil wir ein Gelübde abgelegt haben; und wir haben

Gehorsam geschworen ... wegen des Krieges mußten wir das tun.«

Am nächsten Morgen beim Frühstück in der Volksküche setzt sich ein grauhaariger Kämpfer zu uns an den Tisch und erklärt mit geradezu weihevoller Stimme: »Hunger ist der beste Koch!« Jacínto grunzt: »Amen!«, und beide langen zu.

Dies ist ein weiterer Punkt, an dem Las Flores anders ist, worin sich seine Bewohner von anderen Gemeinschaften unterscheiden: Sie sind hier, um eine politische Aussage zu machen. Alles, was sie tun, hat einen Zweck, denn sie sind ein Volk im Krieg. Und die *Compas* können Witze reißen und für einen Moment leichten Herzens sein, dann aber bringen sie sich abrupt wieder mit einer seufzenden Erinnerung an ihren Daseinszweck auf den Boden ihrer Realität: Sie sind hier, um Revolution zu machen.

Der höchstrangige Guerillero in der Gegend von Las Flores, der *Jefe politico-militar*, ist Sebastián oder Sébas. Wie Giovanni, mit dem er die Guerillaoperationen in der Region koordiniert, taucht auch Sébas immer wieder kurz auf der Plaza auf, um dann gleich wieder zu verschwinden. Er ist meistens stark verschwitzt und trägt seine AK-47 über der Schulter. Er lächelt nie und wirkt immer etwas verwirrt. Er trägt ein olivgrünes Mao-Käppi, ein schwarzes T-Shirt, eine dazu passende Tarnjacke und -hose mit großen aufgesetzten Taschen und Stiefel. Sébas hat die helle Haut eines *Chele*, wie die Salvadorianer Leute wie ihn bezeichnen. Hellhäutig ist gleichbedeutend mit Oberklasse, und die besteht überwiegend aus den Familien mit europäischen Vorfahren.

Sandra und Sabina, Sébas kräftige, Funkgeräte tragende *Radistas*, beide Anfang zwanzig, kommen immer etwas vor ihm ins Dorf. Kurz danach kommt auch Sébas selbst zur Plaza, schweißgebadet. Er fuchtelt mit den Armen, ruft den Leuten etwas zu und ist auch gleich schon wieder verschwunden. Immer hinterläßt er eine gewisse Wachsamkeit, die vorher nicht zu spüren war. Es scheint, als ob die Leute aus seinem besorgten Gesicht den aktuellen Lagebericht aus den Kampfgebieten ablesen könnten.

Doch niemals können sie völlig abschalten, weil der Feind zu jedem Zeitpunkt angreifen kann, und es ist immer möglich, daß jemand aus ihrer Gruppe dabei ums Leben kommt. Daher leben die Einwohner von Las Flores in einer ständigen Erwartung von Gewalt, die jene ruhige Spannung schafft, die so sehr zur Atmosphäre im Dorf gehört. Jeder ist betroffen, was immer auch geschieht: Jede Familie hat einen Sohn oder eine Tochter »bei der Revolution«. Nur dank ihnen kann Las Flores halbwegs in Frieden leben und den Alltag eines normalen Dorfes führen.

Die Kämpfer sind vorwiegend Jugendliche, manche erst dreizehn Jahre alt. Sie sind stolz auf ihre Rolle in der Revolution, tragen Halstücher mit *Viva FMLN* und plustern sich voller Stolz auf, wenn sie merken, daß jemand sie beobachtet.

»Weißt du«, meint Jacínto eines Tages, als eine Gruppe jugendlicher Guerilleros vorbeischlendert, »manchmal denke ich, es ist schon etwas Besonderes, einen dieser *Chipotes*, dieser jungen Bengel, zu einem guten Mann aufwachsen zu sehen, einem richtigen Guerillero. Verstehst du? Aber es ist auch irgendwie traurig, daß das so sein muß ...«

Eines Morgens finden Sandra und Sabina in der Volksküche eine neue Ausgabe der Zeitschrift *Time*, die sich in ihrer Titelgeschichte mit dem internationalen Phänomen der »Kindersoldaten« beschäftigt. Gierig blättern sie die Seiten durch, aber als sie keine Fotos aus El Salvador finden können, sind sie ehrlich enttäuscht, daß die jungen Leute aus der FMLN nicht erwähnt werden.

»Sie waren doch überall auf der Welt, oder?« meint Sandra verächtlich. »Und warum sind sie dann nicht nach El Salvador gekommen?«

Sandra ist nicht aus Chalatenango, sondern aus einer Provinz am Pazifik. Sie kam vor drei Jahren hierher; damals war sie achtzehn, aber »dabei« sei sie schon seit ihrem dreizehnten Lebensjahr gewesen. »Meine Eltern waren immer bei den *Compas*«, erklärt sie ohne weitere Einzelheiten. »Deswegen war das für mich ganz normal.«

Als sie allmählich erwachsen wurde, unterstützen sie ihre Eltern bei ihrem Wunsch, selbst eine *Compa* zu werden. Jetzt halten sie Kontakt über Briefe, die per Boten ausgetauscht werden. In den Bergen erreichen sie die Briefe ihres Vaters über das Untergrund-Nachrichtensystem der Guerilla. Ihr Vater drängt sie oft, den »moralischen Werten« treu zu bleiben, wie sie Ernesto Che Guevara propagierte, dessen Selbstaufopferung für seine Ideale ein Vorbild für alle Revolutionäre ist.

»Ich habe noch nicht soviel über Che lesen können, wie ich wollte«, sagt Sandra. »Das Regierungssystem hier in El Salvador macht das schwierig.« Und dann meint sie mit einem Lachen: »Aber nach der Revolution wird sich das ändern.«

»Nach der Revolution.« Solche Phrasen kann man von den jungen *Compas* von Chalate oft hören, normalerweise im Zusammenhang mit einem heiteren Lachen wie bei Sandra. Doch es handelt sich dabei um mehr als nur um Slogans und Parolen. In ihnen schwingt auch die Übereinkunft darüber mit, welche Zukunft sie mit ihren Anstrengungen erreichen wollen. Sandra sagt »nach der Revolution« mit der geradezu beiläufigen Entschlossenheit einer jungen Frau, die in einer friedlichen Nation lebt, in einem Staat mit regulären, fairen Wahlen und einem stabilen politischen System. Als ob sie gesagt hätte: »Nach den nächsten Wahlen.« Für Sandra erfaßt dieser Ausdruck die Bedeutung ihrer gesamten Existenz.

Ebenso wie die gemeinsam geteilte politische Philosophie ist es jedoch die kollektive Tragödie des Krieges, die diesen überlebenden Guerillakämpfern ein Gefühl für ein gemeinsames Schicksal gibt und ihnen hilft, ihrem revolutionären Lebensweg treu zu bleiben. Weil die *Compas* aufgrund ihrer politischen Überzeugungen von der Teilhabe an der Mehrheitsgesellschaft ausgeschlossen sind, haben sie und ihre Anhänger sich durch ihr eigenes Opfer und das Blut ihrer Liebsten eine parallele Wirklichkeit geschaffen. Nach all den Jahren in den Bergen kennen die meisten *Compas* nur noch das Leben der Revolution, und ihre Hingabe an sie geht über reine Ideologie hinaus.

Sébas kommt aus der Hauptstadt. Er studierte Soziologie an der Nationaluniversität von El Salvador, brach sein Studium aber ab, als er in den Untergrund ging. Mit Ausnahme von zwei Jahren als politischer Gefangener war er seitdem ständig »in den Bergen«. Jetzt kommt ihm seine Studentenzeit wie ein anderes Leben vor. Er kämpft schon so lange für die Revolution, meint er, daß er überhaupt keine persönlichen Ziele mehr hat.

Wenn der Krieg vorbei ist, will Sébas hierher in die Hügel von Chalatenango zurückkommen und praktische Entwicklungsarbeit für Gemeinden wie Las Flores leisten – »solche Sachen wie Straßen, fließendes Wasser und Elektrizität«. »Damit könnte man ihnen für ihre Unterstützung der FMLN danken, und daß sie die ganzen Folgen des Krieges getragen haben«, meint Sébas. Aber letztendlich wird alles, was er einmal tun wird, »vom Willen der Revolution« abhängen.

Neben seinem unverminderten revolutionären Pflichtgefühl räumt Sébas noch einen anderen, eher persönlichen Grund ein, warum er nach all den Jahren immer noch in den Bergen bleibt: Die Regierungstruppen ließen eine seiner Schwestern, das jüngste Kind der Familie, »verschwinden«.

In dieser Trauer ist Sébas nicht allein. Auch viele der anderen *Compas* haben große persönliche Tragödien erlitten. In Giovannis Familie starben neun von zwölf Mitgliedern im Krieg. »Mutter. Vater. Brüder ... Schwestern. Nur drei von uns sind übriggeblieben«, erzählt Giovanni eines Nachmittags mit gedrückter Miene, dann zeigt er ein mildes Lächeln: »Das ist eine lange Geschichte, all diese Toten.«

Auch Haroldo hat Familienmitglieder verloren. Die Frau, die er liebte, die Mutter seines Sohnes, »verschwand«; diese euphemistische Umschreibung bedeutet, daß sie mit an Sicherheit grenzender Wahrscheinlichkeit vergewaltigt und gefoltert wurde, bevor man sie umbrachte. Ein ähnlich grauenvolles Schicksal traf seine nächste *Compañera*. Haroldos Sohn, jetzt sieben Jahre alt, lebt bei Verwandten in der Hauptstadt. Zu seiner eigenen Sicherheit sind das Schicksal seiner Mutter und die wahre Identität seines Vaters gutgehütete Familiengeheimnisse.

Vor einigen Jahren schrieb Haroldo ein Gedicht mit dem Titel »Alle möglichen Gründe«, dem wohl nicht mehr viel hinzuzufügen ist:

> Hier siehst du mich:
> gerade zweiunddreißig
> und schon zweimal verwitwet.
>
> Ich habe Fußpilz
> und Schuppen
> und einen faulen Backenzahn;
> mein linkes Ohr
> ist taub,
> aber bis jetzt hat mich noch keine Kugel getroffen.
>
> Ich habe Staub geschluckt,
> Dreck, Qualm,
> ich habe Steine gekaut
> mit meinen Zähnen,
> aber ich habe gekämpft
> an der Seite der kämpfenden Massen
> auf ihren Barrikaden.
>
> Durchglüht vom Feuer der Revolution
> in diesem Cañon,
> bergauf,
> bergab;
> so wie ich dieses Leben liebe, die Poesie
> und die Menschen,
> wie kann ich da nicht meine Knochen opfern?

Giovannis Camp sonnt sich im Schatten seines eigenen Pantheons von Märtyrern der Revolution. Es erstreckt sich über einen Hügel in das wuchernde Dickicht einer verlassenen Kaffeeplantage, etwa zwei Stunden von Las Flores entfernt. Unten im Tal liegen noch weitere verlassene Fincas.

Damit man es nicht aus der Luft erkennt, ist das Lager unter den Bäumen rund um ein Bauernhaus aus Lehm aufgeschlagen. Unter den Dachvorsprüngen sind Hängematten aufgespannt, und neben dem Kochgeschirr hängen die Gewehre von den Dachsparren. Rund um das Haus haben die meisten *Compas* ein halbes Dutzend Ein-Mann-*Champas* zum Schlafen in der Nacht aufgestellt, behelfsmäßige Plastikplanen, gespannt über rohe Holzrahmen. In den Ruinen einer eingestürzten Seitenwand wachsen wild Melonen.

An einem dicken Baum in der Mitte des Camps ist eine Mitteilungstafel angebracht. Darauf ein handgeschriebenes »Gedicht für Oscar« aus der Feder des Lagerpoeten Jaime:

Oscar, Vorkämpfer unserer Geschichte,
tapfrer Mann voll Zärtlichkeit und Liebe –
voll Lächeln und Herzlichkeit für junge Leute
voll Demut und Ehrlichkeit;
loyaler Mann der Partei,
der sein Volk und seine Nächsten liebte,
jetzt sind Dein Fleisch und Deine Gebeine dahin –
doch Dein Lächeln, Deine Späße und Deine Geschichten
leben in uns allen weiter, die wir Dich kannten.

Bruder Oscar, ich erinnere mich, Bruder
wie wir auf Streife gingen
eine Zigarette teilten
oder einen Kaffee – etwas Milch …
und ab und zu ein Stück Brot.

Du, Compañero,
wußtest, wie die Mauer des Unterdrückers zu zerstören war –
mit Deinem Enthusiasmus,
mit Deiner Liebe für Deine Pflicht, Dein Studium –
all das, um der Revolution mehr zu geben …

Heute, lieber Bruder
bist Du von uns gegangen,

läßt Deine Geschichte auf Deinem Weg hinter Dir –
ein tapfrer Mann, der uns sein Beispiel
als Vorbild hinterläßt;
wir werden weiter die Feinde des Volkes bekämpfen,
so wie Du dachtest und denkst –
denn Du bist nicht tot
DU LEBST WEITER in jedem Kampf,
und in jeder Geschichte.

REVOLUTION ODER DER TOD!!!
WIR WERDEN SIEGEN!!!

Jaime, 24. Juni 1990

Neben diesem Loblied auf Oscar hängt ein mit einer Schablone hergestelltes Porträt des grimmig aussehenden Comandante Dimas, getötet in einem Kampf vor ein paar Monaten. Darunter steht als sein unsterbliches Vermächtnis sein unvergessener Schlachtruf: »*Compañero!* Bist du vollständig bereit, die Feinde des Volkes zu vernichten?«

Hundert Meter entfernt unter den Bäumen steht die Kochhütte. Darin fachen zwei Mädchen das qualmende Holzfeuer an; es brennt rund um die Uhr für die Bohnen, Tortillas und den Kaffee der Guerilleros. Die Köche tragen alte, abgenutzte Arbeitskleidung und Armeestiefel. Santiago, ein dürrer Bauer von etwa vierzig mit einem Gesicht wie ein Fuchs, hilft ihnen beim Wassertragen und Feuerholzmachen.

Etwas weiter hügelabwärts und vor neugierigen Blicken gut verborgen, werden in mehreren rudimentären Werkstätten »Volkswaffen« gebastelt. Eine gemischte Gruppe von Amputierten und jungen Kämpfern mit noch intakten Gliedern verbringt ihre Tage damit, Bleche zu Raketenhülsen zu hämmern und Nitroglyzerin in Tretminen abzufüllen, die den Regierungssoldaten die Beine wegreißen sollen.

Doch die Herstellung von Bomben und Munition ist nur einer der Bereiche, für die Giovanni die Verantwortung trägt.

Sein Camp ist zugleich die Zentrale der lokalen Propagandaeinheit. Deren Arbeit ist außerordentlich wichtig, denn abgesehen davon, daß sie auf die Propaganda des Feindes mit Eigenproduktionen reagieren, gehört es auch zur Aufgabe der Einheit, die *Compas* mit Revolutionsfolklore zu versorgen. Zu ihren erfolgreicheren Kreationen der letzten Zeit gehört das Poster von Comandante Dimas, das nun überall an der Front verbreitet wird. Unter den jungen Kämpfern hat Dimas inzwischen schon den Status eines legendären Helden.

Die Propagandawerkstatt wird von Olga betrieben, einer rundlichen Baskin mit breiten Hüften und kurzgeschnittenem, vorzeitig ergrautem Haar. Früher war sie Fabrikarbeiterin im baskischen Bilbao und kam aus einem Gefühl der internationalen Solidarität heraus vor drei Jahren zur Revolution.

Olga bekommt Hilfe von Carlos und Adriano. Carlos war früher einmal Lehrer. Er trägt einen Ho-Tschi-Minh-Bart und eine Stoffmütze, die er scheinbar niemals ablegt. Wie Olga ist auch Carlos vorzeitig ergraut; beide sind gerade einmal Anfang vierzig. Adriano, ein gutaussehender Zwanzigjähriger und talentierter Karikaturist, ist erst seit einem Jahr an der Front, seit seiner Rückkehr aus dem Exil in Nicaragua, wo er aufwuchs.

Das Trio arbeitet an einem Tisch unter den weit ausladenden Ästen eines *Amate*-Baums, der sie vor den Beobachtungsflugzeugen der Armee abschirmt. Jeden Morgen nach dem Training und dem Absingen der FMLN-Hymne mit den übrigen *Compas* treffen sie sich mit ihrem Geschirr an der Kochhütte und bitten die Köchinnen um etwas Kaffee. Dann ziehen sie sich an den Tisch unter dem *Amate*-Baum zurück, wo sie den Rest des Morgens mit dem Formulieren von Slogans, dem Herstellen von Propagandaaufklebern und dem Schreiben von Flugblättern verbringen, während Radio Havanna in ihrem kleinen Kurzwellenempfänger knarzt und knattert.

Außer Olga, Carlos und Adriano sind die meisten der anderen *Compas* Hilfspersonal – Wachen und Läufer, die Nachrichten zwischen den einzelnen Guerillakommandos weiterleiten.

Von allen Frontabschnitten kommen ständig Leute; viele von ihnen haben eine Nachricht für Giovanni. Jeden Morgen hält er Hof auf einem umgestürzten Baumstumpf, fast noch in Hörweite des Lagers. Hier trifft er sich mit Leuten, verteilt Befehle und schreibt Botschaften. Seine *Radista*, Melida, wartet immer in seiner Nähe, berät sich häufig mit ihm und empfängt verschlüsselte Nachrichten auf ihrem Funkgerät.

Das Camp kann bei einem Armeeüberfall innerhalb von wenigen Minuten geräumt werden. Jeden Morgen packt die Propagandaeinheit ihr Material – Schablonen, Siebdruckzubehör, Farben, Pinsel, eine alte mechanische Schreibmaschine, Papier und Stifte – aus den Plastikbeuteln aus, in denen sie es über Nacht im Boden vergraben hatte, und verstaut es abends nach der Arbeit wieder dort. Auch die *Compas* räumen jeden Morgen ihre *Champas* weg; nur die hölzernen Rahmen bleiben stehen.

Die jüngeren *Compas* verbringen die meiste Zeit des Tages mit Nichtstun, bis Giovanni sie mit einem Auftrag irgendwohin schickt. Sie sind sich ihrer Isolation durchaus bewußt und sehnen sich nach Informationen aus der Außenwelt, über die sie sowenig wissen wie unschuldige Kinder. Sie stellen Fragen zum Nahen Osten – »Ist das in Afrika?« –, über wilde Tiere – »Wie sehen Giraffen aus?« – und über das Leben in Nordamerika und in Europa – »Wie fühlt sich Schnee an?«.

Einer von ihnen, Cornelio, genannt Conejo (»das Kaninchen«), ist sechsundzwanzig Jahre alt und kämpft damit, sich mit Hilfe einer Fibel für Erstklässler, die so abgegriffen ist, daß einige Seiten schon auseinanderfallen, selbst das Lesen beizubringen. Cornelio stammt aus einer Bauernfamilie in Chalatenango, ist aber schon seit zehn Jahren bei den *Compas* und kann sich fast schon selbst nicht mehr an seinen richtigen Namen erinnern; er *ist* sein Pseudonym. Als er nach mehreren Jahren in den Bergen endlich wieder einmal seine Familie sah und sie ihn mit seinem eigentlichen Vornamen ansprachen, traf ihn das wie ein Schock: »Zuerst habe ich es gar nicht verstanden; erst nach etwa einer Minute ist mir aufgegangen, daß sie mit *mir* redeten«, meint er.

Der Rest von Conejos Familie ist politisch interessiert und hat das zur Revolution passende »Bewußtsein« – sie wissen genau, worum es geht. Außer seine Schwester, der diese Fragen überhaupt nichts bedeuten. Diese Schwester hat er auch schon seit den frühen Tagen des Konflikts nicht mehr gesehen, als sich seine Familie trennte. Aber er weiß, daß sie sich ein Leben abseits von der übrigen Familie aufgebaut hat und politisch derart ignorant ist, daß sie letztlich sogar Angst vor der Guerilla hat. Als ob er sich wundert, daß der Krieg sogar seine eigene Familie auseinandergebracht hat, lacht Conejo kurz und resigniert und schüttelt den Kopf.

In Chalatenango werden die Erfahrungen einzelner ständig in den größeren Rahmen der Revolutionsgeschichte eingepaßt, die sich allmählich entwickelt. Das Ergebnis ist eine Kombination aus populärer Folklore und grausigen Zeitzeugenberichten, die locker strukturiert werden durch marxistische Philosophie und Katholizismus. Diese Synthese aus dem Denken und Glauben der Menschen bildet die einzigartige Realität der *Compas*.

Mit achtzehn ging Sandra in die Berge, wo sie Revolutionskämpferin werden konnte. Doch schon lange vor diesem Zeitpunkt war sie als Kind von Eltern, die selber *Compas* waren, eine geheime Bewohnerin der Guerillawelt, die nur noch auf den Tag wartete, an dem sie selber eine Waffe tragen konnte.

Haroldo versucht, die Grenzen zwischen den verschiedenen Welten innerhalb El Salvadors einzureißen und zu vereinen. Seine Kameraden versuchen das mit ihren Waffen, er meist mit seinen Gedanken; er spricht über die Grenze hinweg, indem er seine Revolutionsdichtung unter seinem richtigen Namen veröffentlicht und zugleich als »Haroldo« aus den Bergen Propagandasendungen auf Radio Martí veranstaltet.

Auf der anderen Seite der Erde, in den tropischen Dschungeln von Burma, bewohnt eine andere Menschengruppe eine Parallelwelt, die ebenso greifbar ist wie die der *Compas* in El

Salvador. Die Vision dieser Guerillas bezieht sich weniger auf eine freie, unbelastete Zukunft als auf eine idealisierte Vergangenheit voller Nostalgie. Sie gehören einer anderen Ethnie an als ihre Feinde und versuchen durch die Betonung ihrer eigenen kulturellen Identität, den Zwang zur Assimilation abzuwehren. Hier müssen keine »Herzen und Köpfe« gewonnen werden. Der Krieg der Karen ist Krieg in seiner ältesten Form: Krieg um Land, Krieg zwischen Stämmen.

Im burmesischen Dschungel beginnt gerade die Regenzeit. Der Wind weht, und die gewaltigen schwarz-grünen Bambusstämme reiben sich aneinander und erzeugen ein eigentümliches Geräusch. Plötzlich eine Explosion, und über unseren Köpfen zischt ein großes Geschoß und bohrt sich nicht weit entfernt in einen großen Bambus.

Der Kommandant kommt, mit einem Funkgerät in der Hand, geradewegs aus den Schützengräben des Schlachtfelds. Major Than Maung ist ein jugendlich aussehender Mann von vierundfünfzig mit einer breiten Nase und einem großen, sinnlichen Mund. Auf seinem Barett hat er ein Wappen aus der Söldner-Fachzeitschrift *Soldiers of Fortune* aufgenäht, das zwei gekreuzte Dolche zeigt, die ein Barett durchbohren. Die Betelnüsse, die er ständig kaut, haben seine Lippen tief scharlachrot gefärbt. Der Streß hat Than Maungs Gesicht zu einer Maske werden lassen, alle Nerven und Muskeln scheinen angespannt. Unablässig arbeitet sein Unterkiefer, und seine Augen irren umher und schauen ins Nirgendwo. Das beunruhigt, denn ansonsten ist er mit seinem athletischen Körper, seiner sorgfältig gebügelten Uniform und dem schnittig schief aufgesetzten schwarzen Barett das perfekte Vorbild eines Berufsmilitärs.

Der Major steht in seinem Betonbunker, dessen Ausgang in Richtung Urwald weist und vollgestopft ist mit primitiven hölzernen Betten, und hört mit aufmerksam erhobenem Kopf zu. Mit jedem Knall des Sperrfeuers dieses Nachmittags verkrampft er sich und bellt Befehle in sein Funkgerät. Während er auf Antwort wartet, steht er gelassen da, starrt auf die Urwaldwand und lauscht auf das Knacken des Radios und die anderen Geräusche ringsum; er ist anwesend und zugleich auch nicht. Einmal, nach einer dreifachen Salve, murmelt er laut: »Sie suchen nach unserer Position.«

Die Sonne sinkt hinter den großen Bambus, und die Dunkelheit übernimmt die Schatten. Bald hört der Bambus auf zu rascheln, und zugleich endet auch der Beschuß. Dann beginnt es zu regnen. Während dicke Tropfen niederprasseln, entspannt sich Than Maung, seine Augen scheinen wieder klar zu sehen und schweifen nicht mehr länger über den Dschungel. Auch sein Unterkiefer kommt zum Stillstand, sein Gesicht wird ruhig und die Falten verschwinden, seine Stimme wird flüssiger. Sein Körper entspannt sich. Die Offensive kommt heute nicht. Heute ist Kawmura vor einem Angriff sicher. Nach dem Regen beginnen die Grillen zu zirpen und produzieren jetzt eine neue Wand aus Geräuschen, die eine andere Art von Stille ist.

Gelegen an Burmas südöstlicher Grenze zu Thailand, ist Kawmura eine der letzten Basen, die noch von den Guerillakämpfern des Karen-Volkes gehalten wird. Seit fast einem halben Jahrhundert kämpfen sie einen Unabhängigkeitskrieg gegen die burmesische Zentralregierung. Die kleine Halbinsel Kawmura liegt auf einer Schleife des Flusses Moei und klebt wie ein kleiner Blutegel am Körper von Burma, an drei Seiten von Thailand umgeben.

Bevor Kawmura zu einem Kampfgebiet wurde, gab es hier einen blühenden Schwarzmarkt für burmesische Schmuggelwaren. Hier lebten auch viele Karen mit ihren Familien. Viele erinnern sich noch an die guten Zeiten, als die Thais auf der Suche nach günstigen Angeboten über den Fluß kamen. Damit war es 1984 vobei, als ein Regierungsangriff das Dorf zerstörte. Seitdem wurde das Gelände vom Dschungel überwuchert, und die wenigen übriggebliebenen Gebäude wurden allmählich durch den täglichen Beschuß zu Ruinen.

Jetzt trennt ein stark vermintes und mit Sprengfallen versehenes Landstück am Zugang der Halbinsel die Kriegsgegner. Das kaum fünfzig Meter tiefe und knapp dreihundert Meter breite Gebiet nennen sie hier »die Todeszone«. Weil das verwüstete Dorf ständig unter feindlichem Beschuß liegt, haben es die Guerilleros verlassen und bewohnen nun nur noch den hintersten Streifen der Halbinsel, wo sie sich in Bunkern am Flußufer verschanzt haben. Auf der anderen Flußseite und ein paar Kilometer ins Landesinnere von Thailand hinein leben ihre Familien in thailändischen Flüchtlingslagern. Von dort aus werden die Kämpfer regelmäßig von ihren Frauen besucht, die den Fluß in Einbäumen überqueren, um ihren Männern selbstgekochte Mahlzeiten an die Front zu bringen.

Major Than Maung ist der Kommandant von Kawmura. Bevor er im Alter von fünfundzwanzig Jahren den Guerillas von der *Karen National Union* (KNU) beitrat, war er Lehrer bei den Mormonen und wollte Priester werden. Fast dreißig Jahre später ist er immer noch gläubig und hört nächtliche Gottesdienstübertragungen in seinem Kurzwellenradio. Auch seine Familie lebt am anderen Flußufer in Thailand, und er besucht sie, wann immer er dienstfrei hat – gewöhnlich jeden Sonntag –, aber in der letzten Zeit ist er überhaupt nicht mehr aus Kawmura herausgekommen. Vor sechs Wochen konnten seine Männer einen blutigen Überfall abwehren, und er erwartet einen weiteren, bevor die Regenzeit wirklich einsetzt.

Die Nacht ist ruhig mit Ausnahme einiger Explosionen kurz vor der Morgendämmerung. Dann hustet jemand, und bald ist es Tag. Noch lange nach Sonnenaufgang liegt das Lager im kühlen Schatten der Bambusbäume, die es überwölben und mit ihren Blättern das direkte Sonnenlicht abhalten.

Am frühen Morgen scheint der Bunker des Majors friedvoll und geradezu wohnlich. Draußen sitzt ein Junge mit walnußfarbener Haut in einem grünen Sarong und wäscht Bambussprossen in einer großen Blechschüssel von der Farbe alter Silbermünzen. Ältere Männer sitzen still herum und kauen genießerisch Betelnüsse, ihre roten Lippen bedecken die mahlenden Zähne. Während der Junge arbeitet, wackelt er mit seinen bloßen Zehen in der sauberen schwarzen Erde herum. Eine Gänsefamilie watschelt langsam auf senfgelben

Füßen vorbei und sucht unter der auf Stelzen gebauten Kochhütte nach Futter. Draußen im Sonnenlicht kommen noch einige Enten daher. Sie haben das gleiche Ziel.

Von den Regalen aus gespaltenen Bambusstangen rings um das Bett des Majors hängen kleine Plastikbeutel mit verschiedenen persönlichen Habseligkeiten. Um sie vor der Feuchtigkeit und den Insekten zu schützen, hängen sie an Drähten, die zu Haken gebogen sind. Einer der Beutel ist voller Rasierzeug, Seife und anderer Toilettenartikel; in einem anderen sind Schnappschüsse der Familie verwahrt. An der Schlafkoje neben der des Majors lehnt ein Holzbein mit Metallgelenk; es ist quietschrosa und wirkt wie das Ersatzteil einer Plastikpuppe. Derzeit ohne Besitzer, lehnt es an dem Bett wie ein gerade nicht benutztes Fahrrad, als Erinnerung daran, daß hier die Front eines Krieges verläuft.

Am anderen Flußufer in Thailand herrscht Frieden, aber Kawmura liegt in Burma und ist deswegen ein Ort geworden, wo Menschen einander töten. Sie tun dies aus einem Grund, der nichts mit dieser Halbinsel im engen, verschlammten Moei-Fluß direkt zu tun hat, sondern mit einer größeren Idee, einer Abstraktion. Und die Frontlinie, ein paar hundert Meter von Major Thans Bunker entfernt, ist ein Durcheinander von befestigten Zickzack-Schützengräben und unterirdischen Gängen, wo Guerillajungen wie halb unterirdische Kreaturen leben und aufpassen auf den Feind von der anderen Seite.

Ein alter Mann sitzt in einem baumwollbespannten Lehnstuhl und wirkt im Schatten einer Holzhütte recht entspannt. Er ist einer der Gründer der Guerillabewegung und war seit 1948 jedes Jahr bei den Einsätzen dabei, erzählt er. Als er spricht, krachen die ersten feindlichen Mörserschüsse des Tages los; mit jeder Explosion kneift der alte Mann in einer freundlichen Art und Weise seine Augen zusammen, wie dies ältere Menschen manchmal tun, beugt seinen Kopf etwas nach vorn und nickt zufrieden, als ob der Knall ihm seine eigene Existenz bestätigt.

Im Schatten eines riesenhaften grauen Kapok-Baums unterhält eine Frau ein einfaches Teehaus. Ihr Gesicht ist weiß von Tamarinden-Borkenpulver, das gut für Schönheit und Gesundheit sein soll. Sie raucht eine große Zigarre und bedient eine Gruppe junger burmesischer Guerillaanwärter, die schon gemeinsam mit der KNU kämpfen. Auch sie rauchen Zigarren. Einer von ihnen trägt ein T-Shirt mit der Aufschrift DAS OFFIZIELLE KATZENHASSER-BUCH.

Weiter entlang dem Flußufer steht ein *Longhouse*, ein großer Pfahlbau aus Holz und Blech, der Platz für mehrere Familien bietet. Davor liegt ein tätowierter Mann mit einem breiten Gesicht und nur einem Bein in einer Hängematte, umringt von Jungen. Die Tätowierungen des Mannes reichen in einem üppigen und exotischen Muster unter seinem Sarong hervor bis zum Knie des übriggebliebenen Beins. Auch sämtliche Jungen sind tätowiert. Einer der Jungen trägt das Bild eines in einem Mid-Kick durch die Luft fliegenden Kung-Fu-Kämpfers auf dem Oberarm. Einem anderen Jungen scheint eine Kakerlake auf dem Unterarm zu krabbeln; sie könnte direkt vom Etikett einer in der Nähe stehenden Dose Insektenvertilgungsmittel der Firma Bayer zu stammen.

Diese Jungen sind minderjährige Freiwillige. Sie hatten keine Lust mehr auf Schule und den Alltag eines Lebens im Flüchtlingslager und sind deshalb hierhergekommen und haben gefragt, ob sie nicht Kämpfer werden könnten. Der Amputierte kümmert sich um sie, bis die Karen-Führung entschieden hat, ob sie Soldaten werden können oder wieder zu ihren Eltern zurückgeschickt werden. Wie Kinder ihres Alters überall auf der Welt suchen sie ständig Spaß: Sie albern herum und balgen sich. Doch wegen der erwarteten neuen Offensive und den ständigen Granateneinschlägen überall in der Umgebung sollen alle in der Nähe der Bunker bleiben. Wenn die Jungen auf der anderen Seite des Flusses lebten, könnten sie ihre Energie beim Fußballspielen herauslassen, aber hier ist Kawmura, und sie haben nur ein paar Quadratmeter, auf denen sie herumstreifen können. Deshalb stehen sie in der Nähe ihrer Unterstände und spielen Murmeln mit großen Samen von Dschungelpflanzen.

Kawamura bildet eine Verteidigungslinie für Kawthoolei, wie die Karen ihren Rebellenstaat nennen. In der Karen-Sprache bedeutet das »verheißenes Land«. Die *Thoolei* ist eine schöne, langstielige weiße Blume, wie eine wilde Riesentulpe, die im traditionellen Siedlungsgebiet der Karen im burmesisch-thailändischen Grenzgebiet üppig wächst.

Die Heimat der Karen ist ein langer, schmaler Landstreifen, der sich einige hundert Kilometer entlang der Grenze zwischen Burma und Thailand erstreckt. Die meisten Hochburgen der Karen liegen entlang der langen, dschungelbedeckten Dawna-Bergkette, wo Kawthoolei an Thailand stößt und im Norden vom Salween-Fluß sowie im Süden vom Siedlungsgebiet der Moei begrenzt wird.

Seit Burma 1948 seine Unabhängigkeit von Großbritannien erhielt, führen die Karen und über ein Dutzend anderer ethnischer Minderheiten ständig Unabhängigkeitskriege gegen die Zentralregierung in Rangun. Aufgrund dieser jahrelangen Aufstände war Burma schließlich nur noch dem Namen nach ein Nationalstaat. Tatsächlich ist es heute ein zersplittertes Konglomerat von kriegführenden ethnischen Gruppen, die alle nach Autonomie innerhalb der willkürlichen Grenzen streben, die durch Kriege der Vergangenheit und die kolonialen Karthographen des britischen Empire geschaffen wurden.

Der Konflikt des Karen-Volkes mit der das Land beherrschenden Mehrheit der Burmesen reicht schon über Jahrhunderte zurück und wurde von den Briten ausgenutzt, als Burma Kolonie war. Von allen ethnischen Gruppen waren vor allem die Karen ihren Kolonialherren gegenüber besonders treu und loyal und wurden von diesen auch während der Jahre der Kolonialherrschaft bevorzugt. Als Burma während des Zweiten Weltkrieges von Japan besetzt wurde, kämpften die »loyalen Karen« als Partisanen gemeinsam mit den Briten, während burmesische Nationalisten sich mit dem neuen imperialistischen Kriegsherrn Japan verbündeten. Nach dem Krieg übernahm Großbritannien wieder die Kontrolle über Burma, nur um seinen Übergang in die Unabhängigkeit zu überwachen. Im Rahmen des Pokerns um mehr Mitsprache in der nun unabhängigen burmesischen Regierung drohte die *Karen National Union* immer wieder mit der Abspaltung.

Ähnlich wie die KNU, die ursprünglich eine gewöhnliche politische Partei war, die einfach in den Untergrund ging, hatte auch die *Karen National Liberation Army* (KNLA), die nationale Befreiungsarmee der Karen, einen legalen Ursprung. Die Truppe entstand aus den versprengten Überresten der *First Karen Rifles*, einer aus Einheimischen bestehenden Einheit aus der Zeit der britischen Kolonialherrschaft.

Nach dem Scheitern der Verhandlungen zwischen der KNU und der burmesischen Regierung meuterten die Karen Rifles und begannen einen dreimonatigen Kampf, der von ihrer Garnison in Insein seinen Ausgang nahm. Die Karen verloren an Boden und zerstreuten sich, um einen Guerillakrieg aus der Wildnis des sumpfigen Irrawaddydeltas im Südwesten von Rangun heraus zu führen. Doch die Dschungelkämpfer kamen kaum voran, und schließlich wurde das Delta praktisch von den Regierungstruppen besetzt. Anfang der 1960er Jahre verlegte die KNU ihr Hauptquartier und damit den Kriegsschauplatz in das Kernland der Karen entlang der thailändischen Grenze. Seitdem kämpfen die Karen von dort aus weiter.

In Kawthoolei haben die Karen einen bemerkenswert gut funktionierenden »Guerillastaat« aufgebaut, dem es zu einem »richtigen Staat« eigentlich nur noch an der internationalen Anerkennung fehlt. Sie haben keine sozialistischen Experimente gestartet, indem sie etwa die Karen-Version des Neuen Menschen im Dschungel hätten verwirklichen wollen. Statt dessen bauten sie eine verblüffende Kopie der britischen Kolonialverwaltung auf, die Burma vor der Unabhängigkeit regierte.

Dennoch bezeichnen die Karen ihre selbstgewählte Lebensform standhaft weiter als »Revolution«. Die Revolution beeinflußt auch tatsächlich alle Lebensbereiche, entweder durch die allumfassende Bürokratie der KNU oder durch übernommene Stammesbräuche. Durch letztere gewinnen die Karen einen Hauch von Exotik: Wenn sie nicht in der olivgrünen Uniform der KNLA stecken, tragen die Männer Sarongs und an besonderen Tagen eine traditionelle rotgesäumte Tunika mit weißen Längsstreifen.

Trotz ihres formalen Bekenntnisses zu Religionen, welche die Missionare einst herbrachten, sind die Karen traditionelle Animisten, und die Allgegenwart von Tätowierungen auch bei Karen-Jugendlichen beweist die lebendige Kraft der dahintersteckenden Stammesbräuche. Die Tätowierungen sollen Schutz vor den Gefahren wilder Tiere und vor Krankheiten bieten; andere stellen eher ein politisches Bekenntnis dar, etwa das Wort KAWTHOOLEI auf den Fingerknöcheln beider Hände, eine Silhouette von Kawthoolei oder mutige Slogans wie GEBT MIR FREIHEIT ODER DEN TOD – KNLA.

Unterdessen wird auch das britische Kolonialerbe sorgfältig, bewußt und originalgetreu weitergepflegt. Kawthoolei besitzt eine vollständige zivile Bürokratie mit regelrechten Planstellen für Kommunalbeamte. Die *Karen National Union* verfügt über ein Kabinett für sämtliche Zuständigkeitsbereiche von Sport bis Krieg. Es gibt ein Justiz- und Ausbildungssystem, Steuern, und die KNLA hat wie die britische Armee eine rigide Hierarchie, mit Rängen vom Feldwebel bis zum Brigadegeneral. Jede Heeresbrigade gehört zu einem entsprechenden »Militärdistrikt«. Sogar diejenigen Religionen der Karen, die nicht ursprünglich von den Briten übernommen wurden, sind meist importiert und eher konservativer Natur – Baptisten, Mormonen und Katholiken –, und viele Karen gehen regelmäßig zur Kirche.

Sonntag ist der offizielle Ruhetag. Im KNU-Hauptquartier in Manerplaw beginnt der Tag mit einem Gottesdienst der baptistischen Kirche im Freien unter den Bäumen des Platzes. Wenn er zu Ende ist und danach auch noch die Nationalhymne gesungen wurde, spazieren die gläubigen Guerillas und ihre Ehefrauen noch etwas in ihren besten Kleidern umher, wobei die Frauen schöne bunte Sonnenschirme tragen. Danach kommen die jungen Kämpfer gewöhnlich in das

Büro des Premierministers, um dort zu rauchen und Videos anzuschauen. Barfuß und mit nacktem Oberkörper auf dem kühlenden Bambusfußboden ausgestreckt, verfolgen sie gespannt, was immer gezeigt wird. Einer ihrer Lieblingsfilme ist *Rambo III*.

Manerplaw ist eine ordentliche Siedlung aus Bambus- und Teakholzhütten auf Stelzen unter gewaltigen, schattenspendenden Bäumen. Sie thront auf einer Klippe über dem Moei-Fluß, etwa eine Tagesreise nördlich von Kawmura, nicht weit entfernt von der Stelle, wo der Moei in den Salween fließt.

Auf dem grasbedeckten Platz in der Mitte von Manerplaw umgeben ein weißer Gartenzaun und ein gut gepflegtes Blumenbeet die hellblau gestrichene, zweistöckige Residenz des Präsidenten. Auf dem Platz exerzieren Soldaten. Jeden Morgen hissen sie die Flagge Kawthooleis und holen sie abends wieder ein, eine aufgehende rote Sonne auf weißem Hintergrund.

Unter den alten Bäumen rund um den Platz befinden sich die Ministerien, große, offene Häuser auf Stelzen. Hier stehen die Gebäude von Verteidigungs- und Premierminister sowie das Bildungs- und das Justizministerium. Dies ist die Regierung von Kawthoolei. Jeden Morgen, sechs Tage pro Woche, kommen Angestellte zur Arbeit, und schon bald weicht die Morgenstille dem Klappern der alten mechanischen Schreibmaschinen und dem Gewirr von Stimmen.

Wege führen unter die Bäume abseits des Platzes. Einer windet sich hinter einigen Kasernen und dem Gefängnis – zwei große Käfige aus Teakholzstangen, bewacht von unbewaffneten zehnjährigen Jungen – hin zu einem Exerzier- und Fußballplatz, dessen Gras gemäht und dessen Kanten sorgfältig mit weißen Steinen markiert sind.

Es ist alles täuschend friedlich. Die einzigen Geräusche in Manerplaw machen Zikaden und Vögel sowie die Menschen, die in ihren Gummilatschen umherschlappen; außerdem, immer im Hintergrund, das Rauschen des Flusses. Der regelmäßige Nachmittagsregen fällt hart wie flüssiges Silber und zieht einen schweren Vorhang vor das undurchdringliche Grün des Landes.

Das gelegentliche Dröhnen der Kanumotoren ist der einzige Hinweis, daß es jenseits von Kawthoolei noch eine Welt mit schnellerem Rhythmus gibt. Die hölzernen Einbäume, die von knatternden Automotoren angetrieben werden, fahren den ganzen Tag hin und her. Sie sind in Sachen Krieg und Handel unterwegs. Doch diese Geräusche dauern jeweils nur kurz, und Manerplaw fällt bald wieder in seine tropische Trägheit zurück. Irgendwie kann man sich hier leicht vierzig Jahre in die Vergangenheit zurückversetzen.

Anders als in Kawmura, wo der Feind schon ein paar Hektar Dschungel weiter lauert, ist Manerplaw immer noch außer Reichweite Ranguns, geschützt durch eine schwer überwindliche Gebirgskette. Dennoch erzählen die Leute von dem Tag vor einigen Jahren, als ein einzelnes Militärflugzeug aus Rangun plötzlich über dem Ort erschien, einige Bomben abwarf und wieder verschwand. Durch die Bomben wurde niemand getötet, aber der Vorfall galt als böses Omen. Doch seitdem sind keine Flugzeuge mehr gekommen, und allmählich zogen sich die Angestellten des öffentlichen Dienstes und die Militärplaner von Manerplaw – vielleicht sogar etwas weniger wachsam als zuvor – zurück in die Bürokratie ihres Krieges.

Während sich die Karen in Kawthoolei verschanzen, steckt die Nation Burma in einer Art Zeitschleife fest. Ihre Militärregierung regiert seit den 60er Jahren in einer Art Pseudo-Staatssozialismus mit dem Ergebnis, daß Burma von Jahr zu Jahr immer ärmer wird. Während es auf der einen Seite die Unabhängigkeit des Landes hinausposaunt, schottet das fremdenfeindliche Regime seine potentiell reiche Region ab von der Außenwelt, so daß Burma heute weitgehend unberührt ist von den üblichen Paradestücken der globalen Konsum-Monokultur. Levi's, Coca-Cola, Marlboro und Big Macs sind hier noch nicht aufgetaucht. Die meisten Burmesen tragen noch ihre traditionellen Sarongs, fahren eher Fahrrad als Auto, essen Reis mit Fisch und rauchen handgerollte Zigarren anstatt Zigaretten aus der Fabrik.

Weil die offizielle Währung, der Kyat, praktisch wertlos ist, ist ein riesiger Schwarzmarkt für ausländische Schmuggelwaren entstanden, insbesondere entlang der thailändischen Grenze, wo die Karen schon seit jeher den Handel bestimmen. Die Karen unterhalten ihre eigenen Zollstationen und besteuern alle verkauften oder gekauften Waren; mit den damit erzielten Einkünften finanzieren sie ihren Aufstand gegen den Staat.

Dieser Handel läuft genauso ab wie seit Jahrhunderten. Händler in Städten überall in Burma beauftragen professionelle Schmuggler zum Transport ihrer Waren von und zur Grenze. Statt Straßen winden sich Schmuggelpfade durch das ganze Land, und in einem seit dem Mittelalter unverändert gebliebenen System tragen kleine Gruppen barfüßiger Schmuggler als Lastesel gewaltige Ladungen auf ihrem Rükken, auf wochenlangen Trecks über Stock und Stein. Sie treiben Herden von Hornvieh und Wasserbüffeln, transportieren wertvolle Schmuckstücke und seltene Antiquitäten – alles, was an der thailändischen Grenze gegen in Burma nicht erhältliche Konsumgüter getauscht werden kann. Diese Pfade führen zu den gut geschützten Grenzstationen der KNU in der Provinz Kawthoolei an der Grenze zu Thailand.

Eine andere Haupteinkunftsquelle für die Karen sind tropische Edelhölzer. An den Ufern von Moei und Salween schneiden Sägemühlen der Karen Teak- und andere Hartholzstämme zu Brettern, um Lieferverträge mit thailändischen Holzhändlern zu erfüllen, und in der Trockenzeit darf eine ausgewählte Anzahl thailändischer Holzfirmen gegen entsprechende Gebühren selbst eine bestimmte Menge Teakholzbäume in Burma fällen.

Jahrzehntelang konnte die Regierung in Rangun nicht viel gegen die Karen unternehmen: Ihre Kräfte waren in Kämpfen gegen Aufständische in anderen Regionen gebunden. Doch auch ohne diese Ablenkungen hätte Rangun weder die Luftwaffe gehabt, die zur Bombardierung von Kawthoolei nötig gewesen wäre, noch die Allwetterstraßen, um überhaupt eine längere Offensive in dieser Region führen zu können. Doch Mitte der 80er Jahre war Rangun derart dringend auf die Ressourcen von Kawthoolei angewiesen, daß die Eroberung dieser Region zum obersten Ziel erklärt wurde. Das Regime startete eine Reihe von Angriffen gegen die Karen, woraus die alljährliche blutige Trockenzeitoffensive wurde.

In jeder dieser Offensiven hat die burmesische Armee einige neue Stellungen eingenommen. Sie kaufte Feldartillerie in Schweden und zwang Karen-Zivilisten, als Träger Waffen in die Dawna-Berge an Stellen zu transportieren, von denen die Basen der Karen erreicht werden konnten. Von dort aus konnten sie die Karen ungehindert das ganze Jahr über bombardieren.

Allmählich wurde das Territorium der KNU bis auf ein paar gut verschanzte Basen wie Kawmura immer weiter dezimiert, und es sah sehr nach einer baldigen Niederlage der Karen aus. Dann geschahen zwei Ereignisse, welche die Dynamik des Krieges veränderten. Zuerst zerschlug die Armee 1988 in Rangun und anderen Städten überall in Burma brutal Demonstrationen von Studenten und Lehrern für mehr Demokratie. Dies bewirkte einen Exodus von Tausenden Studenten, die Schutz in Kawthoolei suchten. Dort traten viele von ihnen der KNU bei und wollten deren Kampf mit der Waffe fortsetzen. Durch die so gesteigerte Bedrohung aus Kawthoolei wurde es für das Militärregime in Rangun um so wichtiger, die Rebellenbasis zu eliminieren.

Nur kurze Zeit später rückte ein gewaltiger Erdrutsch in Thailand, ausgelöst durch die übermäßige Abholzung, die schleichende Zerstörung der eigenen Hartholzressourcen brutal ins Bewußtsein. Die Thai-Regierung verfügte einen sofortigen Fällstopp für das ganze Land und erwarb zugleich eine Reihe von Fällgenehmigungen für seine Holzbetriebe von dem devisenhungrigen Regime in Rangun. Der Handel erlaubte den Thais, mit dem Kahlschlag von Kawthooleis Wäldern zu beginnen. Zugleich stellte er den zuvor unbestrittenen Status der Karen als Schützer der betreffenden Wälder in Frage.

Für die burmesischen Militärherrscher erbrachte der Handel genug schnelles Geld, um neue, moderne Waffen zu kaufen, mit denen sie die Karen angreifen konnten. Rangun verlor auch keine Zeit. In der nächsten Offensive schlug die burmesische Armee hart zu, und in den ersten sechs Monaten des Jahres 1989 fielen sechs Stützpunkte der Karen. Burma war sogar selbstsicher genug, seine Truppen bei Kawmura über die Landesgrenzen zu schicken und so die KNU über thailändisches Gebiet von hinten anzugreifen. Obwohl diese den Angriff abwehren konnte, erkannten die Karen, daß sich die Lage verändert hatte und sie nun beide Seiten als Front im Auge behalten mußten.

Die ganze Situation war von einer bitteren Ironie geprägt. Über Jahrzehnte kämpften die Karen im verborgenen und genossen in Kawthoolei relativen Frieden und Wohlstand. Doch gerade weil ihr politisches Verhandlungsgewicht durch die personelle Unterstützung der burmesischen Studenten verstärkt wurde, gerieten sie erneut ins Visier der Angriffe aus Rangun und wurden zugleich ganz offensichtlich an Thailand ausverkauft. Jetzt haben sie nach einer drastischen Verringerung ihrer ökonomischen Ressourcen weniger Grund denn je, zuversichtlich in die Zukunft zu blicken.

Than Maung koordiniert die Verteidigung von Kawmura mit den regionalen Hauptquartieren der KNU in der nahe gelegenen thailändischen Stadt Ban Mae Sot, einer boomenden Grenzstadt etwa vierhundertfünfzig Kilometer nordwestlich von Bangkok. Ban Mae Sot liegt in einem fruchtbaren Tal mit Pfahlbaudörfern, leuchtendgrünen Reisfeldern und schlammig-grauen Wasserbüffeln. Die Dschungelhügel in der Nähe markieren die Grenze zu Burma. An ihrem Fuß bildet der Moei-Fluß die Grenze zwischen den beiden Ländern. Kawmura und eine andere Frontbasis der KNU, Palu, liegen beide in einer Entfernung von einer halben Autostunde von Ban Mae Sot. Kämpfe in beiden Basen kann man bis in die Stadt hinein hören.

Major Soe Soe ist der regionale Kommandant der KNU. Er hat ein stark pockennarbiges Gesicht, müde Augen und trägt eine dicke Brille. Auf einem Arm ist eine große grüne Tätowierung mit dem englischen Schriftzug FOR KAWTHOOLEI zu sehen. Er lebt in einem bescheidenen zweistöckigen Häuschen außerhalb des Stadtzentrums von Ban Mae Sot. Vor dem Erdgeschoß erstreckt sich eine Veranda mit einem Teakholztisch, wo Besucher warten, bis sie zu seinem Büro im Obergeschoß vorgelassen werden. Über der Eingangstür hängt ein dünnes, ausgefranstes Transparent aus Goldpapier mit roten Buchstaben, das allen »Fröhliche Weihnachten« wünscht, und zwar das ganze Jahr über.

Soe Soe hat eine Thailänderin geheiratet. Sie haben mehrere Kinder, die in Ban Mae Sot zur Schule gehen. Obwohl Soe Soe nach außen ein normales Vorstadtleben führt, das sich in nichts von dem seiner Nachbarn unterscheidet, besteht seine Arbeit doch darin, Krieg zu führen. Ein ständiger Strom von Besuchern – Karen-Guerillas und Flüchtlinge – kommt und geht. Soe Soe achtet darauf, nicht aufzufallen. Er trägt immer Zivil und läßt nach außen hin nichts von seinen Aktivitäten erkennen, obwohl jeder in Ban Mae Sot weiß, was er macht.

Von seinem Schreibtisch aus hilft Soe Soe bei der Überwachung der Verteidigungsoperationen an den Grenzbasen und beobachtet mit seinem eigenen Netz von Spionen die Bewegungen des Feindes. Aber er beklagt sich, daß seine Aufgaben ihn zu derart ungewöhnlichen Arbeitszeiten zwingen, daß er praktisch zu einem Nachtmenschen geworden ist, was seiner Gesundheit nicht bekommt. Tatsächlich kommt Soe Soe kaum vor Mittag aus dem Bett, und fast den ganzen Tag läuft er wie benommen herum. Wann immer er kann, flieht er aus seinem Haus und vor der Routine von Ban Mae Sot, um selbst ins Kriegsgebiet zu fahren und neben seinen »Jungs« an der Front zu kämpfen. Dann ist er am glücklichsten; wenn er nicht rechtzeitig nach Hause zurückkommt, regen sich die Frauen in seinem Haus auf wie bei einem Geschäftsmann, der immer zu lange in seinem Büro bleibt.

In der letzten Zeit hat sich Soe Soes Verantwortung durch den Zustrom burmesischer Studenten bedeutend vergrößert. Wie viele Karen ist auch Soe Soe mißtrauisch gegenüber den Studenten, denn viele von ihnen sind ethnische Burmesen, und er fürchtet, daß Rangun ihre Reihen mit eigenen Geheimdienstkräften durchsetzt hat. Zugleich erkennt er, daß die Studenten eine wertvolle Ressource sind, welche die KNU nicht einfach ignorieren kann. Mit diesem Hintergedanken hat Soe Soe ein Programm ins Leben gerufen, um ausgewählte Studenten für besondere Einsätze tief im Landesinneren Burmas auszubilden. Das Training wird von Major Robert Zan geleitet, Palus Kommandant und einer der erfahrensten Kämpfer der KNU.

Eines Morgens kommt Robert Zan zu Soe Soe nach Hause. Er trägt einen grünen Sarong, und sein Oberkörper ist mit weißen Bandagen verbunden. Er erholt sich gerade von einer Schußverletzung, die er sich vor etwa einem Monat bei einem Kampf zugezogen hat. Mit der blassen Dünnhäutigkeit eines Kranken und seinem leuchtenden, intensiven Blick wirkt Robert Zan etwas verrückt. Aber er ist außerordentlich klar im Kopf und spricht mit lauter, entschiedener Stimme.

Einige der burmesischen Studenten in seiner Einheit könnten wohl Spione sein, meint er, aber das Risiko sei es wert. Seit vierzig Jahren führen die Karen einen Dschungelkampf ohne irgendein positives Ergebnis. Jetzt, mit den Studenten als Verbündeten, können sie die Städte im Landesinneren erreichen und vielleicht so den Verlauf des Krieges in ihrem Sinn beeinflussen. Dies bedeutet so manche Veränderung ihrer Taktik. Keine lehrbuchmäßigen Dschungelkämpfe mehr, jetzt verlegen sie sich auf Autobomben, Sabotage und politische Morde. Damit wollten die Karen bisher nichts zu tun haben, aber jetzt ist die Zeit gekommen – und die Studenten bieten dafür eine perfekte Gelegenheit.

Robert Zan bildet die Studenten in diesen Anschlagstechniken aus und schickt sie wieder in ihre Städte zurück, damit sie den Kampf gegen die burmesische Regierung in ihrer Heimat aufnehmen. Er weiß, daß viele Opfer gebracht werden müssen, aber das ist seine Aufgabe. Und auch die Studenten müssen das wissen – wenn sie Burma wirklich von der Tyrannei befreien wollen. Robert Zans Augen blitzen und funkeln, wenn er spricht, und er lächelt bei seinen eigenen Worten.

Im Krieg hat man immer mit den seltsamsten Menschen zu tun, und wenn es für die flüchtenden Studenten, unter denen viele glühende burmesische Nationalisten sind, auch ungewöhnlich ist, Zuflucht bei den separatistischen Karen zu suchen, so ist es doch verständlich. Die Karen bieten ihnen eine relativ sichere Zuflucht in Kawthoolei und zugleich die Möglichkeit zu lernen, wie man einen richtigen Guerillakrieg führt. Sie werden jetzt keine angespitzten Fahrradspeichen mehr auf vollbewaffnete Regierungstruppen schleudern, die mit scharfer Munition schießen. Die Studenten und die Karen mißtrauen einander noch erheblich, und es müssen noch eine Menge Vorurteile überwunden werden, aber zumindest im Moment kämpfen sie gegen einen gemeinsamen Feind. Und die neue Allianz hat bereits für einige Veränderungen gesorgt: In dem neuen, pragmatischen Geist der Koalition waren die Karen einverstanden, ihre Forderungen nach Unabhängigkeit zunächst einmal zugunsten einer gewissen Autonomie innerhalb einer zukünftigen burmesischen föderalen Demokratie zurückzustellen.

Unterdessen kämpfen die Studenten noch mit den ganz elementaren Hindernissen ihres neuen Lebens als Revolutionäre. Nicht gewöhnt an das harte Leben im Dschungel, gaben viele schon in den ersten Monaten auf und kehrten wieder nach Hause zurück. Doch ein harter Kern von etwa zwei- bis dreitausend blieb und wird jetzt zu richtigen Guerillas ausgebildet. Das Training ist hart. Nicht nur, daß die neuen Revolutionäre ihre ersten Gefallenen begraben mußten – allein im ersten Jahr starben auch über dreißig Studenten an Malaria.

Abgesehen von den Teilnehmern von Zans Guerilla-Spezialprogramm bekamen andere Studenten ihre Nahkampf-Grundausbildung bei einem Einsatz in Frontbasen wie Kawmura. Die meisten haben jedoch noch keine Kampfausbildung und leben behelfsmäßig in Dschungelcamps wie Thay Baw Boe, etwas entfernt von den Lagern der Karen selbst.

Thay Baw Boe ist eine Stunde Fußmarsch durch den Teakholzwald von einem der Zollposten der KNU am Moei-Fluß entfernt und nahe genug an Palu, daß man den Gefechtslärm hört. Die vereinzelten Explosionen von Artilleriegeschossen klingen wie ein fernes Echo. Es hört sich an, als ob angesägte Bäume fallen.

Das Leben im Lager ist mühsam und läuft in vorhersehbaren Bahnen ab. Die Alltagsroutine beginnt schon im Morgengrauen mit dem Erscheinen der runzligen grauen Arbeitselefanten. Auf dem Weg zu den Teakholzwäldern schlurfen sie schwerfällig über den Exerzierplatz des Lagers, angetrieben von ihren Mahouts, den Elefantentreibern der Karen. Die Hänge des Dawna-Gebirges oberhalb des Lagers liegen noch im Morgennebel.

Schläfrig kriechen die Studenten aus ihren Hütten hervor und stellen sich unter der roten Flagge auf, die ihr Wappen trägt, den orangefarbenen »kämpfenden Pfau«. Dann singen sie ihre Hymne und machen Morgengymnastik. Anschließend gibt es Frühstück: heißen, süßen Tee und Brot. Um acht läuft eine Gruppe im Laufschritt zu militärischen Übungen in die Wälder um das Lager. Ihr Ausbilder trägt eine kleine halbautomatische Waffe, ein schwarzes Kopfband und Tarnuniform. Er läuft neben den Studenten her und bellt heiser Befehle. Die übrigen versammeln sich auf den groben Holzbänken des Gebäudes mit schmutzigem Fußboden, welches das Zentrum des Lagers dominiert. Wie die anderen Hütten rund um den Exerzierplatz, in dessen Mitte ein Flaggenmast steht, ist auch dieser Bau aus Bambusholz und mit vernähten großen braunen *Talaraw*-Blättern gedeckt. Auf einem sorgfältig gemalten Schild an der Vorderseite des Gebäudes steht: DSCHUNGELUNIVERSITÄT: LAGER THAY BAW BOE.

Heute beginnt in der Dschungeluniversität ein neuer Ausbildungsabschnitt, und ein leidenschaftlicher Aung Htoo hält die erste Vorlesung. Heute geht es um Politik, und zwar um das »feudale« System der Erntesteuern, das von der Militärregierung eingeführt worden ist. Aung Htoo erklärt den Studenten, daß dieses System unfair ist und »nach der Revolution« abgeschafft werden soll.

Bis vor einem Jahr war Aung Htoo Rechtsanwalt und lebte mit seiner Frau und drei kleinen Kindern in der Stadt Tanguii. Jetzt ist er achtunddreißig und hat all das aufgegeben. Er hat sich sogar mit der Vorstellung angefreundet, daß er möglicherweise nie mehr seine Familie sehen wird. Ihren Platz in seinem Herzen hat das brennende Verlangen eingenommen, die burmesische Diktatur zu stürzen. Wie die Studenten, die wie gebannt vor ihm sitzen, ist auch Aung Htoo ein Revolutionär geworden.

Bis ins Detail ebenso leidenschaftlich wie Aung Htoo ist Aung Lwin, Anführer der Studenten in Thay Baw Boe. Als früherer Physiklehrer an einer Oberschule und Aktivist eines liberalen Zweiges der Baptistischen Kirche ist er der geborene Mann für diese Rolle – eine Mischung aus Rotary-Club-Aktivist und Guerillakommandant. Anders als Aung Htoo stand bei ihm nie Persönliches an erster Stelle; er hat weder Frau noch Kinder verlassen für »die Sache«, nur Bücher, »haufenweise Bücher über Politik ... und über dreihundert Schüler, die gerade jetzt ein Leben im Untergrund organisieren«.

Als unermüdlicher und inspirierender Redner verbringt Aung Lwin, wenn er im Lager ist, viel Zeit damit, die Zuversicht der Studenten zu stärken, indem er sie immer wieder daran erinnert, daß ihr Ziel kein geringeres ist als die Befreiung Burmas. Oft benutzt er griffige Slogans und Sprichwörter: »Wir sind wie Kerzen. Um Licht zu spenden, müssen wir es aushalten, zu brennen.«

Außerhalb des Lagers spricht er über seine »kämpfenden Pfauen« mit jedem, der es hören will, in der Hoffnung, irgend etwas für sie zu bekommen – einen Sack Reis, eine Bargeldspende oder ein paar Waffen. Er lebt in Thay Baw Boe, verbringt aber viel Zeit mit Reisen nach Thailand, wo er sich mit Karen-Kommandanten wie Major Soe Soe trifft, von welchen er und seine Kameraden doch größtenteils abhängig sind, was Nahrung, Bekleidung und Medizin betrifft.

Die politischen Führer der Studenten leben im nahe gelegenen Ban Mae Sot, aber Aung Lwin sieht das zunehmend kritisch. Er meint, sie wollten eben den Komfort Thailands nicht aufgeben und nicht einmal zeitweise die Lebensbedingungen von ihm und seinen zweihundertfünfzig Studenten teilen, die in Thay Baw Boe ausharren. Mit der Gewöhnung an das Leben im Dschungel haben die Studenten allmählich eine eigene Identität von Guerillakämpfern entwickelt, die sie von ihren »außerhalb« lebenden Führern trennt. Eine neue Führungsschicht entsteht in den Lagern von Kawthoolei, charismatische Männer wie Aung Lwin, die ihren Willen bewiesen haben, in den Lagern gemeinsam mit allen anderen zu leiden.

Aung Lwin hat sich auf diese Lebensweise seit Jahren vorbereitet, seit seiner Zeit als Student an der Universität Rangun. Stolz berichtet er von seiner Teilnahme an allen bedeutenden studentischen Antiregierungsdemonstrationen und rezitiert ihre Daten auf fast schon liturgische Weise: »Dreiundsiebzig, Vierundsiebzig und Fünfundsiebzig!«

Nach seinem Studienabschluß arbeitete Aung Lwin drei Jahre lang in einer Baptistengemeinde in der entlegenen Provinz Chin, anschließend vier weitere Jahre in Rangun. Doch diese Jahre des sozialen Engagements brachten ihm wenig ein: Die Regierung blockierte all seine Anstrengungen. Schließlich kam er zu der Überzeugung, daß der einzige Weg zur Verbesserung der Lebenssituation seiner Mitbürger darin bestand, die Regierung »loszuwerden«. Das Problem lautete nun, das zu bewerkstelligen.

Eine Gelegenheit, mögliche Antworten auf diese Frage zu erhalten, bot sich Aung Lwin 1979, als er von christlichen Aktivisten für ein sechsmonatiges Seminar ausgewählt wurde; die Veranstaltung, die auf den Philippinen stattfand, wurde von der dortigen katholischen Kirche organisiert. Für Aung Lwin war diese Reise zugleich eine wichtige politische Erfahrung, als er mit eigenen Augen die Ungleichheiten des Lebens unter der Marcos-Diktatur erlebte und sah, welchen Beitrag die Kirche zum Aufbau eines zivilen Widerstands der Filippinos dagegen leistete. Er traf sich auch mit Angehörigen der kommunistischen Guerilla »New People's Army«, eine Begegnung, die ihn, so sagt er, dazu inspiriert hat, sein Leben der Demokratiebewegung in seinem eigenen Land zu widmen.

Wieder zu Hause, setzte Aung Lwin unverzüglich das, was er gelernt hatte, in die Praxis um, wobei er zunächst einmal die Grundlagen seiner Ideen vermitteln mußte: »Zuerst versuchte ich, den Leuten das soziale und ökonomische System Burmas auseinanderzusetzen.« Das nächste Ziel bestand im Aufbau eines landesweiten Netzwerks sozialer Aktivisten, die »friedlich auf Gemeindeebene an demokratischen Veränderungen arbeiten«. Seitdem hat sich die politische Situation weiter verschlechtert, ein friedlicher Wechsel ist in Burma vielleicht gar nicht mehr möglich. Aber Aung Lwin hat nicht das Gefühl, er habe umsonst gearbeitet. Er glaubt, daß die Zellen, an deren Aufbau er beteiligt war, jetzt für den Guerillakampf aktiviert werden können.

Aung Lwins Vorbilder sind Mahatma Gandhi, Che Guevara und Jesus Christus. »Am wichtigsten ist es mir, klarzustellen, daß ich den Krieg hasse und den Frieden liebe. Gandhi ist mein Held, aber die Regierung in Burma ist so ganz anders, sie *tötet*, und deshalb können wir sie nicht mit gewaltlosen Mitteln bekämpfen. Che Guevara arbeitete nicht nur für sein eigenes Land und seine Leute, sondern für die Unterdrückten überall in der Welt. Aber mein großer revolutionärer Lehrmeister ist Jesus Christus. Und es ist auch in Burma an der Zeit, wie Christus zu handeln, als er im entweihten Tempel Gewalt anwandte; so können wir die Dinge verändern.«

Aung Lwin glaubt, daß die Zeit für Gewalt spätestens im August 1988 gekommen war, als die burmesische Armee brutal die Welle der Studentenproteste niederwalzte, die das Leben in Rangun und anderen burmesischen Städten zum Stillstand gebracht hatte. Mindestens dreitausend Studenten und andere Zivilisten wurden bei den Angriffen der Truppen getötet, die Protestierer erschossen, mit Bajonetten aufgespießt und sogar enthauptet.

An dem Tag, als die Armee das Feuer eröffnete, demonstrierten Aung Lwin und seine Kommilitonen vor der amerikanischen Botschaft. Es war ein Erlebnis, das er einfach nicht aus seinem Gedächtnis löschen kann: Dutzende Studenten wurden vor seinen Augen niedergeschossen. »Wir anderen hatten keine Wahl als zu fliehen und aus dem Dschungel heraus einen Weg zu finden, dieses verbrecherische Regime zu zerstören.«

Als die blutige Repression immer mehr zunahm, schlossen sich Aung Lwin und seine überlebenden Anhänger dem wachsenden Exodus von Studenten aus den burmesischen Städten in Richtung thailändische Grenze an. »Wie waren wie Abraham im Heiligen Land, verloren … und dann halfen uns die Karen. Wir waren zu Fuß unterwegs; wir brauchten sieben Tage durch den Dschungel, entlang der Darwa-Gebirgskette. Wir hatten kein Geld, nichts, aber die Karen halfen uns – gaben uns zu essen, Kleidung, Obdach. Sie waren wie Eltern zu uns.«

Und jetzt sind sie immer noch hier, fast ein Jahr später. Die Moskitos, die eintönigen Mahlzeiten aus Reis und Fisch, Malariaausbrüche und die tagein, tagaus immergleiche Alltagsroutine in den schlammigen Dschungelcamps haben Aung Lwins revolutionäre Glut nur noch weiter angefacht. »Für uns ist das wie ein Traum. Wir wollen ein neues Burma aufbauen. Deswegen haben wir uns den Karen und anderen revolutionären Untergrundgruppen angeschlossen. Und ich glaube fest daran, daß das neue Burma, von dem wir alle träumen, eines Tages Wirklichkeit wird.«

Aung Lwins studentische Rekruten müssen noch allerhand lernen, bevor sie sich selbst richtige Guerillakämpfer nennen können. Einstweilen trainieren sie mit Holzgewehren in den Teakholzwäldern, lesen abgegriffene Exemplare von Orwells *Farm der Tiere*, Machiavellis *Il Principe* und sogar die Verfassung der Vereinigten Staaten von Amerika. In der Dschungeluniversität lernen sie allmählich auch zwei weitere überlebensnotwendige Techniken für ihr Leben als Grenzlandrevolutionäre: Thailändisch und die Sprache der Karen. Sie haben eine Krankenstation aufgebaut, einen Gemüsegarten angelegt und weitere »Selbsthilfeprojekte« gegründet, um etwas

Geld zu verdienen. Wie die Karen wollen sie Selbstversorger werden.

Doch die Studenten fühlen sich einsam und haben Heimweh. Anders als die Karen leben sie nicht in ihrer Heimat, und auch ihre Familien sind weit weg. Alle ihre Angehörigen leben in Burma, jenseits der Berge, über die sie selbst geflohen sind, was von hier aus schon wie ein anderes Land erscheint. Sie wissen zwar, daß viele der älteren Karen einen ähnlichen Weg hinter sich haben, ihre Heimat und ihre Familien in Rangun oder im Irrawaddydelta zurückgelassen haben. Doch das ist nur ein schwacher Trost, denn nach mehr als vierzig Jahren sind die Karen immer noch hier und kämpfen. Die Vorstellung, daß auch sie selbst den Rest ihres Lebens hier im Dschungel verbringen müßten, ist den Studenten ein Graus, und sie versuchen, so gut es geht, gar nicht daran zu denken.

Im Alter von jetzt zweiundsechzig Jahren spricht der Vizepräsident der KNU, Thang Aung, von seinem eigenen Leben in der Vergangenheitsform. Er kann sein Leben gar nicht mehr von der Revolte trennen, die den größten Teil davon beansprucht hat. Wenn er auch einst manchen verlorenen Gelegenheiten hinterhergetrauert hat, hat er sich doch inzwischen längst mit seinem Schicksal versöhnt und meint heute: »Ich war eigentlich ganz glücklich mit meiner Revolution, obwohl ich lieber Ingenieur geworden wäre.«

Irgendwie paßt es, daß dieser ehrwürdige Veteran des Karenkrieges auch Hauptbeauftragter für Studentenangelegenheiten der nationalen Dachorganisation der Opposition werden soll, die von dem Gebiet der KNU aus agiert. Wenn die Studenten diesen winzigen, eingefallenen Mann sehen, werden sie sich fragen müssen, ob auch sie in vierzig Jahren so sein werden wie er heute, den größten Teil ihres Lebens hinter sich und immer noch im Kampf um eine Zukunft, die noch nicht gewonnen ist.

Than Aung hat Krebs und leidet an chronischer Bronchitis. Infolge einer lebenslangen Malariabehandlung mit Chinin ist er fast vollständig ertaubt. Beim Sprechen pfeift er, denn es fehlen ihm Zähne. Trotz alledem scheint er merkwürdig unbekümmert ob dieses desolaten Zustands und schreibt die Tatsache, daß er überhaupt noch am Leben ist, »der Gnade Gottes« zu.

Der alternde Kämpfer ist auch mit dem Stand der Revolution zufrieden, die jetzt ebenso wie sein verfallender Körper bereit scheint zum unmittelbaren Abtreten. Vielleicht hängt es einfach damit zusammen, daß er alt ist, an das Auf und Ab des Lebens gewöhnt, und weiß, daß auch der Krieg einer solchen Entwicklung folgt. Im Laufe der Kriegsjahre hat Than Aung seine Frau kennengelernt und geheiratet, mit ihr sieben Kinder großgezogen und seine Frau schließlich begraben. Und immer noch geht der Krieg weiter, und auch das Leben geht weiter.

Jetzt legt Than Aung eine stoische Haltung an den Tag und scheint sogar ein wenig amüsiert darüber, was aus seinem Leben geworden ist. Letzten Endes kann er sich überhaupt nicht vorstellen, anders gelebt zu haben. »Dies war die erste und die letzte Chance für unser Volk, zu überleben und die Freiheit zu erlangen. Burma ist keine Demokratie, und ohne Demokratie wird unser Volk niemals überleben können. Wenn Burma einmal demokratisch ist, dann kann diese ganze Revolution auch ein Ende haben.«

Dieses Pflichtgefühl einem Volk gegenüber bringen auch die Studenten zum Ausdruck, selbst wenn sie gerade erst lernen, was es heißt, Opfer zu bringen. Ihre Hinwendung zur Revolution befindet sich noch in einem zerbrechlichen Stadium, und manchmal scheint es, als ob sie ihre Parolen mehr für sich selbst als für ihre Zuhörer wiederholen, als ob sie sich dadurch vergewissern wollten, daß ihnen tatsächlich das gleiche Schicksal vorbestimmt ist wie das, mit dem Menschen wie Aung Lwin geboren zu sein scheinen. Wenn sie am Ende auch nichts anderes erreicht haben sollten, dann sind sie doch ihrer Bestimmung gefolgt.

Wie weltentrückt diese idealistische Haltung doch scheint, wie ein Überbleibsel aus dem neunzehnten Jahrhundert. In der entwickelten, modernen Welt sind nur noch sehr wenige

Menschen bereit, für ihre Ideale zu sterben, geschweige denn für abstrakte Begrifflichkeiten wie »das Gemeinwohl«. Es ist, als ob die Abschottung Burmas vom zwanzigsten Jahrhundert bestimmten Philosophien, die im Rest der Welt schon längst verbraucht und hohl erscheinen, das Überleben in einer unhinterfragten, geradezu reinen Form erlaubt hätte.

Die Reinheit der Visionen seiner Bewohner verleiht Burma einen Hauch von Shangri-La. Dieser Eindruck kontrastiert außerordentlich mit der am Boden liegenden politischen Kultur unmittelbar hinter der Grenze, in Thailand mit seiner wuchernden Konsumgesellschaft, wo gegen genügend Geld alles zu kaufen ist. In Thailand ist nur wenig Idealismus erkennbar; ein kommunistischer Aufstand dort fiel vor ein paar Jahren in sich zusammen, als die wenigen verbliebenen Kämpfer amnestiert und mit Bankkrediten und Ackerland gekauft wurden.

Die Triebkraft hinter der speziellen Identität der burmesichen Guerillabewegung ist ihr grenzenloser Idealismus. Mit ihren Sarongs, T-Shirts und Gummilatschen sind die Burmesen – die Karen ebenso wie die Studenten – im Gewimmel der Straßen von Ban Mae Sot äußerlich in nichts von den Thais zu unterscheiden. Was diese Menschen wirklich zu etwas Besonderem macht, steckt in ihren Köpfen.

Obwohl sie kulturell, ethnisch und ideologisch vieles unterscheidet, verbindet die Burmesen doch ein gemeinsames revolutionäres Ethos mit den salvadorianischen Guerilleros. Aung Htoo, der frühere Rechtsanwalt, hat den Weg der Revolution gewählt wegen all der Ungerechtigkeiten, die er in Burma erlebt hat. Sebastián, der ehemalige Soziologiestudent in San Salvador, hatte die gleichen Gründe – und eine ermordete Schwester. Sie alle – Than Aung, Haroldo, Jacínto, Aung Lwin, Giovanni, Sandra, Sébas und Aung Htoo – *hätten* auch etwas anderes werden können, doch statt dessen haben sie sich für ein sehr viel härteres Leben entschieden, in dem wenig gewiß ist außer die ständige Nähe von Einsamkeit, Hunger, Krankheit und Tod. Jeder und jede hat sich einem bewaffneten Kampf verschrieben mit dem Ziel, die gemeinsamen Ideale von sozialer Gerechtigkeit und neuen politischen und ökonomischen Systemen für ihre Länder zu erreichen. Dieser Wille, sich selbst für ein höheres Ideal zu opfern – das ist es, was die Guerilla ausmacht.

Wie in Jacíntos Sprichwort sind Guerillakämpfer »wie Priester«, die ein Gelübde der Selbstaufopferung abgelegt haben, um ihre Revolution voranzubringen. Weil sie vorerst nicht in der Lage sind, die Regierungen, gegen die sie kämpfen, zu stürzen, ist ihr Leben zu einer ständigen Generalprobe für den Tag nach der Machtübernahme geworden, die sie eines Tages erhoffen. In den Flüchtlingslagern von Gaza, der Wüste der Westsahara, den Hügeln von Chalatenango und den Teakholzwäldern von Kawthoolei sind Revolutionäre unterwegs, und die Guerilla lebt in ihrer eigenen Welt, einer Parallelwelt zu der ihrer Gegner.

3

Alltag

Die Mitglieder der *Shabbab* in Gaza sprechen sehnsuchtsvoll davon, die Gewalt der Intifada eskalieren zu lassen und endlich auch Waffen einzusetzen. Sie prahlen damit, daß sie, wann immer nötig, problemlos an Waffen kämen. Sie hätten sogar mehrere Quellen.

»Hier ganz in der Nähe ist die Grenze zu Ägypten«, meint Mahmoud und erklärt, daß Waffen von Verbündeten auf der ägyptischen Seite über den Grenzzaun geworfen werden können.

»Wir können die Waffen auch den Israelis selbst abkaufen«, unterbricht ihn Achmed, »und zwar gegen Drogen.« Er erzählt, wie er einmal einem israelischen Soldaten Haschisch gegen ein Uzi-Maschinengewehr verkauft hat. Er sagt nicht, was er mit der Waffe gemacht hat oder ob er sie immer noch besitzt; nur ein geheimnisvolles Lächeln ist ihm zu entlocken »Nein, mein Freund, Waffen sind kein Problem für uns. Wenn wir welche brauchen, bekommen wir sie ...«

Trotz all ihrer Prahlerei haben die *Shabbab* dennoch nur geringe Chancen, jemals eine vollbewaffnete Guerillaarmee zu werden. Ganz abgesehen von den Schwierigkeiten, in den von Israel gutbewachten Gebieten tatsächlich an Waffen zu kommen, haben sie auch wenig finanzielle Unterstützung von außen; es gibt nur spärliche Mittel aus geheimen Fonds, über die Gelder von der PLO und fundamentalistischen Islamorganisationen aus dem Ausland in die besetzten Gebiete tröpfeln.

Letztendlich geht es in allen Kriegen um wirtschaftliche Interessen, sowohl was die Gründe betrifft, warum sie geführt werden, als auch im Hinblick auf die Art und Weise, wie der Kampf geführt wird. Entscheidend für die Fortdauer der meisten Aufstände, wenn nicht sogar für ihren politischen Erfolg, ist eine adäquate materielle Unterstützung. Es ist schon etwas dran an dem alten Mao-Zitat, Guerillakämpfer müßten sich, um zu überleben, in einer Menschenmasse bewegen können wie ein Fisch im Wasser. Doch auch wenn die Bevölkerung die Guerillas mit Nahrung, Obdach, Informationen und Rekruten versorgen kann, verfügt sie meist nicht über Zugang zu Waffen und Munition – all jener militärischen Ausrüstung, die für eine Weiterführung des Kampfes notwendig ist. Und so haben die meisten Guerillabewegungen auch ausländische Unterstützer, mächtige Wohltäter, die selbst ein Interesse an einem Wechsel der Systeme haben, gegen welche die Guerilla kämpft. Die Herausforderung für die Rebellen besteht darin, trotz der Unterstützung von außerhalb die Integrität ihres Kampfes zu bewahren.

Die 1960er, 70er und 80er Jahre waren Boomjahre für die Guerillabewegungen der Dritten Welt. Der Zusammenbruch der europäischen Kolonialreiche im Zusammenhang mit dem Zweiten Weltkrieg ließ viele Gebiete der Dritten Welt zur leichten Beute neuer Mächte werden – und genau dort suchten die Supermächte nach Stellvertretern, um in ihrem Namen gegeneinander Krieg zu führen. Während des Kalten Krieges konnten Guerillabewegungen Unterstützung von Washington, Moskau oder Peking erhalten, als diese Rivalen neue strategische Interessen entdeckten, die sie im Hinterhof des jeweils anderen verfolgen wollten. Nur in Regionen, die nicht als strategisch wichtig erachtet wurden, fanden die Guerillabewegungen keine Unterstützung.

Unter all diesen Aufständen hält die Intifada der Palästinenser eine Sonderstellung, weil sie nicht den gleichen logistischen Aufwand erfordert wie die meisten anderen. Und doch ist die Intifada, obwohl ihre »Kämpfer« hauptsächlich

Steine und Messer anstatt Bomben und Gewehre benutzen, nicht weniger eine richtige Revolte. Sie repräsentiert die jüngste Form des palästinensischen Widerstandes, nachdem alle anderen Formen des gewaltsamen Kampfes ausprobiert wurden und gescheitert sind. Doch die *Shabbab* wollen auch nicht weniger erreichen als die Fedajin-Kommandos und Flugzeugentführer vor ihnen: einen palästinensischen Staat.

Das Ziel ist das gleiche geblieben, nur die Mittel haben sich geändert. Während man früher auf eine regelmäßige Versorgung mit Bargeld oder Waffen und Munition angewiesen war, hängt der Kampf der Palästinenser heute von ihrer beständigen Fähigkeit ab, die internationale öffentliche Meinung im Interesse ihrer Sache günstig zu beeinflussen. In diesem Sinn stellt bereits die armselige Bewaffnung der Intifadakämpfer selbst eine Waffe dar – wie in einer Art Imagekampagne erscheint der Aufstand als ein Kampf David gegen Goliath, bei dem unbewaffnete kleine Jungen gegen waffenstarrende israelische Soldaten kämpfen. Tatsache ist jedoch, daß die Palästinenser keine große Wahl haben.

Eine der erniedrigendsten Tatsachen im Leben der Palästinenser unter israelischer Besatzung ist, daß so viele für ihre Feinde arbeiten müssen, um zu überleben. Aber es gibt keine andere Arbeit, erst recht nicht in Gaza. So pendeln täglich außer Freitag, dem Wochenfeiertag der Muslime, über siebzigtausend Bewohner des Gaza-Streifens nach Israel. Sie bilden dessen Reservoir an Hilfsarbeitern, das Äquivalent der Wanderarbeiter in Südafrikas Townships oder der mexikanischen »wetbacks« in den Vereinigten Staaten.

Jeden Morgen zieht ein Strom von klapprigen, hellblauen Peugeot- und alten Mercedes-Taxis vollgepfercht mit palästinensischen Männern und Jungen nach Norden Richtung Tel Aviv und passiert einen der Kontrollpunkte der israelischen Armee an der Nordgrenze des Gaza-Streifens. Über Nacht dürfen sie nicht in Israel bleiben, und so kehren sie jeden Abend nach Gaza zurück.

Diese Tage sind erschöpfend lang und die Arbeiten oft eintönig. Obwohl einige mit der stillschweigenden Duldung ihrer Arbeitgeber auch illegal über Nacht in Israel bleiben können und auf dem Fabrikboden oder in der Speisekammer von Restaurants schlafen, müssen die meisten doch zurück, nur um sich am nächsten Morgen lange vor Sonnenaufgang erneut auf den Weg an ihren Arbeitsplatz zu machen.

Welche akademische Qualifikation die Palästinenser auch haben, sie landen doch unweigerlich bei Hilfsarbeiten, arbeiten lange Stunden als schlechtbezahlte Köche oder Tellerwäscher in den Küchen israelischer Restaurants, als Fabrikarbeiter und als Arbeiter auf Baustellen. Massoud, einer von Mahmouds Freunden, hat einen Universitätsabschluß in Arabisch von der Universität Kairo, mit dem er noch nie etwas anfangen konnte. Die meisten Abende in der Woche findet man ihn zu Hause, bedeckt mit Gipsstaub und vollkommen erschöpft am Ende eines harten Arbeitstages.

Arbeiten auf dem Bau stellen zudem eine besondere Form von grausamer Ironie dar, weil die Palästinenser mit eigenen Händen dazu beitragen, ihre Feinde im Land ihrer Vorväter zu beherbergen. Mit jedem neuen Apartmentblock, der für den zunehmenden Strom von jüdischen Immigranten aus Europa nach Israel entsteht oder für israelische Siedler auf besetztem Land, errichten die Bauarbeiter ein neues Hindernis für ihre eigene Zukunft in dem Land, das sie Palästina nennen. Doch im Moment haben sie Familien zu ernähren und Kinder, die Kleidung brauchen, und sie haben keine andere Wahl als dort zu arbeiten, wo sie überhaupt etwas finden.

Mahmoud könnte zum militanten Untergrund der *Shabbab* in Breij einiges beisteuern, aber er muß erst noch für seinen Lebensunterhalt arbeiten, und so schiebt er allwöchentlich sechs Achtzehnstundenschichten als Kellner in einem Schaschlik-Kebab-Restaurant in Rischon Le-Zion, einer jüdischen Stadt an der Küste zwischen Gaza und Tel Aviv. Mahmoud hatte Glück, diese Stelle zu finden; er sagt, man habe ihn nur deswegen eingestellt, weil er jüdisch aussehe. »Niemand kommt in ein Restaurant, wo der Kellner arabisch aussieht.«

Obwohl er gut Hebräisch gelernt hat, wird Mahmoud doch ständig von der Angst verfolgt, von den Soldaten einer nahe gelegenen Kaserne enttarnt zu werden, die regelmäßig hierher zum Essen kommen. »Wenn einer von denen erfährt, daß ich ein Palästinenser bin, kann er vom Besitzer verlangen, daß er mich rausschmeißt, und der *wird* das machen, weil er seine Gäste behalten will – einen anderen Kellner findet er jederzeit.«

Die Erfahrung, so eng mit Israelis zusammenzuarbeiten, hat die Neigung der Palästinenser nicht verringert, die Israelis zu dämonisieren, und ebensowenig umgekehrt. Die Nähe hat eher noch die gegenseitige Verachtung gesteigert. Vielleicht hängt das mehr mit dem fast vollständigen Fehlen von Kommunikation zwischen den beiden Völkern zusammen als mit irgendwelchen neuen Einsichten übereinander, zu denen man gelangt wäre.

Einer der erniedrigendsten Aspekte für Palästinenser, die in Israel arbeiten, ist die Art und Weise, wie sie von den Israelis gewöhnlich ignoriert werden. Es scheint, als ob die Palästinenser einfach nicht vorhanden wären. Diese Behandlung vermittelt den Palästinensern, die ohnehin schon verbittert darüber sind, daß sie nur Hilfsarbeiten ausführen dürfen, ein noch stärkeres Gefühl der Erniedrigung und Unsicherheit. Es wird ihnen klar, daß sie nicht einfach von den Israelis nicht gesehen werden, sondern eher als Palästinenser unsichtbar gemacht wurden. Was sagt das aus über die Haltung der Israelis zu ihrer Forderung, ein eigenes Volk zu sein? Wenn die Israelis sie nicht einmal als Einzelpersonen wahrnehmen, wie wahrscheinlich ist es dann, daß sie sie jemals als Gemeinschaft betrachten, geschweige denn ihnen einen eigenen Staat zugestehen werden?

Durch das völlige Fehlen jeder Art von menschlichem Kontakt bis auf das allernotwendigste »Hey du, bring mir einen Kaffee!«, »Hol mir das Werkzeug dort!« oder »Mach den Boden sauber!« bestätigen die Erfahrungen der Palästinenser in Israel nur ihre schlimmsten Vermutungen über die Israelis und steigern zugleich ihre Entfremdung und Wut.

Hisham ist ein Nachbar von Mahmoud in Breij und Mitglied der fundamentalistischen Muslimbruderschaft. Während er auf die Ergebnisse seiner Bewerbung um ein Stipendium für ein Chemiestudium an einer amerikanischen Universität wartet, arbeitet er als Vorarbeiter einer Arbeitskolonne an einem Apartmentkomplex, der nördlich von Tel Aviv entsteht. Was er im Laufe seiner Arbeitstage erlebt hat, hat seinen Haß gegen Juden noch weiter geschürt, und er zeigt ihn mit der moralischen Entrüstung eines frommen Mannes. An einer bestimmten Stelle in der Nähe des Ortes, wo er und seine Leute die neuen Apartmentblocks errichten, so erzählt er, stehen neu in Israel angekommene russische Immigrantinnen auf der Straße und prostituieren sich offen.

»Sie kommen dorthin, um ihren Körper zu verkaufen«, berichtet Hisham voller Verachtung. »Und wir hören auch, daß die israelischen Huren zornig auf diese Frauen sind, weil sie sich so billig verkaufen. Nur ein paar Schekel, und sie kommen mit! Die Russen glauben, sie haben ein gutes Leben in Israel, aber so sieht es wirklich aus! Sie wären besser in Rußland geblieben – es würde ihnen besser gehen. Und allen anderen auch!«

Israel profitiert natürlich von diesem System, denn es kommt dadurch zu billigen Arbeitskräften und kann zugleich eine große Personengruppe, die potentiell Ärger macht – jüngere Männer aus der palästinensischen Bevölkerung – effektiv in Schach halten. Am Ende ihres Arbeitstages sind die meisten dieser Männer viel zu erschöpft, um irgend etwas anderes zu tun als zu schlafen; vor allem schaffen sie es nicht mehr, über subversive Aktivitäten nachzudenken.

Es war daher keine Überraschung, daß die PLO zu Beginn der Intifada diese als eine Gelegenheit betrachtete, die ökonomische Abhängigkeit Palästinas von Israel zu verringern. Zuerst versuchte die Unified Command die Arbeiter zu bewegen, zu Hause zu bleiben, ihre Jobs zu boykottieren, aber dieser Aufruf war äußerst unpopulär und blieb praktisch erfolglos. Wie hätten die Arbeiter auch für ihre Familien sorgen sollen, wenn sie zu Hause geblieben wären? Würde die PLO auch ihre Löhne zahlen? fragten sie.

Recht bald wurde diese Strategie aufgegeben. Die Untergrundführung versuchte es mit einer Kompromißposition und ordnete »Streiktage« an, an denen alle zu Hause bleiben sollten, und die frühe Schließung von allen palästinensischen Betrieben an Werktagen. Diese Maßnahmen waren überwiegend erfolgreich; sie signalisierten den Israelis, wie populär die Intifada und wie es um die Organisationsfähigkeit der Palästinenser bestellt war, ohne diese jedoch wirtschaftlich zu ruinieren.

Jetzt rückte auch ein anderes, noch problematischeres Symptom der langen Jahre der Besatzung ins Blickfeld: das Netz von Kollaborateuren mit Israel innerhalb der palästinensischen Gemeinschaft. Zu Beginn war es schwierig zu entscheiden, was Kollaboration mit dem Feind war und was nur ein einfaches Arbeitsverhältnis. Als die Vorreiter der Intifada jedoch eine neue Definition propagierten, schlich sich Angst ein in den Alltag.

Ebenso wie das Tagelöhnersystem enthüllt auch die Kollaboration eine weitere paradoxe Seite jenes intimen Verhältnisses, das sich zwischen den Israelis und der besetzten palästinensischen Bevölkerung entwickelt hat. Obwohl die Israelis mit der Armut der Palästinenser ein Mittel in der Hand haben, deren Gemeinschaft zu infiltrieren, indem sie Leute bestechen, Spione zu werden, haben die Palästinenser gelernt, wie sie Israels angebliche »sanfte Besetzung« zu ihrem eigenen Vorteil ausnutzen können. Schon früh haben die Anführer des Aufstandes ihren Zugang nach Israel dazu genutzt, Streiks und Demonstrationen zwischen Gaza, dem Westjordanland und den wenigen Arabern, die in Israel leben, zu koordinieren.

Sami ist einer dieser Palästinenser, die es geschafft haben, das System für sich zu nutzen. Weil er viele Jahre im Ausland war und deshalb keinen Ärger mit den Israelis hatte, fand er heraus, daß er nicht in deren Sicherheitsregister stand. Deshalb konnte er in den frühen Tagen der Intifada frei und problemlos nach Israel und wieder zurück reisen. Anders als sein Rivale Mahmoud arbeitete Sami nicht; er war arbeitslos und lebte zu Hause bei seiner Familie. Seine arbeitenden Brüder unterstützten ihn, während er sich mehr oder weniger hauptberuflich der Intifada widmete. Irgendwann reiste Sami dann häufiger zwischen Gaza und Nazareth hin und her, der großen palästinensischen Stadt im Inneren Israels, um die Palästinenser dort »zu organisieren«. Er plante auch, in Haifa und Tel Aviv tätig zu werden, wo die arabischen Arbeiter eine potentiell subversive Masse bilden, die nur noch durch Agitatoren wie ihn »betreut« werden mußte.

Dadurch, daß sie so viele Palästinenser bei sich arbeiten lassen, sind die Israelis verletzlich für Angriffe innerhalb ihres Landes geworden, und nicht nur, wenn sie als bewaffnete Soldaten oder als Siedler in die besetzten Gebiete gehen. Messerangriffe gegen israelische Zivilisten werden immer häufiger und werden auch offen von der Hamas befürwortet, der militanten Muslimorganisation, die von Hisham und seinen Freunden unterstützt wird. Als Reaktion hat Israel seine Kontrolle über den Strom von Arbeitern verstärkt, die zwischen dem Land und den besetzten Gebieten hin und her wechseln.

Inzwischen ist auch ein neues, computergestütztes Sicherheitssystem in Betrieb – zusätzlich zu den immer häufigeren Ausgangssperren und Reiseverboten, die Gaza manchmal tagelang vom Rest der Welt abriegeln. Nur von den Sicherheitsbehörden genau kontrollierte Palästinenser haben jetzt einen Sonderausweis, mit dem sie zum Arbeiten nach Israel kommen dürfen. Jeder, der einmal wegen Verstößen, auch kleineren, gegen die Sicherheitsgesetze festgenommen wurde, darf jetzt nicht mehr nach Israel einreisen.

Diese neuen Maßnahmen dürften den Israelis eine große Zahl neuer Kollaborateure zutreiben. Aus Angst davor, auf Dauer nicht mehr in Israel arbeiten zu können, werden viele junge Männer – oft die einzigen Verdiener einer Familie – einwilligen, gegen einen Sonderausweis Informationen weiterzugeben. Für die, welche auf der Schwarzen Liste stehen, sieht die Zukunft düster aus. Doch angesichts der Fähigkeit der Palästinenser, ihr Leiden als besondere Auszeichnung in ihrem Kampf zu betrachten, könnte es in der Intifada sogar von Nutzen sein, wenn man auf diese Weise »geächtet« ist.

Muhammad, Mahmouds Schwager, ist vom Arbeiten in Israel ausgeschlossen. Muhammad ist mager und hat den versunkenen Blick eines Exsträflings. Vor kurzem wurde er nach zwei Jahren aus dem israelischen Gefangenenlager Ansar III in der Wüste Negev freigelassen und ist nun zurück in Breij. Jetzt lebt er im Haus seines Vaters. Er ist einer der »Ninjas« von Breij, wie die maskierten Kommandos der *Shabbab* hier genannt werden. Weil er nicht in Israel arbeiten kann, hat er einen Posten im Intifadakomitee von Breij bekommen. Jetzt kümmert er sich um Kollaborateure im Lager.

Muhammads Vater sieht aus wie ein Cherub mit rosa Wangen in einem rot-weißen Kaffiyeh, dem Palästinenserkopftuch mit Hahnentrittmuster. Mit verwirrtem Gesichtsausdruck sitzt er auf einem Stuhl neben seinem Sohn. Die Intifada hatte für ihn verheerende Auswirkungen. Drei seiner Söhne sitzen wegen politischer Delikte langjährige Haftstrafen in israelischen Gefängnissen ab, und auch die anderen beiden – einer davon Muhammad – sind gerade erst aus dem Gefängnis zurückgekommen. Und das ist noch nicht alles. Muhammads früheres Schlafzimmer in dem Haus wurde von den Israelis versiegelt und zugemauert. Wenn in den besetzten Gebieten jemand wegen eines Sicherheitsverstoßes festgenommen wurde, können die Israelis das Haus seiner Familie in die Luft sprengen, oder, wie in Muhammads Fall, einfach das Schlafzimmer des betroffenen Familienmitglieds zumauern.

Das Haus liegt dunkel im Schatten der Gasse; draußen drückt die Schwüle des Nachmittags. Wie seltsam es anmutet, daß Muhammad, der hier im Wohnzimmer im Erdgeschoß seines Elternhauses sitzt, ein Zimmer für sich alleine hat, das er aber nicht betreten kann. Er muß im Wohnzimmer schlafen. Jetzt kann man Muhammad gar nicht ansehen, ohne an sein Zimmer zu denken, das er überall mit sich herumträgt, wie eine unsichtbare Kette mit einer schweren Eisenkugel.

Es scheint irgendwie mittelalterlich, daß hier in Breij, wie auch in den anderen Flüchtlingslagern – allesamt ebenso übervölkert – und in den besetzten Gebieten, Dutzende, Hunderte solcher Räume versiegelt sind, verboten für ihre Besitzer. Welche Geschichten könnten sie erzählen? Welche Träume verbergen sich in ihrer abgestandenen Luft? Wenn man all diese Räume aufeinandersetzen würde, wie eine architektonische Phantasie, wie hoch würde dieses verbotene Gebäude reichen?

Mahmouds junge Braut stammt aus einer auf die gleiche Weise bestraften Familie und ist strikt dagegen, daß ihr Mann sich weiter in der Intifada engagiert. Wie viele junge Frauen von Breij macht sie sich nicht viel aus Politik. Sie will sich nur ein neues Leben aufbauen, eines ohne all diese Verzweiflung und Hoffnungslosigkeit, die ihre eigene Familie ertragen muß. Und so fährt Mahmoud im Interesse seiner Frau und seiner neuen Familie seine Aktivitäten in der *Shabbab* zurück, um seinen Ausweis zu behalten. Statt dessen arbeitet er lange und hart in Rischon Le-Zion. Sein Schwager Muhammad, der nichts mehr zu verlieren hat, ist inzwischen ein Vollzeit-Ninja im Dienst der Intifada geworden.

Anis, ein enger Freund Hishams, wurde unter dem Verdacht festgenommen, der Hamas anzugehören. Er wurde geschlagen – dabei brach sein Unterkiefer – und nach zwei Monaten Haft zurück nach Breij entlassen. Jetzt kann er nicht mehr nach Israel. Eingesperrt in Gaza, hatte er keine andere Wahl, als sich selbst einen Arbeitsplatz zu schaffen. So traf er einen Entschluß, der die Israelis später sicher ihre Maßnahmen gegen ihn bedauern ließ: Anis eröffnete nämlich eine islamische Buchhandlung in Breij. Heute verkauft er islamische Texte, Koranausgaben und Kassetten mit gewaltverherrlichender »Dschihad«-Musik, die bei jungen Männern und Jungen, die sie hören, einen glasigen Blick und die Bereitschaft zu sterben verursacht. Das Geschäft läuft gut, und Anis beklagt sich nicht mehr über sein eingeschränktes Leben.

Wie die Fälle von Muhammad und Anis zeigen, haben die *Shabbab* viele Möglichkeiten, den israelischen Sicherheitsapparat zu unterminieren, ohne jemals Gaza zu verlassen. Deshalb gibt es auch Männer, die niemals auf einer Sicherheitsliste erscheinen und die dennoch potentiell gefährlich sind. Tatsache ist, daß die israelische Gesellschaft niemals ohne Risiko wird leben können, solange die Besatzung andauert.

»Joe« ist Krankenpfleger im großen Hadassah-Krankenhaus im jüdischen Teil von Jerusalem. Jede Nacht der Woche außer freitags mietet er sich ein Zimmer in Ramallah, einer Stadt im Westjordanland nahe Jerusalem. Jeden Freitagmorgen fährt er nach Hause nach Rafah, dem südlichsten Flüchtlingslager im Gaza-Streifen an der ägyptischen Grenze, nur um am nächsten Morgen wieder nach Jerusalem zurückzukehren.

Wie die meisten seiner Landsleute ist auch Joe nach seiner langen Arbeitswoche gewöhnlich zu erschöpft, um viel mehr zu unternehmen als zu schlafen, wenn er nach Hause, nach Gaza kommt. Aber er kommt dennoch, denn er ist verheiratet, und seine Frau lebt in Rafah. Erst vor ein paar Monaten war Hochzeit; sie heirateten traditionell, beide wurden von ihren Eltern füreinander ausgesucht. Weil sie aber fast die ganze Zeit getrennt voneinander verbringen, kommt Joes Frau ihm immer noch wie eine Fremde vor. »Ich verbringe nur einen Tag pro Woche mit ihr. Wie soll man da jemanden kennenlernen? Und wenn ich zurückkomme, dann würde ich gerne einmal mit ihr ausgehen, ihr etwas zeigen, aber da ist nichts zu machen. Wo sollten wir hingehen? Es gibt im Gaza-Streifen keine Cafés oder Restaurants, wo man hingehen könnte! Wir können nicht ausgehen. Also bleiben wir zu Hause, in unserem kleinen Zimmer.«

Als nächstes fragt sich Joe laut, ob er mit seiner Heirat vielleicht einen Fehler gemacht hat. Er ereifert sich immer weiter und erklärt, wie sehr er sein Leben haßt. Plötzlich sagt er in einem seltsamen Ton mit einem Lächeln: »Weißt du, auf jeder meiner Schichten sterben zwei Menschen. Ich arbeite in der Herzstation. Ich bin der Nachtkrankenpfleger, und viele dieser Menschen sind alt und sterben leicht. Und jede Nacht sterben zwei von ihnen. Ich hoffe nur, niemand glaubt, ich bringe sie um!« Die Anspielung in Joes Stimme ist offensichtlich. Nach diesem Gefühlsausbruch sagt er gar nichts mehr, steht plötzlich auf und geht fort.

Ob es bloße Übertreibung war oder ein Geständnis, Joes Worte sagen allerhand über seine potentiellen Fähigkeiten, gegen Israel zurückzuschlagen. Während des Aufstandes haben die Palästinenser gelernt, daß ihre Armut eine Schwäche, aber zugleich auch eine Stärke ist; als Waffe, die beiden Seiten zur Verfügung steht, ist sie etwas, was sie kontinuierlich besser zu nutzen gelernt haben, immer bedacht darauf, das strategische Gleichgewicht zu ihren Gunsten zu halten.

Obwohl sie sich in vielerlei Hinsicht stark unterscheiden, teilen die Palästinenser doch gewisse Eigenarten mit den Karen in Burma. Beide sind ethnische Gruppen, die Selbstbestimmung über ihre Heimat ausüben wollen, und beiden ist es gelungen, trotz immer größerer wirtschaftlicher Härten ihren Kampf aufrechtzuerhalten. Ebenso wie widrige Umstände die Palästinenser gezwungen haben, sich auf sich selbst zu verlassen, wurden die Karen durch das ständige Schrumpfen ihres Territoriums und schwindende Einnahmen aus ihrer Lethargie gerüttelt und gezwungen, ihre Politik neu zu justieren, um das zu behalten, was übriggeblieben ist, und in der Zukunft zu überleben.

Die beiden Gemeinschaften teilen auch ein gemeinsames koloniales Erbe: Bis in die späten 1940er Jahre waren sie beide wichtige strategische Schlüsselregionen des britischen Empire. Doch während Palästina seine geopolitische Bedeutung beibehalten hat, galt dies nicht für Burma. Ehemals eine territoriale Pufferzone zur kolonialen Beherrschung von Indien, verlor Burma an Bedeutung, als Indien unabhängig wurde. Die neuen internationalen Spannungslinien in Asien verliefen durch Indochina und jenseits davon; damit versank Burma bald in völlige internationale Bedeutungslosigkeit. Dieser Status wurde von dem Regime in Burma noch weiter zementiert, das lange eine Politik der Blockfreiheit betrieb. Solange Rangun keine besondere Hilfe von den kommunistischen Ländern erwartete, störte auch der Befreiungskrieg der Karen westliche Interessen nicht. Und damit waren die Karen – einzigartig für einen so lange andauernden Aufstand – immer nur auf sich selbst gestellt.

An Sonntagen führen die Mahouts am Salween ihre Elefanten hinunter zum Fluß, um sie einmal wöchentlich zu reinigen. Die grünen Dschungelufer sind übersät von diesen grau-rosa Kolossen, und die Elefantentreiber stehen wie Akrobaten auf den großen, knorrigen Köpfen der Tiere und schrubben sie mit großen Bürsten, die so lang sind wie Besen. Die Elefanten stehen bis zum Bauch im Wasser, spielen mit Baumstämmen herum und blasen immer wieder Wasser in die Luft, wie lebendige Teekessel, die Dampf ablassen.

Den Rest der Woche arbeiten die Elefanten im wichtigsten Industriezweig von Kawthoolei, dem Teakholzeinschlag. Entlang der Ufer von Moei und Salween hat diese Tätigkeit ihre Spuren hinterlassen. Dort, wo Sägemühlen stehen, wirken die kahlen Stellen im Lateritboden an den grünen Flußufern wie klaffende rote Wunden. Holzschnitzel und Sägemehl türmen sich zu hohen Haufen. In den Holzlagern unter der bleichenden Sonne bringen die Elefanten die Stämme zu den Sägen. Ihre graue Masse kontrastiert auffällig zu den lebhaften Orange- und Rottönen der aufgeschlitzten, verstümmelten Bäume.

Auf den Thaistraßen, die weg von der burmesischen Grenze führen, wälzen sich Holzlaster, beladen mit den Harthölzern Kawthooleis, in stetem Fluß wie Ameisensoldaten, welche die amputierten Überbleibsel des großen, gefallenen Feindes abtransportieren. Über viele Meilen entlang der Schlammpiste, die zu der Karenbasis Walli führt, ist der Wald in ein gewaltiges Holzlager verwandelt; Tausende und Abertausende Bäume stapeln sich in durchnumerierten Haufen, bereit für den Versand.

Hier wie dort tragen die Flußufer auch die Spuren der zweiten Einkommensquelle der Karen-Guerilla: Ihre Zollstationen, Budenmärkte, wo sich burmesische und thailändische Händer treffen, um unter den Augen der »Zollbeamten« der KNU, die auf sämtliche gehandelten Waren Zölle erheben, Schmuggelware zu kaufen und zu verkaufen.

Das Studentencamp Thay Baw Boe befindet sich in der Nähe einer der Zollstationen am Moei-Fluß. Vom und zum Markt bewegt sich eine endlose Kolonne von Trägern. Heute nachmittag kommt eine Gruppe barfüßiger Viehtreiber mit einer Herde dicker, schwitzender rosa Schweine im Lager vorbei. Die Schweine sind fix und fertig am Ende eines langen Tagesmarsches; sie hinken wie fette feine Damen mit wunden Füßen. Als die Treiber sie mit langen Stöcken antreiben, quieken sie vor Protest. Vor ein paar Tagen hat ein thailändischer Antiquitätenhändler seinen Lieferwagen bis ans Flußufer gefahren. Er schaute zu, wie ein Dutzend Träger, nur mit einem Lendenschurz bekleidet, die Köpfe gebeugt unter ihrer schweren Last, sich über eine schwankende hölzerne Hängebrücke auf ihn zubewegten. Sie trugen gemeinsam eine gewaltige, mit Ornamenten verzierte antike burmesische Trommel. Es war ein Stück in Museumsqualität, bestimmt für Hongkongs blühende Antiquitätenmärkte.

In Mae Le Ta, einer kleinen Zollstation am Salween in der Nähe von Manerplaw, zählt ein burmesischer Viehschmuggler den Zoll vor, den er der KNU schuldet. Er blättert ein gewaltiges Bündel Papiergeld durch, das er beim Verkauf von siebzig Tieren eingenommen hat. Der Mann macht diesen Weg jeden Monat und hat immer lebende Tiere zum Verkauf dabei. Wenn ihn die burmesischen Armeepatrouillen einmal fassen sollten, so erklärt er, erwarteten ihn Schläge und Gefängnis; außerdem würden seine Tiere beschlagnahmt. Bis jetzt habe er aber Glück gehabt.

Im gerodeten und abgebrannten Dschungel um das Zollhäuschen ist ein kleines Dorf entstanden. Die mehreren Dutzend Geschäfte entlang der einzigen Straße werden ebenso von ethnischen Burmesen wie von Karen geführt. Ihre Kunden sind die burmesischen Träger, die mit ihren Löhnen hier einkaufen, bevor sie sich wieder auf den Heimweg durch den

Dschungel machen. Alle nur erdenklichen Waren hängen in den offenen Regalen: protzige Radios, Armbanduhren, Schirme, Waschmittel, Kinderspielzeug, Tarnkleidung, Gummisandalen und Fischernetze. Außerdem Rollen von Sarongstoff, flache *Komau*-Hüte, wie sie Rikschakulis tragen, Gummistiefel, Dosen mit russischen Ölsardinen, Bündel von handgerollten Zigarren, rot-weiß gestreifte Umhängetaschen, sogenannte *Tur*, fransenbesetzte Karen-Umhänge, Betelnüsse, sogar einige elektrische Gitarren.

Ironischerweise ist der lukrative Grenzhandel der Karen wahrscheinlich einer der Gründe, warum ihr Krieg der Welt so lange verborgen blieb. Mit ihren Einkünften aus dem Teakholzverkauf und den Zöllen mußte die KNU niemals im Ausland um Almosen betteln; ebensowenig haben ihre Führer die modernen Standardtechniken der Öffentlichkeitsarbeit gelernt, welche die meisten anderen modernen Aufständischen zur Verbreitung ihrer Anliegen inzwischen längst beherrschen. Statt dessen hatte der Kampf der KNU über die Jahre auch deswegen keinen rechten Fortschritt zu verzeichnen, weil durch den Aufbau einer effizienten tropischen Bürokratie ein fast schon komfortabler Lebensstil erreicht wurde.

Um sich selbst dabei zu helfen, die durch ihre eigene Trägheit entstandenen Verhaltensmuster zu überwinden und ihrem Kampf wieder mehr Dynamik zu verleihen, haben die Karen einige ausländische Söldner engagiert. Motosada Mori ist ein japanischer Söldner, der oft für die KNU kämpft. Mori kommt gerade von einem einmonatigen Einsatz als Scharfschütze in Kawmuras »Todeszone«, und jetzt nimmt er seinen dringend notwendigen Urlaub in Phuket, einem thailändischen Badeort am Golf von Thailand. Eine der Aufgaben, die dort auf ihn warten, ist die Überarbeitung der Druckfahnen eines Söldnerhandbuches, das er verfaßt hat.

Mori sieht eher wie ein Bankangestellter aus als ein hauptberuflicher Söldner. Er hat Hasenzähne und trägt eine Brille. Aber er hat fünf Jahre in der französischen Fremdenlegion gedient und sein Handwerk in trostlosen Legionärsposten im

Tschad und in Dschibuti gelernt. Dort erhielt er eine Ausbildung in vielen Bereichen der Kriegsführung, vor allem aber ist er Scharfschütze. Außerdem hat er einen Aufbaukursus über Sprengstoffe an einer Söldnerschule in den Wäldern von Alabama absolviert, wo sich vermutlich auch Sikh-Terroristen haben ausbilden lassen, bevor sie ein Passagierflugzeug der Air India auf einem Flug über den Atlantik in die Luft sprengten.

Moris Einsätze in Kawthoolei werden von einem reichen japanischen Geschäftsmann bezahlt, für den er sonst als Personenschützer arbeitet. Das Anliegen der Karen liegt seinem Arbeitgeber besonders am Herzen, und er zahlt dafür, daß Mori hierherkommt und ihnen hilft. Die KNU zahlt ihm überhaupt nichts, sagt er, stellt ihm nur Unterkunft und Verpflegung sowie die Waffen, die er für seine Arbeit braucht. Bei seinem letzten Einsatz verwendete er eine Remington Modell 700 Sniper, um burmesische Offiziere umzubringen. Mori tötet nur Offiziere, und bei seinem letzten Aufenthalt in Kawmura hat er »zwei erwischt«. »Bei dem einen war es ein Kopfschuß«, berichtet er stolz, »und den anderen mitten ins Herz.«

Im Moment prüft Mori ein Angebot, länger in Kawthoolei zu bleiben. Er erklärt, daß eine Söldnervermittlung aus Paris eine Gruppe französischer Söldner als eine Art ständige freie Mitarbeiter der KNU unter Vertrag hat, und diese hätten ihm die Mitarbeit in ihrem Team angeboten. Das sei ein gutes Angebot, gutbezahlt mit nur sechsmonatiger Vertragsbindung, aber Mori weiß noch nicht, ob er sich so lange auf einen Ort festlegen will.

Die Karen scheinen nur wenig moralische Bedenken wegen des Einsatzes ausländischer Söldner zu haben; sie geben es nur nicht gerne zu, weil Berichte darüber ihnen negative Schlagzeilen in den Medien einbringen und von Rangun als Munition für nationalistische Propaganda gegen die Karen verwendet werden könnte. Major Than Maung ist immer noch nervös, weil kürzlich ein Amerikaner und ein Franzose in Kawmura zu Tode kamen; öffentlich streitet er ab, daß sie für die KNU gekämpft haben.

Major Robert Zan dagegen findet, ganz ohne die Zurückhaltung von Than Maung und mit seiner Neigung zur Offenheit, für die er bekannt ist, wenig dabei, Hilfe anzunehmen, von wo er sie auch bekommen kann. Er holt Meinungen zu einer Vielzahl von Themen ein, von Autobomben bis Mordanschlägen, und bittet um Ausgaben des britischen Sprengstoffhandbuchs *The Black Book*, von Che Guevaras *Guerrilla Warfare* und einem weiteren Buch, dessen Titel er mit *Memories of a Terrorist* angibt. Im Gegenzug bietet er den Posten eines Vertreters der Guerilla-Spezialeinheit *The Supreme Special Command* in London an, der Gruppe, die Major Soe Soe und er gemeinsam ausbilden. Zur Aufgabe dieses Vertreters würde es gehören, im Namen der Karen Geiseln zu nehmen und Flugzeuge zu entführen. Weit davon entfernt, ausländische Hilfe abzulehnen, ist den Karen Hilfe von überall willkommen, wenn sie ihnen nur beim Erreichen ihrer Ziele hilft.

Auf ein Zeichen von Robert Zan sprechen auch die studentischen Rekruten offen über die Hilfe, die sie von außen bekommen haben: Die Thay-Baw-Boe-Studenten zeigen Schnappschüsse von sich selbst mit einem bärtigen Westler, den sie Bob nennen, »ein Kanadier und ehemaliges SAS-Mitglied«, der einige von ihnen in speziellen militärischen Techniken trainiert hat.

Aung Lwin spricht jeden, den er trifft, auf Hilfe an, egal wen. Wann immer ein Fremder Thay Baw Boe besucht, nutzt Aung Lwin die Gelegenheit, einen seiner flammenden Appelle um Hilfe loszulassen: »Amerika *muß* uns helfen. Schickt uns wenigstens eine amerikanische *Flagge*, die wir dann neben unserem kämpfenden Pfau hissen!«

So unschuldig die Studenten auch immer noch scheinen, haben sie doch schon große Fortschritte gemacht, wenn es darum geht zu verstehen, wie die Dinge funktionieren; sie wissen jetzt, daß der Wunsch nach ausländischer Hilfe nicht immer bedeutet, daß er auch erfüllt wird. Am Anfang waren sie so naiv, tatsächlich zu glauben, daß Teams von maskierten, schwarzgekleideten »American Ninjas« – wie sie in Hollywood-Kampfsportfilmen gezeigt werden – mit Kampfhubschraubern einfliegen und ihnen beim »Kampf um Burma« beistehen würden.

Die burmesischen Guerillas mögen sich zwar für manche militärischen Spezialkenntnisse und vielleicht sogar zur politischen Inspiration an Menschen von außerhalb wenden, aber nach Waffen mussten sie nie lange suchen. Seit dem Vietnamkrieg ist Südostasien mit Waffen aller Art aus Ost wie West überschwemmt. In Thailand an Waffen zu kommen ist kein Problem, solange man Geld dafür hat. Manchmal kaufte die KNU Waffen von den kambodschanischen Guerillas an der Ostgrenze Thailands, und auch die mächtigen und korrupten thailändischen Streitkräfte bildeten eine weitere Versorgungsquelle.

Um jedoch überhöhte Schwarzmarktpreise zu vermeiden, produziert die KNU auch ihre eigene Munition. Stolz rühmen die Guerillaoffiziere der Karen ihre Fähigkeit, ihre Geschosse selbst herzustellen, bis hin zu den Metallhülsen und dem Schießpulver.

Das Selbstversorgungsprogramm der Karen geht aber über Munition hinaus. Verborgen in einer idyllischen Dschungellichtung an einem schnell fließenden Nebenfluß des Moei in der Nähe von Manerplaw, befindet sich die guerillaeigene Prothesenfabrik. Sie wird von einem gutaussehenden Achtunddreißigjährigen geleitet. Über den gesamten Oberkörper trägt er einen eintätowierten Drachen und hat bei einer Landminenexplosion ein Bein verloren. In seiner Flußuferwerkstatt, die voller Holzhände, -beine und -arme steht, arbeiten er und mehrere ebenfalls versehrte Helfer ständig an der Erledigung der Bestellungen der KNU. Im Moment sind sie mit den Aufträgen für vier Patienten im Rückstand, die Ersatz für Gliedmaßen brauchen.

Das Landwirtschaftsministerium der KNU betreibt eigene Reisfelder, sogenannte *Taungyos*. Von allen Verwaltungsbehörden der KNU wird erwartet, daß sie sich selbst mit Lebensmitteln versorgen, und jede beschäftigt deshalb Männer, die nichts anderes tun, als sich um die *Taungyos* zu kümmern.

Außerdem fördert die KNU Privatinitiativen ihrer Mitarbeiter, um ihr eigenes Budget auf die kriegswichtigen Ausgaben konzentrieren zu können. Es werden private *Taungyos* angelegt, um den Guerillafamilien ein Einkommen zu verschaffen. Ein alter General besitzt einen großen *Taungyo*, den er von Untergebenen bewirtschaften läßt, während Ganemy, der wichtigste Mitarbeiter des Premierministers, einen blühenden Obstgarten um sein Haus herum unterhält. Durch den Garten plätschert ein kleiner Bach, und er pflanzt Bananen, Ananas, Durian, Litschis, Mangos, Zitronen, Kokosnüsse, Papayas und Avocados an, die in einem der Grenzmärkte der KNU verkauft werden.

An einer anderen Stelle in Manerplaw thronen ein ländliches Teehaus und ein Gemischtwarenladen zwischen den Bäumen an einem steilen Abhang am Flußufer. Auf der Schwelle genießen Guerillakämpfer und Besucher den leichten Wind vom Fluß her und betrachten das Kommen und Gehen der Motorkanus. Die Inhaberin des Teehauses ist die Ehefrau eines hochrangigen KNU-Vertreters. Nebenher verkauft sie auch noch geschmuggelte Edelsteine aus Burma.

Gerade holt sie einen kleinen geflochtenen Korb hinter ihrer Verkaufstheke hervor und setzt sich an den groben Holztisch, an dem sonst ihre Gäste Tee trinken. Dann legt sie ein sauberes weißes Tuch auf den Tisch, nimmt mehrere kleine Plastiktütchen aus dem Korb und schüttet den Inhalt auf das Tuch. Glitzernd kullern Hunderte kleiner Edelsteine hervor: Saphire, taubengrau, blau und perlweiß, Rubine von blutrot bis malvenfarben, ein einzelner chlorophyllgrüner Smaragd und einige gesprenkelte Bruchstücke milchig-grüner Jade.

Mit dem Geld, das sie durch den Verkauf der Edelsteine einnimmt, bezahlt die Teehauslady die Ausbildung für ihren neunjährigen Sohn, der in Ban Mae Sot eine Privatschule besucht. Aber sie versichert, daß sie die Hälfte ihres Gewinns an die KNU abgibt und einige KNU-Kämpfer aus der Gegend und ihre Familien mit Lebensmitteln, Kleidung und Medikamenten unterstützt.

In Kawthoolei gibt es eine Grauzone zwischen Selbstversorgung und Selbstbereicherung. Mit ihrem sozialen Engagement zeigt die Teehausinhaberin auf ihre Art, daß sie weiß, wieviel Gewinn als anständig gilt und wieviel nicht.

Unterdessen sind die Studenten meilenweit von solch profitablen Geschäften entfernt. Sie versuchen sich immer noch notdürftig mit dem über Wasser zu halten, was sie von der KNU und einigen internationalen Wohltätigkeitsorganisationen bekommen, und mit ihren eigenen Anstrengungen, in kleinem Rahmen zu Selbstversorgern zu werden. Am Ende ihres ersten Jahres im Exil und als Anerkennung ihrer Opferbereitschaft im Kampf überreichte der Präsident der KNU, General Bo Mya, den Studenten von Thay Baw Boe als symbolisches Geschenk einige AK-47, ein paar RPG-7-Panzerabwehrraketen und einen oder zwei Mörser. Damit hatte sich das Waffenarsenal der Studenten gewaltig verbessert; bis dahin hatten sie nur sieben antiquarische Karabiner, die sie thailändischen Grenzsoldaten mit dem Geld abgekauft hatten, das sie sich während ihres ersten Jahreswechsels im Exil mit dem Singen von Weihnachtsliedern verdient hatten. Wenn sie an der Front in Kawmura oder Palu eingesetzt werden, bekommen sie die meisten ihrer Waffen von der KNU ausgeliehen.

Um ihre Abhängigkeit zu verringern, unternehmen die Studenten alles mögliche, womit sie Geld verdienen können. Am Anfang versuchten sie, Baumstämme zu Holzkohle zu köhlern, um diese in Thailand zu verkaufen, aber dies führte zu Problemen mit den Karen, welche die Wälder als ihr Eigentum betrachten, und die Studenten mußten diesen Plan wieder aufgeben. In den Feldern rings um Thai Baw Boe haben sie jetzt Sojabohnen, Mais und Chili angepflanzt; außerdem halten sie einige Hühner, Schweine und Ziegen. Ein paar behelfsmäßige Teeläden und einige »Selbsthilfeprojekte« bringen gelegentlich etwas Geld ein: Anstecker aus Blech mit dem kämpfenden Pfau, Pro-Demokratie-T-Shirts und Postkarten mit dem Slogan »Unterstützt den Kampf um Demokratie in Burma« werden über Zwischenhändler in Thailand verkauft.

Für die Studenten ist der Kampf um Demokratie in Burma zu einem Kampf ums Überleben im Dschungel von Kawthoolei geworden. Immerhin haben sie zumindest einige Fortschritte gemacht. Ihre Krankenstation, die wegen der grassierenden Malaria dringend notwendig war, haben sie vollständig mit selbst aufgebrachtem Geld finanziert. Es handelt sich um ein einfaches, aber funktionales Gebäude mit elf Feldbetten, das von einem ehemaligen Studenten der Tiermedizin geleitet wird. Jetzt müssen nur noch die schlimmsten Malariafälle in Thailand behandelt werden, während Studenten, die sich von einer Erkrankung oder Verwundung erholen, in das Camp zurückkehren und von ihren Freunden versorgt werden können.

Die Studenten wissen, daß ihr Überleben von ihrer Fähigkeit abhängt, für sich selber Sorge zu tragen. Sie können nicht erwarten, daß die Karen sie ewig versorgen werden. Wenn der Tag kommt, an dem Kawthoolei fällt, müssen sie darauf vorbereitet sein, allein zu kämpfen und als mobile Guerillakämpfer im Hinterland zu verschwinden. Sie wissen, daß sie dazu nur mit der Unterstützung durch die Zivilbevölkerung in der Lage sein werden; und wenn sie die Bevölkerung in der Zukunft für sich gewinnen wollen, muß ihnen das auch heute schon gelingen. Zu diesem Zweck nehmen die Studenten auch die Bauern aus der Umgebung von Thay Baw Boe zur kostenlosen Behandlung in ihrer Klinik auf. Das ist eine kluge PR-Maßnahme.

Heute kommt kurz nach der Kliniköffnung eine Gruppe von Bauern ins Lager und treibt eine Herde von rehäugigen Wasserbüffeln vor sich her. Sie sind hierhergekommen, weil sie gehört haben, daß der »Doktor« eigentlich ein Tierarzt ist – sie wollen, daß er sich einmal ihre Tiere ansieht.

Wenn auch ihre Zukunft ungewiß ist, hat doch die jahrelange Stabilität der Region Kawthoolei den Karen einen gewissen Schutz geboten und ihnen einen besonderen Status unter den aufständischen Gruppen Burmas verschafft. Die meisten anderen Gruppen sind kleiner oder kommen aus entlegenen

Gebieten mit wenig Zugang zur Außenwelt. So nahe an Thailand gelegen, ist Kawthoolei für die burmesische Guerilla ein geeigneter und angenehmer Ort, um sich zu treffen und an der verbesserten Geschlossenheit ihrer Armeen zu arbeiten. Aus diesem Grund besuchen immer auch Führer und Delegationen anderer Guerillagruppen Manerplaw, um dort mit der Führung der Karen zu verhandeln.

Diese Woche ist es ein Häuptling der Shan-Guerilla. Er hat einen sanftmütigen Gesichtsausdruck und sehr kleine schwarze Augen, ist tadellos gekleidet und trägt ein gutgeschnittenes, hellgraues traditionelles burmesisches Hemd für formelle Anlässe mit großen Knöpfen und passende Hosen. An einem Finger glitzert ein rubinbesetzter goldener Ring; er trägt auch eine teure goldene Armbanduhr. Aus seinem Mund funkeln mit Silber überkronte Zähne, und Gesicht und Unterarme sind bedeckt mit Tätowierungen. Das Tattoo auf seiner Stirn hebt sich blaugrün ab von seiner leicht gelblichen Haut.

Der Führer der Shan bekam lange Zeit Militärhilfe vom kommunistischen China, doch Ende der 70er Jahre war es damit vorbei. Jetzt, so erklärt er, kommen die meisten ihrer Einnahmen aus den Zöllen, welche die Händler bezahlen müssen, und von Silber- und Rubingräbern in der Gegend. Vielleicht sagt er ja die Wahrheit, aber tatsächlich liegt sein Gebiet, die Shan-Berge, im Zentrum des Goldenen Dreiecks, der entlegenen Opiumanbauregion im Grenzgebiet von Burma, Laos, China und Thailand, wo die Hälfte der Weltproduktion für diese Droge erzeugt wird. (Der Rest kommt überwiegend aus Pakistan und Afghanistan.)

Praktisch alle burmesischen Guerillakämpfer sind am Opiumhandel beteiligt, und manche betreiben sogar ihre eigenen Heroinlabors. Die Karen sind fast die einzigen, die sich die Hände nicht mit Opium schmutzig machen. Diesbezüglich hatte die KNU schon in der Vergangenheit eine weiße Weste und vertritt schon seit langem einen hohen moralischen Anspruch, indem sie den Drogenhandel verurteilt und sogar die Todesstrafe für Schmuggler in Kawthoolei ausgerufen hat.

Doch viele ihrer Verbündeten handeln tatsächlich mit Opium, was natürlich den Karen manche Probleme bereitet.

Eines Abends, bei Major Soe Soe zu Hause, wird die Drogenfrage zum Thema einer besorgten Diskussion. Es scheint, als werde die KNU von der US-Drogenbehörde DEA der Beteiligung am Opiumhandel verdächtigt. Dies sei unwahr, meint Soe Soe, aber die KNU kann das nur schwer beweisen. Weil die meisten ihrer Verbündeten tatsächlich beteiligt sind, so Soe Soe, sei es mißlich für die KNU, ihre eigene Antidrogenpolitik allzu stark publik zu machen. Außerdem ist es geradezu gefährlich, denn jeder, der sich offen gegen den Drogenhandel ausspricht, läuft Gefahr, umgebracht zu werden. Aus diesen Gründen war die Haltung der KNU zum Thema Drogenhandel niemals so unzweideutig, wie sie es hätte sein können, aber die Karen-Guerillas gehen immer noch davon aus, daß alle Verständnis für ihre eigentliche Position haben.

Schließlich sandte die KNU ab Ende 1987 mehrere hochrangige Delegationen zu Treffen mit dem bekannten Drogenbaron der Shan, Khun Sa. Dadurch wurde die DEA mißtrauisch, die das Goldene Dreieck von Thailand aus beobachtete. Das Problem dabei war, so Soe Soe, daß das wahre Ziel dieser Unterredungen fehlinterpretiert wurde. Den Karen ging es nicht darum, eine unheilige Allianz mit Khun Sa zu schließen, sondern eher, ein Antidrogenprogramm vorzuschlagen.

Soe Soe weiß das so genau, weil er selbst an den Treffen mit Khun Sa teilgenommen hat. Doch trotz einiger frühen Hoffnungen auf Erfolg – die beiden Guerillaarmeen hatten schon ein Dokument paraphiert, in dem sie ihre Absicht einer zukünftigen Zusammenarbeit formulierten –, scheiterte die Initiative schließlich doch. Und heute handelt Khun Sa immer noch mit Opium, während den Karen all ihre Anstrengungen nichts weiter eingebracht haben als den Verdacht der US-Drogenbehörden.

Jetzt will die KNU reinen Tisch machen. Sie weiß, daß Khun Sa den Handel niemals freiwillig aufgeben wird. Es gibt nur einen Weg, ihn daran zu hindern, nämlich ihn umzubringen.

Wenn die Amerikaner heimlich Hilfe für den Guerillakampf der KNU leisten, dann werden sich die Karen um die Ermordung von Khun Sa kümmern und dann seine Guerilla auslöschen. Und wenn diese erst einmal weg ist, wird man das Problem des Opiumanbaus realistisch angehen können.

Soe Soes Argumentation klingt ziemlich einleuchtend. Schließlich haben die Vereinigten Staaten in der Vergangenheit im Namen des Antikommunismus auch Guerillabewegungen in Angola, Afghanistan, Nicaragua und sogar im nahen Kambodscha unterstützt. Die Karen können sich aufgrund ihrer Überzeugungen besonders gute Chancen auf solche Hilfe ausrechnen: Sie sind sowohl standhafte Antikommunisten als auch bereit, Washington bei seinem publicityträchtigen »Kampf gegen Drogen« zu unterstützen.

Noch auf einer weiteren Ebene zeigt die Bitte um amerikanische Hilfe die wachsende Nervosität innerhalb der KNU-Führung darüber, woher die Organisation zusätzliche Ressourcen bekommen soll, falls sich die Situation weiter verschlechtert. In den vergangenen Jahren haben die Erfolge der burmesischen Regierungstruppen die Einnahmen der KNU aus Zöllen und dem Teakholzeinschlag um mehr als die Hälfte schrumpfen lassen. Den Karen geht es jetzt wirtschaftlich schlechter, und sie müssen entweder die Kontrolle über einen Teil des lukrativen Grenzhandels wiedergewinnen oder sich eine andere Einkunftsquelle erschließen. »Wir haben uns nicht mit der Mafia eingelassen«, sagt Soe Soe scharf. »Sie kamen auf uns zu und wollten *Taungyos*, zumindest sollten wir die Augen verschließen bei ihren Transporten durch KNU-Territorium. Sie wußten, daß wir Geld brauchen und haben uns viel geboten, aber wir haben abgelehnt.«

Dies ist ein wirkliches Dilemma für die Karen, denn wenn sich die Dinge nicht bald besser für sie entwickeln, werden sie die Angebote der »Mafia« womöglich nicht mehr lange ausschlagen können. Um einen ähnlichen Status zu erreichen wie die Palästinenser – für welche die internationale Gemeinschaft erheblichen politischen Druck aufbaut –, müssen sich die Karen irgendwie für den Westen interessant machen.

Das mag ihnen gelingen oder auch nicht. In der Zwischenzeit werden die Karen alles unternehmen, was zum Überleben nötig ist. Ideologie, Idealismus, moralische Werte, sogar die Religion – all das kann verändert, gewechselt oder sogar ganz aufgegeben werden, wenn es ums Überleben geht.

El Salvador wurde im Rahmen der Rhetorik des Kalten Krieges von der Reagan-Regierung als strategisch wichtig bezeichnet. Deshalb fand sich das antikommunistische Regime des Landes bald auf den Lohnlisten Washingtons, denn seine Guerillagegner waren Marxisten. Die Guerilleros selbst schauten sich unterdessen in Kuba und dem Sowjetblock nach Schutz und Hilfe um.

Die Unterstützung der Sowjets bedeutete jedoch nicht, daß die *Compas* ihre Autonomie aufgaben. Ein Grund dafür ist, daß es der FMLN nie an eigenem Geld gefehlt hat. In den 1970er Jahren konnte sie durch Banküberfälle, Entführungen lokaler Oligarchen, Diplomaten und Ausländer sowie Lösegelderpressungen eine Bargeldreserve von einhundert Millionen Dollar anlegen. Damit hatte die FMLN immer Geld für Waffen; allerdings war es nie einfach, die Waffen auch zu den Kämpfern zu bringen.

Das ähnlich eingestellte sandinistische Regime im Nachbarland Nicaragua erlaubte der FMLN während des Jahrzehnts, als es an der Regierung war, sein Staatsgebiet als Rückzugsbasis und Umschlagplatz für Waffen zu nutzen. Doch bereits früh taten die *Compas* ihr möglichstes, zu Selbstversorgern zu werden, denn es gab intensive, von den USA unterstützte Bestrebungen, diesen Nachschubweg zu unterbinden.

Die »Volkswaffenfabrik« in Chalatenango zählt mit zu diesen Anstrengungen. Eines Morgens zünden Giovanni und einige seiner Jungs stolz ein Dutzend selbstgebaute Raketen, Mörser und Granaten. Die Hälfte sind Blindgänger, ein paar andere kommen in abenteuerlicher Weise vom geplanten Kurs ab, aber die *Compas* sind ganz aufgeregt, und es fließt jede Menge Adrenalin. Laut treiben sie sich gegenseitig an und schieben ein Geschoß nach dem anderen in die Geschütze. Dann hält sich jeder die Ohren zu und sucht Deckung. Nach jeder erfolgreichen Explosion rufen sie: »Qué buen cachimbazo!« »Was für ein Kracher!«

Später zeigen mir die Guerilleros im Wald hinter Giovannis Lager die streng geheimen Werkstätten, wo die tödlichen Knallkörper hergestellt werden. In einem Schuppen arbeiten ein Mädchen und zwei Jungen im Teenageralter – einem der beiden fehlt eine Hand – mit Feilen an den Metallgehäusen von Abwehrraketen. Umgeben von fliegenden Funken, schweißt ein Mann Raketennasen mit einer Acetylenflamme. Ein gasbetriebener Generator nebenan erzeugt lauten Krach. In einem anderen Schuppen hat ein Mädchen Hülsen für mehrere Dutzend Granaten aufgestellt und füllt jede mit Schießpulver und Nitroglycerin. Draußen in der Sonne bereitet ein Junge einige große, runde Tretminen vor, die sie *Minas africanas* (»afrikanische Minen«) oder *Quitapies* (»Fußabreißer«) nennen.

Ähnlich wie die Palästinenser sind auch die *Compas* stolz auf ihren Ruf, auch unter schwierigen Bedingungen einsatzbereit zu sein. Ihre Opferbereitschaft gehört für sie zu ihrem Berufsethos als Revolutionäre. Sie zeigen auf ihre Stiefel aus Eigenproduktion, die im Feld gerade einmal drei Monate halten; ihre Uniformen, die ein Mischmasch von Zivilkleidung und erbeuteten Uniformteilen der Armee sind; und ihre Bauernnahrung aus Tortillas, Reis und Bohnen, dazu wenn möglich etwas Ei oder Fleisch. Verwundete Guerilleros werden vom erfahrenen FMLN-eigenen medizinischen Personal und von internationalen Freiwilligen versorgt, oft unter erbärmlichen Bedingungen; an Medikamenten fehlt es immer. Und doch beklagt sich niemand. »Schau nur, was wir alles geleistet haben«, sagen sie. »Vielleicht noch nicht allzuviel, aber es ist alles unser, alles selbst gemacht.«

Die *Compas* haben bei ihren Verbündeten mehr auf die politische Orientierung geachtet als auf materiellen Nachschub. Eines Abends in Chalatenango dreht sich die Unterhaltung in der Guerillaeinheit um den Zusammenbruch des Kommunismus. Das ist ein Thema, das die Guerilleros sichtlich berührt: Es herrscht offensichtliche Verwirrung darüber, welche Position die FMLN hierzu genau vertritt und wie die Veränderungen ihre eigene offizielle marxistisch-leninistische Ideologie beeinflussen. Die Truppenführer der *Compas* wischen das Thema beiseite und belehren die jüngeren Kämpfer, daß sich für die FMLN nichts verändert hat.

»Die Feindpropaganda erzählt uns, daß die Berliner Mauer gefallen ist und sich angeblich die Welt verändert hat«, erklärt ein *Compa*-Veteran, der schon über dreißig ist. »Aber hier in El Salvador hat sich überhaupt nichts verändert. Weder die Armut noch die Repression. Unsere Demokratie hier ist immer noch nichts als Theater.«

Später sagt mir dann ein Politoffizier außerhalb der Hörweite der anderen: »Über diese Fragen wird auf einer höheren Ebene diskutiert, unter den *Jefes guerrilleros*, den Chefs, nicht bei den einfachen Kämpfern. Das ist einfach zu kompliziert für sie. Ich wette, Sie können hier mindestens zwei *Compas* finden, die nicht wissen, daß die Welt eine Kugel ist ... Egal, was sie nicht wissen, macht ihnen auch keine Sorgen. Was hier wichtig ist, ist, daß sich der Preis für Dünger im letzten Jahr verdoppelt hat. Warum sollten wir das ganze noch weiter anheizen, indem wir ihnen über die Probleme in der Sowjetunion erzählen?«

In El Salvador ist der revolutionäre »Neue Mensch« noch am Werden, sein Lehm noch feucht in den Händen seines Schöpfers. Hier, in der Wiege der Revolution, wissen die meisten Guerillakämpfer nichts von der importierten Ideologie, die ihre Organisation übernommen hat. Doch auch ohne ein ideologisches Gerüst für ihren Krieg wissen sie doch eines: Ihre Feinde sind die Unterdrücker der Armen. Mit oder ohne Hilfe und Inspiration von außen, das wird sich nicht ändern.

Von allen Guerillaarmeen ist vielleicht die Polisario am stärksten auf Hilfe von außerhalb angewiesen. In einer ansonsten unbewohnten Wüste, wo praktisch alle zivilen Anhänger in Flüchtlingslagern leben, hatte sie nie eine große Wahl. Zugleich bildet diese Abhängigkeit auch die Hauptquelle ihrer Macht über die Sahraoui-Flüchtlinge. Die Polisario ist der Vermittler zwischen den Sahraouis und der Außenwelt und verwaltet sämtliche Hilfslieferungen. Indem sie praktisch über alle materiellen Güter bestimmt, hat die Polisario die totale Kontrolle über das Wirtschaftsleben der Flüchtlinge übernommen. Sie liefert alles: Es gibt kein Geld und kein Grundeigentum; es gibt keine Häuser, keine Banken, keine Hypotheken, keine Strom- oder Wasserrechnungen – es gibt überhaupt keine Rechnungen. Die Ausbildung ist kostenlos – ständig sind bis zu siebentausend Sahraouis zum Studium im Ausland –, medizinische Versorgung und Bekleidung sind umsonst. Im Gegenzug verlangt die Polisario unbedingte Loyalität.

Die Polisario hat sich selbst das Image einer antikolonialen nationalen Befreiungsbewegung gegeben und damit leicht die Unterstützung der radikal antiwestlichen Staaten der Dritten Welt gefunden. Von Anfang an war ihr wichtigster Verbündeter die algerische FLN-Regierung; Unterstützung kam auch auch aus Libyen, dem Jemen, Syrien, Kuba und dem Iran. Weil die linken Drittweltstaaten die Polisario unterstützen und er selbst sich schon lange als Freund des Westens gibt, konnte König Hassan II. von Marokko riesige Mengen Waffen für den eigenen Kriegseinsatz von den Vereinigten Staaten und Frankreich kaufen.

Die Polisario macht sich keine Illusionen darüber, den Krieg militärisch gewinnen zu können; die Anwesenheit ihrer Kämpfer in dem umstrittenen Gebiet war ein Mittel, Druck im Hinblick auf eine international überwachte Volksabstimmung und eine politische Verhandlungslösung mit Marokko aufzubauen. Doch zuerst brauchen die Sahraouis das Interesse und das Wohlwollen der internationalen Gemeinschaft; hierfür haben sie viel Energie eingesetzt.

In diesem Zusammenhang steht auch einer der bemerkenswertesten Erfolge der Polisario, die diplomatische Anerkennung der DARS durch mehr als siebzig Staaten. Ihre bedeutendste »Botschaft« befindet sich in Algier. Von der früher einmal eleganten französischen Kolonialvilla hoch über den Steilufern der Stadt überblickt man das Mittelmeer und die Uferpromenade, den Boulevard Ernesto Che Guevara.

Die engen Beziehungen zwischen dem algerischen Regime und den Sahraoui-Guerillas werden unterstrichen durch die Nähe des Polisario-Hauptquartiers zur algerischen Luftwaffenbasis Tindouf. Hier, mitten in den Dünen, breitet sich der Verwaltungskomplex der Polisario aus. Von hier aus führen Straßen in die verschiedenen Flüchtlingslager, Militärstützpunkte und Kriegsgefangenenlager. Irgendwo, nicht allzu weit entfernt, liegen Batterien von sowjetischen Boden-Luft-Raketen. Gemeinsam mit dem nahe gelegenen Luftwaffenstützpunkt sind sie der Grund dafür, warum die moderne Luftwaffe von König Hassan II. nicht angreift.

Um aber nicht vollkommen von ihren Verbündeten abhängig zu sein, hat die Polisario auch ein eindrucksvolles internationales Solidaritätsnetzwerk aufgebaut, insbesondere unter westeuropäischen Linken, die Spenden sammeln, die Sache der Polisario propagieren und Hilfsgüter direkt in die Wüstencamps befördern. Dort verteilt die zivile Hilfsorganisation der Polisario, der Rote Halbmond der Sahraoui-Republik, alle eingegangenen Hilfslieferungen mit Hilfe der Polisario-»Volkskomitees«.

Das Empfangszentrum der Polisario in der Nähe von Tindouf ist immer voll von ausländischen Delegationen: ernste junge baskische Nationalisten; Spanier aus Zaragoza; Schweizer Parlamentsabgeordnete in sorgsam gebügelten Safarianzügen; ein wohlmeinendes englisches Ehepaar aus Kent, das mit einem vollausgestatteten »Zahnarzt-Wohnmobil« angereist ist. (Nachdem das Zahnarztehepaar einige Monate lang kostenlos die Zähne der Sahraouis behandelt hat, wird es in seine Gemeinschaftspraxis in Kent zurückkehren und das Fahrzeug als Geschenk dortlassen.) Manch anderer sieht die Polisario als Vertreter einer Dritte-Welt-Revolutionsbewegung, die in der marxistischen Tradition des Internationalismus unterstützt werden sollte. Wolf und Isabel, ein deutsches Paar Ende dreißig, hatten zuvor schon eine Grundschule im sandinistischen Nicaragua mit aufgebaut. Jetzt widmen sie sich in ihrer Heimatstadt Bremen ganz der Sache der Sahraoui und sind nach Tindouf gekommen, um nachzusehen, wo ihr Einsatz am meisten helfen kann.

Gutausgebildete Sahraouimänner und -frauen stehen als Fremdenführer und Dolmetscher für die Besucher der verschiedenen Nationalitäten bereit. Abba ist den Englischsprachigen zugeteilt, während sich ein Guerillakämpfer namens Bashir um die Deutschen kümmert. Bashir ist erst seit kurzem wieder zurück in der Westsahara, nachdem er acht Jahre lang die Polisario in Bremen vertreten hat. Jetzt sind die deutschen Besucher hier, und Bashir wirbelt ganz aufgeregt im Empfangszentrum herum. Er trägt eine getönte Pilotenbrille, hat sein Kopftuch um den Hals gebunden und sieht alles in allem doch eher wie ein Europäer als ein Sahraoui aus.

Über den Tag werden die Besucher auf identischen Touren durch die Flüchtlingslager und ihre Selbsthilfeprojekte geführt. Man zeigt ihnen nicht nur, was die Polisario mit ihren Spenden gemacht hat, sondern auch, wo es überall noch an etwas fehlt. Dann bekommen sie erzählt, wie sie nach ihrer Rückkehr nach Hause die Sahraouis unterstützen können: Eine Gruppe soll Gelder für einen Sommerausflug für Jugendliche sammeln, die nächste sich um eine Krankenhauseinrichtung kümmern, eine dritte möge doch bitte Spenden für eine Flotte Krankenwagen besorgen ...

Eines der Vorzeige-Selbsthilfeprojekte der Sahraouis ist die Versuchsfarm »Märtyrer José Indam«. Es ist später Nachmittag, eine angenehme Brise streicht sanft durch das Grün. Im Bewässerungsgraben gluckert es. Ringsumher sprießen Pflanzen in unregelmäßig angeordneten Beeten; die wie mit einer Wachsschicht überzogenen Früchte verschiedener Gemüsesorten glänzen unter einem grünen Mantel staubiger Blätter: leuchtendgelbe Paprika, rote Tomaten und tief dunkelviolette Auberginen. Jenseits der Beete erstreckt sich die kahle Wüste bis an den Horizont, wie ein ausgebleichtes Skelett. Ein junger Guerilla steht im Schatten einer Dattelpalme und erklärt, daß er und seine Kameraden zwölf Hektar bepflanzt haben und diese noch auf sechzehn erweitern wollen – aber nur Gemüse, keine Obstbäume oder irgend etwas Längerfristiges, denn, so sagt er, nur halb im Spaß: »Wir rechnen nicht damit, daß wir noch lange hier sind!«

Die Polisario stand von Anfang an schon immer in einem gewissen Konflikt: Sie muß für ihre Leute sorgen, darf es ihnen aber doch nicht so bequem machen, daß sie den Traum von der Rückkehr in ihr eigenes Land aufgeben. Alle Aktivitäten sind daher sorgfältig nach ihrem politischen Nutzen berechnet und danach, inwieweit sie geeignet sind, den Glauben und die Loyalität der Flüchtlinge aufrechtzuerhalten. Beim Prioritätensetzen werden auch die beiden Images berücksichtigt, welche die Polisario in der Außenwelt propagieren möchte: das eines Flüchtlingsvolkes, das aus seiner rechtmäßigen Heimat vertrieben wurde und die Hilfe der Welt braucht, und das eines organisierten und entschlossenen Volkes, das so gut wie nur irgend möglich für sich selber sorgt und beweisen kann, daß es alles hat, was notwendig ist, um einen Staat zu führen. Und so kommt es, daß die Sahraouis auch nach fast zwei Jahrzehnten des Exils immer noch in Zelten leben anstatt in Häusern und Gemüse anpflanzen statt Obstbäume.

Afghanistan – ein Synonym für Krieg. Dieses Land ist weniger eine Nation als ein Schlachtfeld der Geschichte. Hier wird Krieg geführt ohne den Vorwand höherer Ideale. Er ist ein ungebremster Kampf um Land und Loyalität, wo der, der mehr von beidem hat, gewinnt. Es ist das alte afghanische Spiel vom Krieg als Politik, doch es wird genährt – und immer blutiger – durch die Interessen äußerer Mächte.

Die Afghanen sind keine ackerbauenden Unschuldsengel. Schon immer haben sie gegen fremde Eroberer gekämpft und gegeneinander – schon vor der Zeit Alexanders des Großen. In den 1980er Jahren wirkte Afghanistan wie ein Schlachtfeld der Ideologien zwischen Ost und West, als auf die sowjetische Intervention von 1979 die massive Unterstützung der Mudschaheddin durch die Vereinigten Staaten von Amerika, Saudi-Arabien und Pakistan erfolgte. Für die Afghanen jedoch war dieser Krieg nur eine etwas größere Version ihres ewiggleichen Spiels der politischen Rivalitäten zwischen Clanchefs und Stammesfürsten, bei dem Ideologien nicht viel zu bedeuten haben.

Noch in einer frühen Phase des Krieges errichteten die Mudschaheddin ihr Hauptquartier in der alten britischen Kolonial-Garnisonsstadt Peschawar in Pakistan, nur durch den Khyberpaß von der afghanischen Grenzstadt Dschalalabad getrennt. Schließlich war das gebirgige Grenzgebiet auf seiner ganzen Länge mit afghanischen Flüchtlingslagern, geheimen militärischen Ausbildungslagern, Kriegsgefangenenlagern und Nachschubdepots gespickt. Als Gegenleistung für die Nutzung pakistanischen Territoriums erlaubten die USA und Saudi-Arabien dem pakistanischen Militärgeheimdienst ISI (*Inter-Service Intelligence*) die Ausgabe von Hilfsleistungen an die Mudschaheddin. Als Quartiermeister übt das ISI einen erheblichen Einfluß auf die Mudschaheddin aus, der sogar so weit geht, daß es Anweisungen für das Verhalten im Kampfgebiet geben kann.

Jetzt, im Vorgriff auf den Abzug der Sowjets, sind die Mudschaheddin unter Druck geraten, eine Stadt zu erobern. Wenn ihnen das gelingt, so glauben einige ihrer Unterstützer, wird die afghanische Armee wegschmelzen wie Eis in der Sonne, und als Hauptpreis wird den Mudschaheddin Kabul zufallen. Auch Kandahar, Afghanistans zweitgrößte Stadt und der traditionelle Sitz der Könige, spielt eine wichtige Rolle. Kandahar liegt in der südlichen Wüste und ist vom Rest des Landes abgeschnitten; nur das Stadtzentrum und der Flughafen befinden sich noch unter Kontrolle der Regierungstruppen, und die Garnison kann nur noch aus der Luft versorgt werden. Doch jetzt, wo die Mudschaheddin versuchen, die Stadt endgültig einzunehmen, werden sie in einem letzten Verteidigungsversuch unablässig von Moskaus Düsenjägern bombardiert.

Die Partei der Mudschaheddin, *Jamiat-i-Islami* (»Islamische Gesellschaft«), übt durch einen einflußreichen örtlichen

Mullah namens Nadschibullah alias Mullah Naquib eine führende Rolle bei der Belagerung von Kandahar aus. Seine Mudschaheddin haben unlängst die letzte Regierungsposition im strategisch wichtigen Flußtal des Arghandab gleich im Norden der Stadt überrannt. Jamiat-i-Islami koordiniert die Kämpfe und versorgt die Kämpfer von Quetta aus, einem Kreuzungspunkt alter Handelsstraßen und die windgepeitschte Hauptstadt der entlegenen pakistanischen Provinz Belutschistan, die an Kandahar grenzt.

Zwischen Quetta und der afghanischen Grenze liegt eine ganze Reihe von geheimen Versorgungslagern. Gegraben in die baumlosen Felswände hoch in den Bergen von Toba und Kakar, ist Toba das letzte Lager in Belutschistan vor der unmarkierten afghanischen Grenze und wird, mit Ausnahme der kleinen pakistanischen Poststation gegenüber, von den Mudschaheddin selbst geführt.

Hier in Toba hat Jamiat-i-Islami einige schwere Maschinengewehre gelagert. Die in Höhlen hinter schweren Eisentüren mit Vorhängeschlössern eingeschlossenen Waffen werden dringend von Mullah Naquibs Guerillakämpfern gebraucht, die jetzt exponiertere Positionen halten und größere Waffen benötigen, um die immer stärkeren Bombardierungen aus Flugzeugen und den Raketenbeschuß abzuwehren. Um die Situation zu verbessern, hat Mullah Naquib einen seiner Spitzenberater, Mazen Agha, gebeten, einige der Waffen abzuholen und sie zurückzubringen, bevor Arghandab völlig in Schutt und Asche liegt.

Die Tage sind hell und frisch. Einzelne Schneeflecken bedekken den Boden. In der Schlucht, durch die der Winterwind bläst, ist es besonders kalt. Wegen der Berge ringsum wird es abends auch besonders früh dunkel. Schon nachmittags liegt die Schlucht in tiefem, kaltem Schatten, während die Gipfel hoch oben noch golden im Sonnenlicht baden.

Aus der Luft muß Toba aussehen wie unbewohnt. Aber die Sowjets wissen, daß hier Menschen leben, und haben es bereits einmal bombardiert. In dem verkohlten Lastwagen, der jetzt zerschellt in dem Flußbett im Tal liegt, starben drei Menschen, fünf weitere in den Trümmern der Häuser auf dem Hügel. Hier sind zwischen den Lehmhäusern am braunen Abhang des Hügels die Munitionslagerhöhlen gegraben. Jede Mudschaheddingruppe hat ihr eigenes Lager. Das okkerfarbene Gelände steigt vom Fluß steil den Hang aufwärts. Wachtposten liegen in Richtung Hügelgipfel, hinauf führen Fußwege, die sich wie Ziegenpfade im Zickzack hin- und herziehen.

Das Haus der Jamiat-i-Islami liegt am Fuß dieser merkwürdigen Siedlung. Die Häuser der Hisb-i-Islami (der »Islamischen Partei«), des Erzrivalen von Jamiat-i-Islami, liegen oberhalb aller anderen, in Gipfelnähe. Diese beiden Gruppen, deren Kämpfer sich im Inneren von Afghanistan häufig gegenseitig bekämpfen, halten auch hier wenig Kontakt. Obwohl sie nur einen Steinwurf voneinander entfernt leben, haben sie getrennte Zugangswege zu ihren Gebäuden, so daß auch nicht viel Kommunikation notwendig ist.

Ein pakistanischer Militärposten jenseits des Flußbetts überwacht alle Aktivitäten in Toba. Seine Anwesenheit verringert auch merklich die Gefahr, daß Kämpfe zwischen den rivalisierenden Gruppen ausbrechen. Die Pakistanis behalten im Auge, welche Unterstützungsgüter Toba in Richtung Front verlassen; Waffenkisten werden immer von den Lastwagen abgeladen und im Kontrollbereich des Postens inspiziert.

Es gibt keine Straße nach Toba. Die Lastwagen, die Menschen und Waffen zur Front und von dort zurückbringen, nutzen die ausgetrockneten Flußbetten, die sich zwischen den hohen braunen, geröllbedeckten Hügeln winden. Raben spielen in diesen unfruchtbaren Schluchten mit dem Wind. Sie setzen sich wie Wächter auf die Gipfel und betrachten die LKWs, die unten vorbeischleichen. Gelegentlich ziehen ganze Herden von Kamelen mit langen matt-bernsteinfarbenen Zottelmähnen lethargisch vorbei, und in einiger Entfernung ihre Eigentümer, Nomaden vom Volk der Kutchi.

Mazen Agha ist der Transport- und Logistikverantwortliche für Nadschibullah. Vor einigen Tagen kam er von der

Front in Quetta an. Jetzt kehrt er über Toba wieder zurück mit einem Abholauftrag für einige Zigoyak- und Dashaka-Maschinengewehre aus sowjetischer Produktion. Er ist von Kopf bis Fuß schwarz gekleidet: Er trägt einen schwarzen Turban mit goldenen Streifen, spitze schwarze Gummistiefel mit Reißverschluß, Modell Arabische Nächte, eine schwarze bodenlange Robe, eine schwarze Jacke mit vielen Taschen und sogar einen schwarzen Bart. Ständig kaut er auf einer Prise *Naswar* herum, einer afghanischen, süchtig machenden Mischung aus Tabak und Gewürzkräutern, und immer wieder entfährt ihm ein seltsam unpassendes, hohes Kichern, wie das eines heranwachsenden Mädchens.

Mazen Agha hat zwei Leibwächter. Wie er tragen sie besondere, auffällige schwarze Roben und Westen. Beide sind achtzehn Jahre alt und verbringen ihre gesamte Zeit mit dem Hören von Liebesliedern aus ihrem tragbaren Kassettenrekorder und damit, herumzudösen. Varidad ist schlank, dunkel, gut aussehend und nicht sehr intelligent; der etwas Muntere heißt Wazir, ist rundlich, wirkt schlicht und hat den Kopf kahlrasiert. Beide sind unzertrennlich. Die drei sind in einem dekorativ bemalten pakistanischen Laster unterwegs, der mit seinem verzierten Aufbau und den in einem kompliziertem Muster geschnitzten Holztüren entfernt an eine alte Galeone erinnert.

Ihr Übernachtaufenthalt in Toba hat sich jetzt schon auf acht Tage ausgedehnt, weil der Fahrer einige Kilometer zuvor auf einer eisbedeckten Hochebene, die übersät war mit liegengebliebenen Fahrzeugen, bei dem Versuch, direkt durch eine Lache von Schlamm und Eis zu fahren, eine Achse gebrochen hat. Für die Kandaharis bedeutet die Verzögerung, für ein paar Tage in einer Art Niemandsland zwischen zwei Welten steckenzubleiben. Toba ist ein peripherer Ort, der weder in der Kriegszone liegt noch völlig außerhalb. Hier herrscht eine Atmosphäre gespannter Erwartung, gespeist von den Kämpfern auf dem Weg zur Front und von dort zurück.

Im Inneren des Baus der Jamiat-i-Islami liegt alles voller Müll und Munition. Hier konzentrieren sich die Alltagsaktivitäten darauf, es einigermaßen warm zu haben. Es handelt sich um eine kleine Lehmhütte mit einer Fensteröffnung, über die eine Plastikplane gespannt ist. Im Inneren haben sie aus Munitionskisten einige Betten mit Strohmatratzen gebastelt. In der Mitte der Hütte brennt ständig ein Holzofen aus Schrotteilen. Ein Jugendlicher mit riesigen Füßen füttert den Ofen mit kleingehackten Munitionskisten als Brennholz. Sein Name ist Rahmat Gul. Er kocht auch Tee und bereitet die Mahlzeiten, aber er ist äußerst ungeschickt; ständig verschüttet er etwas, und die Mudschaheddin machen sich offen über ihn lustig. Er will aber unbedingt anerkannt werden und lacht gewöhnlich mit den anderen, doch einmal gehen sie zu weit mit ihren Sticheleien. Da bricht Rahmat Gul in Tränen aus. Das sorgt aber nur für noch mehr Heiterkeit, und die anderen hören erst auf, als Mazen Agha sie dazu auffordert. Aber die Rollen sind klar verteilt: Rahmat Gul ist nur der Teejunge, ein Diener, sie selbst sind Mudschaheddin, Heilige Krieger.

An der Wand über den Betten ehrt ein Poster den pakistanischen Herrscher General Zia Ul-Haq, der kürzlich »den Märtyrertod starb«. Das Bild ist sorgsam eingefaßt mit einem Holzrahmen aus den Verpackungskisten einiger RPG-7-Panzerabwehrraketen. Der Diktator war zu seinen Lebzeiten ein mächtiger Verbündeter und ist inzwischen zu einer Art Schutzpatron der Mudschaheddin geworden. Auf dem Bild liegt seine Generals-Schirmmütze auf einem Blumenbeet im Vordergrund, während Zia selbst im blauen Himmel schwebend vor makellos weißen Wolken dargestellt ist. »Zia, Märtyrer des afghanischen Dschihad«, verkündet die Schriftzeile in Urdu, die sich über den oberen Rand erstreckt. Wie eine Sphinx blickt Zia unablässig in den Raum und vermittelt mit seinen schweren Lidern und der Andeutung eines Lächelns den unergründlichen Eindruck, daß er irgendwie seinen Mördern ein Schnippchen geschlagen hat.

Rahmat Gul bringt den Mudschaheddin eine unendliche Folge von *Nan*, dem flachen, runden, ungesäuerten afghanischen Brot, und viele Tassen mit heißem, süßem Pfefferminztee, *Chai*. Dazu gibt es, wenn möglich, heiße Häppchen von blendendweißem Schafsfett oder *Shurwa*, eine Art Schafsfett-Porridge mit *Nan*. Manchmal gibt es Zwiebeln, die Mazen Agha zubereitet, indem er sie theatralisch mit der Faust zerquetscht und dann die Schalen aus dem Mus puhlt. Er sitzt dem Mahl vor und verteilt das Essen auf dem gleichen schmutzigen Tuch wie jeden Tag. Jeder ißt mit den Fingern. Nach der Mahlzeit packt Mazen Agha die Reste wieder in das Tuch; beim nächsten Essen werden sie dann erneut serviert.

Die Tage schleppen sich dahin. Mazen Agha hofft, das Jamiat-Büro in Quetta werde bald einen neuen Laster vorbeischicken, um den mit der gebrochenen Achse zu ersetzen. Gleich am ersten Tag hat er schon eine Nachricht geschickt, aber bis jetzt noch keine Antwort bekommen. Er will seine Mission erledigen und so schnell wie möglich nach Kandahar zurückkehren, aber er braucht ein Fahrzeug dafür.

Rund um die Uhr treffen Lastwagen, beladen mit Waffen und Mudschaheddin, in Toba ein und brechen von dort auf, aber für Mazen Agha ist keiner dabei. Verzweifelnd macht er sich selbst auf den Weg nach Quetta, um ein neues Fahrzeug zu besorgen. Zwei Tage später ist er wieder da, völlig erschöpft von der langen Fahrt. Er bringt eine Tüte frischer Orangen und eine Schachtel Honigkekse mit, aber keinen LKW. Man hat ihm dort gesagt, es seien keine mehr übrig; er hat keine andere Wahl, als auf ein Ersatzteil zu warten, damit sein Wagen repariert werden kann.

Mazen Agha weiß nicht mehr weiter. Er will los, aber er will auch nicht mit leeren Händen nach Hause kommen. Er schnarcht beim Schlafen und schreckt immer wieder hoch, streckt seine Hände in die Höhe und singt laut. Auch Wazir und Varidad werden allmählich ungeduldig. Sie können sich jetzt nur noch miteinander beschäftigen, und die Batterien in ihrem Kassettenrekorder werden allmählich schwach.

Jeden Tag schalten die Guerillakämpfer mit fast religiöser Inbrunst die Radiosendungen des BBC World Service mit den Nachrichten für Afghanistan in der Sprache Pashto ein. Eines Morgens ist von heftigen Kämpfen um den Flughafen Kandahar in Mahalajat die Rede. Diese Nachricht macht Mazen Agha noch nervöser, als er ohnehin schon ist, aber was er jetzt tun soll, weiß er immer noch nicht.

Schließlich löst sich Mazen Aghas Dilemma auf glückliche Weise, als Ghulam Azrat, genannt »der Ingenieur«, auftaucht. Er wurde losgeschickt, um Mullah Naquibs Mannen den Gebrauch der sowjetischen rückstoßfreien SPG-9-Panzerabwehrkanone zu erklären, von denen Jamiat neulich eine Reihe gekauft hat. Ghulam ist ganz aufgeregt, wie das ja oft so bei Ingenieuren ist, die eine neue Maschine bekommen, und er erklärt, die neuen Waffen seien äußerst nützlich, um Kandahar von den Standorten Mullah Naquibs außerhalb der Stadt zu beschießen. Er hat eine der Waffen mitgebracht, noch gut verpackt, ein Vorführmodell.

Mazen Agha wird schnell klar, daß Ghulams Ankunft ein Glücksfall ist. Wenn er jetzt mit Ghulam und seinem SPG-9 im Schlepptau zurückkehrt, dann ist es nicht so schlimm, daß er die schweren Maschinengewehre nicht dabeihat. Die Sache ist bald abgemacht. Die ganze Gruppe, einschließlich Ghulam, wird mit dem nächsten Laster, der durch Toba kommt, nach Arghandab zurückkehren. Zwischenzeitlich ist Ghulam eine willkommene Ergänzung der Mannschaft in dieser kalten kleinen Hütte. Erstens ist er kein Kandahari, sondern aus Wardak im Norden. Während die anderen eher dunkle Typen sind, hat er hellere Haut, blonde Locken und blaue Augen. Außerdem spricht er fließend russisch. Vor der sowjetischen Invasion im Jahre 1979 besuchte er eine von den Sowjets betriebene Ingenieursschule in Kabul.

Als russisch sprechender und ausgebildeter Ingenieur ist Ghulam für die anderen Widerstandskämpfer außerordentlich wertvoll. Seine Aufgabe besteht darin, ausgewählten Kämpfern beizubringen, wie sowjetische Waffen wie die SPG-9 zu bedienen sind. Um ihn zu halten, zahlt ihm Jamiat ein Gehalt von eintausend pakistanischen Rupien pro Monat, womit er gerade so seine Frau und seine beiden kleinen Kinder versorgen kann, die in Wardak geblieben sind, einem von den Mudschaheddin kontrollierten Gebiet. Er bekommt sie nur alle paar Monate einmal zu sehen. Wie überall in Afghanistan ist auch seine Heimreise oft lang, immer mühselig und häufig gefährlich.

Während die Gruppe auf den Lastwagen wartet, verbringt Ghulam Stunde um Stunde über seinem kleinen Schreibheft mit Notizen über die SPG-9. Die anderen betrachten ihn zunehmend mit verblüfftem Erstaunen. Eines Nachmittags unterhält er Wazir und Varidad, indem er ihnen mit hochdramatischer Stimme laut aus dem Koran vorliest. Sie liegen auf dem Bauch, das Kinn wie Kinder bei einer Gutenachtgeschichte auf die Hand gestützt, und sind völlig gefesselt.

Endlich, es ist Abend, läßt Mazen Agha alle ihre Sachen packen. Ein Laster ist angekommen. Er fährt nach Arghandab und hat noch ein paar Stehplätze auf der Ladefläche.

Die Reise ist kurz und dramatisch. Wazir und Varidad halten sich zusammen auf der offenen Pritsche fest und singen Lieder über Krieg und Märtyrertod. Das Flußbett windet sich immer tiefer in die Berge. Plötzlich verschwinden die Wände der Schlucht, und die Piste stürzt tief nach unten. Der Fahrer, ein Belutsche, steigt auf die Bremsen, und für einen Moment hängt der Laster an der Kante einer gähnenden Schlucht, ächzend und knarrend wie ein Kahn auf dem Kamm einer Riesenwelle. Unten richten sich wie Säulen einer riesigen Ruine aus römischer Zeit gewaltige Nadeln aus reinem Fels aus der Wüstenebene in die Luft. Dahinter erstreckt sich ein endloser brauner Teppich von Land, der sich im Horizont, vermischt mit Sand und Staub, verliert – Afghanistan!

Zuerst ist kein Mensch zu sehen. Dann erscheint eine Reihe kleiner Weiler im Nichts. In einem Dorf aus gebranntem Lehm, wo die Häuser kuppelförmig sind und oben eine Erhebung tragen wie die Brüste einer Frau, laufen kleine Kinder herum und betteln um Süßigkeiten.

Der Belutschi-Fahrer lenkt den Wagen jetzt auf eine geteerte Straße, die in der Sonne wie ein Band aus flüssigem Stahl gleißt, das über das Land gelegt ist. Rechts, weit im Norden, führt sie nach Kabul. Links, noch ein paar Meilen bergabwärts, liegt Kandahar. Im Slalom zwischen Bombenkratern prescht der Lastwagen über die luxuriös weiche Asphaltdecke. Doch schon nach wenigen Kilometern verläßt der Wagen die Straße erneut und biegt auf eine Wüstenpiste ein. An einer Stelle, wo die Spuren von Lastern und Geländewagen an einem Fluß zusammenlaufen, steht eine *Chikana*, ein Teehaus. In der Ferne hört man jetzt ein dumpfes, donnerndes Geräusch – Bombenexplosionen. Mit einem beunruhigten Blick zum Himmel rast der Fahrer des LKW weiter in Richtung Arghandab. Er will nicht in der offenen Ebene von den sowjetischen Bombern überrascht werden.

Die Wüste macht allmählich Siedlungen Platz. Die Dörfer sind menschenleer und liegen in Trümmern, die kuppelförmigen Dächer der Häuser eingestürzt wie Eierschalen, die Wände eingefallen und umgestürzt wie Sandburgen am Strand. Zur Begeisterung von Wazir und Varidad erscheinen nun wieder vertraute Bilder. Sie gestikulieren und zeigen auf einen Märtyrerfriedhof. Er ist der erste von vielen, die aussehen wie bewaldete Oasen in diesem kahlen und baumlosen Land. Aus Steinhaufen erheben sich hohe, nicht ganz senkrecht stehende Baumstämme wie Masten; an ihnen sind Fahnen befestigt, die flattern wie leuchtendbunte Blätter im Wind. Die Wimpel sind grün, rot, weiß, schwarz, rosa, orange und blau. An jedem Friedhof machen Wazir und Varidad eine Handbewegung, als würden sie sich das Gesicht waschen, eine typische Geste des muslimischen Gebetsrituals.

Mit einiger Anstrengung erreicht der Belutsche das Tal von Arghandab noch in der Dämmerung. Doch kurz nachdem es völlig dunkel ist, gehen die Scheinwerfer aus. Der LKW gerät ins Schlingern, kommt halb von der Straße ab und hält in einer gefährlichen Position. Alle springen hinunter, um nachzuschauen, was passiert ist. Direkt vor den Reifen des Lasters verschwindet die staubige Piste in einem gähnenden Bombenkrater. Der Belutsche sah das Loch fast zu spät.

Die Reise geht zu Fuß weiter, und Mazen Agha führt die Gruppe durch stille Obstgärten und an zerbombten Gebäuden vorbei. Letztere sehen gar nicht mehr aus wie Objekte von Menschenhand, sondern wie gigantische Ameisenhaufen. Dann weitet sich der Weg zu einem unbebauten Platz, der von einer niedrigen Mauer umgeben ist und von wenigen Lehmgebäuden dominiert wird, die seltsam in den Boden versunken scheinen: Mullah Nadschibullahs Mudschaheddin-Lager.

Das Camp am Schnittpunkt mehrerer Obstgärten, umstanden von Bäumen zum Windschutz, wurde sorgfältig für die herrschenden Kriegsbedingungen entworfen und gebaut. Um nicht aus der Luft erkannt zu werden, sind die Lehmgebäude mit Flachdächern in den Boden hineingegraben. Wegen der häufigen Bombenangriffe sind die Fenster nicht aus Glas, sondern aus Plastikplanen. Im Zentrum des Lagers befindet sich der Gebetsplatz, der *Majit*, ein gefegtes Karree, umschlossen von einer dekorativen Palisade von grauen Panzerplatten. An jeder Ecke dienen große leere Bomben, mit der Spitze in die Erde gegraben und die Heckflossen nach oben gerichtet, als überdimensionierte Blumenkübel für einige eingehende Pflanzen. Ein großer Holzpfahl erhebt sich gen Himmel und trägt die Feldradioantenne des Lagers. Die Antennenkabel schlängeln sich in eine nahe gelegene Hütte, in der Radio und Funkgerät stehen; innen wirkt es gemütlich, mit sauberem Stroh auf dem Boden, farbenfroh gestreiften Kelim-Teppichen, die zwei Armee-Tragbahren bedecken, und einem bauchigen, gußeisernen Holzofen.

In der Funkerhütte schlafen Khalilullah, der Lagerarzt, und Abdul Hakim, der Geheimdienstoffizier. Die anderen Mudschaheddin schlafen in verschiedenen Gemeinschaftsunterkünften ringsum. Es gibt auch eine Art Speisesaal, einen Platz zum Kochen, einen Ziehbrunnen, ein Badehaus, eine Krankenstation und hinter den Bäumen am Rand des Lagers Latrinen.

Das Camp liegt verborgen in einem Wirrwarr von zerschossenen Dörfern inmitten eines von einem Fluß bewässerten Gebiets mit Weintrauben- und Granatapfelgärten sowie Weizenfeldern. Mehrere hundert Meter entfernt fließt der Arghandab-Fluß um den nahe gelegenen Fuß des felsigen Khybara-Massivs herum. Jenseits des Flusses gehen die Obstgärten rasch in Wüste über, eine flache Ebene, die sich bis zum Fuß der Bergkette erstreckt, die sich bläulich und zerklüftet am Horizont erhebt.

Das Land ist voller Krater, wie Pockennarben von Bombenexplosionen, als hätte jemand große Stücke aus ihm herausgebissen. Einige der Krater haben einen Durchmesser von bis zu fünfzehn Metern und sind mit blauem Wasser gefüllt. Halb den Abhang hinuntergerollt liegt ein großes schwarzes totes Pferd, die steifen Beine nach oben gestreckt und den Bauch gebläht wie eine vollgesogene Zecke. Die Bäume, die als Windschutz zwischen den Feldern dienen, sind weiß vor Staub; viele haben abgeschossene Äste und zeigen ihr orangefarbenes Holz, ihre Stämme sind aufgeschlitzt, wie vom Blitz getroffen. Daneben ragen noch Raketen aus dem Boden, gerade dort, wo sie eingeschlagen sind. Viele sind gar nicht explodiert, und mit ihren Schwanzflossen sehen sie aus wie von Kindern dort vergessene Flitzebogenpfeile.

Nebenan stehen die Überreste von Charqulaba, dem Dorf, wo Mullah Naquib geboren wurde, nach dem das Mudschaheddin-Lager benannt ist. Tatsächlich existiert es nicht mehr. Kein einziges Gebäude steht mehr, und die Bruchkanten der zerstörten Mauern stumpfen im Regen und Wind allmählich ab. Unausweichlich wird Charqulaba wieder zu Staub. Bald wird es nichts weiter sein als eine leichte Anhöhe in der Ebene, auf der nichts gedeiht.

Um Charqulaba herum ist die Lage eher ruhig, abgesehen von den überfliegenden Bombern und gelegentlichen Raketen, die zwischen Arghandab und Kandahar über das Khybara-Massiv hin- und hergeschossen werden. Das Camp ist halbleer, weil die meisten Kämpfer an der Front am Flughafen von Mahalajat eingesetzt sind, wo zur Zeit am stärksten gekämpft wird. Die Männer im Lager haben entweder eine Kampfpause und warten auf einen neuen Einsatz oder sind noch zu jung zum Kämpfen. Manche sind erst zwölf- oder dreizehnjährige Jungen, und weil Nadschibullah sie nicht kämpfen läßt, bevor ihnen der Bart sprießt, müssen sie noch hierbleiben und dem Koch beim Zubereiten und Servieren der Mahlzeiten helfen. In der Zwischenzeit verbringen sie, um sich wenigstens sich selbst zu beweisen, ihre ganze Zeit mit dem Reinigen von Waffen, die sie immer wieder auseinandernehmen und neu zusammensetzen.

Am zweiten Tag im Lager baut Ghulam seine SPG-9 auf. Er richtet sie nach Kandahar aus und feuert sie mit einer schreienden und lachenden Menschenmenge als Zuschauer und einem Knall wie ein Donnerschlag ab. Der Rückstoß erzeugt eine gewaltige Staubwolke und drückt die Holztür der nächstgelegenen Schlafhütte ein. Sie zerfällt in Stücke. Das wird von den Mudschaheddin mit einem großen Hurra und zustimmendem Gelächter begrüßt, und Ghulam erklärt seinen Test lächelnd als Erfolg. Die Rakete ist irgendwo in der Stadt Kandahar eingeschlagen.

Mullah Naquib wohnt selbst nicht in dem Lager, kommt aber täglich vorbei. Er lebt mit seinen beiden Ehefrauen und drei Kindern in einem der unbewohnten Dörfer auf der anderen Seite des Flusses im Schatten des Khybara. Jedesmal, wenn er kommt, schwerfällig und mondgesichtig in seinem wogenden schwarzen Gewand mit passendem Turban, stellen sich seine Männer in einer Reihe auf, um ihm die Hand zu küssen und rituelle Grußformeln zu flüstern. Naquib ist sehr groß, größer als alle seine Kämpfer – weit über einen Meter achtzig und kräftig gebaut. Er hat auch sehr viel Humor; für einen Mullah scheint er viel Zeit mit Lachen zu verbringen.

Obwohl er erst vierunddreißig ist, trägt Naquib bereits die vereinte Last seiner Pflichten als Mullah und Mudschaheddin-Kommandant. Indem er die Macht des Staates repräsentiert und gleichzeitig den Willen Gottes interpretiert, ist Naquib für seine Kämpfer und die örtlichen Zivilisten nichts weniger als ein Halbgott. Tagtäglich, von der Morgendämmerung bis spätabends, wenn er müde seine letzten Worte des Tages murmelt, empfängt Naquib Besucher, berät und schlichtet Konflikte. Seine Überarbeitung zeigt sich in einer gewissen ständigen Geistesabwesenheit. Nach dem Mittagessen hält er gewöhnlich ein Schläfchen in Khalilullahs Feldbett. Wenn er sich am späten Nachmittag auf den Heimweg macht, hat er gelegentlich die Schlüssel zu seinem Toyota Land Cruiser verloren. Wenn das passiert, werden einige Mudschaheddin losgeschickt, um den Pfad zwischen dem Camp und dem Wagen abzusuchen, während er selbst die unergründlichen Tiefen all seiner Rocktaschen durchwühlt.

Naquibs fast mythische Position hat sich während der zehn Jahre entwickelt, die er im Dschihad, dem Heiligen Krieg, zugebracht hat. Seine persönliche Tapferkeit gilt als legendär. Im Jahre 1979 nahm Naquib als junger Soldat in Kabul an einem Armeeaufstand gegen das erste kommunistische Regime Afghanistans teil. Als dieser von loyalistischen Truppen und ihren sowjetischen Beratern blutig niedergeschlagen wurde, floh Naquib zurück nach Kandahar und verschanzte sich in Arghandab. Angeblich löste er den lokalen Widerstand dadurch aus, daß er einmal einhändig mit einer von der Schulter abgefeuerten Panzerabwehrrakete einen sowjetischen Panzer in die Luft jagte. Seit diesen frühen Tagen hat er Karriere gemacht. Jetzt ist er der Warlord von Arghandab, und seine Präsenz ist überall in der Region spürbar.

Der Arzt, Khalilullah, ist ein Mann von dreiundzwanzig mit einer sanften Stimme. Er sticht unter den anderen hervor, weil er das einzige westliche Kleidungsstück trägt, eine braune Kordjacke. Während die anderen Mudschaheddin überwiegend Analphabeten und Bauernjungen aus Arghandab sind, ist Khalilullah der Sohn einer wohlhabenden Familie aus Kandahar mit einer eigenen Arzneimittelimportfirma. Gegen den Willen seiner Eltern ging er mit fünfzehn zu den Mudschaheddin. Die Eltern leben jetzt als Flüchtlinge in Quetta und versuchen, das Familienunternehmen mit Hilfe mehrerer Brüder Khalilullahs weiterzuführen. Eigentlich wollen sie, daß er mit dem Kämpfen aufhört und ihnen hilft, aber Khalilullah sagt, sein Platz sei bei den Mudschaheddin. Sein Traum ist es, wenn der Dschihad erst einmal gewonnen ist, in Amerika oder Großbritannien Medizin zu studieren, um dann »ein richtiger Arzt« zu werden.

Khalilullah wurde nach einer einjährigen Krankenpflegerausbildung bei einer westlichen Hilfsorganisation in Peschawar zum »Arzt« ernannt. Die anderen Mudschaheddin nennen ihn respektvoll Dr. Sahib. Auch Naquibullah hält viel von ihm und verläßt sich auch bei vielen nichtmedizinischen Dingen auf ihn. Jedesmal, wenn er die Front verläßt, um in Pakistan bestimmte Geschäfte zu erledigen, nimmt er Khalilullah als Berater mit. Und wenn Khalilullah sich gerade einmal nicht um verwundete Kämpfer oder um einen der zahlreichen Zivilisten kümmert, die täglich zur Behandlung ihrer vielen Krankheiten herkommen, bringt er das Militärtagebuch auf den neuesten Stand, das er allwöchentlich an Naquibs Kontrolleure vom Geheimdienst ISI schickt. Khalilullah betreibt zudem noch den Lagerfunk. Mehrere Stunden täglich kann man ihm in seiner Hütte dabei zuhören, wie er über das pfeifende und brummende Radiorauschen hinweg verschlüsselte Nachrichten in Pashto verliest.

Khalilullahs Mitbewohner, Abdul Hakim, ist ein gleichaltriger Mann mit strengen Gesichtszügen. Wie Hakim stammt auch er aus Charqulaba, wo einer seiner Brüder bei einem sowjetischen Bombenangriff ums Leben kam. Die übrigen Mitglieder seiner Familie leben als Flüchtlinge in Pakistan; er selbst ist als einziger hiergeblieben. Zu seinen Aufgaben gehört es, unter den Mudschaheddin und den Zivilisten hier in der Gegend Spione zu enttarnen. Er zeigt ein dubioses Lächeln und einen entnervend gleichgültigen Blick, als ob er alles, was jemand anderes sagt, sorgfältig bewertet und mit einem inneren Sensor auf Verrat untersucht.

Wenn die Kämpfer freihaben, verlassen sie das Lager, um in den nahe gelegenen Dörfern Freunde oder Familienangehörige zu besuchen. Auf der anderen Seite des Flusses ist ein lebhafter Markt, auf dem von Plastikschuhen bis zu Orangen alles mögliche verkauft wird und welcher der Endpunkt für die Lastwagen mit Schmuggelwaren aus Pakistan ist. Auf dem Markt wimmelt es von Männern mit Kalaschnikows, die alle einen *Patou* tragen, eine Art Schal für Männer, und miteinander schwatzen, feilschen oder sich einfach die Zeit vertreiben.

Es herrscht eine entspannte Atmosphäre, und man hat nicht das Gefühl, daß hier irgend etwas eilt.

Der eigentlich dramatische Ausnahmezustand ist für die Leute von Arghandab jetzt Alltag. Das ist ihr Tal, in dem sie leben und arbeiten, und zufällig ist es jetzt gerade auch noch Kriegsgebiet. Selbst als die Sowjets die Region mit vergeltenden Luftangriffen überziehen, startet Naquib noch ehrgeizige Projekte zur Wiederbelebung der einst blühenden Landwirtschaft hier unten im Tal. Nachdem sie einige Parzellen versuchsweise von den vielen hier im Krieg verlegten Minen geräumt hatten, wurden Obstgärten und Weizenfelder angelegt. Zuerst hatten sie ganze Herden argloser Schafe über die Felder getrieben. Lachend nennt Khalilullah sie »unsere Minenräumer«. Zu seinen Plänen für die Zukunft gehören auch der Bau neuer Dörfer und das Bohren neuer Brunnen, denn die meisten wurden zerstört.

Von allen Wiederaufbauplänen Naquibs hat sicher die verfallene Garnison die größte symbolische Bedeutung, denn sie war schon früher der traditionelle Sitz der Provinzregierung von Arghandab. Seine Männer konnten die Stellung nach einer blutigen, zweimonatigen Belagerung einnehmen. Der Sieg kostete dreihundert Menschenleben und ließ von dem Gebäude nicht mehr übrig als einen Tümmerhaufen, doch jetzt weht statt der roten Fahne mit Hammer und Sichel das grüne Banner des Islam von den Mauerresten, die Fahne der Mudschaheddin.

Die Festung sitzt imposant auf halber Höhe zum Khyberpaß hinauf, oberhalb der Dörfer und jenseits des Flusses, von Naquibs Stellung in Charqulaba aus gesehen. Fast ein Jahrzehnt lang haben die Regierungstruppen Haubitzen und Panzergeschosse von dort herunter abgefeuert. Von der Festung aus betrachtet, einem hervorragenden Aussichtspunkt, sind die Schäden verheerend. Alles auf *dieser* Seite des Flusses liegt in Trümmern, die Lehmhäuser bis auf die Grundmauern zerstört, sogar das Land von Einschlägen zerwühlt und verwüstet, während auf *der anderen* Seite, wo die Dörfer sich hinter einem Hügel ducken, praktisch alles unversehrt ist.

Naquibs Ansicht nach ist die Festung ideal für einen Kontrollposten der neuen Islamischen Republik Afghanistan, die er mit aufbauen will. Die Stelle hat nicht nur strategische Bedeutung, sie ist auch ein spiritueller Ort. Nahe der Festung markiert eine kleine Moschee die Grabstelle von Baba Wali, einem Heiligen des neunzehnten Jahrhunderts. Nachdem sie die Kampfspuren von dem kleinen Park rund um das Grab beseitigt haben, sind die beiden Männer, die sich um das Gelände kümmern, jetzt die einzigen Bewohner des Hügels. Lethargisch und barfuß verbringen sie ihre Tage mit Teekochen in einer Ecke des Hofes und mit dem Füttern der weißen Tauben, die ihnen auf den Schultern sitzen, während sie den Boden mit Besen aus zusammengebundenen Zweigen fegen.

Mullah Naquib mag jetzt vielleicht einen heiligen Ort besitzen, aber er weiß, daß das noch nicht allzuviel wert ist, wenn man eine islamische Lokalherrschaft aufbauen will, es aber keine Leute gibt, über die man herrschen könnte – das aber ist der Fall in Arghandab. Wie die Familien von Khalilullah und Abdul Hakim sind die meisten schon lange nach Pakistan geflohen. Sie müssen erst zurückkommen, bevor in Arghandab wieder so etwas wie Normalität Einzug halten kann. Um sie anzulocken, zählt Mullah Naquib auf die Unterstützung ausländischer Spender für seine Wiederaufbaupläne.

Es gibt eine ganze Reihe westlicher und arabischer Organisationen, die von Pakistan aus Hilfsoperationen für Afghanistan durchführen. Meist handelt es sich dabei um privat finanzierte Gruppen mit humanitären Zielen, aber manche haben auch politische Aufgaben zu erfüllen und erfreuen sich finanzieller Unterstützung von Regierungen. Für die Mudschaheddin sind diese Organisationen zusätzliche Quellen für nichtmilitärische Hilfe. So wurde etwa Khalilullahs medizinische Ausbildung durch die westdeutsche Hilfsorganisation *Union Aid* finanziert, während das schwedische *Committee for Medical Aid to Afghanistan* seine Krankenstation mit Medikamenten und regelmäßigen Bargeldspenden unterstützt.

Naquib betreibt bei seinen Besuchen in Pakistan eine ziemlich intensive Lobbyarbeit, und das zahlt sich aus. In Anerkennung seines Status als De-facto-Herrscher über Arghandab unterstützen ihn die ausländischen Organisationen bei einigen seiner Programme, bei denen es nicht darum geht, Menschen umzubringen. Als Vermittler für von den Vereinten Nationen unterstützte Rekultivierungsprojekte für landwirtschaftliche Nutzflächen in Arghandab hat die schwedische Gruppe Naquib Weizensaat und Bargeld anvertraut, um eine neue Aussaat zu organisieren, und außerdem noch zweitausend Sack Weizen als Nahrungsmittelhilfe zum Verteilen unter den Zivilisten der Region.

Naquib hat auch bei einer britischen Organisation, die in anderen Teilen des Landes Krankenwagen zur Verfügung stellt, um ein solches Fahrzeug gebeten. Momentan müssen schwerverwundete Männer noch auf der Pritsche eines Lieferwagens zur Behandlung bis nach Pakistan gefahren werden. Dabei verbluten viele unterwegs. »Wenn man einen Krankenwagen hätte, könnte man dieses Problem lösen«, meint Naquib mit der naiven Überzeugung von jemand, der glaubt, diese Fahrzeuge seien wahre Wunderdinge, so etwas wie ein Krankenhaus auf Rädern.

Ebenso wie ihr Glaube an Gott ist der Glaube der Mudschaheddin an die magischen Eigenschaften der Technologie der modernen Welt ebenso unerschütterlich wie grenzenlos. Das sollte nicht überraschen: Vor dem Einmarsch der Sowjets, durch den es brüsk aus seinem jahrhundertealten zentralasiatischen Schlaf gerissen wurde, war Afghanistan eines der isoliertesten und am wenigsten entwickelten Länder der Erde. Jetzt sitzen Männer, die als Ziegenhirten in den Krieg zogen, hinter dem Steuer eines flotten Toyota-Pickups. Männer, die noch nie etwas von einem Flugzeug gehört, geschweige denn je eines gesehen hatten, bedienen jetzt Boden-Luft-Raketen vom Typ Stinger mit Wärmesensoren und schießen Düsenjäger ab.

Die CIA begann Mitte der 80er Jahre damit, die Mudschaheddin mit Stinger-Raketen auszustatten. Diese Waffen halfen, das Gleichgewicht der Kriegsmächte zu bewahren, indem mit ihnen die zuvor allmächtigen sowjetischen MiGs und Hubschrauber mitten im Flug in Trümmer geschossen werden konnten. Bald erlagen die Mudschaheddin der Illusion, diese Waffen seien ein Allheilmittel für all ihre Probleme. Dieser Irrglaube stärkte paradoxerweise ihre Moral, während ihre Initiative in anderen militärischen Bereichen darunter litt. Die Mudschaheddin scheinen zu glauben, daß sie allein dadurch, daß sie diese Waffen des Raumfahrtzeitalters einsetzen, auch all ihre anderen Schwächen überwinden können. Es ist so wie bei den Anhängern des melanesischen Cargo-Kultes; einem Südseevolk, das zuvor noch keinerlei Kontakt mit der westlichen Zivilisation hatte und das im Zweiten Weltkrieg amerikanische Piloten, die per Flugzeug Notrationen auf ihren Inseln deponierten, als Götter zu verehren begann und heute immer noch vom Himmel gesandte Güter erwartet – auch die Afghanen von heute scheinen manchmal in Erwartung von Manna aus dem Himmel den Blick in hoffnungsvoller Verzückung nach oben zu richten.

Mullah Naquib ist stolzer Besitzer von drei Stinger-Raketen. Aber trotz der täglichen Luftangriffe mit Bomben setzt er sie noch nicht ein, sondern hält sie zur Abschreckung des Feindes zurück: Die Bomber fliegen heute nicht mehr tief über Arghandab, und mit jeder Bombe, die in Reichweite seiner Raketen kommt, werden jetzt zugleich unzählige Alustreifen verstreut, um Boden-Luft-Raketen in die Irre zu leiten. Und was vielleicht noch wichtiger ist: Stinger sind ein wichtiges Statussymbol. In Kandahar gehört man als Mudschaheddin-Kommandant noch nicht richtig dazu, bevor man nicht eine oder zwei Stinger besitzt.

Die Stinger-Raketen haben zwischen Naquib und einem anderen Kommandanten der Jamiat-i-Islami in Kandahar, Hadschi Abdul Hadi, eine gewisse Rivalität ausgelöst. Abdul Hadi hat keine und ist neidisch. Eines Abends, als er in seiner eigenen Basis in der Nähe der Front bei Mahalajat mit mehreren von Naquibs Topleuten als Zuhörerschaft zusammensitzt, nutzt er die Gelegenheit und wird sentimental. Den ganzen Abend über beklagt er sich. »Mullah Naquib hat drei Stinger«, jammert er. »Warum kann ich nicht auch eine haben? Bin ich etwa kein guter Kommandant?«

Ironischerweise ist diese ganze Stinger-Geschichte auch bei den großmütigen Spendern von einst inzwischen umstritten. Weit davon entfernt, noch weitere dieser hochentwickelten Waffen zu verteilen, versucht die CIA vielmehr eifrig, die bisher ausgegebenen wieder einzusammeln, ja sie bietet sogar an, sie zurückzukaufen. Wie man hört, ist der Geheimdienst beunruhigt, weil skrupellose Mudschaheddin diese Raketen auf dem internationalen Waffenmarkt verkaufen und sie so in die Hände mittelöstlicher Terroristengruppen fallen könnten. Naquib äußert sich verächtlich über die Launen der CIA. Erst hätten sie ihm doch vertraut, als sie ihm die Stinger gegeben hätten, oder etwa nicht? Warum also wollten sie sie jetzt zurückhaben? »Wie auch immer«, meint er, »die Raketen sind jetzt hier, und da bleiben sie auch.«

Den besonneneren unter den Mudschaheddin-Kommandanten war es immer klar, daß nach dem Abzug der Sowjets die Unterstützung aus dem Westen allmählich zurückgehen würde. Deswegen ist es für sie zwingend notwendig, soviel Material wie möglich zu besorgen und zu horten, solange es noch Nachschub gibt. Derjenige, der am besten vorbereitet ist, hat die besten Chancen, in einer ungewissen Zukunft zu überleben, und mit etwas Geschick und Glück sogar nicht schlecht, nämlich als traditioneller afghanischer Clanführer mit eigener Armee, Reichtum und Macht. Für viele führt ein Weg zum Erreichen dieses Ziels über die Hilfslieferungen aus dem Ausland. Zufällig ist Afghanistan aber auch noch einer der wichtigsten Produzenten von Opium, und eine Reihe von Mudschaheddin ist auch in diesen lukrativen Handel verwickelt.

Obwohl in Kandahar viel Mohn für die Opiumerzeugung angebaut wird, gibt es keine Hinweise, daß Mullah Naquib an diesem Geschäft beteiligt ist. Außerdem ist das durch seine

Rolle als Mullah und frommer Muslim auch ziemlich unwahrscheinlich. Das islamische Recht, für das er steht, sieht strikte Strafen im Zusammenhang mit Drogen vor.

In Nangarhar, der afghanischen Nachbarprovinz jenseits des Khyberpasses, ist Schlafmohn so häufig anzutreffen wie Weizen. Tatsächlich werden die beiden Pflanzen oft nebeneinander angebaut; der Mohn wächst in sauberen, rechteckigen Feldern zwischen den sprießenden Weizenfeldern. Die Droge wird dann durch die autonomen Stammesgebiete an der pakistanisch-afghanischen Grenze aus dem Land geschmuggelt. Diese schwer kultivierbaren Ödlandflächen werden traditionell von den stammeseigenen Armeen beherrscht, und um den Frieden zu wahren, hält sich die pakistanische Armee heraus. Wenn sie versuchen würde, den Rauschgiftschmuggel zu unterbinden, könnten die Stammesarmeen die lebenswichtigen Straßenverbindungen nach Afghanistan blockieren und damit den Mudschaheddin und ihren Nachschublieferungen den Durchgang versperren. Daher existierte während des Krieges eine stillschweigende Vereinbarung zwischen den Drogenbaronen auf der einen und der pakistanischen und der US-Armee auf der anderen Seite. Mit dem Ergebnis, daß der Mohn blühte wie kaum jemals zuvor.

Mehrere Opiumbarone leben protzig in burgähnlichen Festungen, die sie entlang der Straße über den Khyberpaß haben bauen lassen. In den Städten Darra und Barra, bekannt für ihre Waffenschmieden, verkaufen die Läden offen Haschisch und Opium neben Pistolen und Maschinengewehren, während am Stadtrand von Peschawar in Labors aus der Opiumpaste Heroin hergestellt wird.

Während des Angriffs der Mudschaheddin auf die Stadt Dschalalabad nach dem Rückzug der Sowjets blieb der meiste Mohn nahe der belagerten Stadt ungeerntet. Dort, wo die Mudschaheddin ihre Linien halten, färbt sich das Land schwarz. Die Opiumpflanzen sterben ab und verbrennen in der Sommerhitze und den durch Bomben und Raketeneinschläge entfachten Feuern. Weil die hohen Stengel vertrocknen und die runden Samenkapseln mit ihrem opiumhaltigen Pflanzensaft nicht geerntet werden, schwinden die Opiumvorräte der Stadt.

Eines Morgens gibt sich ein Hizb-i-Islami-Offizier namens Qari, der in der Nähe des Flughafens von Dschalalabad auf dem Weg über einen Trampelpfad auf ein Mohnfeld stößt, geradezu fassungslos. Er starrt auf die Reihen der Pflanzen rings um ihn, als sähe er sie zum allerersten Mal, und zeigt auf die allmählich verdorrenden braunen Stengel, um darauf hinzuweisen, daß sie von den Mudschaheddin nicht abgeerntet wurden. Und für den Fall, daß die nicht eingebrachte Ernte nicht Beweis genug ist, daß die Mudschaheddin nichts mit Opium zu tun haben, beschuldigt Qari auch noch das »kommunistische Regime« Afghanistans, den Anbau zu fördern. Sobald die Mudschaheddin den Krieg gewonnen und die Islamische Republik Afghanistan ausgerufen haben, so erklärt er, wird der Mohnanbau sofort eingestellt. »Wir werden das einfach verbieten, denn es ist verboten vom Koran.«

Einige Tage später taucht Mullah Naquib in Peschawar auf, begleitet von Khalilullah. Er übernachtet in einem billigen Hotel in der Nähe des Basars. Sogar dort gibt sich Naquib als großer Mann. Er sitzt auf dem Boden seines Hotelzimmers und füllt es mit seiner Anwesenheit. Khalilullah und Naquib sind auf dem Weg ins Hauptquartier der ISI, um mehr Waffen zu verlangen. Es scheint aber, daß hier die Pakistanis das Sagen haben und von den Afghanen entsprechende Demut erwarten. Indem das ISI Naquib zwingt, nach Pakistan zu kommen, wenn er Hilfe braucht, scheint es signalisieren zu wollen: »In Afghanistan bist du vielleicht ein großer Mann, aber hier, wo es darauf ankommt, bist du nur einer unter vielen Afghanen, die auch alle Hilfe brauchen.«

In solchen Augenblicken muß es für Naquib hart sein, tugendhaft zu bleiben, und man könnte es ihm kaum zum Vorwurf machen, wenn er sich überlegte, es so zu machen wie viele andere, nämlich kurz einmal seine islamischen Prinzipien beiseite zu schieben – gerade lange genug, um aus dem

Opiumhandel einen gewissen Profit zu ziehen –, aber am Ende immer noch sein eigener Herr zu sein.

Dieser Zwang zu einem Balanceakt zwischen Unabhängigkeit und der Abhängigkeit von einem Förderer ist eine Erfahrung, die Guerillakämpfer überall machen. Aber in Afghanistan trieben die Supermächte das Maß an Zerstörung und Blutzoll durch den Einsatz von Scud- und Stinger-Raketen sowie MiG-Kampfbombern in Konflikten, die ansonsten lokale Angelegenheiten gewesen wären, die man mit Gewehren geregelt hätte, in neue, grauenhafte Dimensionen. Alleine während der Zeit der sowjetischen Besatzung wurden fünf Millionen Afghanen aus ihrer Heimat vertrieben, eine weitere Million Menschen getötet, und auch dreißigtausend Sowjetsoldaten verloren ihr Leben.

Wenn ihre Unterstützer sie einmal verlassen sollten, dann können die Afghanen vielleicht endlich wieder ihre Angelegenheiten unter sich regeln, mit Hilfe ihrer traditionellen Basar-Politik – feilschen, anstatt sich gegenseitig umzubringen. Aber durch den Zugang zu gewaltigen Mengen moderner Waffen und der damit verbundenen potentiellen Macht hat mancher Blut geleckt; vielleicht wird der Krieg noch lange Zeit ihre Form sein, Politik zu machen.

In der Westsahara und in El Salvador, wo die Guerillabewegungen stark ideologisch geprägt sind und aus philosophischen wie aus pragmatischen Gründen internationale Beziehungen geknüpft haben, stellt die geopolitische Landschaft im Umbruch alle Beteiligten vor ähnliche Herausforderungen. Beide Gruppen stehen vor einer Zukunft, wo im Tausch gegen Frieden und ein gewisses Maß an Freiheit Kompromisse gemacht werden müssen. Die Alternative wäre, so zu bleiben wie jetzt, rebellisch, ihrem Glauben treu, aber abgeschnitten von der Macht, auf Dauer gefangen in einem Zustand idealistischer Opposition. In Kawthoolei, wo die kämpfenden Völker traditionell ökonomisch unabhängig waren, steht die Integrität des Kampfes auf dem Spiel, weil die Karen einer Zukunft entgegensehen, in der sie sich vielleicht nicht mehr mit Teakholz, sondern mit Opiumhandel oder ausländischer Hilfe über Wasser halten müssen. Im Gaza-Streifen haben die Palästinenser eine derart starke Identität ausgebildet, daß sie sogar aus ihrer Situation der Abhängigkeit Kraft gewinnen, indem sie versuchen, ihre Feinde dadurch zu schwächen, daß sie für sie arbeiten.

Als Fazit scheint man festhalten zu müssen: Wenn Guerillas von der Außenwelt abhängig sind, können sie schließlich dazu gezwungen werden, Kompromisse zu schließen. Aber wenn sie etwas finden, um sich in dem Land, in dem sie kämpfen, selbst zu versorgen – sei es Opium oder ein Job beim Feind –, dann können sie unbegrenzt überleben. Unabhängig von wechselnden politischen Realitäten, sogar ohne die ursprüngliche Rechtfertigung ihres Kampfes, können sie durchhalten, und ihre Kriege werden zu einem Lebensstil, ihrem *Way of life*.

4

Krieg

Es ist tiefe Nacht in Chalatenango. Alle *Compas* schlafen schon in ihren provisorischen Unterkünften, als die Raketen der Regierungsarmee die Dunkelheit durchbrechen. Wie die Hand Gottes in einem schrecklichen Racheakt heulen drei Raketen über die Berge und zerreißen den Schlaf.

In den wenigen kalten Sekunden vor dem Einschlag füllt sich die Nacht mit ihrem Gedröhn, das lauter und immer lauter wird, bevor es in eine Explosion mündet. Der erste Knall ist sehr nahe, der zweite zum Glück etwas weiter entfernt, während das dritte Geschoß weit abseits landet. Die *Compas* kriechen aus ihren *Champas*, einige aufgeregt, andere nervös, und gehen in Deckung, solange der Angriff andauert. Nach dem dritten Einschlag beschließen sie, daß der Feind wohl nur »geübt hat«, und gehen wieder schlafen. Irgendwie ist es eine Art grausames Spiel, an das sie sich inzwischen gewöhnt haben.

Am nächsten Morgen stehen die *Compas* wie üblich im Morgengrauen auf. Über den Angriff wird nur wenig geredet, außer beim Frühstück, als jemand mit säuerlicher Miene bemerkt, daß der erste Einschlag beinahe die Latrine getroffen hat. Damit ist das Thema erledigt, und die Guerilleros wenden sich wieder ihren Aufgaben zu. Ein neuer Kriegstag in El Salvador beginnt.

Um Krieg zu führen, muß man dem Tod ins Auge sehen, und es ist der Alltag des Tötens und Sterbens, der das Leben eines Guerillas von dem anderer Leute unterscheidet. Im Krieg wird menschliches Leben zu einem Verbrauchsgut, und es hängt plötzlich von vielen Faktoren ab, ob ihm Respekt entgegengebracht wird oder nicht: den Kriegszielen, dem Verhalten des Feindes, den äußeren Bedingungen in der Kampfzone – und, was vielleicht am wichtigsten ist, von kulturellen Traditionen und Einstellungen. Am Ende hängt der Wert eines Menschenlebens von der Art der Kriegsführung ab.

»Du kannst lernen, mit dem Tod zu leben, du wirst sehr vertraut mit ihm«, meint Augustín, der zusammen mit Haroldo bei Radio Farabundo Martí arbeitet. »Aber die Angst bleibt immer. Du lernst höchstens das Leben immer mehr schätzen. Aber über allem anderen steht die Entscheidung, in jedem Moment auf das eigene Leben zu verzichten für die Sache.«

Durch dieses kollektive Ethos der Selbstaufopferung legt jeder Kämpfer sein Leben auf den Altar der Revolution wie ein Blutopfer für die Götter des Krieges. Das Gefühl, das Augustín beschreibt, nennen sie *Mística*, ein nur schwer zu umschreibender Begriff. Er umfaßt ideologischen Glauben, Kameradschaft und Emotionen, die die Guerilleros dazu treiben, weiter und immer weiter zu kämpfen. Sie ist der entscheidende Bestandteil der Alchemie der Revolution. In einem Gedicht mit dem Titel »Wunden« faßt Haroldo dieses Gefühl in Worte:

Im schlimmsten Jahr des Krieges,
in dem mit den besten Kämpfen,
schaut der Kämpfer
seinen Arm an
und ruft:
»Meine Hand ist weg!«

Doch dann schaut er sich um
wo das warme Blut
seiner Brüder
schreit,
schüttelt sich und sagt:
»Macht nichts, ich lebe noch«
– und läuft weiter.

Haroldo gehört zu der langen Reihe lateinamerikanischer Intellektueller, die sich durch ihr Gewissen zur Unterstützung der revolutionären Sache verpflichtet sahen. Zum ersten Mal ist er im Rahmen einer Literaturarbeitsgruppe in der Oberschule mit Politik in Berührung gekommen. Er meint sogar, daß ihn die Poesie zur Revolution gebracht hat.

Damals, Mitte der 70er Jahre, brodelte es bereits in El Salvador, und die Universitäten waren Brutstätten der Rebellion gegen die verhaßte Militärdiktatur. Studenten, Gewerkschafter und Kirchenaktivisten begannen, politische Reformen zu fordern, worauf das Militär und die rechtsgerichtete Oligarchie mit steigender Repression reagierten.

Gemeinsam mit einigen anderen jungen Dichtern und Schriftstellern gründete Haroldo einen Literaturkreis, der sich bei ihm zu Hause traf. Nach einer Weile fanden sie heraus, daß sie von der Polizei bespitzelt wurden. Entsetzt löste sich die Gruppe auf, und ihre Mitglieder verloren sich aus den Augen. Es schien, als seien in El Salvador schon Worte gefährlich geworden.

Der Vorfall brachte Haroldo zu dem Entschluß, sich in dem entstehenden sozialen Konflikt stärker zu engagieren. Er arbeitete ehrenamtlich, tippte Manifeste und schrieb Leitartikel für streikende Arbeiter. Dann wurden zwei seiner Bekannten, die er sehr verehrte, bei Schießereien mit der Nationalgarde getötet. Der eine war Ökonomiestudent, der andere ein Dichter. Plötzlich galten die beiden in der Öffentlichkeit als Mitglieder einer bis dahin unbekannten Guerilla-Untergrundorganisation.

Ihr Tod gab Haroldo zu denken. Da gab es also Menschen, die um den Preis ihres eigenen Lebens ihre Ideale verteidigten. Allmählich engagierte sich Haroldo immer stärker für radikale soziale Veränderungen, bis er irgendwann einmal feststellte, daß auch er bereit war, sein Leben für eine Sache aufs Spiel zu setzen.

Beeinflußt wurde er auch von Roque Dalton, dem großen salvadorianischen Dissidentendichter, der lange im Exil gelebt hatte. Er war einer von Haroldos Helden. Dalton hatte ein Gedicht zur Unterstützung des bewaffneten Kampfes geschrieben, und als Haroldo das las, wurde ihm klar, daß auch er die Möglichkeit hatte, für seine Überzeugungen zu den Waffen zu greifen. Fürs erste sah er jedoch seine eigene Pflicht als Dichter darin, »die Flamme des Kampfes zu entzünden, dem Volk den Weg in die Zukunft zu weisen«. Seitdem hat Haroldo gelernt, daß bei einer Revolution nicht immer Zeit für Dichtkunst bleibt. »Meine Organisation wurde nicht unbedingt zur Kulturförderung gegründet«, meint er lachend.

Haroldos entscheidender Schritt in den Untergrund erfolgte, nachdem er einen Propagandafilm über die Revolutionsbewegung gedreht hatte, der im Ausland gezeigt wurde. Aus diesem Projekt entstand die Idee, die Guerillas sollten ihr eigenes Radio gründen, um ihre Ideen zu verbreiten. Das wurde organisiert, aber der Mann, der es leiten sollte, wurde verhaftet. Also bat man Haroldo, nach Chalatenango zu gehen, wo die FPL einen Stützpunkt aufgebaut hatte, um diese Aufgabe selbst zu übernehmen. Haroldo erkannte, daß nun der Moment der Wahrheit gekommen war. Wenn er ein ernstzunehmender Revolutionär sein wollte, stand eine Weigerung außer Frage. Er ging, aber er erinnert sich, zuvor aus Angst geweint zu haben.

Die ersten Tage waren schrecklich. Er fühlte sich völlig fremd und fehl am Platz. Außerdem waren die Lebensbedingungen der Guerilleros damals der reinste Alptraum, und Haroldo gibt zu, daß er zweimal beinahe desertiert wäre. Am Ende war es die Kameradschaft seiner Gefährten, die ihn davon abhielt. Zu sehen, daß alle im gleichen Boot saßen, gab ihm die Kraft zum Durchhalten.

Jetzt, über zehn Jahre später, ist er härter geworden. Wie sein Freund Augustín hat er immer noch Angst vor dem Tod, aber jetzt kann er seine Furcht mit den in einem Jahrzehnt des Krieges antrainierten Reflexen überwinden. Und Haroldo hat sich inzwischen längst mit der Notwendigkeit abgefunden, andere zu töten. Es hat sein müssen. »Am Ende heißt es doch immer: sie oder ich«, meint er.

Ein altes mittelamerikanisches Sprichwort sagt, daß man einen Krieg auf zwei Arten gewinnen kann: »Por las buenas, o las malas«, mit guten oder schlechten Mitteln – anders ausgedrückt: Der Zweck heiligt die Mittel. Die *Compas* vergessen nie, daß es für einen Sieg nicht darauf ankommt, Land zu erobern, sondern Menschen zu besiegen. Dennoch haben sie immer versucht, in diesem Krieg »die Guten« zu sein. Im Gegensatz zur Armee hat die FMLN gegenüber ihren im Kampf gefangengenommenen uniformierten Gegnern Milde walten lassen, indem sie einfache Soldaten regelmäßig freiläßt und nur die Offiziere zum Austausch mit eigenen Gefangenen festhält.

Das Leitprinzip der FMLN-Politik besteht dennoch aus einem kalkuliertem Pragmatismus. Wenn ihre politische Hegemonie bedroht ist, kann die Organisation extrem rücksichtslos sein, angebliche Informanten umbringen, das landesweite Transportsystem durch Streikaufrufe zum Erliegen bringen, die Fahrzeuge von Streikbrechern in die Luft jagen und als Teil ihres »Zermürbungskriegs« Stromleitungsmasten sprengen. Und als Mitte der 80er Jahre die Regierung versuchte, ihren Einfluß zu vergrößern, indem sie zivile Kandidaten zur Bewerbung um politische Ämter bei den Kommunalwahlen aufrief, antwortete die FMLN durch Angriffe auf Rathäuser und die Entführung und manchmal Ermordung von zukünftigen oder neu eingesetzten Bürgermeistern.

So umstritten diese Kampagne war, erreichte sie doch ihre gewünschten Ziele. Die Guerilla konnte so die letzten Reste der Regierungsmacht auslöschen und stand schließlich in vielen Regionen von politischen Konkurrenzgruppierungen unbehelligt da. Statt dessen wurden mit der FMLN sympathisierende »Bürgerkomitees« gegründet. Diese konnten ihren Status als unbewaffnete Zivilisten und den verspäteten Wunsch der Regierung nach internationaler Anerkennung als »Demokratie« ausnutzen und öffentlich in Erscheinung treten. Bald zogen sie auch in die Städte, um dort für die Rückkehr von Flüchtlingen aus Lagern in Honduras und anderen Ländern zu demonstrieren.

Schließlich stimmte die Regierung dieser Forderung zu, und Tausende Flüchtlinge kehrten zurück ins Land, um sich in ländlichen Regionen unter der Kontrolle der Guerillas niederzulassen. Das war ein großer Erfolg für die Revolutionäre, denn indem die Regierung der Wiederbesiedlung zustimmte, erkannte sie faktisch die Existenz der FMLN als Verhandlungspartner an. Sie unterstützte sogar die Forderungen der FMLN, in einem Drittel des Landes faktisch die alleinige Autorität zu sein, und zwar in den sogenannten *Zonas de control*, »Kontrollzonen«. Nach jahrelangen Versuchen, die ländlichen Regionen durch eine Politik der verbrannten Erde zu entvölkern, war dies für die Armee ein empfindlicher Rückschlag.

In den *Zonas* geht der Krieg weiter, aber die Armee hat es aufgegeben, in Form von Garnisonen oder »Zivilverteidigungsmilizen« eine ständige Präsenz aufrechtzuerhalten; auch führt sie keine Werbeaktionen für freiwilliges Bürgerengagement mehr durch, um die Bevölkerung für sich zu gewinnen. Die Armeeführung weiß jetzt, daß das sinnlos ist. Die *Zonas* sind das Kernland der Revolution, wo die FMLN die vollständige politische Macht ausübt und keinerlei Regierungseinfluß mehr toleriert wird – auch nicht in der Person von Bürgermeistern, Lehrern oder Mitarbeitern im Gesundheitsdienst. Statt dessen werden wie in Las Flores Parallelsysteme aufgebaut, um die Alltagsbedürfnisse zu befriedigen. Hier scheint die autoritäre Politik, mit welcher die FMLN anderswo Fuß zu fassen suchte, sehr weit weg. Jeder, der hier lebt, ist freiwillig hier. Doch jenseits der Kontrollzonen stehen die Dinge nicht so gut, denn dort geht der Kampf um die Zivilbevölkerung weiter.

Etwa eine halbe Stunde schnellen Fußmarsches von Giovannis Camp durch die Hügel liegt das alte Fischernetz- und Hängemattenmacherdorf Las Vueltas, die Operationsbasis der *Compas* in dieser Gegend. Dieses Dorf ist ähnlich groß wie Las Flores, aber die Häuser stehen gedrängter; es zwängt sich zwischen einen reißenden Bach und eine hohe Schlucht. Und es hat keine traditionelle Plaza, nur an einer Stelle laufen zwei befestigte Straßen vor einer weißgetünchten Kirche zusammen. Schon vor langem ist der Posten der Nationalgarde eingenommen worden, und alles, was von der Regierungspräsenz übrigblieb, sind einige Schriftzüge an den Wänden.

Über Las Vueltas erhebt sich ein kahler Berg namens La Montañona. Den größten Teil des Tages liegt Las Vueltas in seinem Schatten. Auf der anderen Seite von La Montañona endet die Kontrollzone, und die sogenannte *Zona de expansión*, die »Expansionszone«, beginnt.

Von Las Vueltas aus windet sich ein Saumpfad durch die rote Erde um den Gebirgsfuß, unpassierbar für alle Fahrzeuge außer den holzrädrigen Ochsenkarren der einheimischen Bauern und ihren zeckenverseuchten Kleppern. Der Ochsenpfad, den hier alle nur *El camino real*, den »Königsweg« nennen, führt zu einer Reihe steiniger Weiler – El Copinol, Ojo de Agua, El Sítio, El Zapotal –, wo einige hundert rothaarige und weißhäutige Bauernfamilien aus dem Chalateco in erbärmlicher Armut Schweine halten und Mais anbauen. Hier in der Expansionszone fühlen sich die *Compas* nicht sicher genug, so offen zu operieren wie in Las Vueltas oder Las Flores. Die Polizeiposten und Armeegarnisonen sind zwar alle besiegt und die Bürgermeister verjagt, aber weil die Bevölkerung viele Jahre unter Armeeherrschaft gelebt hat, oder zumindest nicht unter der FMLN, kann man sich ihrer Loyalität immer noch nicht ganz sicher sein. Diese *Campesinos* für sich zu gewinnen – das ist die gemeinsame Aufgabe von Ulises und Diego. Ulises stammt selbst aus Chalateco und ist ein gutaussehender Mann von unterkühltem Temperament mit einem Cowboyhut und einem Revolver. Er hat einen athletischen, etwas protzigen Gang und ist als ehemaliger katholischer Laienprediger recht redegewandt. Diego ist ein *Internacionalista* aus Uruguay, Mitte dreißig und überzeugter Marxist-Leninist, der damit prahlt, schon mit fünfzehn seinen ersten Molotowcocktail geworfen zu haben. Er war bei den Tupamaro-Guerillas aktiv, bis er kurz vor seiner Verhaftung durch die Geheimpolizei nach Argentinien floh. Als auch in Argentinien das Militär die Macht übernahm und selbst einen schmutzigen Krieg gegen verdächtige Linke begann, suchte er politisches Asyl in Schweden.

In Stockholm lernte Diego Schwedisch, schloß ein Universitätsstudium ab und begann, für das FMLN-Solidaritätsbüro zu arbeiten. Doch er war mit dieser begrenzten Rolle unzufrieden und kam als Freiwilliger für ein Jahr nach El Salvador. In der Annahme, er würde tatsächlich nur ein Jahr bleiben, ließ er Frau und zwei Kinder in Schweden zurück. Irgendwie sind seitdem jedoch sieben Jahre vergangen. Die Briefe seiner Frau werden zunehmend zorniger. »Sie schreibt mir, daß sich die Welt verändert hat, seit ich weg bin«, meint Diego. »Sie fragt, warum ich immer noch hier in El Salvador für eine verlorene Sache kämpfe.«

Dennoch hat es Diego mit seiner Rückkehr nicht eilig. Er hat sich die Sache der salvadorianischen Revolutionäre mit all der Inbrunst eines religiösen Konvertiten zu eigen gemacht. Inzwischen hat er eine wichtige Position als FPL-Politoffizier in Chalatenango und sagt sich, daß er die nicht aus rein privaten Gründen aufgeben kann. Sein Leben gehöre einfach nicht mehr ihm alleine, sondern jetzt »der Revolution«.

Dennoch erscheint Diego für einen Guerillakämpfer immer noch ungewöhnlich. Nicht nur, daß er wie ein wohlhabender Europäer aussieht. Mit seiner schlanken Figur, seinen feinen Manieren und dem sorgsam getrimmten blonden Haar scheint er eher ein Kaffeehausrevolutionär zu sein als ein echter. Und trotz seiner AK-47 und all seiner wohlklingenden Parolen über Bauern und Arbeiter hat Diego einige entschieden bourgeoise Gewohnheiten: Er raucht importierte Dunhill-Zigaretten und trägt teure Poloshirts, Marken, wie sie auch Tennisprofis tragen.

So verschieden Diego und Ulises voneinander zu sein scheinen, arbeiten sie doch als Team. Sie koordinieren ihre Aktivitäten gemeinsam mit Luis, einem Mann mit dunklem Teint, der, wie Giovanni, einen Schnurrbart trägt und immer ein ausdrucksloses Gesicht zur Schau stellt. Luis ist in Las Vueltas geboren und aufgewachsen und schon ein Veteran. Er hat bereits an den Kämpfen teilgenommen, bei denen die

Sicherheitskräfte aus der Gegend vertrieben wurden. Er ist ein harter Knochen, der Topmann der FMLN in Las Vueltas.

Nachdem sie drei Jahre lang die Arbeit in der Expansionszone organisiert haben, kommandieren die drei jetzt einen Guerillatrupp, der permanent in der Region operiert. Bestehend aus zwölf männlichen und weiblichen Teenagern und angeführt von zwei erfahrenen Kämpfern, Carmelo und Geronimo, ist diese Einheit ständig auf dem Königsweg von Ort zu Ort unterwegs. Ihre Aufgabe besteht darin, die Menschen an die *Compas* und ihre Ideen zu gewöhnen und sie schließlich für sich zu gewinnen.

Ulises und Diego sind ebenfalls ständig im Einsatz, aber unabhängig von der Kindertruppe. Alle paar Tage treffen sie sich. Sie verbringen viel Zeit mit Aufklärungsarbeit, um ihre bereits beeindruckenden Dossiers über die einheimischen Zivilpersonen noch weiter zu füllen. Diese Informationen nutzen sie dann, um die Bevölkerung zur Zusammenarbeit mit ihnen zu erpressen – damit sie bei ihrem Untergrundnetzwerk mitmachen oder Informationen über den Feind weitergeben.

Es ist ein heißer Mittag in El Zapotal, und Diego hält an einem kleinen Geschäft an, um eine Flasche warme Brause zu kaufen. Er schüttet sie in einem Zug hinunter und ruft dann den Inhaber, einen teilnahmslos wirkenden Mann mittleren Alters. Er sagt, er habe da »eine Geschichte« über ihn gehört. Der Ladeninhaber schaut ängstlich und fragt, worum es sich handelt. Diego sagt, es gehe um eine Sache einige Jahre zuvor, als der Inhaber sich gegen einige Angehörige der Nationalgarde gewehrt habe. Der Mann druckst herum und fühlt sich sichtlich unwohl. »Also bist du doch auf unserer Seite!« meint Diego und lacht. »Warum hast du uns das bis jetzt immer verheimlicht?« Er schaut ihn mit gerunzelten Augenbrauen an und wartet auf eine Antwort. Der Inhaber grummelt zweideutig und schaut weg. Diego läßt die Sache auf sich beruhen.

Als er einen Moment später den Laden verläßt, sieht Diego sehr zufrieden aus. Endlich hat er den Ladenbesitzer erwischt. Bis jetzt hat sich der Mann immer aus allem herausgehalten, aber Diego wollte endlich wissen, auf wessen Seite er tatsächlich steht. Nun muß der Mann Farbe bekennen, ob er entweder für die Guerilla ist oder gegen sie. Wenn die Geschichte wahr ist, muß er es sagen. Dadurch wird er für Diego erpreßbar, der ihn zur Kollaboration zwingen will. Wenn er sich aber weiter zurückhält, wird das als Zeichen gewertet, daß seine politischen Sympathien woanders liegen. In diesem Fall wird er die Gegend verlassen müssen, denn hier kann es niemandem erlaubt werden zu bleiben, der starke Sympathien für die Regierung hegt.

Ein paar Stunden später, als Diego die Straße zwischen El Zapotal und dem Nachbardorf entlangläuft, nähert sich ihm ein Bauer. Er sagt, daß er nach seinem Sohn suche, einem *Compa*. Er hat gehört, der Junge sei verwundet worden. Diego fragt ihn nach dem Namen des Sohnes. Der Mann nennt ihn, und Diego bestätigt sofort, daß das Gerücht stimme, aber bei seinem Sohn alles in Ordnung sei – es sei ihm nur ein Finger abgeschossen worden. Erleichtert bittet der Bauer Diego einen Moment zur Seite und flüstert ihm etwas zu. Ein paar Minuten stehen sie so da, und Diego hört zu und nickt. Der Bauer ist ein ziviler Kollaborateur, der Informationen über die nächstgelegenen Dörfer an der Straße weitergibt. Schließlich verabschieden sich die beiden, bedanken sich und gehen weiter ihrer Wege.

Luis erklärt, für ihn sei die Expansionszone ein Gebiet voller roter und weißer Häuser. Die neutralen oder regierungsfreundlichen sind weiß, die roten die der Guerilla. »Wenn man aber nicht so genau hinschaut, dann wirken sie alle ein bißchen rosa.« Allmählich gewinnt die FMLN die Herrschaft über das Gebiet.

Jenseits der Expansionszone liegt die *Zona en disputa*, umstrittenes Gebiet. Wo diese beiden Zonen aufeinandertreffen, laufen beide Seiten Patrouille, um sich gegenseitig zu überwachen und gelegentlich aus dem Hinterhalt zu überfallen, wie entlang einer Frontlinie. In umstrittenen Gebieten zeigt die Armee noch ständige Präsenz, und die Verwaltungsgebäude bleiben geöffnet, aber auch die Guerillás genießen die Loyalität einiger Bewohner. Die FMLN versucht, die Machtbalance in diesen Gebieten zu ihren Gunsten zu verschieben, indem sie es besonders auf die Militär- oder Zivilverteidigungsposten absieht. Wenn diese einmal eliminiert sind, wird die Gegend zur Expansionszone. Diese Aufgabe erfordert eine Kombination von militärischem Handeln und politischer Agitatiton.

Zur Zeit führt Diego gerade eine geheime Briefaktion durch mit dem Ziel, Soldaten der Armee zu demoralisieren, die in der nahe gelegenen »Umstrittenen Zone« Dienst tun. Sie richtet sich vor allem an zwangsrekrutierte Jugendliche aus Dörfern der Expansionszone. Zuerst versucht Diego, das Vertrauen ihrer Angehörigen zu gewinnen und soviel wie möglich über die Soldaten in Erfahrung zu bringen. Dann schreibt er den Soldaten persönliche Briefe, in denen er zeigt, daß er sie kennt und Verständnis für ihre Probleme und Sorgen hat. Er fordert sie auf zu überlegen, ob sie diese Probleme tatsächlich durch ihren Dienst in der Armee lösen könnten. Letztendlich hofft er, daß er sie zur Desertation überreden kann, oder ihnen zumindest soviel Zweifel einzuimpfen, daß sie als Feinde nicht mehr wirklich gefährlich werden.

Dies ist eine mühselige, langsame Arbeit, die vielleicht erst nach Jahren Früchte trägt, aber sie ist unabdingbar für die Revolution und bringt Diego persönlich sehr viel. Sicher ist der bewaffnete Kampf unverzichtbar, aber das wahre Schlachtfeld, wo die Guerilleros Kopf und Geist der Menschen erobern, ist diese politische Arbeit.

In Afghanistan gibt es keine festgelegten Regeln für die Kriegsführung. Normalerweise lassen die Mudschaheddin Zwangsrekrutierte, die sich freiwillig ergeben, am Leben, aber als Verräter Verdächtigte oder feindliche Soldaten, die gewaltsam im Kampf gefangengenommen wurden, werden oft als Sicherheitsrisiko angesehen und umgebracht. Mullah Naquib gibt an, selbst schon dreißig solcher Männer erschossen zu haben. Für dieses brutale Vorgehen gibt es einige gute

Gründe: In einem Land, in dem bereits jeder fünfzehnte Einwohner durch Kriegsfolgen ums Leben gekommen ist, haben die meisten Mudschaheddin nahe Angehörige verloren; noch viel mehr Menschen wurden ihr Haus und ihre Lebensgrundlagen zerstört.

Naquib bringt das Thema eines Nachts selbst zur Sprache, als hoch oben im Khybara-Massiv eine Schießerei stattfindet. Ein dicker, gelber Januarmond erhebt sich hoch in den Nachthimmel, und rote Leuchtspurmunition blitzt und funkelt wie tödliche Glühwürmchen vor dem dunklen Hintergrund der Berge. Nachdem er das Schauspiel eine lange Weile betrachtet hat, anscheinend versunken in seinen Gedanken, fragt Mullah Naquib plötzlich: »Weißt du eigentlich, was wir mit all diesen Kommunisten machen?«

Er legt eine Pause ein, um die Spannung zu steigern. Dann zieht er einen Revolver aus seinem Gewand – eine erbeutete russische Waffe, die er immer bei sich trägt – und hält sich die Mündung an die rechte Schläfe. Seine Augen glühen, und er flüstert: »Das hier. Genau das. Wir töten sie alle.«

Der gelbe Mond reißt sich vom Gebirge los und steigt wie eine chinesische Laterne in den schwarzen Nachthimmel. Silbern glänzt die Waffe an Naquibs Schädel. Nach ein paar Sekunden bricht er den Bann, lacht aus tiefstem Herzen und steckt den Revolver wieder in sein Gewand.

Ebenso, wie die Afghanen bei der Entscheidung über das Schicksal anderer Menschen hart sein können, können sie auch stoisch sein, wenn es um ihr eigenes Leben geht. Dieser Stoizismus ist ein Element ihrer Kultur, in welcher der Krieg einen überhöhten Status genießt, und ihres Glaubens an die islamische Vorstellung, daß nach dem Tod ein besseres Leben auf sie wartet. Und wenn schon der Tod auf sie wartet, dann mag es eben so sein, solange sie sich nur im Kampf und vor den Augen Gottes würdig erweisen. Schließlich sind sie Mudschaheddin, Heilige Krieger. Sie leben für den Heiligen Krieg, um den Feind zu töten und, wenn nötig, selbst den Märtyrertod zu sterben. Das sind für sie gegebene Tatsachen. Die meisten von ihnen würden es auch gar nicht anders wollen.

Im Kampf bewirkt diese Todesbereitschaft eine gewisse Sorglosigkeit. Wie Ghulam mit seiner SPG-9 schießen auch die Mudschaheddin immer wieder einmal Raketen auf Städte voller Zivilisten und scheinen von den dadurch verursachten Opfern völlig unberührt zu sein. Wenn über ihnen Kampfbomber auftauchen, suchen die Mudschaheddin nicht etwa Schutz, sondern klettern auf Hausdächer, um sie besser sehen zu können, so wie man den Vorbeiflug eines Schwarms Zugvögel betrachtet. Und wenn sie an der Front in einer exponierten Position stehen, beten sie eher um göttlichen Beistand, als sich in sichereres Gelände zurückzuziehen. Es ist fast so, als ob sie, bis zu dem Moment, in welchem die Bomben fallen und die Kugeln ihr lebendes Ziel treffen, selbst bloß als Abstraktionen existierten. Und auch was die Ziele ihres »Dschihad« betrifft, scheint es oft, als ob es für viele Mudschaheddin in erster Linie darauf ankommt, überhaupt zu kämpfen, und gar nicht so sehr, dadurch irgend etwas zu erreichen.

Diese abstrahierte Herangehensweise an den Krieg hat sich auch in den Aktionen der Mudschaheddin im Anschluß an den sowjetischen Rückzug aus Afghanistan gezeigt. Anders als vorhergesagt, stürzte das afghanische Regime danach nicht, und die Mudschaheddin konnten auch nicht eine einzige Stadt erobern. Die Guerillas konzentrierten sich außerdem auch nicht mehr auf Kandahar, das fest in den Händen der Regierungstruppen war, sondern starteten statt dessen einen Frontalangriff auf Dschalalabad. Doch nachdem sie unter Hunderten von Opfern einige Außenbezirke der Stadt eingenommen hatten, zögerten sie und blieben unschlüssig in der Nähe des von der Regierung gehaltenen Flughafens.

Auf halbem Weg zwischen den vordersten Linien der Mudschaheddin und der Grenze zu Pakistan liegt die ehemalige Versuchsfarm Samarkhel, dort, wo sich die Straße von den dunklen, graubraunen Höhen des Khyberpasses hinunter in das heiße, flache Tal von Dschalalabad schlängelt. Von Samarkhel aus läuft die Straße mehrere Meilen schnurgerade auf den Flughafen Dschalalabad zu. In der Ferne breitet sich die Stadt zu beiden Ufern des mäandernden Kabul-Flusses aus. Bis vor kurzem beherbergten die Wohngebäude der Farm sowjetische Berater und ihre Familien. Aber jetzt sind die Sowjets abgezogen, ebenso die afghanischen Soldaten, die zunächst zurückgeblieben waren, um die Einrichtungen zu schützen. Statt dessen lagern jetzt zwischen den Ruinen der Farmgebäude die Mudschaheddin.

Die Bäume von Samarkhel sind von Schrapnellgeschossen zerfetzt, und ihre aromatisch duftenden Zweige hängen versengt und bewegungslos in der trockenen Hitze. Alles ist staubbedeckt. Mudschaheddin-Kämpfer dösen in Hängematten, die sie aus den Häusern in die Kühle des nicht mehr gepflegten Gartens gebracht haben. Einige Gebäude sind bis auf die Grundmauern zerstört. In anderen klaffen riesige Löcher; Ziegel und getrockneter Mörtel liegen überall in unordentlichen Haufen herum. Alle Türen und Fenster sind aus den Angeln gerissen. Im Inneren der Ruinen weht ein Hauch des Todes, überall klebt geronnenes Blut. Trotz allem Grauen stehen überall Büsche mit rosa Rosen in voller Blüte.

Inmitten von Trümmern und stinkenden Müllhaufen basteln mehrere Kämpfer Wasserbomben aus erbeuteten sowjetischen Tretminen. Sie wollen sie im Fluß explodieren lassen und sehen, wie viele Fische sie so zur Strecke bringen können. Während sie die Minen zusammenschrauben, schwirren ihnen Scharen von Fliegen um Augen, Mund und Nase. Über ihnen dröhnt eine sowjetische Antonow auf der Suche nach Bombenabwurfzielen. Die Kämpfer nehmen sie nicht wahr; sie denken nur an die Fische.

An diesem Morgen werden einige neu eingetroffene Deserteure verhört. Ihr Anführer, Esmanay, ist ein grobschlächtiger Zwanzigjähriger mit einem ausdrucksstarken Gesicht. Er ist Ziegelbrenner aus der Provinz Paktia und lebte friedlich zu Hause, bis ihn die Regierungsarmee gewaltsam zwangsrekrutierte. Vor acht Wochen wurde er zur Verteidigung von Dschalalabad abkommandiert. Gestern nacht, an einem Posten in der Nähe des Flughafens, nutzte er dann gemeinsam mit fünf seiner Kameraden die Chance zur Flucht. Trotz der

Gefahr des Beschusses von zwei Seiten krochen sie durch das Niemandsland zwischen den Frontlinien und ergaben sich. »Jeder will nur flüchten«, erklärt Esmanay und zeigt mit dem Kopf in Richtung Dschalalabad. »Sogar die Offiziere.«

Esmanay und seine Begleiter werden von den Mudschaheddin verhört, um herauszufinden, ob sie echte Überläufer oder eingeschleuste Spione sind. Insbesondere Esmanay wird besonders streng befragt; die Mudschaheddin betrachten ihn mißtrauisch, achten genau auf jedes Wort. Falls Esmanay jetzt um sein Leben fürchtet, dann bemüht er sich, das nicht zu zeigen. Aber er hat allen Grund, sich zu fürchten. Vor ein paar Wochen noch tötete genau diese Mudschaheddin-Gruppe eine große Zahl Regierungssoldaten, die sich bereits ergeben hatten. Das wurde dann später allerdings von der Mudschaheddin-Führung zum »bedauerlichen Fehler« erklärt, so daß Esmanay wahrscheinlich damit rechnen kann, zu überleben, solange sie ihm seine Geschichte glauben.

Das einzige, was Esmanay will, ist, in seine Heimatprovinz Paktia zurückzukehren. Doch darauf wird er noch warten müssen: Wenn er die Überprüfung besteht, so die Mudschaheddin, muß er ihnen als Koch dienen. Später, wenn alles vorbei ist, kann er dann nach Hause gehen.

Die Straße abwärts geht der Krieg weiter. Zerstörte feindliche Panzer und gepanzerte Transportfahrzeuge liegen am Straßenrand. Die meisten Brücken sind zerstört, aber die Mudschaheddin umfahren sie einfach durch die ausgetrockneten Flußbetten. Unter unbeschädigten Brücken lagern andere Kämpfer. Den ganzen Straßenabschnitt entlang bis zur Front haben die Mudschaheddin ihre eigenen Kommando- und Versorgungsposten, Feldlazarette und Biwaks. Jeeps und Lastwagen zum Transport von Guerillakämpfern rasen hin und her. Hier und da bestücken kleine Gruppen von bärtigen Männern direkt neben der Straße in kleinen gerodeten Stellungen mitten im Dickicht mobile Mörser und Raketenbatterien und feuern sie auf den Feind ab.

An einer Stelle laden mehrere Mudschaheddin hinter einem kleinen Erdhügel immer wieder einen BM-13-Raketenwerfer und feuern ihn ab. Die Raketen zischen mit ohrenbetäubendem Lärm los und wirbeln eine Staubwolke auf. Der Haufen mit Geschoßhülsen wächst um die Kämpfer herum immer höher, die von dem Lärm ganz benommen wirken.

Heute morgen gab es schwere Luftangriffe, und den ganzen Tag wurde geschossen. Der örtliche Kommandant bleibt über sein Sprechfunkgerät mit seinen Fronteinheiten in Kontakt; sie helfen ihm, Raketen auf einige feindliche Panzer in etwa achthundert Meter Entfernung zu zielen. Die Guerillas wollen ihre Position nicht aufgeben und verstärken ihren Raketenbeschuß, aber dennoch kommen ein paar Salven zurück. Dann duckt sich jeder hinter dem Erdhügel oder springt in den hüfttiefen Schützengraben. Die Raketen schlagen in die Büsche in der Nähe ein; auf jeden Einschlag folgt eine dicke schwarze Rauchwolke.

Noch mehr Raketen werden abgefeuert, und kurz darauf bekommt der Anführer über Funk einen Treffer mitgeteilt. Die Männer lächeln, aber die Nachricht löst ihre Spannung kaum. Sie sitzen mit aufgerissenen Augen und gespitzten Ohren im Schützengraben; einer von ihnen kniet nebenan im Gras und betet in Richtung Dschalalabad.

In einem verlassenen Dorf, von dem man die Start- und Landebahn überblicken kann, steht eine Festung aus hohen Lehmwällen, bewohnt von einigen Mudschaheddin-Jungs. Weiter als bis hierhin kommen die Mudschaheddin nicht. Jeder weitere Schritt wäre Selbstmord, denn das Land von hier bis zur Landebahn ist völlig kahl und gespickt mit Tretminen. Als letztes Gebäude zwischen den beiden Seiten steht die Festung ständig unter Feindbeschuß.

Die Jugendlichen kriechen nach draußen und suchen Schutz unter ein paar dürren Büschen, wo sie auch einen kleinen Mörser aufgebaut haben. Völlig unerwartet feuern sie ihn in Richtung der Regierungspanzer ab, welche die Landebahn bewachen, und klettern dann zurück zur Festung. Der einzige sichtbare Erfolg der Rakete ist, daß sie die Aufmerksamkeit des Feindes weckt: Innerhalb von wenigen Minuten feuert einer der Panzer zurück – die Jungen sind halb entzückt, halb entsetzt. Die ersten beiden Geschosse streifen gerade die Brüstung, doch das dritte reißt ein Stück aus der Außenmauer und läßt das Gemäuer erzittern – ebenso wie die Jungen, die sich dahinter versteckt haben.

Kurz danach fliegen MiG-Jagdbomber, vielleicht alarmiert durch die Panzerbesatzungen, direkt über das Gebäude und beginnen, Bomben abzuwerfen. Jetzt ist jeder nur noch am Rennen, und alle versuchen, sich in den hintersten Ecken der Festung gegen eine Mauer zu kauern. Einer der Jungen springt in die Latrine. Jeder versucht, der Druckwelle der Bomben standzuhalten. Plötzlich ist es still, und die Luft scheint wie elektrisiert, wie vor einem Blitzschlag. Dann ein ohrenbetäubendes Krachen, und mit Feuer und schwarzem Rauch schlagen die Bomben ein; die Druckwelle trifft Ohren, Augen, Kopf und schüttelt den Körper heftig hin und her. Überall Staub. Dann, fast ebenso schnell, läßt der Druck nach, und die Luft wird wieder klarer. Die Jungen, weiß vor Staub wie Statuen, werden plötzlich wieder lebendig und laufen herum, um den Schaden zu begutachten.

Nach ein paar Augenblicken ist klar, daß es nur einen Verletzten gegeben hat: einen Mudschahed Mitte zwanzig – er wurde von einem Schrapnellsplitter in den Penis getroffen. Zuerst läuft er im Schock hin und her und schaut ungläubig zu seinen Kameraden, die gleich einen groben Scherz parat haben. Dann setzt der Schmerz ein. Als sie ihn in ein mehrere Kilometer entferntes Feldlazarett bringen wollen, beginnt er zu schreien.

Auf der anderen Seite des Flughafens sitzen andere Mudschaheddin in Gräben auf beiden Straßenseiten an einer Stelle, wo eine intakte Brücke ein trockenes Flußbett überspannt. Sie sind Mudschaheddin-Freiwillige aus anderen arabischen Ländern. Diese Kämpfer haben einen mörderischen Haß auf nichtislamische Westler, die sie als *Kaffir* bezeichnen, als »Ungläubige«, und die sie manchmal zu erschießen versuchen. Mit offener Feindseligkeit starren sie in das vorbeifahrende Fahrzeug, greifen aber nicht an; anscheinend werden sie durch die Mudschaheddin-Eskorte abgeschreckt.

Von ihrer Position aus haben die Regierungstruppen einen klaren Überblick über diesen Abschnitt der Straße. Wenn sich Mudschaheddin so weit nach vorn wagen, schicken sie ein Stoßgebet zum Himmel und fahren in halsbrecherischer Geschwindigkeit los. Mit krachenden Gängen weichen sie im Slalom den Kratern in der Fahrbahn aus. Auf der anderen Seite der Brücke ist die Straße nur auf etwa hundert Meter gut befahrbar, denn danach folgt ein Minengürtel, und hinter der nächsten Kurve liegt der von der Regierung gehaltene Flughafen. Kurz davor zweigt eine Piste nach rechts und führt durch ein kleines, zerfetztes Wäldchen zu einem Haus. Abgesehen von den übriggebliebenen Bäumen und Büschen ist dieses Haus die einzige Deckung, die zwischen den beiden Seiten noch bleibt.

Hier halten sich die Mudschaheddin auf der dem feindlichen Feuer abgewandten Seite auf. Über sie pfeifen und krachen Kugeln. Abgeschossene frische grüne Blätter übersäen den Boden. Wagt sich ein Guerillakämpfer hier hinter dem Haus hervor, faltet er zuerst seine Hände und richtet sie in einem stillen Gebet in Richtung Allah.

Jetzt geht es nur noch zu Fuß weiter, und die Kämpfer marschieren in Einzelreihen, beladen mit Waffen; voran gehen Männer mit Funkgeräten. Im offenen Gelände laufen sie so schnell wie möglich, und wo immer ein Baum Deckung bietet, lassen die Männer mit den Funkgeräten alle anhalten, während sie selbst die Lage klären. Saubere Einschußlöcher in der braunen Erde zu beiden Seiten des Pfades zeigen, daß die Feinde sehr wohl wissen, wohin sie zielen müssen.

Nach etwa einem Kilometer führt der Pfad in ein kleines Dorf, das von einem Erdwall umgeben ist. Von hier aus sieht man bereits die Panzer des Feindes auf der Landebahn in etwa dreihundert Meter Entfernung. Es ist die vorderste Frontlinie der Mudschaheddin. Die Guerillakämpfer hier sind viel jünger als die weiter hinter der Front – sie sind gerade einmal Teenager und scheinen von der Gefahr völlig unbeeindruckt. Sie kommen frisch aus den Flüchtlingslagern von Peschawar und strotzen vor Adrenalin, das durch den Lärm und all die Aktivitäten ringsumher freigesetzt wird.

Eine Gruppe von ihnen sitzt, wo früher einmal das Wohnzimmer eines Bauernhauses war; in einer Wand gähnt ein Loch dort, wo ein Mörsergeschoß eingeschlagen hat. Eine Salve von Maschinengewehrkugeln schlägt nur wenige Zentimeter entfernt auf dem Hof ein, und die Jungen kichern aufgekratzt. Sie können kaum fassen, wie mutig sie sind, und reden über die Siege der Mudschaheddin in Vergangenheit und Zukunft. Wenn es nach ihnen geht, laufen sie jetzt sofort zu Fuß hinaus und greifen die Panzer an. Als erneut Feindbeschuß einsetzt, der sich anhört wie das trockene Husten eines Riesen, und die Einschläge in einer Serie von trockenen Krachern immer näher rücken, tut das der Stimmung der Jungen keinen Abbruch. Sie sind jung, und im Angesicht von Gefahr halten sie Lachen für besonders männlich. Sie lachen, weil überall um sie herum der Tod bereits alle in seinen warmen Armen hält.

Am nächsten Morgen wird einer der Jungen von einer Kugel in den Kopf getroffen. Als seine Freunde ihn anstoßen und ansprechen, damit er wieder zu sich kommt, starrt er sie nur an. Seine Augen rollen ziellos in den Höhlen, und seine Haut ist plötzlich aschgrau. Und schon kommen die Fliegen, die zuvor durch die Büsche summten, in Scharen angeflogen und bedecken bald in dicken Schichten sein Gesicht. Wenn ein Mudschahed stirbt, dann folgt sein Körper nur all den zahllosen anderen auf die überall immer größer werdenden Märtyrerfriedhöfe mit ihren zerfetzten Flaggen und Steinhaufen auf jedem Grab. Im Gedächtnis seiner Kameraden und seiner Familie aber wird er als tapferer Mudschahed geehrt, als Heiliger Krieger. Sie werden ihn nicht bedauern, denn er ist den Märtyrertod gestorben und ist nun im Paradies, das seinesgleichen erwartet. Sie haben einen Freund, einen Bruder verloren, aber sie gewannen Stärke und Stolz für ihren Kampf, denn jetzt haben sie wieder einen Toten, den sie rächen können und müssen. In einem Heiligen Krieg wird selbst der Tod zu einem Treibsatz, ein Mittel zum Erreichen eines Zwecks.

Auch die *Shabbab* im Gaza-Streifen glauben, daß ihre Gewalt von ihrem Glauben gedeckt wird und untadelig ist. Auch hier ist der Feind ein fremder Besatzer, ein Nichtmuslim. Im leidenschaftlichen Kampf um Palästina ist diese Überzeugung ein entscheidendes Element, denn hier, anders als in Afghanistan, gibt es kaum eine räumliche Trennung zwischen den verfeindeten Parteien, alles findet in engen Wohnvierteln statt.

Anstatt zu den Waffen zu greifen, nähren die Palästinenser eine derart intensive kollektive Wut, daß diese selbst zu einer Waffe wird. Sie wächst immer weiter und erzeugt spontane Gewaltausbrüche, an denen sich so viele Menschen beteiligen, daß hinterher keine Einzelpersonen mehr verantwortlich gemacht werden können. Wie beispielsweise bei der Ermordung von Amnon Pomerantz.

Amnon Pomerantzens letzte Augenblicke müssen besonders grauenhaft gewesen sein. Der israelische Armeereservist kam durch ein Mißverständnis nach Breij; eigentlich hatte er in das israelische Militärlager nebenan fahren wollen. Statt dessen merkte er bald, daß er auf einer der Hauptstraßen von Breij unterwegs war. Je weiter er fuhr, desto stärker verlor er die Orientierung. Die Bewohner bemerkten ihn, riefen nach ihm und näherten sich seinem Wagen. Er geriet in Panik. Beim Versuch zu wenden fuhr er einen Karren um, in dem sich zwei spielende Kinder versteckt hatten – und das war's: Von allen Seiten wurde er von der Menge umzingelt, die auf ihn einstürmte, schrie und schließlich sein Fahrzeug in Brand steckte.

Niemand weiß, warum er nicht einfach Gas gegeben hat. Mahmoud glaubt, als er von der Menge umringt war, sei der junge Mann vor lauter Angst wie gelähmt gewesen. Das habe ihm schließlich das Leben gekostet. Hisham, der Fundamentalist, weigert sich, den Tod von Pomerantz als Mord zu bezeichnen. Für ihn ist nicht wichtig, daß ein Israeli zu Tode kam, sondern vor allem, was dieser Israeli in Breij wollte. Er hätte nicht herkommen dürfen. Er war ein Feind. Trotzdem, meint Hisham, habe das Ereignis auch ihm persönlich geschadet, denn an dem gleichen Tag, als Pomerantz starb, hätte er selbst heiraten sollen. Aufgrund der drastischen Reaktionen der Israelis jedoch – viele der Palästinenser wurden festgenommen, das ganze Lager tagelang unter strikte militärische Ausgangssperre gestellt – mußte seine Hochzeit um zwei Wochen verschoben werden.

Mit ihrer brutalen Tat zahlten die Leute all die aufgestauten Demütigungen und das Leid in ähnlicher Münze heim, das sie selbst durch die Israelis hatten ertragen müssen: All die durch Tränengas ausgelösten Fehlgeburten; all die durch Schüsse getöteten Jugendlichen; Iyad, ein Fünfzehnjähriger, den die Israelis totprügelten; Usamas alte Mutter, getötet durch einen Schlag auf den Kopf; der Sohn des »Scheichs«, als Baby getreten; all die Toten, Gefängnisstrafen, Hausversiegelungen und -abrisse, und die täglichen kleinen Erniedrigungen. Und Pomerantz' Mörder handelten ohne Reue, sogar mit besonderer Grausamkeit, als ob sie ihren Besatzern dadurch ihre besondere Abscheu zeigen wollten. Der Vorfall hat Breij geprägt, der Ort ist ein anderer geworden. Es wurde eine Schwelle übertreten, und jetzt zweifelt niemand mehr daran, daß die Intifada ein Krieg ist, auch wenn er anders heißt.

Dieser Vorfall hat Breij auch in einer anderen Weise verändert. Schon kurz danach rückte die israelische Armee mit Bulldozern an und zerstörte fünfundvierzig Wohnhäuser und Läden um die Stelle herum, wo Pomerantz starb. Die Bewohner dieser Häuser, etwa 360 Personen, waren nun obdachlos und mußten die leeren Räume einer alten Tuberkuloseklinik am Rand des Lagers beziehen. Jetzt ist die Straße dort, wo die Leute von Breij Amnon Pomerantz töteten, unnatürlich breit – ein kurzes, nutzloses Stück Autobahn in der Mitte von Nirgendwo.

Tatsächlich ist Breij nicht mehr nur ein Ort, und seine Bewohner sind nicht nur irgendwelche Leute; sie bilden ein Mosaik von miteinander verknüpften Geschichten und Ereignissen, die Teil eines lebendigen palästinensischen Heldenepos sind. Ursache und Wirkung sind physisch in das

Land eingeschrieben, die Ereignisse werden im Gedächtnis der Menschen festgehalten und treiben die Leute dazu an, weiter zu handeln. Wie die Jahresringe im Stamm eines gefällten Baumes wurden auch die geweiteten Straßen und abgerissenen Häuser von Breij Bestandteile einer historischen Geographie der Stadt.

Dies ist das Herz von Palästina, es liegt an diesen leeren Stellen, die für Tod und Vergeltung stehen, in all den Symbolen des Krieges: den Steinen, Patronenhülsen, Tränengaskanistern, und in den Hunderten kleiner Flaggen dieses so heißersehnten Heimatlandes, die auf dem spinnwebartigen Gewirr der Stromleitungen von Breij wehen wie Kinderdrachen im Wind.

Dieser staubbedeckte Pistenweg: Hier töteten sie einen Israeli. Hier, und dort – noch mehr leere Stellen: Hier standen Wohnhäuser, bevor die Armee sie niederriß. Hier ist die Stelle, wo Amnon Pomerantz' Wagen endgültig nicht mehr weiterfuhr, und dort, nur eine Ecke weiter, die Stelle, wo die *Shabbab* ihren letzten Verräter umbrachten. Direkt gegenüber ist Anis' islamische Buchhandlung mit ihrer rhythmusgeladenen Dschihad-Musik und den fanatisierten männlichen Jugendlichen. Einen Block weiter, hinter dem Schlachthof, der nach Blut und Tiereingeweiden stinkt, ist Anis' Haus, wo sein Vater islamische Geschichte und Philosophie studiert und seine brillentragenden Söhne zu Männern heranwachsen sieht. Und hier ist es auch, wo er sich eines Tages während des Mittagessens umschaut und ruhig bemerkt: »Das ist eine sehr gefährliche Zeit, um Söhne zu haben. Jeder ist geladen wie eine Granate, ständig bereit zur Explosion.«

Hier ist Palästina: Es existiert in Form einer Gewalt, welche die Grenzen der menschlichen Phantasie übersteigt, in den blindwütigen Übergriffen, den Männern, die sich auf die Brust schlagen, dem Geheul der Frauen, tatsächlichem und vermeintlichem Verrat und den Exekutionen tatsächlicher und vermeintlicher Verräter, in all diesem tragischen Grauen, dem Heldenpathos, und in den tödlichen Fehlern der Leute, die hier leben. Und irgendwie erhebt sich Palästina doch über all dieses Elend, denn das Lager und seine Bewohner sind Schild, Schwert und Schlachtfeld zugleich im Kampf um die Freiheit, und deren Gesicht ist manchmal schön und manchmal häßlich.

Jedes Kampfgebiet stellt andere Anforderungen an Guerillakämpfer. Wie die Intifada muß sich auch der Kampf der Sahraouis an ungewöhnliche Bedingungen anpassen. Doch während im Gaza-Streifen der Feind in unmittelbarer Nähe steht – oft nur ein paar Meter entfernt –, ist er in der Westsahara praktisch unsichtbar und fast unerreichbar. Wie soll man gegen einen solchen Feind ankämpfen?

Für die Polisario haben die Äußerlichkeiten eines Krieges praktisch die gleiche Bedeutung gewonnen wie ein echter Krieg. Weil König Hassans Wall die Polisariokämpfer am Austragen eines wirklichen Krieges hindert, mußten sie sich mit einer Art militärischer Pantomime zufriedengeben.

Es ist Abend geworden bei einem zweitägigen Ausflug von Tindouf aus in die Wüste, als Moulay auf eine Guerillaeinheit trifft, die entlang eines Abschnitts des Walls patrouilliert. Sie verabreden eine Besichtigung der Frontlinie für den nächsten Morgen. Jetzt müssen sie nur noch entscheiden, ob sie den Wall angreifen oder nicht; sie sind es gewohnt, Proben ihrer militärischen Tapferkeit wie ein tragbares Utensil eines potemkinschen Dorfes zu inszenieren. Diesmal entscheiden sich die Guerillas nicht anzugreifen, sondern statt dessen uns, die Beobachter, mit einer dramatischen Machtdemonstration zu entschädigen.

In einem breiten Wadi, einem ausgetrockneten Flußbett, brechen mehrere von turbantragenden Kämpfern gelenkte Jeeps mit aufmontierten Haubitzen plötzlich hinter den Dornbüschen hervor. Sie preschen voran und brettern über die Dünen wie Wellenreiter in der Brandung. Schließlich kommen sie an einen Hügel, und die Guerillakämpfer springen aus ihren Fahrzeugen und robben zu einer Scharfschützenposition auf der Spitze. Sie halten die Köpfe geduckt und zielen über das Land in Richtung des Walles. Dort, so erklären sie, liegt der marokkanische Feind. Doch plötzlich kommt Sturm auf, überall fliegt Sand, und man kann niemanden mehr erkennen. Es dauert nicht lange, und sogar der Wall verschwindet in dem Wüstensturm. Schließlich bleibt als einziger Orientierungspunkt in diesem Wirbelwind nur noch ein staubiges gelbes Leuchten dort, wo vor kurzem noch die Sonne war.

Nach wie vor kommen entlang des Walls Menschen zu Tode. Bis Marokko in eine Volksabstimmung einwilligt, die über das weitere Schicksal des Gebiets entscheidet, muß die Polisario ständig beweisen, daß sie immer noch Schaden anrichten kann. So hält die »Befreiungsarmee des Sahraoui-Volkes« ihre Patrouillen entlang des Walls weiter aufrecht, während die Schar der Diplomaten der »Demokratischen Arabischen Republik Sahara« versucht, mit König Hassan ins Gespräch zu kommen, und startet immer wieder bewaffnete Angriffe, bei denen viel Blut vergossen wird.

Mit diesen symbolischen Angriffen halten die Sahraouis ihren Krieg in Gang, wie in einem kriegerischen Ritual oder einem blutigen Sport. Wie eine Familie, die versucht, den Anschein einer edleren Abstammung, als derzeit zu erkennen ist, aufrechtzuerhalten, sprechen auch sie noch monatelang danach von ihren Aktionen und polieren die Erinnerung daran wie ein Erbstück. Tatsächlich bilden alle diese Kämpfe gemeinsam das Material für eine sorgsam gepflegte *Oral history*, eine mündliche Überlieferung eines Krieges, der fast nur noch dem Namen nach existiert. Guerillaveteranen wie Moulay merkt man an, daß sie das Gefühl haben, als hätten sie ihre besten Zeiten hinter sich, jene glorreichen Tage, als der Wall noch nicht all ihre Anstrengung hat absurd werden lassen.

Trotz der Frustration vieler ihrer Mitglieder hat die Polisario bisher von terroristischen Angriffen auf das Marokko jenseits des Walls abgesehen. Weil sie eine Nation vertreten will, legt die Polisario die nüchterne Haltung eines souveränen Staates an den Tag: Ihre Kämpfer nennt sie nicht Guerillas, sondern Soldaten – und Soldaten begehen natürlich keine

Terroranschläge. Dies ist schließlich ein ehrbarer Krieg, und ausgetragen wird er auf dem Schlachtfeld.

Deshalb wird auch das Leben von gefangengenommenen feindlichen Soldaten verschont. Die Polisario hält über dreitausend marokkanische Offiziere und einfache Soldaten in Wüstenlagern gefangen. Diese Kriegsgefangenen sind nützlich. Ebenso wie Moulays Kriegsgeschichten, die wieder und wieder erzählt werden, sind die Gefangenen nicht nur ein Beweis für die militärischen Fähigkeiten der Guerilla, sondern auch für ihre Achtung der Menschenrechte. Wann immer Besucher in die algerischen Lager der Polisario kommen, zeigt ihnen die Organisation einige Kriegsgefangene und betont zugleich, daß viele ihrer eigenen Kämpfer, die in Marokko gefangengenommen wurden, einfach »verschwunden sind«.

Es ist Nachmittag, als eine Gruppe von sechzig marokkanischen Gefangenen aus ihren Lagern zu dem eingezäunten Gelände gebracht wird, wo die Polisario ein Museum mit Kriegstrophäen unterhält. Sie werden von bewaffneten Sahraoui-Wächtern hereingebracht und stellen sich gehorsam in der prallen Sonne im Hof in einer Reihe auf. Die meisten Gefangenen sind junge Männer und machen einen gesunden Eindruck, aber sie bewegen sich vorsichtig, scheu; sie lächeln nicht, ihre Gesichter sind schüchterne Masken.

Heute werden sie von Spaniern befragt, einem Dutzend kettenrauchenden, stimmgewaltigen Männern und Frauen einer Polisario-Solidaritätsgruppe aus Zaragoza. Die Spanier haben sich in der letzten halben Stunde auf dem Gelände umgesehen, und jetzt haben sie sich neben dem aufgetürmten Schrotthaufen, der einmal ein marokkanischer Düsenjäger war, versammelt. Auf einem Wrackteil ist noch das Logo des amerikanischen Herstellers zu erkennen. Überall um die fast sechs Meter hohe Umzäunung stehen in garagengroßen Baracken erbeutete marokkanische Panzer, Jeeps und gepanzerte Personentransportfahrzeuge. Im Hof sind in symmetrischer Anordnung Tausende Maschinengewehre, Minen, Granaten, Raketenwerfer, Haubitzen, Mörser und Sturmgewehre ausgebreitet – sogar Eßgeschirr und Helme. Die Maschinengewehre, aufgestellt auf ihren Stützen und eingeölt, damit sie nicht rosten, glänzen schwarz vor dem gelben Wüstensand, wie todbringende Spinnen, bereit zum Stich.

Die Gefangenen stehen für die spanischen Besucher zur Verfügung und warten stumm wie Gliederpuppen, die Hände an der Hosennaht. Schließlich wenden sich die Spanier ihnen zu, ziehen Diktiergeräte und Notizbücher hervor und strahlen die Kriegsgefangenen fröhlich an wie erwartungsvolle Kinder. Eine Frau beginnt, einen marokkanischen Hauptmann zu interviewen. Er sei doch sicher gut behandelt worden, nicht wahr? »Ja«, antwortet er höflich. Und der marokkanische Krieg gegen das Volk der Sahraoui, ob er nun einsehe, daß der ungerecht sei? Der stolze Offizier lächelt ungewiß und sucht eine diplomatische Antwort. Er glaubt, daß der Krieg für die beiden Völker ein Mittel ist, um schließlich einander zu verstehen. »Erst kommt der Krieg«, meint er, »und dann die Verhandlungen.«

Der Hauptmann nimmt seinen Mut zusammen und verteidigt sein Recht, in der marokkanischen Armee gedient zu haben, denn er sei Berufssoldat und habe nur seine Pflicht erfüllt, als er in die Westsahara kam. Doch jetzt gilt die Aufmerksamkeit seiner Gesprächspartnerin bereits seinem Nachbarn. Bald schon sind die Spanier wieder abgereist, und die Polisario-Wächter eskortieren die marokkanischen Gefangenen zu wartenden Lastwagen. Die Vorführung ist beendet.

Ob die Polisario will oder nicht, sie ist auf diese Vorgehensweise festgelegt: Erst miteinander sprechen, verhandeln, und nur dann, wenn die Dinge wirklich schlecht laufen, den Wall angreifen. Ähnlich wie Zirkusdompteure, die wilde Tiere dazu bringen, Kunststücke zu vollbringen, indem sie sie mit der Peitsche dazu anspornen, müssen auch die Guerillas ständig in der Offensive bleiben und dabei die Distanz zwischen sich und ihren Feinden im Auge behalten, immer auf der Hut, keinen Angriff zu provozieren, sie aber dennoch immer auf Trab zu halten.

Vielleicht führt ja der Krieg in der Westsahara irgendwann tatsächlich einmal zu einer Verständigung zwischen Sahraouis und Marokkanern. In Burma hingegen haben bislang selbst fünfundvierzig Jahre Krieg die Karen und ihre Feinde einander nicht nähergebracht. Wenn er überhaupt etwas bewirkt hat, dann, daß die Feindschaft zwischen beiden Gruppen noch weiter gewachsen ist. Hier gibt es keine mächtigen ausländischen Wohltäter, die auf Verhandlungen und politische Kompromisse drängen. Jede Seite glaubt, ihr Überleben hänge vom militärischen Sieg ab. Für die Burmesen bedeutet dies die Eroberung Kawthooleis, während es für die Karen bereits ein Sieg wäre, soviel von ihrem Territorium zu behalten wie möglich und vielleicht sogar etwas von dem zurückzugewinnen, was sie verloren haben.

Als der Angriff auf Kawmura endlich einsetzt, ist es Nacht geworden. Zuerst beschießen die Burmesen den Stützpunkt mit Mörsern. Dann greifen die Soldaten mit lautem Gebrüll und ihren Waffen im Anschlag von der Frontlinie her an.

Major Than Maung hat sich zu Recht Sorgen gemacht. Schon vor zwei Tagen begann der übliche Nachmittags-Mörserbeschuß früher als üblich. Than befürchtete das Schlimmste und schloß den Stützpunkt. Er schickte seine Männer in die Schützengräben und befahl allen nicht unbedingt erforderlichen Personen, das Gebiet zu verlassen. Besucher wurden in Kanus gepackt und schnell auf die andere Seite des Ufers nach Thailand in Sicherheit gebracht. Dann pfiffen bereits die ersten Kugeln über ihre Köpfe; binnen Stunden hatte die Offensive begonnen.

Während der vergangenen eineinhalb Tage hat sich der Beschuß weiter verstärkt, bis Kawmura unter einem regelrechten Geschoßhagel lag. Seit dem ersten Tag des Angriffs war niemand in die Basis gekommen, und niemand hat sie verlassen außer Major Soe Soe, der nur Stunden vor dem Bodenangriff über den Fluß entkommen konnte. Wie Bauern die Zeichen des Himmels zu lesen wissen, um das Wetter vorherzusagen, schienen auch Soe Soe und Than Maung genau zu wissen, was passiert, einfach anhand von Rhythmus und Tempo des Beschusses.

Während des gesamten Angriffs sind die Explosionen bis nach Ban Mae Sot zu hören. Die Leute leben ihren Alltag wie immer, aber beachten den Geschützdonner mit einem wachen Ohr. Jeder fragt sich, ob die Burmesen wie vor ein paar Monaten versuchen werden, den Moei-Fluß nach Thailand zu überqueren, um Kawmura von hinten anzugreifen. Jeder erklärt, nur so könne Kawmura jemals fallen. Der örtliche thailändische Militärbefehlshaber ist bekanntermaßen ein Verbündeter der KNU, deshalb könnte er auch im Fall von Abmachungen zwischen seiner obersten Heeresleitung und Rangun Than Maung und seinen Guerillas helfen.

Heute morgen, der zweite seit dem Beginn des Angriffs, nimmt der Geschützhagel noch an Intensität zu. In der Basis der Thais nahe des Moei sind die Soldaten nervös und gehen jedesmal in Deckung, wenn Einschüsse näher kommen. Kugeln zischen durch das Blattwerk um sie herum – Querschläger von der anderen Uferseite. Die Soldaten gehen kein Risiko ein, sie tragen Stahlhelme und bleiben in ihren im Sand eingegrabenen Stellungen. Weiter hinten robben zwei Männer in Jogginganzügen durch das Grün am Straßenrand und beobachten das Kampfgeschehen durch Ferngläser. Trotz ihrer Zivilkleidung sind sie thailändische Offiziere, die angereist sind, um das Geschehen zu beobachten. Sie erklären mir, falls das Geschehen außer Kontrolle gerate, würden sie die thailändische Artillerie rufen, um die Stellungen der burmesischen Regierung zu bombardieren. Es seien bereits einige Warnschüsse abgegeben worden.

Die beiden Offiziere zeigen auf den Gipfel des Dschungelhügels – die Burmesen haben eine Position oberhalb von Kawmura besetzt –, wo gelegentlich aufblitzendes Mündungsfeuer die Position eines Geschützes anzeigt. Alle paar Sekunden feuert es auf die Karen-Basis hinunter.

Noch mehr Kugeln fliegen herüber, zerfetzen das Grün und pfeifen plötzlich über den Köpfen. Es ist Zeit, sich von hier zurückzuziehen. Ein Pritschenwagen rast vom Posten der Thais hügelaufwärts in Richtung Ban Mae Sot. Er bleibt kurz stehen – gerade lange genug, um hineinzuspringen – und prescht weiter. Auf der Ladefläche beugen sich zwei Karen über einen hingekauerten Mann. Er wurde von zwei Kugeln getroffen, eine in die Seite, eine in die Schulter. Er leidet Schmerzen, sein Gesicht ist grau, aber er ist bei Bewußtsein. Jedesmal, wenn der Laster durch ein Schlagloch donnert, schnappt er nach Atem. Seine Freunde halten ihn ruhig und geben ihm Betelnuß zum Kauen. Niemand sagt irgend etwas.

Später am Tag beschließen die thailändischen Militärs, ein Zeichen der Stärke zu setzen, um die burmesische Offensive zu stoppen. Von Ban Mae Sot rasen zwei nagelneue, raketenbestückte und gepanzerte Mannschaftstransportfahrzeuge die Straße zum Fluß hinauf. Das Manöver scheint zu funktionieren. Bis zum Abend lassen die Attacken nach und werden schließlich ganz eingestellt. Der Angriff ist beendet, und Kawmura wurde gehalten.

Am Ende liegen über dreißig tote burmesische Soldaten im Schlamm des Schlachtfelds. Wie üblich ist keiner bis auf die Seite der Karen vorgedrungen. Zwei Karen sind tot. Einer von ihnen, dessen Name »Vollmondblüte« bedeutet, war einer der Lieblingskämpfer von Major Soe Soe. Erst ein paar Stunden zuvor hatte der Junge dem Major erklärt, er wolle sich ganz nach vorn schleichen, um für ihn eine Offizierswaffe als Trophäe zu erbeuten. Noch bevor er dazu kam, traf ihn ein Geschoß.

Die Jungen werden still in dem Flüchtlingsdorf begraben, wo ihre Familien leben, an der Straße zwischen Ban Mae Sot und dem Fluß. Soe Soe erklärt, sie würden den Jungen diesmal nicht das übliche pompöse Kriegsbegräbnis zukommen lassen, weil es ihnen im Moment nicht angebracht erscheine, ein »großes Spektakel« zu veranstalten. In der letzten Zeit sind aufgrund der Offensive mehr Karen umgekommen als üblich, und die Leute sind sehr emotional.

Jedesmal, wenn die Burmesen einen neuen Angriff auf Kawmura starten, steht viel mehr auf dem Spiel als nur dieser Ort. Kawmura ist für die KNU zu einem wichtigen Testfall geworden, ob sie Kawthoolei als Ganzes halten können oder nicht, und so wird es verteidigt, als ob das Überleben aller davon abhinge. Wenn soviel auf dem Spiel steht, dann wird wirklich brutal gekämpft. Dann gibt es kein Pardon, und niemand erwartet Gnade. Gefangengenommenen feindlichen Soldaten werden Informationen abgepreßt, und dann werden sie getötet.

Diese Praxis wird offiziell geleugnet. Ganemy, der Berater des Premierministers und der KNU-Führung in Manerplaw, erklärt, daß sich früher schon einige feindliche Soldaten ergeben, Karen-Frauen geheiratet und sich in Kawthoolei niedergelassen hätten. »Sie durften bei uns bleiben und werden immer weniger bewacht«, erklärt er. Unter vier Augen jedoch räumen Karen-Führer ein, daß ihre Kämpfer gefangengenommene feindliche Soldaten in aller Regel auch töten. Sie sagen, daß die Umstände des Krieges ihnen solche grausamen Verhaltensweisen geradezu aufdrängen, und sprechen davon, wie schwierig es wäre, Gefangene zu halten, während sie als Kämpfer durch den Dschungel ziehen. Ganemy erzählt ein typisches Beispiel.

Vor drei Jahren kommandierte er einen nächtlichen Angriff auf einen Posten der Regierungstruppen am Moei-Fluß. Während des Angriffs wurden vier feindliche Soldaten gefangengenommen. Im Morgengrauen, als sich Ganemys Kolonne zurückziehen mußte, hatte er über das Schicksal der vier Gefangenen zu entscheiden. Er kam zu dem Schluß, daß sie getötet werden mußten, erklärt er, denn sie hatten einige der Dorfbewohner erkannt, die ihm und seinen Männern geholfen hatten. »Wenn wir sie nicht getötet hätten, wären diese Dorfbewohner am nächsten Tag tot gewesen.«

Doch bei diesem Krieg spielen Animositäten unter verschiedenen Bevölkerungsgruppen eine ebenso große Rolle wie andere taktische Erwägungen. Der Haß zwischen Karen und Burmesen schwelt schon seit Jahrhunderten und stammt aus der Zeit, als die burmesischen Kriegsherren die Karen unterdrückten und versklavten. Für die Karen bleiben die Burmesen die Verkörperung des Bösen, und nach der mittelalterlichen Brutalität zu urteilen, welche die Regierungstruppen an den Tag legen, sind diese Gefühle nicht ganz ohne Berechtigung.

In ihrem Krieg gegen die KNU überfallen die Truppen Ranguns für gewöhnlich Karen-Dörfer und nehmen alle Männer und Jungen mit, die sie finden können, und lassen sie als Sklaven gewaltige Lasten von Lebensmitteln oder Ausrüstung für sie durch den Dschungel tragen. Diese Gewaltmärsche können Wochen dauern, während denen die Karen wenig zu essen bekommen und geschlagen und terrorisiert werden. Wer zu fliehen versucht, krank wird oder einfach zu erschöpft ist, wird oft erschossen. Ganemy selbst mußte einmal burmesische Truppen als Träger begleiten. Mit einem anderen Mann zusammen mußte er einen Hundertkilosack Reis an einer Bambusstange durch den Urwald schleppen. Gnädigerweise dauerte diese Strapaze »nur« drei Tage, aber noch heute hat er Narben davon. Er zeigt die Spuren der tiefen Fleischwunde, wo sich ihm die Bambusstange in die Schulter einfraß.

Angesichts der andauernden Feindschaft zwischen den beiden Völkern ist es nicht verwunderlich, daß die Karen skrupellose Kämpfer sind. Ihr Krieg zielt darauf ab, den Feind zu töten, nicht ihn zu besiegen. Sie wissen, daß ihre einzige Alternative zum Kampf eine trostlos-elende Zukunft entweder als besetztes oder als Flüchtlingsvolk ist. Unter diesen Bedingungen findet das aus einer anderen Revolution übernommene Motto der Karen »Freiheit oder Tod!« bei vielen neuen Anklang.

Tatsache ist jedoch, *daß* die Karen langsam, aber sicher den Krieg verlieren. Kawmura konnte dieses Jahr noch gehalten werden, doch viele andere Stützpunkte – bei weitem größere und wichtigere – sind gefallen. Kawmuras Überleben hängt nicht mehr nur von der Tapferkeit und dem Durchhaltevermögen seiner Verteidiger ab, sondern auch von der thailändischen Politik. Die Thais könnten die Karen an Rangun verkaufen, doch dies muß dann nach außen als unvermeidliches Ergebnis der Kämpfe zwischen der KNU und der burmesischen Regierung erscheinen, nicht als Resultat thailändischer Doppelzüngigkeit. Ranguns Truppen können machen, was sie wollen, solange sie nur nicht den Moei-Fluß nach Thailand überschreiten.

Dennoch wird die Grenze nicht mehr lange ein Hindernis bleiben. Mit ihren Einnahmen aus dem Verkauf des Teakholzes der Region Kawthoolei kann die Regierung in Rangun jetzt Kampfhubschrauber und -bomber kaufen und Kawmura aus der Luft angreifen. Kawmuras Fall scheint also nur noch eine Frage der Zeit zu sein.

Angesichts solch düsterer Perspektiven wissen die Karen, daß sie sich neue Taktiken für Schläge gegen Rangun überlegen müssen. Doch das ist erst seit kurzem möglich, denn seit vielen Jahren besteht das Haupthindernis dafür in der Selbstisolation der Karen. Sie leben schon so lange im Dschungel, daß sie kaum noch burmesische Städte betreten können, aus dem einfachen Grund, weil sie keine von der Regierung ausgestellten Personalausweise besitzen, die für von der Polizei unbehelligte Reisen im Land notwendig sind. Doch mit dem Zustrom der Studenten 1988 änderte sich dies. Viele der Studenten kamen mit gültigen Personalausweisen in Kawthoolei an – besser noch, sie waren den burmesischen Behörden bisher noch nicht aufgefallen. Die Karen-Führer erkannten rasch die potentielle Nützlichkeit der Studenten: Sie konnten ausgebildet und reinfiltriert werden, um als städtischer Flügel der KNU zu operieren.

Dies ist auch der Auftrag von Major Robert Zans »Supreme Special Command«. Nachdem er die Werke Mao Tse-Tungs, des vietnamesischen Meisterstrategen General Vo Nguyen Giap, Che Guevaras sowie Robert Tabers Studie über Guerilla-Kriegsführung *War of the Flea* gelesen hatte, wußte er, was er von seinen Kommandoeinheiten verlangen muß: »Einmal geht es um einen militärischen Job«, erklärt er. »Autobomben und politische Morde, solche Sachen. Außerdem geht es um Politik: legale Parteien infiltrieren und dort agitieren, um sie zu organisieren und zu spalten.«

Unglücklicherweise sind die ersten Operationen nicht erfolgreich gewesen. Der letzte Student, den Robert Zan mit einigen Bomben und einer schallgedämpften Pistole Kaliber 22 losgeschickt hat, um Spitzenpolitiker zu ermorden, wurde gefaßt und wird wahrscheinlich derzeit gefoltert. »Sehr wahrscheinlich«, meint Robert Zan und zuckt mit den Achseln, »werden sie den Jungen umbringen.« Er ist nicht ohne Mitgefühl, aber er ist auch ein abgebrühter Kämpfer, und er kennt die Konsequenzen für seine Jungs, wenn sie bei der Ausführung seiner Befehle gefaßt werden.

Robert Zan hält auch viel von der Idee, einige publicityträchtige Terrorangriffe zu starten. Er macht sich keine Sorgen um das Ansehen der KNU, weil vierzig Jahre sauberer Kriegsführung in dieser Hinsicht auch nichts gebracht haben. »Kein Mensch weiß überhaupt etwas über uns«, meint er. Und letztendlich, räsoniert er, werden solche Anschläge die Sache der Karen ins Rampenlicht stellen und hoffentlich internationalen Druck auf Rangun ausüben und es zu Verhandlungen mit der KNU zwingen. Der Major erwägt verschiedene mögliche Angriffsziele. So gibt es zum Beispiel drei deutsche Bergbauingenieure, die in einer von der Regierung betriebenen Wolframmine in der Nähe der Grenze arbeiten. Er fragt sich, ob es der KNU etwas bringen würde, die drei als Geiseln zu nehmen. Oder ein Frachtflugzeug der staatlichen burmesischen Fluglinie zu kapern. Er ist sich nicht sicher, welche Idee die bessere ist; er überlegt noch. In der Zwischenzeit bildet er seine Männer weiter aus.

Robert Zans Terroristenausbildungslager liegt im Wald von Kawthoolei auf der anderen Seite eines schmalen, aber tiefen Flusses. Es kann nur erreicht werden, indem man vorsichtig zu Fuß über eine Hängebrücke balanciert. Umgeben von einer kleinen Anpflanzung von Bananen, Bambus und jungen Teakholzbäumen stehen zwei Farmgebäude auf Stelzen. Hier trainieren die Mitglieder der »Supreme Special Command – Promised Land«.

Es ist früh am Morgen, als Zans Guerillas mir eine Sondervorstellung ihrer Fähigkeiten geben. Sie stecken in schwarzen Kampfanzügen und tragen burgunderrote Schals um den Kopf, was sie wie Kämpfer aus einem Hongkong-Ninja-Film aussehen läßt. Robert Zan schreitet umher und läßt sie singen und marschieren, die Waffen präsentieren und auf der Stelle treten. Die Truppe präsentiert sich zum ersten Mal einem Außenstehenden und ist bemüht, einen möglichst guten Eindruck abzugeben.

Der zwölfjährige Sohn des Majors, Du Du, ist der Kleinste der Gruppe. Er ist nicht viel größer als sein Sturmgewehr. Während des Exerzierens kommt er oft aus dem Tritt, aber seine Augen blicken weiter fest geradeaus. Er hält seinen kleinen Unterkiefer vorgestreckt und den Mund konzentriert zu einer grimmigen Grimasse gepreßt, während er verzweifelt versucht, mit den anderen Schritt zu halten. Mit seinem Stirnband im Rambo-Stil und einem T-Shirt, an dem er die Ärmel abgeschnitten hat, damit man seinen kräftigen Bizeps sieht, versucht Du Du sehr tapfer, ein richtiger Mann zu sein. Auf der Innenseite seines linken Arms trägt er einen eintätowierten Totenschädel mit gekreuzten Knochen.

Der Name seines Sohnes bedeutet »Der Tapfere«, erklärt Robert Zan, und er erwartet von dem Jungen, daß er sich seines Namens würdig zeigt. Er bildet Du Du aus, sein Nachfolger zu werden, falls er selbst im Kampf fallen sollte, was »jederzeit« passieren könne. Die Kämpfe um Palu im letzten Jahr, bei denen er selbst verwundet wurde, waren für den Jungen die Feuerprobe. Er schlug sich recht passabel und verbringt nun Montag bis Freitag im Lager. Nur an den Wochenenden darf er nach Hause. »Ich habe ihn aus der Schule genommen, um einen Soldaten aus ihm zu machen«, erklärt Robert Zan. »Ich dachte mir, wenn er jetzt studiert, muß er später kämpfen. Besser jetzt kämpfen und später lernen, wenn die Zeit dafür da ist.«

Das Loblied des Majors wird durch das Gelächter seiner Frau etwas konterkariert. Sie ist für einen Tag in das Camp zu Besuch gekommen und muß angesichts der unbeholfenen Marschversuche ihres Stiefsohns kichern. Für sie ist es offensichtlich, daß Du Du nur Soldat spielt. Sie hält ihren lavendelfarbenen Sonnenschirm mit der einen Hand in die Höhe, um sich vor der Sonne zu schützen, während sie sich die andere vor den Mund hält, damit ihr Lachen nicht allzu offensichtlich wird.

Später ergänzt Robert Zan die Vorstellung mit einer Demonstration des Umgangs seiner Jungen mit Sprengstoffen – sie lernen von Plastiksprengstoff bis TNT praktisch alles kennen – und bittet dann in seine Kommandohütte. Sie steht auf einem Hügel, von wo er einen strategischen Überblick über alle Annäherungsversuche an das Lager hat. Mehrere Jungen stehen herum und behalten die Umgebung im Auge.

Innen steht ein großer Tisch mit zwei Bänken. An den roh gezimmerten Wänden der Hütte hängen der aktuelle KNU-Kalender mit dem Revolutions-Dienstplan der Karen-Märtyrer, ein altes, gerahmtes Schwarzweißbild von General Bo Mya, dem Staatschef von Kawthoolei, sowie ein großes Wandplakat voller Fliegendreck, das die Truppenstärke und Positionen des Feindes aufführt. Hier kann Robert Zan nachdenken. Aus dem Fenster seiner Hütte überblickt er die nahe gelegenen Hügel mit ihren Reihen junger Teakholzbäume. Drunten auf dem Ackergelände sieht er seine Guerillas herumalbern, darunter sein Sohn.

Robert Zan weiß, daß die langfristigen Aussichten für die Karen nicht gut sind. Er kann nicht einmal sagen, wie lange er noch mit diesem Stück Land als Ausbildungsgelände rechnen kann. Seine Geheimdienstleute sagen, daß die Burmesen es bei ihrer nächsten Offensive angreifen wollen, um es sich als Siegestrophäe einzuverleiben. Er hält eine Remington 700 mit Zielfernrohr hoch. »Das ist nur zum Töten von Offizieren«, meint er lachend. Es ist die gleiche Waffe, die Motosada Mori, der japanische Scharfschütze, im letzten Jahr zum Töten von zwei burmesischen Offizieren in Kawmura einsetzte. Mori wird bald in Kawthoolei zurückerwartet. Er soll neue Zielfernrohre mitbringen, je eines für jede belagerte Basis, und mehr Guerillakämpfer daran ausbilden. Wenn sie mehr feindliche Frontoffiziere umbringen können, wird das den Gang der Dinge vielleicht etwas aufhalten. Jedes bißchen hilft.

Draußen in der Spätnachmittagshitze sind seine Supreme Specials in spielerische Lethargie verfallen. Einige der Jungen baden im Fluß. Andere sitzen auf einer Bank, schauen ihnen zu, die Arme einander um die Schultern gelegt, und rauchen gemeinsam.

Auf dem Rückweg zu dem Pritschenwagen, der sie nach Hause bringen soll, geht Robert Zans Frau voran und schützt sich mit ihrem Schirm gegen die heiße Nachmittagssonne. Neben ihr läuft ein junger Guerillakämpfer, der schwer unter Malaria leidet und spezielle medizinische Behandlung braucht. Direkt hinter ihm trottet Du Du. Es ist Wochenende, und er kommt mit nach Hause. Auf dem Rücken trägt er einen Tragekorb aus geflochtenem Schilf voller Bambussprossen, die seine Stiefmutter gesammelt hat. Plötzlich bleibt die Frau des Majors stehen. Sie starrt interessiert in ein Bambuswäldchen direkt neben dem Pfad. Einer der Jungen versteht den Wink sofort und schneidet noch ein paar Sprossen mehr für sie ab. Die Guerillas in der Schlange warten. Dann kommt der Junge mit dem Messer wieder, legt das Gemüse in Du Dus Korb, und die Gruppe geht weiter, angeführt von einem lavendelfarbenen Sonnenschirm.

Robert Zan beobachtet seinen Sohn, von dem er so viel erwartet. »Ich mache mir keine Sorgen um ihn«, sagt er. »Wissen Sie warum? Meine Eltern starben beide im Karen-Gebiet, und mein jüngster Bruder und ein Cousin sind im Kampf in Kawmura gestorben. Ich habe noch einen anderen Cousin, einen Neffen und einen Schwager, die auch alle kämpfen. Eines Tages werde auch ich für mein Volk und die Karen-Revolution sterben. Wenn also mein Sohn stirbt, dann ist das durchaus in Ordnung.«

Doch während sich Robert Zan innerlich darauf vorbereitet, seinen Sohn zu opfern, und seine Männer für Terroraktionen in der einschläfernden Tropenhitze Kawthooleis trainiert, scheint die Gewalt, die er beschwört, immer noch abstrakt. Die Gewalttätigkeiten sollten sich weit entfernt abspielen, auf der anderen Seite der Berge, außerhalb des Kriegsschauplatzes Dschungel, der unentrinnbar zum Schauplatz der Katastrophe des Karen-Volkes werden wird. Aber, so meint Robert Zan, was könnte sein Volk denn sonst tun, um diesen endlosen feindlichen Angriff abzuwehren, durch den sie Jahr für Jahr mehr von ihrem Gebiet verlieren? Bald wird ihnen gar nichts mehr bleiben. Wenn aber erst einmal die Karen und die Studenten den Krieg in Burmas Städte tragen und zeigen können, daß sie dem Militärregime wirklichen Schaden zufügen können, dann vielleicht kann die Bevölkerung erneut für eine neue Offensive begeistert werden. Und das sei sicher besser als diesen endlos langen Krieg fortzusetzen, selbst wenn dabei einige Unschuldige ums Leben kommen sollten.

Im Krieg wird der Tod ein Mittel zum Zweck, und die Menschen, die töten, entwickeln eine ganze Reihe von Rechtfertigungen dafür. Geschichte, Kultur, Bedingungen des Kampfgebietes, politische Ziele, Verhalten des Feindes – all dies sind Faktoren, welche die Konflikte in El Salvador, Burma, Afghanistan, Gaza und der Westsahara beeinflussen.

Manchmal ändern sich diese Einflüsse auch über Jahre nicht. Dann wieder gerät alles in Fluß, die Verhältnisse werden instabil, und auch die Kriege werden anders. Kriege verändern sich mit der Zeit, ebenso wie die Menschen, die sie führen.

Doch welchen Weg Kriege auch immer nehmen, wenn sie am Ende nicht durch Verhandlungen zum Stillstand gebracht werden können, entwickeln sie sich zu einem Duell ums Überleben. Ohne Gespräche kann es nichts anderes geben als Krieg. Angesichts des Todes und eines unerbittlichen Feindes scheinen Gedanken an anderes frivol. Wenn Gewalt, wie sie Major Robert Zan plant, dazu dient, am Leben zu bleiben, dann erscheint sie weniger wie reiner Terrorismus, sondern eher wie ein Akt des Überlebens.

5

Recht

Alle Guerillabewegungen unterwerfen die Bevölkerung der Gebiete, auf die sie Anspruch erheben, ihrer Autorität. Dann installieren sie verschiedene Rechtssysteme als revolutionäre Versionen jener Macht, die sie eines Tages über das ganze Land ausüben wollen.

Jeder Krieg stellt Guerillagruppen vor ähnliche moralische und ethische Herausforderungen, wenn sie Menschen ihrem Willen unterwerfen, und doch reagieren die einzelnen Bewegungen recht unterschiedlich darauf. Welche Gesetze sie für wichtig halten und wie sie sie durchsetzen, daran erkennt man die grundlegenden Maßstäbe der sozialen Prioritäten der Guerillas und ihrer zukünftigen Absichten.

Für viele Guerillabewegungen existiert eine breite Grauzone, in der sich militärische Kriegsführung und Rechtsprechung überschneiden. Mancherorts ist ihr Einfluß auf die Bevölkerung dürftig, und so besteht ein größerer Teil ihrer Kampfanstrengungen im Durchsetzen von Autorität, um die Bevölkerung zum Gehorsam zu zwingen. Wenn eine Guerillagruppe in Opposition zu einem Teil der Bevölkerung steht, neigt sie oft dazu, Zwang oder gar Terror anzuwenden, um der Bevölkerung ihren Willen aufzuzwingen.

Die Mudschaheddin in Afghanistan machen sich wenig Gedanken darüber, wie sie die Bevölkerung für sich gewinnen sollen. In diesem isolierten und traditionsverhafteten Land gibt es praktisch keinen Widerstand gegen den Islam und die Macht des örtlichen Clanführers. Wenn die Mudschaheddin ein Gebiet militärisch beherrschen, dann ist ihr Wort Gesetz. Und das ist gewöhnlich das islamische Recht, so wie sie und ihre Mullahs es interpretieren.

Militärische Verbrechen wie Spionage oder Verrat werden normalerweise von den jeweiligen Mudschaheddin-Fraktionen in ihren eigenen Einflußgebieten selbst verfolgt. In Kandahar werden nach einer Übereinkunft zwischen Mullah Naquib und den anderen Mudschaheddin-Kommandanten alle zivilen Schwerverbrechen wie Diebstahl, Mord und Ehebruch an zwei ältere Islamgelehrte oder *Maulavi* weitergeleitet, die in einem Dorf etwa eine Stunde von Charqulaba entfernt ein Gericht leiten.

Diese Parallelgerichtsbarkeit funktioniert in Kandahar seit Beginn der 1980er Jahre und führt zu einer zusätzlichen Gewaltenteilung zwischen den Mudschaheddin als militärischen Autoritäten und den alten Imamen als zivilen und religiösen Führern. Die Tatsache, daß einige der Kommandanten wie Naquib selbst Mullahs sind, weist auf eine enge Affinität zwischen diesen Autoritäten hin. So schlichtet Naquib neben seinen militärischen Aufgaben auch Arghandabs kleinere Zivildispute selbst.

Kurz nach Ausbruch des Krieges bildeten die einzelnen Mudschaheddin-Splittergruppen in Kandahar eine *Shura*, ein Beratungsgremium, und beschlossen einstimmig, als eine notwendige Alternative zur diskreditierten staatlichen Justiz Afghanistans einen islamischen Gerichtshof zu schaffen. Schließlich, als die Regierungspräsenz überall außer im Stadtzentrum selbst zurückgedrängt war, übte diese Allianz die islamische Autorität in der ganzen Provinz aus und unterstrich zudem so die militärische Autorität der Mudschaheddin.

»Das ist wie eine Regierung«, erklärt Khalilullah stolz. »Eine Regierung von Mullahs und Mudschaheddin.«

Es ist früh am Morgen, als Mullah Naquib einige Männer aus seinem Lager zu einer Gerichtsverhandlung schickt, die von den obersten Mullahs geleitet wird. Die Reise dorthin erfolgt in halsbrecherischem Tempo in einem grünen Toyota-

Pritschenwagen, der auch als Krankenwagen des Lagers dient. Am Steuer sitzt ein breit lachender junger Mudschahed, der die ganze Zeit mit höchster Lautstärke Kassetten mit klagenden, melancholischen Liebesliedern aus Kandahar abspielt.

Das Gericht befindet sich in einem kleinen Dorf namens Pashmul. Einige hundert Meter entfernt steht ein einzelner, von Regierungstruppen gehaltener Hügel wie eine Insel in der umgebenden Ebene. Rauchwolken zeigen an, daß er gerade von Mudschaheddin beschossen wird.

Rings um Pashmul ziehen eintönige gelblichgraue Felder mit winterlich kahlen Rebstöcken vorbei, und in weiter Entfernung türmen sich die Sanddünen der großen Südwüste viele Dutzend Meter über das Land auf, wie die Schaumkrone eines im Anrollen erstarrten, goldenen Tsunami.

Das Gericht tritt im Freien zusammen, im Schatten eines Traubensilos am Rande des Dorfes. Seine Ankunft wird von einer Ehrenwache aus einem Dutzend schwerbewaffneter Mudschaheddin beobachtet. Herausgeputzt mit Waffen, Patronengurten und sogar chinesischen RPG-7-Raketenwerfern bilden sie einen widerborstigen Schutzschild für das Gericht. Jeden Monat übernimmt nach einem Rotationssystem eine andere Truppe aus den besten Männern aller Kommandanten die Wache in Pashmul.

Sorgfältig untersuchen die Wachen alle Besucher. Wenn sie gefilzt sind, werden Kläger und Bittsteller hinter das Silo geführt und angewiesen, sich dort auf den Boden zu setzen. Etwa zwanzig Personen sitzen schon den Richtern gegenüber um ein großes, am Boden ausgebreitetes Tuch.

Die beiden Mullahs lehnen sich in Kissen zurück, die an die Lehmwände des Silos gelegt sind. Einer von ihnen wirkt sehr alt und trägt einen langen weißen Bart; der andere hat einen kürzeren, eisgrauen Bart. Vor ihnen liegt ein großer Stapel eselsohriger Gesetzestexte aufgetürmt: der Heilige Koran, der *Hadith*, die Sprüche Mohammeds, und die Lehren von Imam Abu Hanifah, einem sunnitischen Gelehrten aus dem achten Jahrhundert.

Die beiden Richter blicken besorgt. Neben ihnen starrt ein dünner, verdrießlich dreinblickender Mann mit einem geöffneten Notizbuch und einem Stift in der Hand unheilvoll in die Runde. Das ist der Schreiber des Gerichts, ein Mudschaheddin-Kommandant, der sich diesmal freiwillig gemeldet hat. Heute morgen hat das Gericht viel zu tun, die Richter haben über viele Fälle zu entscheiden.

Die Gesichter der Afghanen um das Tuch tragen alle den gleichen Ausdruck von stummer und respektvoller Aufmerksamkeit. Die meisten haben die gerunzelte Stirn und den niedergeschlagenen Blick von Menschen, die glauben, sie seien in der Gegenwart Höhergestellter, wie reumütige Sünder an einem Kirchenaltar.

Heute verhandeln die *Maulavi* einen Streit zwischen zwei Mudschaheddin-Kommandanten über die Grenzen ihrer Territorien, einen Streit über die Aufteilung einer bestimmten Menge Munition zwischen zwei anderen und noch einige kleinere Zivilsachen. Die Fälle beweisen den Erfolg der *Shura* von Kandahar. Wenn solche Bagatellfälle aus dem militärischen Bereich herausgehalten werden können, werden die anderswo in Afghanistan so alltäglichen blutigen Dispute unter Splittergruppen vermieden und hier friedlich geschlichtet.

In einer Rückschau über die Jahre, die sie bisher hier tätig sind, erklären die Richter, bis jetzt hätten sie zwei Todesurteile gegen Ehebrecher fällen müssen, einmal einem Dieb die rechte Hand abhacken lassen und achtzehn Mörder zum Tode verurteilt. Über die exakte Zahl gibt es viel Hin und Her und lange Diskussionen zwischen den Richtern. Sie sind sich über die Zahl der zum Tode verurteilten Mörder uneins. Der alte Richter spricht von vierzig Fällen, der jüngere bestreitet das. Man schaut in die Akten, und schließlich einigen sie sich auf achtzehn.

Keines ihrer Urteile hätten sie leichtfertig gefällt, erklären die Imame, und jedes sei so ausgefallen, wie im Koran vorgeschrieben. »Wir halten uns in allen Fällen an die Scharia«, erklärt der jüngere Richter. Wie zur Bekräftigung klopft er auf den Bücherstapel vor ihm. »Alle Antworten stehen hier drin, in diesen heiligen Büchern.«

Die Mörder wurden von den Verwandten des Opfers hingerichtet – »per Kalaschnikow«. Gewöhnlich vollstreckt die Witwe oder ein Bruder das Urteil, aber wenn keine Verwandten zur Stelle sind, fungieren auch einmal spontan die Mudschaheddin als Henker. Was den Dieb betrifft, den sie schuldig befanden, so unterstreichen die Richter, daß ihm die Hand unter der Überwachung von nicht weniger als vier Mudschaheddin-Ärzten amputiert wurde. Das Kapitalverbrechen des Ehebruchs wurde, wie vom Koran vorgeschrieben, von vier Augenzeugen bezeugt. Es habe kein Zweifel bestanden, daß in beiden Fällen Ehebruch vorgelegen habe. Drei der Delinquenten wurden ordnungsgemäß gesteinigt, aber einer der schuldigen Männer nur ausgepeitscht, weil er unverheiratet war. Seine Komplizin jedoch *war* verheiratet und wurde deshalb hingerichtet.

Angesichts ihrer vergleichsweise moderaten Liste von Todesurteilen sind diese beiden Männer ganz sicher keine Blutrichter, sondern einfache, aufrichtige Religionsgelehrte, die zutiefst an die Fairneß ihres Vorgehens glauben. Und nach der Ernsthaftigkeit zu urteilen, mit der sie versuchen, Rechenschaft über ihre härteren Urteile abzugeben, ist offensichtlich, daß sie niemals ein Urteil verhängen würden, das nicht von ihren heiligen Büchern gutgeheißen würde. Aber diese Imame von Kandahar wurden auch durch die *Shura* der Mudschaheddin-Kommandanten handverlesen – herausgeholt aus den Moscheen, wo sie und ihre geliebten heiligen Bücher seit Jahren Staub angesetzt hatten – und werden sogar jetzt noch durch eine Leibwache von Mudschaheddin geschützt.

Dennoch bestehen sie darauf, daß ihr ethisches Wertesystem intakt sei. Der jüngere Richter spricht von »guten Beziehungen« zu den Mudschaheddin, aber bestreitet jegliche Unterwürfigkeit des Gerichts. Die Richter nähmen kein Geld von den Mudschaheddin, selbst wenn man es ihnen anböte; statt dessen lebten sie von der Unterstützung, welche die Öffentlichkeit ihren Moscheen zukommen läßt. Tatsächlich, so erklärt er, würden sie nichts lieber tun, als in ihre Moscheen zurückkehren. Aber es sei ihnen auch klar, daß sie hier eine heilige Pflicht erfüllten, und so hätten sie sich bereit erklärt, sie auch weiterhin auszuüben, bis der Heilige Krieg gewonnen und Afghanistan offiziell zu einem islamischen Staat geworden sei.

Am Ende dieses langen, leidenschaftlichen Monologs unterbricht der ältere Richter irritiert: »Bist du bald fertig? Es ist Essenszeit, und ich bin hungrig, und wir sind immer noch nicht zu unseren Fällen gekommen!« Dieser Ausbruch von Unmut wird von dem jüngeren Richter aber ignoriert; anscheinend hat er das Gefühl, er habe ihre Unabhängigkeit noch nicht überzeugend genug dargestellt. Er wedelt mit einem Blatt Papier hin und her.

Es handelt sich um einen neuen Erlaß, verschickt an alle Mudschaheddin-Kommandanten in Kandahar, der ihnen befiehlt, »bessere Kontrolle über die Zivilisten in ihrem Einflußbereich auszuüben und zu verhindern, daß aufgezeichnete Musik abgespielt wird«. Die alten Männer glauben, daß das derzeitige Klima moralischer Laxheit – so ist in der letzten Zeit in der Gegend um Kandahar die Zahl der Diebstähle gestiegen, und es sind sogar einige Morde geschehen – durch den schädlichen Einfluß von Musik hervorgerufen wird. Deswegen verbieten sie sie jetzt. Und von den Mudschaheddin wird nicht nur erwartet, daß sie dieses Verbot selbst befolgen, sondern es auch durchsetzen.

Die Nachricht von diesem Verbot ist fast erschütternder als all das Gerede über Steinigungen, abgehackte Gliedmaßen und Hinrichtungen »per Kalaschnikow«. Sogar Khalilullah sieht betroffen aus und scheint sich unwohl zu fühlen. Kandahar ist bekannt für seine Liebe zur Musik, und die Mudschaheddin machen da keine Ausnahme.

Jetzt brennt die Mittagssonne schon heiß, und der säuerlich dreinblickende Schreiber macht auch schon ein paar ärgerliche Bemerkungen. Khalilullah bemerkt die immer zornigeren Blicke des Schreibers und des hungrigen älteren

Richters und beendet die Sitzung, indem er sich bei den Richtern bedankt und aufsteht. Danach spricht er nicht mehr über das Musikverbot, außer daß er es für »streng« hält, weil die meisten Menschen, er eingeschlossen, gern Musik hörten. Aber sonst sagt er nichts; er will die Richter nicht offen kritisieren.

Zurück im Pritschenwagen, legt der Fahrer als allererstes eine Kassette in das Autoradio ein und dreht es auf volle Lautstärke. Der Wagen erbebt unter den klagenden Liebesliedern; der Fahrer gibt Gas und grinst breit. Khalilullah sagt nichts, aber während er geradeaus durch die Windschutzscheibe starrt, hat er ein leichtes, rätselhaftes Lächeln auf den Lippen.

Die Tonbandstimme gehört Badur, einem jugendlichen Sänger sentimentaler Schnulzen, der als Mudschahed vor drei Jahren im Kampf den Märtyrertod starb. Seine Songs, in einem mädchenhaften Sopran, handeln von unerfüllter Liebe und dem Duft von Blüten.

Trotz all ihrer Autorität ist es für die Imame immer noch keine leichte Aufgabe, Recht und Ordnung durchzusetzen. Selbst nach dem Musikverbot ebbt die Welle der Kriminalität in Kandahar nicht ab. Eine Woche nach der Verhandlung in Pashmul verlangen die alten Mullahs von Mullah Naquib die Festnahme einer Gruppe von Dieben, die sich als Mudschaheddin ausgegeben hatten, um eine Wagenladung Zucker zu stehlen, die für einige Händler in der Innenstadt von Kandahar bestimmt war. Die Banditen hätten sich in Hargeiz versteckt, einem Dorf am Fuß der Berge jenseits der Ebene von Arghandab.

Innerhalb eines Tages erreichen Mudschaheddin aus ganz Kandahar das Lager Charqulaba; jede Partei schickt eine Gruppe aus sechs oder sieben Kämpfern. An der »Operation Zuckerdiebe« muß die gesamte *Shura* beteiligt werden. Mullah Naquib rennt geschäftig im Lager herum und diskutiert seine Pläne mit den anderen Kommandanten. Der Lagerkoch und die Teejungen legen Sonderschichten ein, um für all die zusätzlichen Esser im Lager zu sorgen.

Endlich, am späten Nachmittag, ist man soweit. Nach einer mitreißenden Versammlung, wie die Besprechung eines Fußballtrainers mit seinen Spielern vor einem Spiel, schickt Mullah Naquib seine Männer los. Die Kämpfer stehen auf, schultern ihre Waffen und brechen in schnellem Schritt auf. Sie wollen die ganze Nacht durch die Ebene marschieren, um vor Sonnenaufgang Hargeiz zu erreichen und die Banditen im Schlaf zu überraschen. Bei ihrem Abmarsch folgt ihnen Mullah Naquib noch mit hocherhobenen Händen auf dem Fußweg aus dem Lager heraus und treibt sie mit lauter und aufgeregter Stimme an.

Nicht lange nach dem Abmarsch der Kämpfer verbreitet sich das Gerücht, die Diebe hätten die Hälfte ihrer Beute in einem Lagerhaus eines nahe gelegenen Dorfes versteckt. Man schickt Männer, um das zu überprüfen. Nach Sonnenuntergang kommen sie mit einem verängstigten afghanischen Zivilisten im Schlepptau zurück, einem Mann aus der Gegend, der von den Dieben dafür bezahlt wurde, auf den gestohlenen Zucker aufzupassen. Der Gefangene wird in die Radiohütte gebracht und kniet zitternd mit niedergeschlagenem Blick auf dem Boden im Stroh.

Naquib thront zornerfüllt auf einem der Feldbetten über ihm. Er will herausfinden, ob der Mann wußte, daß seine Auftraggeber Diebe sind. Der Wächter behauptet, nein, er dachte, sie seien Mudschaheddin und daß der Zucker von der Regierung gestohlen wurde. Jetzt macht sich Naquib über seine Unschuldsbeteuerungen lustig und schreit den Mann an. Der Mann versinkt in unterwürfiger Verzweiflung und gibt unverständliche Laute von sich. Man hat ihn für schuldig befunden; seine einzige Hoffnung ist, daß Naquib ihm eine schwere Bestrafung erspart.

Zu seinem Glück ist Naquib bereits zu der Überzeugung gekommen, daß der Mann so eingeschüchtert ist, daß er nie wieder einen solchen Fehler machen wird, aber er will ihn trotzdem noch eindrücklich ermahnen und fragt ihn mehrmals, ob er auch tatsächlich ein guter Muslim sei. Dann erklärt er dem Mann, daß er ihn gehen lassen wird, aber nur, weil er seinen Vater und seine Brüder kennt und achtet. Schließlich wagt es der Mann, seinen Blick vom Boden zu heben. Er nähert sich in unterwürfiger Haltung und küßt Naquibs Hand. Dann wird er mit einer herrischen Geste von Naquib entlassen, rennt hastig aus der Hütte und verschwindet.

Am nächsten Morgen kommt der Mullah zu dem Lagerhaus. Davor warten bereits einige nervös blickende Zivilisten, die den Dieben bereits einige Sack Zucker abgekauft hatten. Jetzt verlangt Mullah Naquib von ihnen, den Zucker zurückzugeben. Einige Männer erscheinen mit Fünfzigkilosäcken auf dem Rücken aus dem kaninchenbauartigen Labyrinth von Lehmhäusern. Sie werfen die Säcke zurück auf den in dem Lagerhaus aufgetürmten Haufen, nicht ohne zu zögern, und mit einem sehnsüchtigen Blick darauf. Naquib tröstet sie mit der Zusicherung, daß sie in den Augen Gottes gewiß das Richtige getan haben.

Gegen Mittag kommt die Nachricht von Naquibs Trupp. Nachdem sie in Hargeiz vor dem Morgengrauen angekommen waren, hatten die Mudschaheddin das Dorf umstellt, doch anstatt die Sache auszukämpfen, haben sie Verhandlungen mit der Diebesbande aufgenommen. Auf Mullah Naquibs Anweisung haben die Mudschaheddin erklärt, daß die Diebe nicht bestraft werden, wenn sie den Zucker zurückgeben. Um die Angelegenheit ohne Blutvergießen zu beenden, haben sie das Alibi der Banditen akzeptiert, daß sie glaubten, der Zucker gehöre der Regierung.

Dies ist ein gesichtswahrender Kompromiß, der allen dient: Die alten Imame werden es gern hören, daß die Sache erledigt ist und sie sich nicht mehr darum kümmern müssen; die Mudschaheddin-Kommandanten von Kandahar können stolz sein, für Gerechtigkeit gesorgt zu haben, ohne zu den Waffen zu greifen. Auch die Händler werden dankbar sein, ihren Zucker zurückzubekommen. Und schließlich können sich die Diebe extrem glücklich schätzen, ihre rechte Hand zu behalten.

Wie der Fall der Zuckerbanditen zeigt, ist Mullah Naquib weit davon entfernt, unüberlegt zu handeln, wenn er seine

Autorität ausübt. In seinem Bestreben, Toleranz zu demonstrieren, und in seiner Entschlossenheit, das Recht durchzusetzen, entscheidet sich Naquib öfter für Kompromisse als für Extremlösungen. Während er von der *Maulavi* ermächtigt ist, das volle Spektrum der Schariagesetzgebung auszuschöpfen, ist er in der Praxis doch eher nachsichtig. Dadurch ist es ihm gelungen, daß auch er von den Menschen geschätzt wird – nicht nur von den Zuckerhändlern, sondern auch von den Männern, die er noch einmal hat davonkommen lassen –, und so werden bald die Basare von Arghandab überfließen von Lob über Naquibs Weisheit und gerechte Herrschaft.

Naquibs maßvolle Anwendung des Gesetzes wird von den Leuten geschätzt und hat ihm ihren Respekt eingebracht. Ganz anders als bei einem anderen Mudschaheddin-Kommandanten, der nach dem Musikverbot durch die *Maulavi* wie ein Verrückter durch ein Dorf tobte, sämtliche Radios und Kassettenrekorder der Bevölkerung beschlagnahmte – insgesamt mehr als sechshundert – und sie zerstören ließ. Für viele der Betroffenen waren die Radios und Rekorder ihr wertvollster Besitz. Sie zu zerstören war nicht nur grausam, sondern auch politisch dumm, denn um sich bei der *Maulavi* beliebt zu machen, handelte sich der Kommandeur die Todfeindschaft von sechshundert Familien ein und auch die Verachtung der anderen Mudschaheddin. Mullah Naquib dagegen interpretierte seine Pflicht im Zusammenhang mit dem Musikverbot der Imame so, daß er den Erlaß zwar formell in Arghandab verbreiten ließ, sich aber dann nicht mehr darum kümmerte. Um den Schein zu wahren, bat er seine Männer nur, in seiner Anwesenheit keine Musik mehr zu spielen.

In Arghandab wissen die Leute, daß sie, wenn sie die Regeln befolgen, fair behandelt werden. Es gibt keine willkürlichen Bestrafungen; jeder weiß, was er zu erwarten hat. In einem islamischen Land sind die Gesetze von Mullah Naquib Gesetze, die zu befolgen die Menschen schon gelernt haben.

Auch in der Westsahara bleiben die Guerillas bei der Kontrolle der Zivilbevölkerung praktisch unbehelligt, wenn auch aus anderen Gründen als in Arghandab. Hier ist der Wall der Hauptgrund. Wenn es überhaupt promarokkanische Sahraouis gibt, dann leben sie auf der anderen Seite des Walls. In den algerischen Flüchtlingslagern übt statt dessen die Polisario eine absolute Kontrolle aus.

Um die Sahraoui-Flüchtlinge zu regieren, hat die Polisario die alten vorrevolutionären Stammesräte geschickt vereinnahmt, die Gesetze in Anlehnung an die islamische Scharia erlassen hatten. Um Konflikte zu vermeiden, hat die Polisario die alten Gesetze beibehalten, ihnen aber ihre eigene »progressive Interpretation« verliehen. Es gibt keine Amputationen oder Steinigungen, statt dessen ein System von Strafen. Die diskreditierten alten Scheichs bekamen zeremonielle Aufgaben zugewiesen, die ihnen den Anschein von Würde ließen, während die wahre Macht in den Händen der revolutionären Kader liegt.

Die Kontrolle durch die Polisario ist derart total und unbestritten, daß die Sahraouis sogar behaupten, sie lebten in einer Gesellschaft ohne Verbrechen. Polisario-Führer erklären, seit Beginn des Exils habe es keinen einzigen Mord in den Lagern gegeben, und Abba wünscht offen, andere Gesellschaften könnten ebenfalls so wie ihre sein, nicht »voller Drogen und Krankheiten« wie außerhalb der »Demokratischen Arabischen Republik Sahara«.

Wenn die Sahraouis moralistisch erscheinen, dann, weil sie es sich immer noch leisten können. In Kawthoolei, wo die Karen-Guerillas ihr Volk schon seit Jahren mit einer strengen Moral und sozialen Verhaltensmaßstäben regieren, die auf einer Mischform zwischen den alten Karen-Traditionen und britischem Recht beruhen, schwächt sich dieses System mit der Verschlechterung der militärischen Situation allmählich ab.

Die KNU ist offensichtlich inkonsequent in ihrer Rechtsprechung: Karen scheinen anders behandelt zu werden als Außenstehende. Die Gesetze werden auch ausgesprochen weit ausgelegt, wenn es darum geht, KNU-Kämpfer für Verfehlungen zu bestrafen. So ist die KNU überraschend nachsichtig mit Deserteuren, die nur eine einmonatige Strafe in einem Gefängnis in Kawthoolei absitzen müssen. Eine solche Milde ist möglich, weil die KNU tatsächlich über Gefängnisse verfügt, um Kriminelle und Übeltäter einzusperren. Theoretisch könnten sie dort auch Kriegsgefangene unterbringen, doch diese werden statt dessen getötet.

Ein anderes Beispiel: Major Soe Soe führt die in den KNU-Gesetzen vorgesehene Todesstrafe für Drogenschmuggler als Beweis für die Härte der Revolution an. Er behauptet, mindestens ein Drogenschmuggler sei bereits hingerichtet worden, aber druckst herum, wenn es um Details des Falls geht. Tatsächlich ist bislang kein des Drogenschmuggels Beschuldigter in Kawthoolei zum Tode verurteilt worden. In Manerplaw gibt es einen verurteilten Heroinschmuggler; doch sein Urteil wurde nicht nur ausgesetzt, sondern er wurde sogar in die »Ausbildungsakademie für militärische Führungskräfte« in Manerplaw aufgenommen. Auch er ist ein Karen.

Es ist Nachmittag, als mir Ganemy einen Mann zeigt, der ebenfalls begnadigt worden ist. Schlank, sauber uniformiert und mit kahlrasiertem Kopf sitzt der Mann bei einer Gruppe anderer junger Kadetten und schaut auf Premierminister Saw Baw Thins Veranda Videos. Ganemy erklärt, der Mann sei gefaßt worden, als er eine kleine Menge Heroin durch die Zollstation der KNU schmuggeln wollte. Aufgrund seines Alters, weil er aus einer armen Familie stammte und zudem abhängig war, wurde er nicht zum Tode verurteilt, sondern zu zehn Jahren Zwangsarbeit. Nach mehreren Jahren als Träger für KNU-Truppen an der Front wurde er vollständig begnadigt. Jetzt wird er selbst KNU-Offizier. »Er hat alle von seinem Wert überzeugt«, sagt Ganemy und winkt dem Kadetten mit einem anerkennenden Lächeln zu.

Das Gefängnis von Manerplaw steht auf einem kleinen Hügel nicht weit vom Haus des Präsidenten an einer Stelle, wo auf einem weißbemalten Torbogen aus Holz steht: »Gebt mir Freiheit oder den Tod.« Das Gefängnis besteht aus zwei etwa fünfzehn Meter langen, drei Meter hohen und sechs Meter breiten Teakholzkäfigen, getrennt durch einen Korridor, wo eine Gruppe jugendlicher Wächter mit automatischen Waffen herumsitzt. Die Käfige bestehen aus massiven quadratisch zugeschnittenen Holzbohlen, jede etwa zehn Zentimeter dick, mit ähnlich großen Abständen dazwischen. Der Fußboden besteht aus Zement. Es ist kühl und dunkel; die Insassen sind kaum zu erkennen. An den Balken sind Hängematten und Moskitonetze aufgehängt, und kleine Bündel baumeln an Schnüren wie die Nester von Webervögeln.

Während des Tages werden die meisten Gefangenen für Arbeitseinsätze nach draußen geführt. Zur Zeit gibt es insgesamt weniger als zehn Gefangene, alle frisch verurteilt. Vor einigen Monaten wurden die fünfzehn vorherigen Insassen freigelassen, nachdem sie sich »freiwillig« für einen Fronteinsatz gemeldet hatten. Zwei von ihnen kamen ums Leben; die anderen wurden begnadigt.

Charles Thada ist Oberster Richter von Kawthoolei, und er entscheidet, ob jemand im Gefängnis landet oder nicht. Thada ist ein dünner, müde wirkender Mann, der in Manerplaw lebt, aber viel Zeit mit Reisen im KNU-kontrollierten Gebiet verbringt, um dort über anhängige Fälle zu urteilen. Bevor er sich 1971 der Karen-Revolution anschloß, war er Distriktrichter in einer Provinz. Er habe die Seiten gewechselt, so erklärt er, weil er die »sozialistische Regierung« Burmas nicht mochte. Für seine Karriere war der Wechsel gut. Zuerst wurde er zum Stellvertreter des Obersten Richters von Kawthoolei ernannt und dann auf seinen jetzigen Posten berufen, als sein Amtsvorgänger starb.

Das Rechtssystem von Kawthoolei hat Teile des britischen übernommen, aber nur die Artikel, die sich auf das beziehen, was Thada »die revolutionären Bedingungen des Karen-Volkes« nennt. Bei der Strafzumessung hat die KNU die Gesetze an die Karen-Kultur angepaßt. So gibt es etwa die Todesstrafe für »Mord aus Haß«, aber für Totschlag mit mildernden Umständen werden sieben- bis zwanzigjährige »lebenslange« Haftstrafen verhängt. Das Verbrechen der »inzestuösen

Vergewaltigung« wird ebenfalls mit dem Tod bestraft; ist der Vergewaltiger mit dem Opfer nicht verwandt, steht auf die Tat Gefängnis.

Der Oberste Richter ist ebenfalls der Meinung, daß die Gesetze von Kawthoolei streng sind, aber er verteidigt sie als angemessen für ein Volk im Krieg. Als letztes Delikt wurde erst Mitte der 80er Jahre Ehebruch der Liste der Kapitalverbrechen in Kawthoolei hinzugefügt, die mit dem Tode bestraft werden, nach mehreren spektakulären Fällen, durch welche es zu moralischen Problemen unter Frontsoldaten gekommen war. Nach der Einführung des Gesetzes wurden einige Todesurteile vollstreckt; seitdem kamen jedoch keine Fälle von Ehebruch mehr vor Gericht. Jetzt können sich die Frontsoldaten wieder auf den Krieg konzentrieren, anstatt sich Sorgen zu machen, was sich hinter ihrem Rücken zu Hause abspielen könnte. »Jeder in Kawthoolei kann nur einen Ehemann oder eine Ehefrau haben«, erklärt der Richter. »Auf exzessive Liebschaften steht die Todesstrafe. Eine Geliebte bedeutet meistens zehn Jahre Gefängnis.«

Ironischerweise kommen die Karen gerade jetzt, wo ihr eigenes Leben aufgrund des Krieges immer weiter eingeschränkt wird, zunehmend stärker in Kontakt mit der Außenwelt, insbesondere mit der promiskuitiven Kultur Thailands, wo viele der Familien der Kämpfer leben. Außerdem leben jetzt einige tausend burmesische Studenten unter den Karen; die Studenten haben ihre eigenen Vorstellungen, Glauben und Gebräuche. Unvermeidlich haben diese Kontakte die Stabilität Kawthooleis beeinträchtigt. Schon seit dem Zustrom der Studenten mußte die KNU Kompromisse schließen, indem sie ihre lang gehegten separatistischen Ambitionen zurückstellte und mit den Studenten eine breite Allianz gegen das Regime in Rangun einging. Doch selbst wenn dieser Schachzug unvermeidbar war, teilen nicht alle diese Einschätzung und tragen es den Neuen, den Nicht-Karen nach, daß sie ungewollte Veränderungen bringen.

Je kritischer ihre Lage wird, desto paranoider wird die Furcht der Karen vor Spionen, und viele Spitzenmilitärs sind überzeugt, daß die Reihen der Studenten voll von feindlichen Agenten stecken. Major Than Maung mißtraut praktisch jedem. Der letzte von ihm überführte Spion, so erzählt er, sei ein buddhistischer Mönch gewesen. »Der Feind setzt viele Spione ein. Mönche, Händler, *Studenten* . . . sogar Träger. Wir müssen sehr vorsichtig sein.«

Diese Furcht vor Spionage ist der Hauptgrund, warum die Lager der burmesischen Studenten sich außerhalb der eigenen Stützpunkte der Karen befinden. Eines Abends bricht es aus Major Soe Soe heraus: »Wir müssen vorsichtig sein mit den Studenten, denn sie können uns jeden Moment angreifen. Schließlich sind sie immer noch Burmesen!« Seine Bemerkung zeigt, wie tief trotz ihrer offiziellen Allianz und trotz aller Reden von einer gemeinsamen Zukunftsvision für Burma das Mißtrauen der Karen gegenüber ihren burmesischen Kameraden immer noch sitzt.

Bis jetzt sind noch keine Studenten beim Spionieren erwischt worden, aber sie sind sich der Verdächtigungen der Karen wohl bewußt. Sie werden sich anstrengen, um jede Spur eines Zweifels auszuräumen. Sie tun dies, indem sie sich freiwillig zu gefährlichen Guerillaoperationen melden, wie jenen, die Major Robert Zan vorschweben. Und sie verweisen auf die wachsende Zahl ihrer Kriegstoten als Beweis für ihre Ehrlichkeit.

Weil die KNU es den Studenten mittlerweile überläßt, sich in ihren Lagern selbst zu regieren, haben diese lernen müssen, sich ihre eigenen Regeln zu geben. Am Ende ihres ersten Jahres im Dschungel haben die Studenten ihr eigenes »Gefängnis« errichtet, eine kleine Hütte aus massiven Holzstangen am Rande des Lagers.

Das Gefängnis steht in der ständigen Verantwortung einer anderen neuartigen Institution: Thay Baw Boes eigener »Regimentspolizei«. Bislang besteht diese aus zwei kräftigen jungen Männern in schicken Militäruniformen mit Gürteln aus weißem Lack und einer passenden diagonalen Schärpe, burgunderfarbenen Baretts und Schulterstücken. Sie halten Ordnung im Lager und am Moei-Fluß, bewegen sich immer mit raschem Schritt und einem gewissen Maß an Aplomb.

Als wir am Gefängnis vorbeikommen, erklärt einer der Polizisten, daß derzeit zwei Studenten einsitzen, die beim Diebstahl von Mais bei einem Karen-Bauern erwischt wurden. Jetzt verbüßen sie eine zweiwöchige Haftstrafe mit Zwangsarbeit in den Feldern des Lagers. Einem Außenstehenden mag diese Strafe hart vorkommen, aber schließlich, so erklärt er, sei dies notwendig zur Aufrechterhaltung von Gesetz und Ordnung. Er zeigt ein Paar Handschellen und schwenkt sie triumphierend hin und her: Er war es, der die beiden gefaßt hat.

Tatsächlich sind Verrat und Spionage nicht die einzigen Herausforderungen, mit denen die Guerillas zurechtkommen müssen, wenn sie über eine bestimmte Region die Autorität ausüben wollen. Schon ihre Nachbarn, die Karen, sind aufgrund ethnischer Unterschiede mißtrauisch gegenüber den Studenten. Deswegen können sie es sich nicht leisten, durch einen Mangel an Selbstdisziplin auch noch ihr Verhältnis zu der lokalen Bevölkerung zu belasten.

In El Salvador haben die *Compas* aus früheren Fehlern gelernt, daß sie zuerst Polizisten werden müssen, bevor sie sich effektiv als Guerilleros betätigen können. Haroldo erzählt, wie in den wilden Anfangstagen, als Tausende Menschen zu ihnen kamen, »alle möglichen Typen« ihren Weg in die Reihen der Guerilla fanden. Das führte ziemlich schnell zu Ärger. »Wir hatten Probleme mit *Bandolerismo*. Einige nutzten ihre neuen Waffen zu Verbrechen gegen die Bevölkerung. Es gab Vergewaltigungen, Diebstähle an der Zivilbevölkerung, und das mußte schnell beendet werden.«

Rasch mußten Ordnung und Disziplin durchgesetzt werden, so daß jeder, Guerilleros wie Zivilisten, die neuen Grenzen kannte. Die FMLN handelte schnell und führte ein strenges Justizsystem ein, hielt Sammelgerichtsverfahren ab und bestrafte Übeltäter hart. Seit die FMLN stärker wurde, hat das Problem der Rechtlosigkeit abgenommen, und deshalb wird jetzt auch nicht mehr immer so streng vorgegangen.

Das System hat weitgehend funktioniert, und in deutlichem Gegensatz zu den Regierungstruppen stehen die Kämpfer der FMLN jetzt in dem Ruf, gut diszipliniert zu sein. Es gibt nur wenige Beschwerden über kriminelles Fehlverhaltens ihrerseits. Doch wie bei allem, was die *Compas* tun, ist auch die Justizverwaltung ein wichtiger Punkt ihres revolutionären Programms, und manchmal ist die Trennlinie zwischen den beiden ziemlich dünn.

Die *Compas* müssen sich der Loyalität der Zivilisten in den Gebieten, wo sie sich häufig aufhalten, sicher sein, denn ein einziger Fall von Verrat kann viele Menschenleben kosten. Massaker wie El Sumpul und die schrecklichen Foltermorde von Todesschwadronen der Regierung an angeblichen Guerillasympathisanten haben viel zu dem hohen Blutzoll der Bevölkerung in diesem Krieg beigetragen. Diese Form der Vergeltung stellt eine ständige, reale Bedrohung dar, und die *Compas* können es sich nicht erlauben, bei der Behandlung von Spitzeln Milde walten zu lassen. Aus diesen Gründen ist die routinemäßige Erschießung von Spionen und Verrätern – *Orejas*, wörtlich »Ohren« – seit langem ein wesentlicher Teil ihrer Kriegsführung.

Es ist ein heißer Augusttag, als Ulíses zu einem Marsch mit seiner Kindersoldateneinheit in die *Zona de expansión* antritt. Der heutige Marsch führt von Ojos de Agua entlang des Königswegs nach Las Vueltas. Ulíses trägt seinen Cowboystrohhut, ein rotes Halstuch und im Gürtel seinen Revolver.

Auf halbem Weg nach Las Vueltas führt der Zug durch den trostlosen, halb verlassenen Weiler El Zapotal. El Zapotal ist so schmutzig, voller Müll und starrt vor Schweinemist, daß die *Compas* es »den Schweinestall« nennen. Im Zentrum dieses verlorenen Ortes steht eine kleine evangelische Kapelle aus Beton, mit Brettern vernagelt und mit FPL-Propagandaplakaten zugeklebt. Auf einem steht: JUNGER CHALATECO, KOMM MIT UNS! MELDE DICH JETZT! Mit einem beiläufigen Blick auf die Kapelle kommentiert Ulíses, daß die *Evangélicos* immer schon »Feinde der Revolution« gewesen seien und die Kongregation von El Zapotal einmal ein »Spionagenetz« beherbergt habe.

Bis vor ein paar Jahren, erklärt Ulíses, seien er und Diego bei ihrer Organisationsarbeit von einem dritten Kameraden unterstützt worden. Die drei Männer arbeiteten als Team zusammen in der Region, pflegten den Kontakt mit der örtlichen Bevölkerung und versuchten, sie für sich zu gewinnen. Jeder hatte seine eigenen besonderen Aufgaben und Verantwortungsbereiche; daher teilten sie sich oft für besondere Missionen auf.

Eines Nachts wurde der dritte Mann bei einem Besuch in El Zapotal auf mysteriöse Weise ermordet. Aufgrund der Umstände war klar, daß seine Mörder Undercoveragenten der Regierung sein mußten. Es war ebenso offensichtlich, daß die Mörder Unterstützung durch Spione aus der Zivilbevölkerung von El Zapotal gehabt haben mußten. Der Verlust ihres Kameraden traf Ulíses und Diego schwer und war ihnen zugleich eine Warnung: Wenn die Armee ihr Zivilistennetz erfolgreich infiltriert hatte, bedeutete das nicht nur, daß ihre Arbeit in der Expansionszone ständig auf der Kippe stand, sondern daß auch ihr eigenes Leben und das ihrer Unterstützer immer noch in Gefahr waren.

Es war nun an Diego und Ulíses, die Verräter von El Zapotal dingfest zu machen und so schnell wie möglich zu neutralisieren. Sie führten eine Untersuchung durch und stießen auch bald auf die Spione. Die Schlüsselperson in dem Spionagering war eine einflußreiche Frau aus dem Ort – eine *Evangélica* –, die Ulíses gut kannte. Sie besaß eine Menge Land in und um El Zapotal. Ulíses zeigt auf die steilen, grünen Hügel oberhalb des Dorfes, die allmählich in das Montañona-Gebirge übergehen. »Ihr Land reichte bis zu den Gipfeln.«

Wann immer Ulíses durch El Zapotal kam, blieb er eine Weile im Haus der Frau – sie selbst drängte ihn immer wieder zum Bleiben. »Sie war sehr intelligent. Ich habe immer mit ihr über Religion diskutiert«, erinnert sich Ulíses mit einem leichten Lächeln und fügt hinzu, daß die Frau, um sein Vertrauen zu gewinnen, so weit ging, ihm praktisch anzubieten, mit einer ihrer Töchter zu schlafen. Doch die ganze Zeit über gab diese Frau gegen Geld Informationen über die Bewegungen und Pläne der *Compas* an die nächste Armeegarnison weiter. Sie hatte nicht nur die Ermordung des Kameraden von Ulíses arrangiert, sondern traf sich in jener Nacht auch noch mit den Mördern an dem Hügel hinter El Zapotal und führte sie dann dorthin, wo er schlief.

Als die Frau mit den Beweisen gegen sie konfrontiert wurde, gestand sie. Bald war auch der Rest des Spionagerings enttarnt. »Es waren insgesamt etwa acht Personen, alles *Evangélicos*«, sagt Ulíses. »Ihr Netz hat eine ganze Weile funktioniert, und neben dem Mord an unserem Freund haben die Informationen, die sie dem Feind geliefert haben, noch zu vielen weiteren Verbrechen gegen Leute in dieser Region geführt. Und dann fanden wir heraus, daß sie als nächstes *uns* umbringen wollten – Diego und mich!«

Ulíses rief die gesamte Gemeinde von El Zapotal zusammen und präsentierte ihnen die geständigen Spione, einen nach dem anderen. »Ich erzählte den Leuten, was sie getan hatten, welche Verbrechen sie gestanden hatten, und dann ließ ich sie sich verteidigen. Anschließend fragte ich die Leute, was wir mit ihnen tun sollten. Ich sagte ihnen, es sei ihre eigene Entscheidung. Aber sie wollten nicht die Richter sein und erklärten, alles, was wir tun würden, sei in Ordnung.«

Als letzter Verdächtiger wurde der Menge die Frau präsentiert. »Wieder erklärten die Leute, ich solle entscheiden, aber wenn ich sie gehen ließe, würden *sie* als nächste sterben.« Ulíses zuckt mit den Schultern. »Am Ende haben wir sie dann alle hingerichtet. Die Leute wollten es so.«

Die Hinrichtungen fanden unmittelbar nach der Verhandlung statt. Zuerst schickte Ulíses einige *Compas* aus, um Gräber auszuheben. Als sie damit fertig waren, ließ er die Verurteilten zu den Gruben führen. Jeder wurde mit einer Kugel in den Kopf erschossen, für Ulíses die humanste Methode zur Vollstreckung des Urteils, die er kennt. Er würde niemals jemanden zum Beispiel durch ein Erschießungskommando töten lassen, denn das empfindet er als eine schreckliche Hinrichtungsmethode. Ulíses neigt seinen Kopf leicht nach vorn und berührt mit den Fingerspitzen eine Stelle am Hinterkopf, um mir zu zeigen, wo die Spione erschossen wurden.

»Die Leute hier erinnern sich noch gut an diese Geschichte«, meint Ulíses zum Abschluß. Mit seinem unergründlichen Lächeln zeigt er mit seiner Hand über die steilen Hügel, die Schweineställe mit ihren abblätternden und staubigen, ehemals weißgetünchten Mauern aus Lehm und Flechtwerk und die verwilderten Hecken aus Feigendisteln, die wenigen räudigen Hunde, die zusammengerollt im Schatten liegen, und die einsame, mistbedeckte Dorfstraße. El Zapotal scheint vollkommen menschenleer außer einem einzelnen zerlumpten, dünnen alten Bauern. Er kauert gegen eine Mauer der evangelischen Kirche und starrt still vor sich hin, während Ulíses selbstbewußt vorbeigeht.

Einige Tage später kommen Haroldo und Justo, ein Kollege aus der Einheit von Radio Farabundo Martí, zu einem Treffen nach Las Flores. Sie ziehen sich in den Kindergarten an der Plaza zurück. In heimlicher Rebellion gegen das Alkoholverbot der FPL haben sie sich mit einer Flasche Rum bewaffnet. Bewacht von einem draußen wartenden Leibwächter sitzen sie da und reden die ganze Nacht.

Es gibt soviel zu diskutieren. Anfang der Woche hatten die FMLN und die salvadorianische Regierung in UN-vermittelten Gesprächen in Costa Rica ein Dokument unterzeichnet, mit dem sie sich bereit erklärten, »außergerichtliche Hinrichtungen« und andere Menschenrechtsverletzungen einzustellen. Das wird nicht alle derartigen Vorfälle tatsächlich auch verhindern, aber für die Guerilla bedeutet das, ihre *Ajustamientos*, »Rechtsdurchsetzungen«, wie die *Compas* ihre Pauschalhinrichtungen nennen, gehören nicht mehr zur offiziellen Politik. Unter den neuen Regeln kann Ulíses, wenn er einen Spion faßt, ihm nicht mehr einfach in den Hinterkopf schießen.

Haroldo gibt zu, daß er sich über die FMLN-Praxis der *Ajustamientos* schon lange Gedanken gemacht hat. »Egal, wir machen das jetzt nicht mehr, und ich bin froh darüber, weil ich das persönlich noch nie gemocht habe.« An dieser Stelle nickt Justo in aufrichtiger Zustimmung.

Welche Gefühle Haroldo und Justo auch haben mögen, Tatsache ist jedoch, daß die Hinrichtung der Spione in El Zapotal unmittelbar zur endgültigen Kontrolle der Guerilla über das Dorf geführt hat. Aller verbliebener Widerstand gegen ihre Autorität war damit beendet, und auch El Zapotals evangelische Kirche, das Symbol für diesen Widerstand, ist geschlossen.

Verglichen mit den Afghanen und den Karen mit ihrer Todesstrafe für Ehebruch, gehen die salvadorianischen *Compas* ganz locker mit der Kontrolle ihres Sozialverhaltens um. Weit davon entfernt, ihre Sexualität zu sublimieren, haben die *Compas* vielmehr eigens Platz dafür geschaffen. Vielleicht mußte das auch so kommen, denn in El Salvador kämpfen Frauen neben Männern und sind überall an den Kriegsschauplätzen mit dabei. Diese enge Nähe von Männern und Frauen in einer Situation, wo der Tod allgegenwärtig ist, hat die üblichen sozialen Schranken fallen lassen, und sowohl außerehelicher Sex wie kurze Affären sind zur Normalität geworden. Man ist eben der Ansicht, daß das Leben kurz und hart ist, und jeder und jede das Beste daraus machen muß.

Da gibt es zum Beispiel die Geschichte der Frau, die den Männern in ihrer Einheit Sex versprach, wenn sie gut im Kampf sein würden. Ein älterer Guerillaoffizier, Antonín, lacht bei der Erinnerung an die Frau. »Sie kämpfte direkt neben den *Compa*-Männern, und kurz vor einem Angriff meinte sie zu ihnen: ›Okay, *Muchachos*, der Tapferste kriegt mich!‹ Das war wirklich gut für die Moral, und immer, wenn sie mit dabei war, kämpften die Jungs richtig gut.«

Nicht alle Frauen haben soviel Teamgeist, doch selbst wenn sie mit verschiedenen Männern schlafen, gilt dies unter den Revolutionären nicht so als Makel wie außerhalb. »Die Leute tun sich an der Front leichter zusammen und gehen auch leichter wieder auseinander als anderswo«, sagt Haroldo. »Aber das sind eben die Kriegsbedingungen. Ein *Compa* kann getötet oder versetzt werden, deshalb hat man viele Kontakte, die nicht unbedingt lange halten. Aufgrund der Situation gibt es auch nicht die gleichen sozialen Zwänge, während das Bedürfnis, jemandem nahe zu sein, wohl eher noch intensiver ist.«

Die *Compas* waren nicht immer so progressiv, wenn es um Sex ging. In ihren frühen Tagen legte die Revolutionsführung ziemlich doktrinäre und restriktive Leitlinien für das Privatleben ihrer Kämpfer fest. Intimbeziehungen waren verboten, außer wenn sie von der Guerillaführung genehmigt waren. »Es gab Zeiten, wo man sogar für einen *Kuß* eine Genehmigung brauchte!« meint Haroldo. So richtig kann er darüber immer noch nicht lachen.

»Oder sogar, wenn man nur miteinander *reden* wollte!« fällt Justo ein.

»Aber schließlich war es damit vorbei«, erklärt Haroldo weiter. »Diese strikten Moralvorstellungen haben sich nicht halten lassen. Die Revolution merkte bald, daß sie nicht den Hintern von jedem Kämpfer kontrollieren konnte, und deshalb ist man heute beim Thema Sex etwas flexibler.«

Die Revolution mag sich von ihren sexuellen Zwängen befreit haben, aber gewisse Regeln gibt es immer noch. Affären gelten als tolerierbar, solange sie nicht den Pflichten der Kämpfer in die Quere kommen. Außerdem erwartet die Revolution, daß Beziehungen auf gegenseitiger Ehrlichkeit beruhen. »Kein Spiel mit gezinkten Karten«, sagt Justo. »Wenn es nur um eine kurze Affäre geht, müssen das beide so wollen; das gleiche gilt, wenn es eine langfristige Beziehung werden soll.«

Beide Männer diskutieren die manchmal gehörte Ansicht, Beziehungen unter diesen Vorzeichen seien zwangsläufig emotional verkümmert. »Ganz im Gegenteil«, meint Haroldo, »wir können alle morgen sterben, also geben wir uns völlig hin, als wäre heute der letzte Tag.«

»Unter Guerillakämpfern ist die Liebe intensiver, wird in vollen Zügen gegeben . . .«, stimmt Justo zu.

»Wir haben tatsächlich *einige* Regeln und Gesetze«, sagt Haroldo. »Wie das ›See-Gesetz‹. Stimmt's, *Compa*?« Er dreht sich um und grinst Justo zu, der heftig nickt und in sich hineinlacht. »Von hier bis hinunter zum See« – Haroldo meint den Suchitlán, einen großen Stausee, der in der Ebene unterhalb der Hügel von Las Flores zu erkennen ist – »ist jede Beziehung verbindlich. Aber hinter dem See darf sie gebrochen werden. Wenn ein *Compa* aus irgendeinem Grund jenseits des Sees geschickt wird, etwa auf eine Mission, und der andere Partner muß zurückbleiben, kann jeder der beiden tun, was er möchte.«

»Und dann gibt es noch das ›Berg-Gesetz‹«, ergänzt Justo. »Wenn ich hier eine *Compita* habe, aber auf die andere Seite von La Montañona muß, dann gilt eben das Berg-Gesetz.«

»Natürlich«, meint Haroldo nüchtern, »sehnen wir uns alle irgendwo trotz aller Schwierigkeiten nach stabilen, monogamen Beziehungen.«

Justo zwinkert ihm zu. »Jetzt redest du aber für dich selbst«, meint er, und beide brechen in Gelächter aus.

Draußen, auf der Plaza, sitzen Pärchen von männlichen und weiblichen *Compas*, flirten miteinander und genießen die Errungenschaften ihrer Revolution ebenso wie die Diskretion der Dunkelheit. Es ist späte Nacht, und mit Ausnahme des schlaflosen Hahns von Las Flores, der bereits vor Mitternacht mit dem Krähen beginnt, ist die Plaza fast vollkommen still. Als einzige Geräusche hört man gelegentlich erregtes Geflüster, kichernde Mädchen und ein lautes metallisches Klackern, wenn eine Waffe vom Schoß eines Liebespaares auf den Beton der Plaza rutscht.

Während die salvadorianischen Guerillas tatsächlich eine Art soziales Gleichgewicht in Chalatenango aufgebaut haben, gibt es in Gaza noch kein Justizsystem, das diesen Namen verdient. Dies deshalb, weil die Palästinenser einerseits in einem gemeinsamen Krieg stehen, um die Israelis zu verdrängen, zugleich aber auch untereinander um die Macht in einem zukünftigen palästinensischen Staat kämpfen. Die Visionen der einzelnen Fraktionen für einen solchen Staat stehen sich diametral gegenüber: Fundamentalisten wie Hisham wollen einen islamischen Staat, wo Frauen den Schleier tragen und Ehebrecher zu Tode gesteinigt werden, während PLO-Aktivisten wie Mahmoud und Sami eine moderne, säkulare Demokratie und eine liberale palästinensische Gesellschaft wollen.

Das Problem ist, daß diese konkurrierenden Gesellschaftsvisionen in den überbevölkerten Lagern von Gaza auf engstem Raum miteinander auskommen müssen. In der explosiven Atmosphäre der Intifada wollen jedoch alle militanten Aktivisten ihre rivalisierenden Systeme *sofort* verwirklichen, wenn nötig auch mit Gewalt. Je mehr sich diese Konkurrenz zuspitzt, desto skrupelloser gehen die einzelnen Gruppen auch gegeneinander vor – so auch die *Shabbab*.

Seit neuestem zeigen sich die Jugendlichen der *Shabbab* gern in der Pose von maskierten, kriegsbeilschwingenden Ninjakämpfern und haben sich selbst zu denjenigen erklärt, die nachts für Recht und Ordnung in Palästina sorgen und zugleich Richter, Geschworene und Henker ihrer vom rechten Weg abgekommenen Landsleute überall in den besetzten Gebieten sind. Deshalb werden derzeit auch mehr Palästinenser von anderen Palästinensern exekutiert, als von der israelischen Armee getötet werden. Die *Shabbab* scheinen überall Spione zu sehen, und in das Alltagsleben der Leute hat eine diffuse Angst Einzug gehalten.

Es ist früh am Morgen in Breij, als Hisham loszieht, um auf dem Markt frisches Brot zu kaufen. Zwanzig Minuten später kommt er zurück und strahlt über das ganze Gesicht. »Die *Shabbab* haben gerade einen Spion hingerichtet!« berichtet er. Der »Spion« war eine ältere Reinemachefrau, die in der Klinik arbeitete. Die Ninjas töteten sie, während sie vor der morgendlichen Öffnungszeit die Klinik putzte. Sie hätten sie mit Äxten getötet, meint Hisham. Mit seinen Händen zeigt er, wo genau sie ihr mehrmals in den Nacken gehackt haben.

Nach dem Frühstück sagt Hisham, er wolle jetzt losziehen und sich den Leichnam anschauen. Während wir die schmutzstarrenden Straßen von Breij in Richtung Klinik entlanglaufen, kommen uns zwei ältere Frauen entgegen. Sie lachen und stoßen laute Jubelschreie aus, um ihre Freude über die Hinrichtung der Spionin auszudrücken. Hisham winkt ihnen zu und meint: »Das ganze Lager ist sehr froh, daß sie tot ist.«

Erst vor sechs Monaten hatten die Ninjas auch den Sohn der Frau getötet. Auch er war ein Spion. Sie töteten ihn beim Beten in der Moschee. »Sie hatten oft versucht, ihn umzubringen«, sagt Hisham, »aber erst in der Moschee haben sie ihn wirklich erwischt.«

Plötzlich preschen mehrere Jeeps voller israelischer Soldaten in die Straße und ziehen eine dicke Staubwolke hinter sich her; ihre langen Funkantennen wippen wild auf und ab. Soldaten mit Galil-Sturmgewehren im Anschlag springen heraus und schwärmen mit geduckten Köpfen aus, um die Klinik abzuriegeln. Offensichtlich haben sie gerade etwas von dem Tod der Frau erfahren. Ein Anflug von Panik zieht durch die Straßen, als palästinensische Jugendliche wegrennen und sich die Leute türenknallend in ihre Häuser zurückziehen. Mit typischem Understatement meint Hisham: »Ich glaube nicht, daß wir die Leiche heute zu sehen bekommen.«

Wenn man die Putzfrau mitzählt, sind seit dem Beginn des Aufstandes dreizehn Menschen in Breij gewaltsam ums Leben gekommen. Sechs von ihnen wurden von den *Shabbab* unter dem Verdacht der Spionage für Israel umgebracht. Die meisten von ihnen sind im letzten Jahr gestorben. Der Tod der Reinemachefrau weist auch auf die steigende Zahl von Frauen hin, die von den fundamentalistischen *Shabbab* als Spione angegriffen werden – nicht nur in Breij, sondern überall im Gaza-Streifen und in den übrigen besetzten Gebieten. Dieses Phänomen steht im Zusammenhang mit dem Erstarken des militanten Islam. Besonders in Gaza ist ein ständig steigender Druck zur Einführung von islamischen Vorschriften im Alltag spürbar.

Der Umschwung hin zum Fundamentalismus wurde auch von den Israelis ausgenutzt, die in mehrerer Hinsicht daraus Vorteile ziehen. Die *Shabbab* in Hishams Freundeskreis sagen, eine der wirkungsvollsten Methoden der israelischen Sicherheitspolizei, um gläubige palästinensische Jugendliche zur Zusammenarbeit zu zwingen, bestehe darin, sie festzunehmen und ihnen dann Fotomontagen ihrer Mütter, Schwestern oder Ehefrauen in pornographischen Posen zu präsentieren. »Das ist schrecklich«, sagt Fahed, ein enger Freund von Hisham. »Diese Fotos zeigen die Körper nackter Frauen, die alle möglichen schlimmen Dinge tun, und die Körper tragen die Gesichter *ihrer* Frauen. Sie sind es nicht wirklich, aber es sieht so aus! Die Israelis sagen ihnen, sie würden die Fotos veröffentlichen, wenn sie nicht mit ihnen kooperieren.«

Natürlich sorgen der muslimische Eigentumsbegriff der jungen Männer und ihr Pflichtgefühl zur Wahrung der Ehre ihrer Frauen dafür, daß sie tun werden, was immer man von ihnen verlangt. Fahed drückt sein Verständnis und seine Sympathie für die Jugendlichen aus – denn, so meint er, welcher Mann könne dieser Form von Erpressung schon widerstehen? Seitdem diese Methode bekannt ist, so Fahed, geht das Intifadakomitee von Breij etwas nachsichtiger mit enttarnten Kollaborateuren um.

Fundamentalisten wie Hisham und Fahed argumentieren, daß dies alles nicht passieren würde, wenn der Gaza-Streifen eine durch und durch islamische Gesellschaft wäre. Die Israelis hätten dann nämlich *überhaupt keine* Fotos von diesen Frauen, weil diese einfach immer zu Hause blieben, wie sich das für muslimische Frauen gehört. Obwohl sie in Wirklichkeit nur die unschuldigen Opfer einer zynischen Erpressung sind, werden die Frauen von den Fundamentalisten also als Ursache für die Schwäche der Männer angesehen und letztlich als deren Verhängnis.

Hisham und seine Freunde glauben, daß genau deswegen, weil Frauen so unschuldige Geschöpfe sind, sie auch leichter zu verderben sind als Männer. Deshalb müßten Frauen verschleiert werden, damit Männer sie nicht sehen können. Wenn sie sie nicht sehen könnten, würden die Männer auch nicht von ihnen erregt und würden nicht versuchen, sie zu unmoralischen Handlungen zu verführen. Indem man die Frauen dem Blick der Öffentlichkeit entzieht, weil man sie den Schleier tragen läßt, verhindert man diesen Teufelskreis des Verderbens schon in seinen Ursprüngen. »Wir glauben schon, daß Frauen Rechte haben sollten, aber sie sollten sich nicht ausziehen«, erklärt Fahed. »Nicht wir Männer sagen den Frauen das, sondern Allah. Wenn eine Frau Allah nicht gehorcht, dann wird sie am Jüngsten Tag dafür bestraft.«

Tatsächlich ist der Jüngste Tag bereits angebrochen. In Gazas zunehmend klaustrophobischer Atmosphäre, wo alles von der einen oder anderen Splittergruppe zum eigenen politischen Vorteil ausgenutzt wird, ist es nur allzu augenfällig, daß junge Frauen, die darauf bestehen, westliche Kleidung zu tragen, sogar als Kollaborateurinnen gebrandmarkt werden können. Schließlich ist der westliche Kleidungsstil ja ein aus Israel, dem Staat des Feindes, importiertes Phänomen. Deshalb zeigt eine Frau ohne Schleier damit auch, daß sie den Islam herausfordert, was im Zusammenhang mit dem Dschihad bedeutet – und für die Fundamentalisten im Gaza-Streifen ist die Intifada bereits zum Dschihad, zum Heiligen Krieg, geworden –, daß sie die Partei des Feindes ergreift.

So erscheint es mehr als nur ein kleiner Zufall, daß Hisham ein paar Tage später die Leute vom Lager Chan Junis für ihre Treue zu den »Islamischen Werten« lobt und dann bemerkt, daß in der letzten Zeit »eine große Zahl von weiblichen Spionen« getötet worden sei. Doch waren sie alle Spioninnen, oder bestand ihr wahres Verbrechen nicht vielmehr darin, daß sie keine »guten Musliminnen« waren?

Als wir am Morgen nach der Ermordung der Putzfrau durch Breij spazieren, wechselt Hisham plötzlich die Straßenseite und geht eine Weile dort allein weiter. Dann kommt er wieder zurück und deutet mit seinem Kopf in die Richtung eines mittelalten palästinensischen Mannes, der gerade in eine Seitenstraße einbiegt. »Es heißt, der dort soll ein Spion sein. Er hängt immer überall herum, als ob er die Leute aushorcht. Deswegen glauben sie, er könnte ein Spion sein.«

Wenn die *Shabbab* beschließen, jemand sei ein Spion, dann wird dieser nicht automatisch auch umgebracht. Seine Bestrafung hängt von der Bedeutung der Informationen ab, deren Weitergabe man ihm nachweisen kann. Für angebliche Spione hat man in Breij eine Art Prüfung eingeführt; sie werden jetzt nicht mehr willkürlich umgebracht. Vielmehr läßt man ihnen eine Möglichkeit: Sie müssen per Moschee-Megaphon ihre Taten bekennen und die Leute um Vergebung bitten. Nur wenige Verdächtige haben die Chance ausgeschlagen, so ihr Leben zu retten – bis jetzt haben schon einundzwanzig Spione auf diese Weise öffentlich bereut.

Mahmouds Schwager Muhammad, der frühere Gefangene, dessen Schlafzimmer versiegelt wurde, ist der Führer einer Untergrundzelle der Intifada von Breij. Wie ein Bewährungshelfer hat er die Aufgabe, die Kollaborateure im Auge zu behalten, deren Leben vorerst verschont wird. Mahmoud meint, sein Schwager »paßt auf, daß sie auf dem rechten Weg bleiben«.

Muhammads Aufgabe ist nicht einfach. »Wir haben eine Menge Leute zu überwachen«, sagt er, und das neue System ist nicht unfehlbar. Einige der Leute, denen sie einen Gnadenaufschub gewährt haben, sollen schon wieder für die Israelis spionieren. Jetzt muß das Intifadakomitee über ihr Schicksal entscheiden. Aber das ist dann nur noch eine Formalität; die Entscheidung des Komitees steht im Grunde schon vorher fest: Für unverbesserliche Spione gibt es nur eine Strafe, und das ist der Tod.

Wenn Kollaborateure getötet werden, ist das nicht nur ein Zeichen dafür, daß die palästinensische Revolution ihre Kinder frißt. Die Hexenjagd auf Verräter ist auch mit der wachsenden Zahl von Palästinensern gewachsen, die durch Israelis ums Leben gekommen sind. Die Intifada besteht nicht nur aus Straßenkämpfen zwischen den *Shabbab* und Soldaten; es gibt auch Operationen von vermummten israelischen Kommandos, um Intifadaführer festzunehmen oder zu erschießen. Bei solchen Operationen sind die arabischen Kollaborateure wegen ihrer Informationen über die Identitäten und Aktivitäten der ins Visier genommenen *Shabbab* für die Israelis unersetzlich.

Für die *Shabbab* ist es deshalb eine Frage der praktischen Notwendigkeit, alle Spitzel in ihren Reihen zu eliminieren. Natürlich hat diese Suche nach Verrätern auch den nicht unerwünschten Nebeneffekt, daß durch diesen regelrechten Terror die gesamte übrige Bevölkerung zur Anerkennung der Autorität der *Shabbab* gezwungen wird. Solange ein allgemein akzeptiertes System von Recht und Ordnung fehlt, haben die *Shabbab* sich ebendieser Aufgabe bemächtigt. Auch dies ist ein Schritt zu noch mehr Einfluß und Teil eines Prozesses, der bereits in einer frühen Phase des Aufstands in Gang gesetzt wurde, als die Unified Command den Rückzug aller arabischen Polizisten in den besetzten Gebieten forderte. Dieser Rückzug schaffte ein Machtvakuum, das die *Shabbab* füllte, und von da an ging es los. Jetzt muß sie Spione und Verräter loswerden, um ihren Einfluß auf die Bevölkerung zu festigen.

Als die Intifada begann, waren die traditionellen palästinensischen Dorfältesten oder *Mukhtars* die ersten Ziele der *Shabbab*. Die militanten Jugendlichen werfen diesen Männern vor, als eine Art Vichy-Regierung israelischen Interessen gedient zu haben.

Viele *Mukhtars* hatten mit Israel zusammengearbeitet und waren während der Jahre der Besatzung rekrutiert worden. Gegen Waffen, Bargeld und freie Hand, ihre Autorität über ihre Einflußbereiche nach eigenem Gutdünken auszuüben, lieferten sie Informationen über ihr Volk und halfen Israel auch sonst, die Kontrolle über die gespannte Situation in den besetzten Gebieten zu behalten. Dieses System funktionierte, bis die Intifada damit Schluß machte.

Für Adel, einen dünnen, kettenrauchenden Aktivisten der Demokratischen Front für die Befreiung Palästinas, war die Eliminierung des israelischen Netzwerks von Kollaborateuren unter den *Mukhtars* entscheidend für den Erfolg der Intifada. Vor dem Aufstand, so sagt er, habe der Einfluß der *Mukhtars* die meisten Aspekte des Alltagslebens beeinflußt; die einfachsten Aktivitäten mußten von ihnen genehmigt werden. »Angenommen, ich hätte einen Anbau an mein Haus bauen wollen. Dafür brauchte ich eine Genehmigung der israelischen Behörden. Das ist schwierig und teuer, deswegen fragt man am besten erst gar nicht, sondern macht es einfach.«

Das Problem war der *Mukhtar*. Er tauchte unweigerlich auf und verlangte ein Schweigegeld. Wenn man ihm das nicht zahlen wollte, ging er zu den Israelis, und die verhinderten dann den Bau. Wenn er bereits fertig gewesen wäre, hätten sie ihn abreißen können.

Heute ist diese Art Autoritätsmißbrauch nicht mehr so weit verbreitet. Die schlimmsten *Mukhtars* wurden umgebracht oder zum Rücktritt gezwungen und durch Männer mit mehr Unterstützung in der Bevölkerung ersetzt. Jetzt sind Kollaborateure nicht mehr sicher, wo sie auch sind. »Vor der Intifada waren vielleicht zehn Prozent aller Palästinenser Spione«, sagt Adel. »Jetzt sind es noch etwa zwei Prozent. Seit Beginn der Intifada wissen sie, daß sie umgebracht werden, deshalb haben sie nicht mehr so ganz freie Hand wie zuvor und können nicht mehr alles machen, was sie wollen.«

Bei einer der ersten und dramatischsten Hinrichtungen während der Intifada versammelten sich die *Shabbab* vor dem Haus eines bekannten Kollaborateurs in dem Westbankdorf Qabatiyah, eines wegen seines tyrannischen Auftretens besonders verhaßten Mannes. Die Menge verlangte von ihm, sich selbst der »Volksgerechtigkeit« auszuliefern. Statt dessen schoß der Mann mit einem Uzi-Maschinengewehr, das er von den Israelis bekommen hatte, in die Menge und tötete dabei ein Kind. Außer sich vor Zorn schlugen ihn die Leute tot. Dann zogen sie ihn auf die Straße und hängten ihn an einem Laternenmast auf.

Um dem alles durchdringenden israelischen Spionagenetzwerk etwas entgegenzusetzen, haben die *Shabbab* ihren eigenen Gegen-Geheimdienst gebildet. Adel nutzt eine Bande kleiner Jungen, um mit ihrer Hilfe verdächtige Kollaborateure im Auge zu behalten. »Die Kleinen fallen nicht auf und können daher alles beobachten. So gehen sie zum Beispiel oft mit in Häuser, wenn israelische Soldaten zu Einwohnern nach Hause kommen. Das heißt zwar noch nicht, daß diese Leute Spione sind, *vielleicht* aber doch. Wenn also ein kleiner

Junge von einem Fenster oder einer geöffneten Tür aus beobachten kann, wie die Person dem Soldaten ein Stück Papier mit einem unserer Namen darauf gibt, dann wissen wir, daß er ein Spion ist. Und dann bringen wir ihn um.«

Heute kommt Mahmoud nach Tel Aviv, der Stadt des Feindes, um sich dort etwas umzusehen. Er bringt einen Freund mit, Hassan. Mahmoud geht als Jude durch, aber Hassan, der sehr arabisch aussieht, zieht viele Blicke auf sich. Er trägt einen Vollbart und hat die schlechten Zähne armer Leute. Ständig blickt er verstohlen umher wie jemand, der es gewohnt ist, Gesetze zu brechen.

Außerhalb ihres gewohnten Reviers versuchen diese Jungen aus Breij gar nicht erst, sich anzupassen, sondern geben sich statt dessen aufdringlich, ja aggressiv, als ob sie die Aufmerksamkeit auf die Tatsache lenken wollten, daß sie Palästinenser sind. Sie sprechen laut und auffällig auf arabisch, protzen herum und machen sich auf den schmalen Bürgersteigen breit, so daß die anderen Fußgänger um sie herumlaufen müssen. Sie erreichen damit, daß bei den Juden, die sie beobachten, die Alarmglocken läuten.

Vielleicht aufgrund des abnormal spannungsgeladenen Lebens, das sie in Breij führen, bewegen sich Mahmoud und Hassan auch in Tel Aviv wie in ständiger Alarmbereitschaft. Sie saugen alles um sich herum auf; unablässig beobachten sie die Menge, und ihre Muskeln sind angespannt, ständig bereit zuzuschlagen oder wegzurennen. Sie halten nach weiteren Palästinensern in der Menge Ausschau. Es ist wie ein Spiel, man muß wissen, wonach man sucht, denn es gibt nur selten ein ganz offensichtliches Indiz. Die Unterschiede zwischen den Israelis und den Palästinensern liegen darin, wie sie sich jeweils bewegen, und in ihrem Blick. Die Palästinenser machen sich gegenseitig wie instinktiv aus. Wenn sie sich durch die Menge bewegen, gehen ihre Blicke hin und her wie Suchscheinwerfer im Dunkeln, und wenn sie einander erkennen, halten sie den Blick als Zeichen einen Moment länger als sonst.

An einer Baustelle halten Mahmoud und Hassan an, um sich mit einer Gruppe von Bauarbeitern aus Gaza zu unterhalten. Weiter auf ihrem Rundgang kommen sie auf der trendigen Dizengoff-Straße mit einem Kellner ins Gespräch, der sich selbst als »israelischer Araber« vorstellt, ein Mitglied der arabischen Minderheit, die in Israel lebt und auch die israelische Staatsbürgerschaft hat. »Ja, aber bist du auch *Palästinenser?*« fragt Mahmoud ihn immer wieder und betont damit seine bewußt herausfordernde, nationalistische Interpretation dieses Begriffes. Schließlich sagt der Kellner ja. Da entspannen sich alle drei, lächeln und beginnen zu plaudern.

Im Laufe des Tages wird klar, daß überall in der Stadt viele Palästinenser inmitten der Israelis leben. An einem Straßencafé an der Ben-Yehuda-Straße, einen Block vom Strand entfernt, kommt eine Gruppe schicker junger Männer vorbei und lacht und albert herum. Sie tragen gutgeschnittene Lederjacken und teure Schuhe; an ihren Handgelenken blinken goldene Armbänder. Es scheinen gutbetuchte junge Israelis zu sein, die sich amüsieren wollen. Plötzlich schreit einer von ihnen, der größte, auf, winkt und ruft Mahmoud und Hassan etwas zu. Erst als er am Tisch sitzt und anfängt, arabisch zu sprechen, wird klar, daß er ein Palästinenser ist, kein Jude.

Der Neuankömmling scheint nett zu sein und redet wie ein Wasserfall. Auch Mahmoud und Hassan geben sich freundlich, aber ihr Gesichtsausdruck läßt Vorsicht erkennen. Unter dem Tisch zappeln sie mit den Beinen. Wie Mahmoud sieht auch der Neue wie ein Israeli aus. Er ist ein athletischer Typ, hat ingwerfarbenes Haar und einen hellen Teint, und er sieht frisch und munter aus. Aber ansonsten könnte er von Mahmoud verschiedener nicht sein.

Wo Mahmoud etwas steif, grundehrlich und ziemlich weltfremd wirkt – noch ganz der Kleinstadtjunge aus dem Gaza-Streifen –, ist dieser Typ locker, zungenfertig und geradezu aufdringlich. Er spricht auch viel besser englisch; sein Amerikanisch hat etwas Papageienhaftes, bis hin zu den Betonungen, und jeder Satz ist gespickt mit Slangausdrücken wie »*Wow, man*«, »*How's it going?*« und »*What's happening?*«.

Er hat sein Englisch von »Freundinnen« gelernt, wie er sagt, und erklärt dann lachend: »Ich habe jetzt sehr viel mit Frauen zu tun!« Mahmoud und Hassan möchten vor Scham am liebsten im Boden versinken, als ihr alter Bekannter, der sagt, sie sollten ihn Sammy nennen, jetzt mit seinem Leben in Tel Aviv angibt, wo er reiche ausländische Touristinnen begleitet. Er lernt sie durch seinen Job als Hotelpage in einem Luxushotel kennen. »Ich kann auch britischen Akzent.« Ein cooler Seitenblick, und er ergänzt: »Und ich spreche ziemlich gut Französisch, Deutsch und Italienisch, *und* natürlich Hebräisch.«

Sammy bemerkt die säuerliche Grimasse Mahmouds und versucht, wieder seriös zu wirken. Er spricht über den Aufstand. »... Ich weiß nicht – ich meine, wenn Gaza und die Westbank ein Staat werden, was sollen wir dann machen? Wo sollen wir alle arbeiten?« Und dann, als käme ihm doch noch eine Idee: »Aber eines Tages hätte ich schon gern meine eigene Nation, mit meiner *eigenen* Flagge dort droben, weißt du?«

Sammy hält eine Hand in die Höhe, als würde er eine Fahne schwenken, und lacht. Seine Zähne sind tadellos. Während er spricht, richten sich seine Augen auf die Menge auf dem Gehweg. Er spricht noch ein paar Minuten länger. Er erwähnt, daß er bereits häufiger festgenommen worden ist, und deutet an, daß es da einen Zusammenhang mit der Intifada gab. Bald steht er auf, um zu gehen. Er habe noch etwas zu erledigen, meint er mit einem Augenzwinkern. Mit einem flockigen »Ich seh euch!« macht er sich auf den Weg.

»Eigentlich heißt er gar nicht Sammy, sondern Nahez«, sagt Mahmoud später etwas verärgert. »Und er ist wie wir aus Breij. Sein Vater ist Taxifahrer. Die meisten seiner Brüder sitzen im Gefängnis. Er ist der einzige, der ... der so ist. Er hat eine Frau und ein Baby in Breij, aber er besucht sie nie. Er ist ein unmöglicher Typ.«

Mahmoud spricht weiter, verächtlich und zugleich voller Neid auf Nahez. Als »Sammy« schlage sich Nahez jetzt schon seit ein paar Jahren in Tel Aviv durch, und er sei bestimmt sehr clever – er hat all diese Sprachen gelernt, sogar ohne die Oberschule abgeschlossen zu haben –, aber Nahez' Festnahmen hätten sicher nichts mit der Intifada zu tun. Wohl eher mit illegalen Aufenthalten in Israel. Wie er es geschafft hat, immer noch hier zu sein, ist ihm ein Rätsel, aber Leute wie Nahez finden eben immer einen Weg, ihre Interessen durchzusetzen.

Es ist offensichtlich, daß die Jugendlichen aus Breij ihn als eine echte Gefahr für den langfristigen Erfolg der Intifada betrachten. Es ist nicht möglich, ein Palästinenser zu sein und einfach ein gutes Leben haben zu wollen. Ob Nahez letztendlich wirklich mit den Israelis kollaboriert oder nicht, stellt er für seine Leute doch eine große Gefahr dar. Aufgrund des unpolitischen und dekadenten Lebens, das er unter den Unterdrückern seines Volkes lebt, gibt er ein schlechtes Vorbild ab. Wenn sich jeder palästinensische Jugendliche an ihm ein Beispiel nehmen würde, würde der palästinensische Kampf um eine eigene Nation unvermeidlich mißlingen.

Angesichts der starken Reaktion, die er bei Mahmoud und Hassan hervorgerufen hat, scheint es gut möglich, daß Sammy/Nahez sich eines Tages auf der Todesliste des revolutionären palästinensischen Untergrunds wiederfindet.

Das Thema Nahez kommt in einer Diskussion etwas später noch einmal auf, bei Mahmoud zu Hause in Breij. Jaquer, Mahmouds hartgesottener Freund aus dem Lager Jabaliya, ist da. Bei der Erwähnung von Nahez macht Jaquer ein Gesicht, als werde ihm übel. Dann reckt er seinen Hals, hält einen seiner dicken Zeigefinger wie eine Messerklinge daran und zieht ihn von einem Ohr zum anderen.

Indem die männlichen Jugendlichen von Gaza jetzt selber bestimmen, wer ihre Feinde sind, setzen sie in ihrer Welt neue Grenzen. Mit ihren Äxten und Messern ersetzen sie eine alte, korrupte Welt, die den Interessen des Feindes gedient hat, durch eine neue Weltordnung. Mit ihren immer blutigeren Bestrafungsaktionen für immer weiter gefaßte »Verbrechen« riskieren die *Shabbab* aber auch in ihrem Eifer, ihre Grenzen zu erweitern, sich selbst – und die palästinensische Gesellschaft – in eine Sackgasse zu manövrieren.

In Chalatenango haben die *Compas* ein flexibles Justizsystem entwickelt, das sie und ihre Anhänger respektieren. Wie Naquib in Arghandab und die Polisario in ihren algerischen Lagern haben die *Compas* gelernt, daß sie es sich erlauben können, in einigen Bereichen tolerant zu sein, solange ihre Sicherheit insgesamt nicht bedroht ist. So gibt es beispielsweise in Las Flores trotz des Alkoholverbots immer noch einen *Bolo*, einen alten Alkoholiker. Niemand weiß, woher er seinen Alkohol bekommt, und man sieht ihn nie mit einer Flasche in der Hand, aber jeden Tag sieht man ihn betrunken von einer Ecke der Plaza zur anderen schlurfen. Doch weil er der einzige ist, sind die *Compas* tolerant zu diesem Mann. Sie haben es schon lange aufgegeben, ihm Vorhaltungen zu machen oder ihn zu bestrafen. Im Dorf geht ein Witz um, daß er vielleicht gar keinen geheimen Alkoholvorrat hat, sondern immer noch betrunken ist von all dem Alkohol, den er sich einverleibt hat, bevor die *Compas* in die Stadt kamen.

Doch so sieht es eben nur in den *Zonas de control* aus. Wie es die Aktion von Ulíses gezeigt hat, geht man in Gebieten wie der Expansionszone, wo sich die *Compas* weniger sicher fühlen, nicht so zimperlich vor. Dort greift man zu strengeren Maßnahmen.

Das gleiche Sicherheitsprinzip wird auch in Kawthoolei angewandt: Je schlimmer die Lage geworden ist, desto mehr hat die Gerechtigkeit gelitten. Tatsächlich wandelt sich Kawthoolei inzwischen, je mehr Land der Kontrolle der KNU entgleitet, von einer »Kontrollzone« zu einer »umstrittenen Zone«. Je stärker der Krieg das zivile Leben der Karen beeinflußt, desto weniger unabhängig und fair ist die Justiz von Kawthoolei geworden.

In diesem Licht betrachtet, gewinnen die bislang nicht durchgesetzten Strafen gegen Drogenschmuggler eine neue Bedeutung; es scheint unwahrscheinlich, daß es ein Zufall ist, daß gerade jetzt, wo die traditionellen Quellen der legitimen Einkünfte der KNU bedroht sind, die Strafen gegen Drogenschmuggler weniger streng ausfallen. Die Kehrseite dieser Entwicklung ist, daß ein drakonisches Gesetz gegen Ehebruch eingeführt wurde, um stärkere Disziplin und politische Stabilität zu erreichen, und zwar zu einer Zeit, als die Zwänge des Krieges das innere Gleichgewicht in Kawthoolei zu belasten begannen. Und schließlich ist da noch die Sache mit den begnadigten Gefangenen von Manerplaw. Wenn die Lage aus militärischer Sicht nicht so verzweifelt wäre, bräuchte die KNU nicht ihre eigenen Gefangenen als Kämpfer zu rekrutieren und damit die Integrität ihres Justizsystems zu untergraben.

In dem Maß, wie die politische und militärische Autorität in Kawthoolei zerfällt, bröckeln auch seine Institutionen. Jetzt, wo die Karen einer anderen Zukunft entgegensehen, werden die alten Gewißheiten in Frage gestellt. Vielleicht sieht es in Kawthoolei schon bald genauso aus wie beim unmittelbaren Nachbarn Thailand, wo alles erlaubt ist.

Alle Guerillakämpfer machen feine Unterschiede, wenn sie ihr eigenes Justizsystem errichten, und einige haben dabei eine glücklichere Hand als andere. Die Herausforderung für sie alle besteht darin, wirkungsvolle Systeme mit einem allseits akzeptierten ethischen Fundament aufrechtzuerhalten, die auch unabhängig vom Verlauf des Krieges funktionieren. Dagegen gibt es jedoch überall eine Tendenz, die »Justiz« als ein Mittel zur Konsolidierung der eigenen Macht zu gebrauchen, um die totale Kontrolle über die Menschen zu gewinnen, für deren Loyalität sie ursprünglich Blut vergossen haben.

6

Eine neue Familie

Einer von Hishams Brüdern hat einen hübschen, fünfzehn Monate alten Sohn mit ungewöhnlich orangeroten Haaren. Es ist Abend, als das Kind ins Wohnzimmer gebracht wird, um sich von den Besuchern zu verabschieden.

Der Vater schaukelt seinen Sohn auf den Knien, streichelt sein Haar, drückt ihn herzlich und strahlt vor Stolz. Dann flüstert er dem Kleinen etwas ins Ohr. Das Baby hebt seine Hand und macht mit seinen Fingern ein unsicheres »V«, das Zeichen der PLO. Dann sagt es laut: »P-L-O!« Die Erwachsenen jubeln und loben den Jungen. Dann schicken sie ihn ins Bett, diesen Freiheitskämpfer der Zukunft.

Eine der größten Schwierigkeiten für Guerillakämpfer im Krieg ist es, sich ein normales Familienleben zu bewahren. Egal, wie stark sie sich als Guerillas engagieren, suchen doch alle auch ihre Erfüllung in einem Privatleben. Doch für einige ist es unmöglich, eine eigene Familie zu haben. Für diese werden ihre Kameraden wie Mitglieder einer neuen Familie. An anderen Schauplätzen dagegen, etwa im Gaza-Streifen, gehören Familien unbedingt zum Kampf dazu; sie sind eine Waffe im Arsenal des Krieges.

Tatsächlich betrachten es die palästinensischen Flüchtlinge im Gaza-Streifen und Westjordanland geradezu als nationale Aufgabe, viel Nachwuchs zu bekommen. Bevor der Zustrom von Juden aus der Sowjetunion und deren Nachfolgestaaten ab 1990 frühere Vorhersagen des Bevölkerungswachstums über den Haufen warf, galt es lange Zeit als ausgemacht, daß es im Land Israel aufgrund der riesigen Geburtenrate unter den Palästinensern irgendwann mehr Araber als Juden geben würde. Damit, so die Überlegungen, würden sich die Palästinenser ihr Heimatland durch ihre schiere zahlenmäßige Übermacht zurückerobern.

Obwohl es solche statistischen Gewißheiten über die Zukunft jetzt nicht mehr gibt, tun die Palästinenser im Gaza-Streifen, die jetzt schon in einem der am stärksten bevölkerten Gebiete der Erde leben, ihr Bestes, um sich noch stärker zu vermehren. Die diensthabende Krankenschwester in der kleinen Klinik der UNRWA erklärt, daß jeden Monat etwa hundert Babys geboren werden, was die Geburtenrate von Breij zu einer der höchsten der Welt macht.

Die Intifada fordert jedoch ihren Tribut. Neben der Geburtenstatistik führt die Krankenschwester auch eine Liste mit Einlieferungen im Zusammenhang mit der Intifada. Dazu gehören Schußverletzungen – im Schnitt etwa einhundert pro Monat –, Knochenbrüche aufgrund von Schlägereien, und, was am meisten erschüttert, eine große Zahl von Fehlgeburten aufgrund von Tränengas oder Schockzuständen.

»Die Israelis glauben, daß sie mit ihren Knüppeln und ihrem Tränengas diesen Aufstand stoppen können«, sagt Massoud, ein Fatah-Anhänger in Breij. »Aber er wird weitergehen. Die Führung der Intifada will ihn weiterführen, egal wieviel Blut vergossen wird. Wie sagte schon Gorki: ›Wenn du das Land säubern willst, mußt du Blasen an den Händen bekommen – und auch Blut.‹«

Massoud tätschelt seiner Nichte den Kopf, einem hübschen kleinen Mädchen, das scheu an seinen Knien steht. Sie ist die Tochter seines älteren Bruders, der wegen Terroranschlägen eine lebenslange Gefängnisstrafe verbüßt. Massoud zieht sie an seiner Stelle auf, gemeinsam mit seinen eigenen Kindern. »Egal, wir bekommen doppelt so viele Babys wie die dort drüben. Wir können warten. Wir werden zur Stelle sein.«

Die Palästinenser machen sich wenig Illusionen, ihr Ziel eines eigenen Staates in absehbarer Zeit zu erreichen. Sogar ein ungeduldiger junger *Shabbab* weiß, daß das noch viele Jahre dauern kann. Sie wurden schon von ihren Eltern auf einen langen Kampf vorbereitet, die selbst schon seit vierzig Jahren Flüchtlinge sind. Und die *Shabbab*, geboren als Flüchtlinge, haben kaum eine andere Wahl, als die Realität so zu sehen, wie sie ist. Und so versuchen sie, Intifada hin oder her, ihr Leben so weit wie möglich in vollen Zügen auszuleben. Hisham, Fahed und Mahmoud haben alle nach dem Beginn der Intifada geheiratet.

Für seine zukünftige Ehefrau zahlte Hisham einen Brautpreis von umgerechnet dreitausend US-Dollar in jordanischen Dinar. Das war ein Großteil seiner Ersparnisse, aber er beklagt sich nicht. In seinem Job als Vorarbeiter am Bau in der Vorstadt von Tel Aviv, dort, wo die russischen Prostituierten ihrem Gewerbe nachgehen, verdient er gutes Geld. Hisham und seine Frau leben in dem zweistöckigen Flügel eines Hauses, das seine Brüder an ihr Elternhaus angebaut haben. Es überblickt die Orangenhaine am Rand des Lagers. Im Erdgeschoß führt ein Durchgang zu einem mit hohen Mauern umgebenen Innenhof mit Zementfußboden und weiter zu den Frauenräumen. Hier kann man manchmal eine verschleierte Frau sehen, die kurz auftaucht und dann wieder verschwindet: Hishams Ehefrau. Hisham selbst verbringt seine meiste Zeit in der oberen Etage in dem Zimmer, wo er lernt, Besucher empfängt und sich mit Freunden zum Beten trifft.

Hishams Frau ist zwanzig und Arabisch-Studentin an einer Oberschule in Gaza-Stadt. Jeden Tag werden sie und einige andere junge Frauen aus Breij mit Sonderbussen in die Schule gebracht und wieder abgeholt. Hisham lernte sie über seine Schwestern kennen. »Sie erzählten mir von ihr. Sie sagten: ›Sie ist ein sehr gutes und hübsches Mädchen.‹ Und sie hatten recht! Sie hat mir gesagt, daß sie gerne ehrenamtlich etwas machen würde und für das Gemeinwohl aktiv werden will.«

Hisham ist sehr stolz. Er hat eine gute Wahl getroffen. Seine Frau versucht zu beweisen, daß sie über alle Qualitäten verfügt, die ein frommer Muslim von seiner Frau erwarten kann. Und zur Krönung hat sie ihm in ihrem ersten Ehejahr auch schon einen Sohn geboren.

Jetzt will auch noch sein enger Freund Anis heiraten. Bis zur Hochzeit dauert es aber noch ein paar Wochen, und Anis beklagt sich im Moment oft über Kopfschmerzen und Schlaflosigkeit. Hisham lacht ihn aus und meint, er hätte wirklich die Nerven eines Bräutigams. Anis gibt zu, daß er sehr nervös ist. Er ist die ganze Zeit schon sehr damit beschäftigt, gemeinsam mit seinen Brüdern einen Raum einzurichten, wo er und seine Frau nach ihrer Hochzeit wohnen werden, und versucht gleichzeitig, seine islamische Buchhandlung zu führen. Er fürchtet, die Wohnung könnte nicht rechtzeitig fertig werden, runzelt die Stirn und reibt sich den Unterkiefer, dem ihm die Israelis vor ein paar Monaten gebrochen haben.

Doch was auch geschieht, Anis weiß, daß er, ebenso wie Hisham mit seiner Frau, eine gute Wahl getroffen hat. Sie haben sich in der Moschee von Breij kennengelernt, wo beide Koranunterricht geben – sie für junge Mädchen, er für eine Gruppe Jungen. »Sie ist eine gute Muslimin«, meint Anis und lächelt.

Auch in der Westsahara versuchen die Guerillakämpfer, ein normales Familienleben zu führen: Die meisten von ihnen sind verheiratet; ihre Ehefrauen und Kinder leben in den Lagern um Tindouf. Doch während die Palästinenser offen stolz auf ihre steigende Bevölkerungszahl sind, ist das Thema Familiengröße in der Westsahara ein Tabu, als wäre es ein Staatsgeheimnis.

Es ist Nachmittag in dem großen Polisariolager von Dakha. Auf die Frage, wie viele Personen denn hier leben, versinkt der gesamte Rat der *Daira* Azra Bia in Schweigen. Auch über die durchschnittliche Kinderzahl pro Familie geben sie keine Auskunft. Schließlich sagt der Ratsvorsitzende Muhammad Saleh, ein Mann mit scharfen Gesichtszügen: »Wir haben alle gerne große Familien, wie andere Nationen auch.«

Die Weigerung der Sahraouis, über Demographie zu reden, hängt damit zusammen, daß ihre armselige Bevölkerung von insgesamt nur 160 000 Personen eines der schwächsten Glieder ihrer Argumentationskette für ihre Forderung nach einem eigenen souveränen Staat bildet. Natürlich will die Revolution, daß ihre Leute große Familien haben, denn über je mehr Menschen sie verfügt, desto überlebensfähiger wäre ein Sahraoui-Staat.

Weil die Polisario sehr am Aufbau eines eigenen Staates interessiert ist, macht sie die Familiengründung besonders leicht, indem sie ihren Anhängern bei der persönlichen Lebensplanung hilft, bis hin zu den intimsten Details. Durch die Volkskomitees der Lager genehmigt die Polisario nicht nur Heiraten; sie hilft bei der Beschaffung der Mitgift und sogar bei der Namensgebung für Neugeborene. Die Polisario übernimmt im wesentlichen die konventionelle Familie, indem sie die elterliche Rolle eines Ernährers und Erziehers ausfüllt. Nachdem die Babys entwöhnt sind, kümmern sich kollektive Tagespflegeeinrichtungen um die Kinder, und alle älteren Sahraoui-Kinder besuchen gemeinsam die »nationale Oberschule«. Sie liegt außerhalb der Lager.

Während des Schuljahres sehen die Kinder ihre Eltern alle paar Monate, und im Sommer werden die besten Schüler mit Reisen ins Ausland belohnt. Abba hat als Begleiter oft an solchen Reisen teilgenommen und Gruppen nach England, Frankreich und Schweden begleitet. Nach dem Abschluß der Oberschule besteht dann die Wahl – bei der wie immer die Polisario behilflich ist –, Militärdienst zu leisten oder zu studieren.

Abba ist noch nicht verheiratet, hat es aber demnächst vor. Junge Leute, die von der Universität im Ausland in die Lager zurückkehren, bleiben nicht lange allein. Man ermutigt sie, in den Jugendclubs der Lager den Kontakt zum anderen Geschlecht zu suchen, und so sind die meisten mit spätestens fünfundzwanzig verheiratet.

Die Betonung der Familie durch die Polisario hat offensichtliche Vorteile. Heute ist eine neue Generation von Sahraouis herangewachsen, die nichts anderes kennt als die Revolution. Und sollten bei denen irgendwelche Zweifel aufkommen, wo ihre Zukunft liegt, werden sie von der Masse von Transparenten und Fahnen wieder auf den rechten Weg zurückgebracht, die ihre Jugendclubs schmücken und sie dazu aufrufen, sich selbst für ihr »Vaterland« zu opfern.

Wenn die Sahraouis und Palästinenser weiterhin Familien gründen und Kinder großziehen, dann, weil es ihnen die Verhältnisse erlauben. So hart ihr Leben auch ist, können viele Palästinenser doch immer noch bezahlte Arbeit finden und mit Hilfe ihrer Eltern eine Mitgift und die Hochzeit bezahlen. Die Sahraouis bekommen beides sogar gestellt. Doch für die afghanischen Mudschaheddin, meist von ihrem Land entwurzelte Bauern ohne jedes Einkommen, müssen alle Gedanken an Hochzeit oder Familienleben wie Phantastereien erscheinen. Viele der Kämpfer leben in einer fast mönchischen Abgeschiedenheit und über viele Monate des Jahres getrennt von Frauen und Familienleben.

Tatsächlich findet man in Kandahar nur wenige Frauen und Kinder, zumindest in den von den Mudschaheddin gehaltenen Außenbezirken. Und in Arghandab bleiben alle Frauen, die nicht hinter den hohen Mauern ihrer familiären Trutzburgen eingeschlossen sind, vollkommen hinter ihren bis zum Boden reichenden schwarzen *Burkhas* verborgen. Die meisten anderen wurden aus Sicherheitsgründen schon seit langem weggebracht, in Flüchtlingslager in Pakistan, wo ihre Familien und Mullahs sie im Auge behalten können. Verheiratete Mudschaheddin wie Abdul Hakim und Mazen Agha, deren Frauen und Familien woanders leben, bekommen jeden Monat ein paar Tage frei, um sie zu besuchen. Nur Mullah Naquib hat seine beiden Ehefrauen und seine drei Kinder nicht aus dem Kriegsgebiet weggeschickt, weil er sagt, wenn es ihm vorbestimmt ist, im Krieg zu sterben, dann will er, daß sie alle mit ihm sterben. »Außerdem«, fügt er hinzu, »haben auch Frauen ihre Aufgabe im Heiligen Krieg, sie kochen und waschen den Mudschaheddin ihre Kleider.«

Die meisten der jüngeren Kämpfer leben aufgrund des Krieges in einem Zustand des erzwungenen Zölibats. Ohne die Möglichkeit, an Geld heranzukommen, können sie sich die Brautpreise nicht leisten, die von ihnen als zukünftige Bräutigame verlangt würden. Khalilullah, mit dreiundzwanzig immer noch Single, ist einer dieser jungen Männer, denen das Mudschaheddin-Leben alles andere ersetzt hat. Er und die meisten Kämpfer in Charqulaba dürften noch nie mit einer Frau geschlafen haben, doch anstatt der sexuellen Frustration anheimzufallen, stürzen sie sich mit einer glühenden Sinnlichkeit in die fünf täglichen Gebetszeiten. Khalilullah will heiraten, aber erst nach dem Dschihad. Er sagt, solange der Heilige Krieg andauert, sei es nicht angebracht, an so etwas zu denken.

Einmal taucht in der Nähe des Lagers Charqulaba eine kleine Gruppe unverschleierter Kutchi-Mädchen auf. Sie treiben eine Herde Ziegen durch das Dorf hinaus in die weite Ebene. Mit den silbernen Glöckchen, die an zierlichen Ketten an ihren nackten Fußgelenken klingen, ihren geschmeidigen Körpern in lebhaften grünen, gelben und orangen Kleidern wirken sie geradezu aufreizend in einem Land, wo die herrschende Kultur besessen zu sein scheint von der Unterdrückung männlicher und weiblicher Lustgefühle. Und doch scheinen die anwesenden Mudschaheddin wie über jede Versuchung erhaben und schauen durch sie hindurch, als wären sie gar nicht da.

Das erzwungene Fehlen von familiären Verpflichtungen und der damit verbundenen emotionalen Bindungen macht jedoch auf der anderen Seite das Leben für die jungen Mudschaheddin in einem gewissen Sinn sicher auch einfacher. Sie können ihren Heiligen Krieg praktisch ohne Blick zurück weiterführen. Im Gegensatz dazu leben die Guerillakämpfer und -kämpferinnen in El Salvador in einer permissiven Umgebung zusammen. Dadurch mag es zwar auf der einen Seite leichter zu emotionalen Verletzungen im Alltagsleben der Kämpfer kommen, doch zumindest können die *Compas* so auch noch mitten im Krieg eine Art Privatleben führen.

Doch Tragödien sind an der Tagesordnung: Viele *Compas* trauern um Gefährten, die von Todesschwadronen oder im

Kampf getötet wurden. Haroldo hatte sogar noch mehr Pech als die meisten, denn er verlor bereits zwei geliebte Menschen durch die Killertruppen der Regierung.

Kleines Abschiedsgedicht

Ich will Dir sagen,
daß ich Dich allmählich
vergesse.

Schau,
wie Du verfliegst,
wie ich Deinen Rauch einatme,
der noch im Raum steht,
wie das Feuer, das Dich verbrannte,
erlischt.

Schau,
wie sich meine Gefühle
öffnen
und auch wieder
verschließen.

Schau,
wie Du meine Träume verläßt.

Haroldo kann in seinen Gedichten an seine verstorbenen *Compañeras* erinnern, aber wenn man ihn bittet, von ihnen zu erzählen, fällt es ihm schwer. Er sucht nach Worten, versucht, seine Gefühle zu überspielen, aber es gelingt ihm nicht.

»Das ist etwas ganz Normales hier ... es gehört zur Erfahrung dazu«, beginnt er. »Die erste verlor ich 1980; damals bin ich sehr viel härter geworden. Ich habe lange gebraucht, mich damit abzufinden ... Später konnte ich es dann. Die zweite – « Haroldo verstummt und blickt hilflos zu Boden. »Es ist einfach entsetzlich ... einen geliebten Menschen zu verlieren«, meint er schließlich.

Was Haroldo eigentlich zum Ausdruck bringen will, ist, daß man über einen solchen Verlust nie völlig hinwegkommt. Sein »Kleines Abschiedsgedicht« ist ein hilfloser Schrei. Keine der beiden hat tatsächlich »seine Träume verlassen«. Haroldo wird von dem Verlangen nach Freiheit zerrissen, aber es ist die Qual des Überlebenden, und die Geister seiner ermordeten Geliebten sind zu Dämonen geworden, die ihn niemals mehr völlig verlassen werden.

Für die anderen, die jünger sind als Haroldo, hat die Realität des Krieges ihren Traum von einem Leben ohne Leid noch nicht zerstört. Jaime, der vielversprechende junge Dichter in Giovannis Lager, ist ein *Compa*, der das flüchtige Glück einer »stabilen, monogamen Beziehung« gefunden zu haben scheint, über die Haroldo witzelt.

Jaime ist ein blasser junger Mann mit einer intensiven Ausstrahlung, strengem Körpergeruch und den unsicheren Augen eines Menschen, der noch nicht so ganz von sich selbst überzeugt ist. Im Lager verhält er sich höflich und ein wenig zurückhaltend, aber in seinen Gedichten schüttet Jaime sein Herz aus. Seine mühsam zu Papier gebrachten Kriegsgedichte bedecken den gesamten Baum im Zentrum des Lagers, an dem öffentliche Mitteilungen ausgehängt werden. Die meisten sind in der heroischen Tradition von »Lobliedern an die tapferen Märtyrer« geschrieben, aber Jaime hat auch ein ganzes Notizbuch voller eher persönlicher Gedichte:

Ich liebe ein Guerillamädchen

Ich traf Dich im Winter ’87.
In mir entstand die Illusion,
es könnte doch Guerilla-Liebe geben.

Es war wie ein Wach-Traum.
»Aber«, fragte ich mich,
»wird mich die *Compa* mögen?«
Es schien verrückt.

Dabei hatte ich
noch nicht einmal mit ihr geredet
und kannte doch schon ihre Ideen und Gedanken.

Eines Tages versuchte ich, ihr meine Träume zu erzählen,
was ich dachte, was ich fühlte,
und darüber, was mir auf der Seele lastete.
Ich überraschte sie mit dem Geständnis
daß ich sie liebte, daß ich sie liebte
aus tiefster Seele;
und ich entdeckte, daß auch sie
von mir träumte.
Und so verliebte ich mich
in ein Guerillamädchen.

Jaime, 30. Juli 1990

Jaimes »Guerillamädchen« ist eine *Sanitaria*, eine Krankenschwester, im FPL-Feldhospital, das, wenn die Armee nicht in der Nähe ist, nicht weit von Giovannis Lager stationiert ist. Sie trafen sich zum ersten Mal während eines feindlichen Angriffs, als alle *Compas* sich vor Bomben und Überfällen aus dem Hinterhalt schützen mußten und wochenlang unterwegs waren. Jetzt sind die beiden schon seit drei Jahren zusammen und haben einen zwei Jahre alten Sohn, »das Ergebnis unseres ersten Monats der Leidenschaft«, wie Jaime es mit einem Lächeln ausdrückt.

Seine Freundin meldete sich für acht Monate von der Guerilla ab, um nach der Geburt bei ihrem Baby zu sein, aber jetzt ist sie wieder zurück an der Front. Ihr Sohn lebt bei seiner Großmutter in einer der *Repoblaciones* von Chalate. »Meine Freundin und ich, wir sehen uns ziemlich häufig«, sagt Jaime. »Aber den *Bichito* – den kleinen Knirps – habe ich schon sieben Monate lang nicht gesehen.«

Der Grund dafür, daß viele Beziehungen an der Front so flüchtiger Natur sind, hängt nach Jaimes Ansicht damit zusammen, daß viele *Compas* Angst vor »zuviel Nähe« angesichts des Krieges und häufiger Todesfälle haben. Er schlägt den leicht überheblichen Ton von jemandem an, der spürt, daß er trotzdem sein Paradies gefunden hat. »Aber wir nicht. Unsere Beziehung ist wirklich die Erfüllung«, meint er. »Sie bedeutet uns alles, und zwar uns beiden.« Jaimes Augen leuchten, und er lächelt.

Einige Tage später bricht in Las Flores gerade ein Sturm los. Die Luft knistert vor Spannung, und der Himmel über uns ist fast schwarz. Es ist staubig, trocken und totenstill. Die Plaza ist leer außer einem einzelnen niesenden Schwein, einigen Enten und ein paar jungen Ziegen mit zusammengebundenen Hinterbeinen, die über die Plaza hoppeln. Eine von ihnen bleibt stehen, macht einen Luftsprung und trommelt mit den Hufen gegen eine Hauswand. Das Schwein läuft weiter, bleibt stehen und niest noch ein paarmal, um dann endgültig aus dem Blickfeld zu verschwinden.

Dann setzt der Regen ein. Zuerst einige dicke, dumpf aufschlagende Tropfen, dann immer mehr, bis sich der Regen zu einem Sturzbach ausgewachsen hat und alles durchnäßt. Auf der unebenen Oberfläche der Plaza bilden sich große Pfützen. Das Wasser rauscht in Strömen von den Hausdächern, und die sintflutartigen Wassermassen übertönen jedes andere Geräusch. Mitten in diesem Unwetter erreicht Jaime die Schwelle des Comedor, gehüllt in einen klatschnassen schwarzen Plastikponcho; sein Haar klebt ihm am Kopf. Er ist gerade von Giovannis Camp hier angekommen.

Jaime betrachtet den Regen und schüttet das Wasser aus seinen Stiefeln. Er friert ein wenig; plötzlich ist es kühl geworden. Dann ein tiefes Donnergrollen, bei dem er sich herumdreht und meint: »Jetzt fehlen nur noch die Schrappnells.« Dann dreht er sich wieder zur Plaza, starrt ins Dunkel und murmelt: »Das gibt es nur in El Salvador. Hier macht sogar der Regen Geschützdonner.« Dieser Gedanke beflügelt seine Phantasie, und man sieht geradezu, daß er ihn bald zu einem neuen Gedicht in seinem Notizbuch inspirieren wird.

Der Regen läßt kurz etwas nach, und Blitze tauchen die Plaza in kaltes weißes Licht. Plötzlich schießt Jaime los wie ein Pfeil, quer über die Plaza, wo eine junge Frau in einem grünen Armeeponcho aufgetaucht ist. Sie steht unter einem Dachvorsprung und hält ein Baby im Arm. Es ist Jaimes »Guerillamädchen«, und das Baby in ihren Armen ist sein Sohn, den er seit sieben Monaten nicht mehr gesehen hat.

Für den Rest des Nachmittags, während der Regen immer wieder nachläßt, wandern Jaime und sein schmächtiges Mädchen auf der Plaza auf und ab. Sie trägt das billige Nylonkleid einer Bäuerin und dicke olivgrüne Armeesocken, die sie über ihren Wanderstiefeln umgekrempelt hat. Sie hat das lange rostbraune Haar einer Chalateca. An ihrer Seite strahlt Jaime. Seine AK-47 in der einen Hand und den anderen Arm um die Hüfte seiner schlanken *Compa*, holt Jaime stolz mit weiten Schritten über die Plaza aus.

Nicht alle *Compas* sind so glücklich verliebt wie Jaime. Doch für die meisten bildet die Revolution auch eine Ersatzfamilie, welche die Geliebten ersetzt, die sie während des Krieges verloren oder zurückgelassen haben, oder denen sie fremd geworden sind. Als *Compas* sind sie zu *Incorporados* geworden, implantiert in den Körper der Revolution wie in einer organischen Einheit.

Carlos, der dünne, graue *Compa*, der mit Olga und Adriano in der Propagandaeinheit arbeitet, ist einer derjenigen, denen die Revolution die Ursprungsfamilie ersetzt hat. Carlos und seine Frau waren vor dem Krieg Lehrer. Damals war die linke Lehrergewerkschaft ausgesprochen guerillafreundlich eingestellt, und damit gehörten auch ihre Mitglieder zu den bevorzugten Zielen der Todesschwadronen. Also gingen viele Lehrer in den Untergrund, flohen ins Ausland wie Adrianos Familie oder gingen selbst als Kämpfer zu den *Compas* in die Berge. Carlos entschied sich für die Berge, aber seine Frau kam nicht mit. »Sie wollte keine heimliche Identität annehmen und im Untergrund leben«, erklärt er. Sein Ausdruck hat etwas Philosophisches, wirkt aber traurig. »Das war's dann. Sie blieb, und ich ging.«

Vor kurzem schlich sich Carlos zurück in die Hauptstadt, um seine Kinder zu sehen. Es war das erste Mal seit zehn Jahren. Er fühlte sich sicher genug, weil er in dieser Zeit so stark gealtert war, daß ihn die Sicherheitskräfte bestimmt nicht mehr erkennen würden. Damit hatte er zweifellos recht: Carlos ist erst dreiundvierzig Jahre alt, aber er sieht wie mindestens sechzig aus.

Carlos fand seine Kinder nicht nur fast erwachsen vor, sondern auch praktisch ohne politisches Bewußtsein. Er entdeckte, daß seine Frau sie aus Angst um ihre Sicherheit fast völlig von Politik ferngehalten hatte. Für Carlos ist es eine grausame Ironie, daß er all diese Jahre im Kampf für gewisse Ideale verbracht hat, nur um festzustellen, daß dies Konzepte sind, von denen seine eigenen Kinder nicht viel wissen und für die sie sich nicht besonders interessieren.

»Sie haben immer noch keinen Schimmer, daß ich ein Guerillero bin«, sagt Carlos. Zur Sicherheit der Kinder hatte ihnen ihre Mutter nach seiner Flucht seine wahre Identität verheimlicht; sie wurden in dem Glauben groß, Carlos lebe im Ausland, weil sich seine Eltern getrennt hätten, und sei jetzt eine Art Geschäftsmann. Seine Frau hat diese Fiktion über Jahre aufrechterhalten. Auf seinem Weg der Revolution hat Carlos unwiederbringlich jede Möglichkeit verloren, auf seine Kinder Einfluß zu nehmen. Wie Rip van Winkle ist auch er alt geworden und mußte bei der Rückkehr feststellen, daß seine Kinder zu Fremden geworden sind.

Zurück in den Bergen, muß die Gegenwart von Adriano, dem jungen Kreativen – und zugleich engagierten Revolutionär –, für Carlos ein bittersüßer Trost sein. Er ist das fleischgewordene Beispiel für den Sohn, den Carlos hätte haben können, wenn die Dinge anders gelaufen wären, wenn seine Frau nicht vor zehn Jahren mit den Kindern zurückgeblieben wäre, und wenn ...

Adriano ist einer der jüngeren Guerilleros, die Revolutionäre in zweiter Generation sind und ihren Eltern im Krieg nachfolgen. Für sie gab es keinen Kulturschock zu überwinden. In dieser Beziehung haben sie Glück. Wie Kinder, die in hermetischen religiösen Gemeinschaften aufwachsen, können sie sich ihrer Identität sicher sein; die Revolution ist schon von Geburt an ihr Schicksal.

Sandra, die *Radista*, ist ein anderes Kind der Revolution. Sie lebt, wie sie großgezogen wurde – in der Revolution –, ob zu Hause mit ihren Eltern oder an der Front. Die Briefe, die Sandra von ihnen bekommt, ähneln stark denen, die auch andere Eltern an Töchter ihres Alters schreiben, die nicht zu Hause leben; voll elterlicher Ratschläge und kleinen lehrreichen Predigten über das Leben. Der Unterschied ist, daß Sandra in den Briefen aufgefordert wird, nicht nur als junge Frau »gut und anständig« zu sein, sondern auch als Revolutionärin.

Für Giovanni ist die Revolution in einem sehr wörtlichen Sinn ein Ersatz für seine eigene Familie. Seine Mutter und zwei seiner Schwestern – eine davon schwanger – wurden ermordet; zwei Brüder sind im Kampf gefallen. Von den ursprünglich sieben Geschwistern leben nur noch drei. Einige seiner verwaisten Neffen und Nichten sind verschwunden; man vermutet, daß sie von den Mördern ihrer Eltern »adoptiert« wurden, in jener gespenstischen Tradition vieler rechtsgerichteter lateinamerikanischer Militärs, die schon seit dreißig Jahren schmutzige Kriege führen. Wie Giovanni selbst leben auch seine überlebenden Schwestern und sein Bruder als *Compas* in den Bergen. »Wir spüren noch den Schmerz«, erkärt er. »Aber wir haben gelernt, damit zu leben. Und diese Dinge verpflichten uns, weiterzukämpfen.«

Während er normalerweise eher verkrampft wirkt, entspannt sich Giovanni und wird geradezu väterlich, wenn er mit den Kindern im Lager zusammen ist, ihnen sanft das Haar streicht, die jüngeren wie eigene Kinder in den Arm nimmt und sie zuneigungsvoll als *los cachorros de Farabundo* bezeichnet, als die »Welpen Farabundos«, des verstorbenen Revolutionshelden Farabundo Martí.

Familie – das ist auch für viele der *Compas* ein zentraler Begriff. Wenn sie Tragödien erlebt haben, dann war es meist der

Verlust von Familienmitgliedern. Vielen von ihnen hat der Krieg das Herz aus dem Leib gerissen und sie taumeln lassen, als er ihnen geliebte Menschen genommen hat, Mütter, Väter, Brüder und Schwestern.

Für die Kinder in der von Carmelo und Geronimo in der *Zona de expansión* geführten Einheit sind ihre Kommandanten viel mehr als nur ältere Offiziere; sie sind auch ältere Brüder und Vaterfiguren. Carmelo ist siebenundzwanzig. Viele der Kinder sind vierzehn oder fünfzehn, das gleiche Alter, mit dem auch er in den Konflikt hineingeraten war. Jetzt bezeichnen sich Carmelo und der dreißigjährige Geronimo lachend als die »alten Männer der Bewegung«, und das sind sie auch, denn aus der ersten Generation der Kämpfer sind nur noch wenige am Leben.

Diese Kinder sind die jüngeren Brüder und Schwestern von bereits gefallenen *Compas* oder Waisen, deren Eltern von der Armee in den frühen 80er Jahren massakriert wurden, als die Kinder erst drei, vier oder fünf Jahre alt waren. Sie wurden in Flüchtlingslagern oder auf der Flucht vor der Armee von der FMLN großgezogen und werden jetzt allmählich erwachsen. Für die Kinder gab es nie irgendeinen Zweifel darüber, was sie machen würden, wenn sie einmal groß sind.

Die Kinder fragen Carmelo nach Rat, beschweren sich bei ihm gegenseitig übereinander, vertrauen ihm ihre Geheimnisse an und gehen ihm um den Bart, wenn sie Extrawürste oder spezielle Privilegien wollen. Dort und dort verkauft eine Frau frische Eier. Kauft er welche für sie? Darf Elmer – einer der Jungen in der Einheit – seine Familie zu Hause besuchen? Ob er ihnen etwas mehr Geld für Zigaretten gibt? Als sie in El Copinol hören, daß im nächsten Dorf ein Video gezeigt wird, betteln sie alle Carmelo an, »ins Kino« gehen zu dürfen. Tatsächlich wirken Carmelo und Geronimo die meiste Zeit wie Ferienlagerbetreuer, die Kinder auf einem Ausflug begleiten, und nicht wie Anführer einer Guerillaeinheit. Oft besteht die größte Herausforderung des Tages für Carmelo darin, genug Essen für seine gefräßigen jungen Leute aufzutreiben.

Irgendwann meint er einmal bei einer Mahlzeit zu ihnen: »Ihr habt noch keinen echten Hunger kennengelernt.« Er erinnert sie daran, wie einfach sie es heute hätten im Vergleich zu den frühen Tagen der Revolution. Als sie nicht im Traum daran denken konnten, sich frei zwischen Dörfern zu bewegen und jeden Tag Mais, Bohnen und Tortillas zu essen wie heute, und wie er und Geronimo sich jahrelang in Höhlen verstecken mußten, sich nur nachts herauswagen konnten, um überhaupt irgend etwas Eßbares aufzutreiben. Wie sie einmal nichts anderes fanden als die Rinde von Papayabäumen auf dem Feld eines Bauern.

Dann staucht Carmelo die Kinder auch einmal zusammen und erinnert sie daran, daß sie sich selbst kaum als Guerilleros bezeichnen können, weil die meisten von ihnen überhaupt noch nicht gekämpft hätten. Wenn Carmelo so mit ihnen spricht, werden die Kinder wieder nüchtern, weil er eben ihr großes Vorbild ist und sie sich nichts mehr wünschen als Kampferfahrung, um sich selbst als *Guerilleros* zu beweisen, als Helden des Volkes. Doch wie richtige Teenager sind die Kinder in Carmelos Einheit eigentlich mehr mit sich selbst beschäftigt als mit irgend etwas anderem. Krieg oder nicht, in einer Gruppe, wo vier Mädchen im Teenageralter zusammen mit acht Jungen im gleichen Alter leben, ist erotische Spannung unvermeidlich. Auf ihrer Patrouille geben daher ihre jugendlichen Stimmungsschwankungen und Spielereien den Rhythmus vor.

Es ist früh am Morgen nach einer in der Schule von Las Vueltas durchtanzten Samstagnacht, als sich die Einheit in die *Zona de expansión* aufmacht. In der Nacht zuvor waren alle Jugendlichen in der Stadt – *Compas* und Zivilisten – dorthin gekommen und hatten bis nach Mitternacht getanzt. Es gab nur zwei Musikkassetten, die auf einem Kassettenrekorder mit großem Lautsprecher wieder und wieder abgespielt wurden, aber die jungen Leute waren glücklich. Es war laut und dunkel, und das war das wichtigste.

Wie so oft bei Tanzveranstaltungen in Schulen gab es auch hier mehr Jungen als Mädchen. Auf jedes tanzende Paar kamen fünf oder sechs männliche *Compas*, die beieinander standen und für die Mädchen posierten, die Daumen in die Gürtelschlaufen gehängt, die AK-47 auf der Schulter und eine Zigarette im Mund. Ständig kommentierten sie die Tanzpaare und lästerten über ihre glücklicheren Kameraden. Sie selbst wiederum wurden von den noch jüngeren beobachtet, den *Cipotes*. Eine Gruppe ernsthafter sieben- und achtjähriger Jungen spielte in einer Ecke der Tanzfläche ein für die anderen eher lästiges Kartenspiel. Sie waren noch zu jung zum Tanzen, aber so stellten sie jedenfalls sicher, daß ihre Anwesenheit registriert wurde.

Unter den Kindern in Carmelos Einheit hält die durch das Tanzen ausgelöste Hochstimmung noch lange an. Sie brauchen ewig, um in ihrem auf dem Lehmboden des Comedor popular aufgeschlagenen Biwak zur Ruhe zu kommen. Sie albern herum, singen und machen allerhand Unfug bis zum Morgengrauen. Als Carmelo sie noch vor Sonnenaufgang weckt, dreht einer von ihnen den Kassettenrekorder auf volle Lautstärke. Noch beim Antreten unter dem großen Steinkreuz am Kircheneingang wippen die *Compitas* zu der euphemistischsten aller salvadorianischen Tanzmusiken, *Gallo mojado* – »Feuchter Hahn« –, nichts anderes als ein Loblied auf das weibliche Genital.

Das neueste Mitglied der Gruppe ist ein muskulöser, etwas angeberischer Jugendlicher, der erst vor fünf Tagen dazugekommen ist. Erst heute morgen tauscht er seine Jeans und Turnschuhe gegen Armeestiefel und eine Uniform, die er von Carmelo bekommt. Als erstes rollt er die Ärmel seines Hemdes hoch, damit man seinen Bizeps sehen kann. Dann streckt er stolz die Brust heraus und präsentiert sich mit den anderen auf der Kirchentreppe.

Carmelo macht ein strenges Gesicht und zwirbelt seinen Schnurrbart, während er darauf wartet, daß die Teenager sich aufstellen. Er muß ihre Aufregung etwas dämpfen, um sie in die Realität zurückzuholen, will jedoch auch ihre gute Laune nicht allzusehr verderben. Erst fährt er sie an, sie sollen die Musik ausschalten. Dann, als sich die Kinder in zwei Reihen vor ihm aufgestellt haben, befiehlt er ihnen, strammzustehen, die Gewehre zu schultern und aufmerksam zuzuhören, was er ihnen zu sagen hat. Während Carmelo seinen Marschbefehl verkündet und seine Leute daran erinnert, immer nur vorbildliches Verhalten an den Tag zu legen, scheinen diese vor Aufmerksamkeit wie erstarrt. Aber sie hören nur halb zu, denn sie sind sich sehr wohl bewußt, wie gut sie in den Augen der Dorfkinder aussehen, die sich um sie versammelt haben.

Am Rand steht Geronimo. Zu Carmelos Rede signalisiert er mit einem stummen Nicken Zustimmung und streichelt das Haar seines eigenen kleinen Sohns, der in dem Dorf lebt und seinem Vater im Moment zwischen den Beinen klebt. Geronimo sagt kaum jemals etwas. Groß und unbeholfen, bewegt er sich langsam und spricht auch so. Sogar seine Augenlider bewegen sich nur langsam, wenn er spricht. Er hat riesige Füße, trägt eine mehrere Nummern zu kleine Uniform und sieht mit seinen hängenden Schultern und dem aus seinem langen, dünnen Hals vorstehenden Adamsapfel aus wie ein auf seinen Knien dösendes Kamel.

»Ich will, daß ihr alle langsam ausschwärmt. Bleibt in Sichtweite voneinander«, schließt Carmelo. Die Einheit rührt sich und beginnt den steilen Pfad hochzuklettern, heraus aus Las Vueltas über den darüberliegenden Steilhang und weiter in die *Zona de expansión*. Die Einheit hat ein Pferd dabei. Es ist vollbepackt mit Jutesäcken mit *Elote*, frischen Kolben Zuckermais, dessen Haupterntezeit jetzt gerade ist. Die *Compas* lieben *Elote* und essen ihn gekocht, gegrillt oder zermahlen und eingerührt in Milch mit Zimt und Zucker als ein Getränk namens *Atole*. Vor ihrem Abmarsch haben sich die *Compas* im Comedor nochmals so richtig satt gegessen; die Jungen haben mindestens sechs gekochte *Elotes* auf einmal geschafft. Jetzt stecken sie sich noch ein paar davon für den Rest des Tages in die Taschen, und während sich der Zug allmählich aus dem Dorf bewegt, sind die meisten der Jugendlichen noch am Essen und halten Maiskolben in ihren Händen wie Pistolen.

Carmelo drängt die Kinder nicht. Schon nach ein paar Stunden Marsch macht die Gruppe auf dem Farmgelände eines zivilen Verbündeten auf einem luftigen Hügel namens El Copinol Rast. Sie sind nicht sehr weit vorangekommen, aber das macht nichts. Auf Geschwindigkeit kommt es nicht an. Ganz im Gegenteil; in der Expansionszone besteht die Mission der Gruppe vielmehr darin, Präsenz zu zeigen, und das geht am besten, wenn man die Dinge locker nimmt, mit der Lokalbevölkerung spricht und ihr zuhört und, so hofft man wenigstens, unter ihnen einige neue Rekruten anwirbt. Das ist eine langwierige Arbeit, die auf langfristige Erfolge zielt. Bislang zahlt sie sich aus. In den ersten drei Jahren ihrer Organisationsarbeit konnten die *Compas* in der *Zona de expansión* nur einen einzigen Rekruten werben. Jetzt plötzlich strömen die Freiwilligen. Im letzten Jahr sind aus dem einen hundert geworden, und jetzt kommen die *Compas* voran.

Außerdem werden die *Compas* von Sympathisanten unter den heimkehrenden Flüchtlingen unterstützt. In El Colpinol wird die Einheit von einer Guerillerowitwe beherbergt, die erst kürzlich in dieses von seinen früheren Eigentümern aufgegebene Bauernhaus gezogen ist. Doch die Tatsache, daß es leerstand, war nicht der Grund dafür, daß sie hier einzog. Mit seiner strategischen Lage auf der Spitze des Hügels und der freien Sicht bis hinunter zur Schlucht des Sampul-Flusses war das Haus lange von der Armee während ihrer Antiguerillaeinsätze als Kommandozentrum benutzt worden. Aber jetzt nicht mehr. »Jetzt halte ich diese Stellung für die *Compas*«, sagt sie.

Carmelo und Geronimo führen ihre jugendlichen Untergebenen auch immer wieder durch deren Heimatdörfer und nehmen dabei jedesmal neue Freiwillige mit. Jeder neue Jugendliche ist für die Guerilla Gold wert, denn er stärkt ihre Kräfte. Deswegen ist Carmelo auch so tolerant mit denen, die gerade neu dazugekommen sind. Solange sie glücklich sind und für die Zivilisten in den Dörfern ein glückliches Bild abgeben – das ist die Hauptsache.

In der Zone ist es enttäuschend ruhig. In den Dörfern sind jetzt keine Soldaten mehr stationiert, und die meisten Kollaborateure wurden umgebracht oder zur Flucht gezwungen, aber die Armee kann jederzeit von ihren Stützpunkten auf der anderen Seite der Hügel einen neuen Angriff starten. Wo immer die Gruppe ihr Nachtlager aufschlägt, wechseln sich die Jugendlichen deshalb mit Nachtwachen ab und verhalten sich in Gesprächen mit Zivilisten extrem vorsichtig, um die Bewegungen der Einheit geheimzuhalten.

Es ist spät am Nachmittag, nach dem ersten Tagesmarsch, als Ulíses und Diego unangemeldet auf dem Bauernhof von El Colpinol auftauchen. Sie sind unterwegs, um Kontakt mit Helfern in den Hügeln zwischen der Expansionszone und den dahinter liegenden, von der Armee gehaltenen Städten herzustellen. Sie wollen nicht, daß ihre Ankunft vorher bekannt wird, und deshalb warten sie auf dem Hof, bis es Nacht wird. In der Abenddämmerung dröhnt ein Aufklärungsflugzeug der Regierung weit über ihnen in großen Kreisen und verschwindet wieder. Die *Compas* verhalten sich ruhig, denn solange sie im Innern des Bauernhauses bleiben oder unter den schattigen Bäumen des Hofs, kann sie niemand erkennen.

»Dort oben fliegt *La Chambrona*, ›die Klatschtante‹«, meint eines der Kinder. »*Su Marido*, ihr Mann, kann nicht weit sein.« Die *Compas* versuchen, allem eine humorvolle Seite abzugewinnen, und haben auch den Höllenmaschinen des Feindes vertraute, menschliche Züge angedichtet. Die »Klatschtante« übermittelt Informationen an die Basis, und wenn sie ein Ziel ausmacht, kommt gewöhnlich innerhalb weniger Minuten »ihr Mann« – ein mit Raketen bestückter A-37-Bomber –, um Tod und Zerstörung über alles, was am Boden ist, zu bringen. Die *Compas* haben auch eine Bezeichnung für die bewaffneten Kampfhubschrauber: *Avispas*, Wespen, wegen ihres insektenähnlichen Aussehens, ihrem irri-tierenden brummenden Geräusch und den explosiven »Stacheln«, die sie mit sich führen.

Diesmal jedoch tauchen keine Bomber auf, und die *Compas* genießen einen friedlichen Sonnenuntergang und ihr Abendessen in der angenehmen Brise auf dem Felsvorsprung. Bald nach Einbruch der Dunkelheit machen sich Ulíses und Diego auf ihren Weg, und Carmelo und seine Kindertruppe sind wieder alleine.

Ein paar Tage später, in einem Weiler, der einfach El Sitio heißt, »der Ort«, feiern Aracely und ihr Freund endlich wieder Versöhnung. Seit El Colpinol haben sie ständig gegeneinander angekämpft und der ganzen Einheit mit ihrem drückenden Schweigen, ihren Seufzern und ihren langen Gesichtern die Laune verdorben. Sie haben einander keines Blickes gewürdigt, und jeder hat sich seine eigenen Verbündeten unter den anderen Jugendlichen gesucht.

Gestern, auf dem Weg von Ojo de Agua hierher, sind sie getrennt marschiert und haben sich bei Pausen getrennt hingesetzt. Der Junge versuchte so zu tun, als ob ihn das alles gar nichts anginge, aber Aracely ging es richtig schlecht; am Abend setzte sie sich weg von allen anderen und hörte in ihrem knarzenden Transistorradio Liebeslieder. Schließlich versuchte Ramiro, der fünfzehnjährige Hasenzähnige, der Gruppenkasper, die Dinge wieder ins reine zu bringen.

Nachdem er sich eine Weile mit Aracelys rebellischem Schönling unterhalten hat, geht er zu ihr hinüber. Laut genug, daß es alle anderen mithören können, flüstert er ihr zu: »Er sagt, er kommt nicht zu dir. Er meint: ›Wenn sie etwas von mir will, soll sie erst selber kommen.‹« Vorher hat Aracely wie ein Häuflein Elend über ihrem Radio gesessen und vor sich hingestarrt. Jetzt ist sie wie verwandelt. Sie wendet sich Ramiro zu, ihr Gesicht hat sich aufgehellt. Doch genauso schnell verhärtet sich ihr Ausdruck wieder, sie ballt die Fäuste und schreit: »Das ist nicht wahr! Was hat er wirklich gesagt? Sag es mir!«

Als es schließlich doch zur Versöhnung kommt, ist es für alle eine Überraschung. Beim Marschieren ergreift Aracely ihren Geliebten plötzlich mit beiden Händen von hinten. Sie dreht ihn zu sich um und blickt ihm voll ins Gesicht. Er läßt sich in ihre Arme fallen, und beide umarmen sich mit angestauter Leidenschaft.

Mit neunzehn ist Aracely die älteste Frau in der Gruppe, und für die anderen Kinder ist sie wie eine ältere Schwester.

Als *Sanitaria*, Krankenschwester der Gruppe, trägt sie den bescheidenen Medizinvorrat auf ihren Schultern und muß mit ihren kurzen Beinen Schritt halten. La China ist ein kräftiges Mädchen von vierzehn Jahren mit einem schönen Gesicht. Sie will einmal Carmelos *Radista* werden. Sie ist das hübscheste der Mädchen, zeigt jedoch das geringste Interesse an den Jungen und bleibt die meiste Zeit eng bei Aracely.

Anabela, ebenfalls vierzehn, ist die *Tortillera* der Einheit. Zu jeder Essenspause mahlt sie Mais, rührt Teig an und macht daraus Tortillas. Während des Tagesmarsches trägt sie die Plastikschüssel mit dem Tortillateig auf ihrem Kopf. Anabela flirtet sehr gerne und ist daher zum begehrtesten Liebesobjekt für die Jungs der Einheit geworden. Oft läßt sie ihre Bluse offenstehen, sodaß man ihren BH sehen kann, oder sie bindet sie sich eng um ihre Hüften, sodaß ihr Bauchnabel zu sehen ist. Die anderen Mädchen halten Abstand zu ihr, und Aracely kritisiert sie ständig wegen ihres Verhaltens.

Der neue Junge hat gerade Anabela entdeckt und beginnt mit ihr zu flirten. Er scharwenzelt um sie herum, flüstert ihr zu und beäugt sie interessiert. Sie tut ihr möglichstes, um ihn erst recht in Glut zu versetzen, lächelt ihn verführerisch an und wirft immer wieder ihr langes Haar zurück. Als sie einmal mit dem Trog auf dem Kopf direkt vor ihm marschiert, wackelt sie provozierend mit den Hüften. Aracely schaut sich die Szene an und blickt finster. Irgendwann kann sie nicht mehr länger an sich halten, läuft zu dem Mädchen hinüber und weist sie grob zurecht: »Benimm dich gefälligst!« schreit sie. Anabela unterdrückt mit der Hand gerade noch ein Kichern. Dann ist es kurz still. Doch schon ein paar Augenblicke später macht sie weiter wie zuvor. Auch in den Jungen brodelt es, und es sieht ganz so aus, als würde es früher oder später wegen Anabela Ärger geben.

Dabei versucht Aracely nur, das jüngere Mädchen vor Kummer zu bewahren, den sie selbst allzugut kennt. Als sie etwa so alt war wie Anabela jetzt, wurde sie schwanger und mußte für die Geburt die Front verlassen. Der Vater des Kindes hatte kein Interesse an einer Beziehung, und so war Aracely auf sich allein gestellt. Jetzt kümmert sich ihre Mutter in Las Vueltas um das Kind, das inzwischen vier Jahre alt ist, und Aracely war um viele Erfahrungen reicher, als sie zur Front zurückkehrte.

Der einzige sexuell aktive Junge von den acht in Carmelos Obhut ist Aracelys Freund. Deshalb erfreut er sich unter den anderen Jungen der Einheit einer besonderen Führungsrolle und trägt oft einen Ausdruck von Ernsthaftigkeit zur Schau, um seinen höheren Status zu unterstreichen. Die anderen scheinen derweil immer noch damit zufrieden zu sein, mit den Mädchen herumzualbern und es damit gut sein zu lassen.

Melvin, der Junge, der sich um das Funkgerät der Einheit kümmert, ist das »Baby« von Carmelos Einheit. Mit seinen großen, intelligenten Augen und einem flotten Mundwerk ist Melvin aufgeweckter als die meisten seiner Kameraden, aber er hat noch den Körper eines kleinen Jungen. Er ist dreizehn Jahre alt, wirkt aber wie neun oder zehn. Als besonderer Schützling von Ulíses bringt Melvin gerade La China bei, eine *Radista* zu werden. Jeden Abend sitzt er mit ihr zusammen und versucht, ihr die Sprechfunkcodes beizubringen. La China lernt sehr langsam, aber Melvin verbirgt seine Frustration, weil er gerne mit ihr zusammen ist.

Weil er so klein ist, kann sich Melvin ungestraft so manches leisten. Ständig krabbelt er über La China, steckt den Kopf in ihren Schoß, kämmt ihr das Haar und umarmt sie. Gewöhnlich läßt ihm das Mädchen seinen Willen und vergißt, daß er fast so alt ist wie sie selbst und keineswegs mehr ein kleiner Junge.

Melvin hat eine Menge zu erzählen. Er liest gerne und hat gerade Gabriel García Marquez' *Der General in seinem Labyrinth* zu Ende gelesen. Davor las er den *Kleinen Prinzen*, den er »beunruhigend« fand. Er sagt, er schaffe fünfzig Seiten pro Stunde, weil er eine Zeitlang auf eine Privatschule in San Salvador gegangen sei, wo er Schnellesen gelernt hat. Er ist der letzte Sohn seiner Familie, nachdem seine drei älteren Brüder als *Compas* im Kampf umgekommen sind. Seine Mutter starb bei einem Massaker. Vor einem Jahr starb sein Vater an Alkoholvergiftung. Danach, so erzählt er, ist er mit seinen beiden jüngeren Schwestern zu einem Onkel nach Las Vueltas gekommen, aber dann sei er selbst so bald wie möglich zu den *Compas* gegangen. Das war im April. Jetzt ist es Juli. Bis jetzt stört Melvin am revolutionären Leben nur, daß er nicht soviel Zeit zum Lesen hat, wie er gern möchte. Doch davon abgesehen ist er sehr gern *Compa*, und er sagt, er habe das immer sein wollen.

Ulíses bestätigt die Geschichte des Jungen und fügt noch ein paar Einzelheiten dazu. »Seine Verwandten sind Hängemattenmacher«, sagt Ulíses. »Nachdem seine Mutter getötet wurde, wurde Melvins Vater zum Alkoholiker. Er schlug den Jungen ständig. Eine Zeitlang waren sie als Flüchtlinge in Honduras. Dann kamen sie zurück nach Chalatenango. Der Vater fing wieder mit der Hängemattenherstellung an, aber er kümmerte sich nicht richtig um die Kinder. Melvin mußte ständig selbst losziehen und für seine jüngeren Schwestern etwas zum Essen besorgen, während sein Vater seinen Rausch ausschlief. Das war eine sehr harte Zeit. Schließlich nahm sie ein Onkel aus der Hauptstadt mit, und Melvin kam in die Schule.«

Als sein Vater schließlich am Alkohol starb, wurden Melvin und seine Geschwister von einem anderen Onkel adoptiert und wieder zurück nach Chalatenango gebracht. Als Melvin zu den *Compas* kam, nahm ihn Ulíses unter seine Fittiche und bildete ihn als *Radista* aus. »Er mochte es, wenn ich streng mit ihm war und etwas von ihm verlangte«, meint Ulíses. »Es scheint, als ob er einen väterlichen Einfluß braucht. Er mag es, daß sich jemand um ihn kümmert.«

Schließlich schickte Ulíses Marvin zu Carmelo, um in dessen Einheit *Radista* zu sein. Doch Melvin wollte bei Ulíses bleiben. »Lange war Melvin ziemlich sauer auf mich«, meint Ulíses. »Weißt du, er mag mich ziemlich. Aber ich mußte hart zu ihm sein.«

Jetzt ist das ein paar Wochen her, und Melvin kommt mit den anderen Kindern in Carmelos Einheit gut zurecht. Jetzt werden sie zusammen erwachsen. Ihre gemeinsamen Erfahrungen und das Leben, das sie miteinander teilen, verbindet sie vielleicht stärker, als wenn sie richtige Geschwister wären.

Eines Morgens zieht sich Ramiro bis auf die Unterhosen aus, damit Aracely seine Hosen in einem Wasserbecken des verlassenen Hofes waschen kann, wo sie die Nacht verbracht haben. Sie hat ihm das angeboten.

Aracely stammt aus Las Vueltas. Mit neun Jahren machte sie direkte Bekanntschaft mit Massenmorden und *Guindas*. »Guindas« waren im Guerillajargon die Gewaltmärsche der frühen Kriegsjahre, als ganze Dorfgemeinschaften zusammen mit den Guerilleros vor den Truppen der Armee flohen. Oft waren sie tagelang ohne Lebensmittel unterwegs und schleppten sich endlos durch die Berge, um nicht der Armee in die Hände zu fallen. Das war wichtig, um überhaupt zu überleben. Gewöhnlich töteten die Soldaten sämtliche Angehörige der *Masas*, auf die sie trafen.

Was die Ermordung eigener Familienangehöriger betrifft, hat es Aracely nicht ganz so grausam erwischt wie manch andere; sie sagt, sie habe »nur einen Großvater und fünf Onkel verloren«. Schließlich blieb ihnen gar nichts anderes mehr übrig, als aus Las Flores zu fliehen, und Aracely versteckte sich mit ihrer Mutter und ihren Geschwistern im Wald zwischen Las Vueltas und Las Flores. Dort hausten sie in *Tatús*, engen Höhlen, welche die *Compas* zusammen mit den *Masas* gruben, um sich vor der Armee zu verbergen. »Wir lebten die ganze Zeit in Angst und warteten nur darauf, daß uns der Feind findet.«

Aracely unterbricht die Wäsche und muß sich setzen; an ihren braunen Armen hängt noch Seifenschaum. »Diese Männer, die meine Onkel und meinen Großvater umgebracht haben – sie griffen sie sich einfach, stellten sie an eine Wand und erschossen sie«, erzählt sie. »Ich frage mich immer wieder, was für eine Art Feinde das sind. Ich kann mir gar nicht vorstellen, daß überhaupt jemand zu so etwas fähig ist. Selbst wenn man die, die meiner Familie soviel Leid angetan haben, vor mich hinstellen würde, könnte ich mir nicht vorstellen, sie umzubringen. Aber diese Leute bringen ja sogar kleine Kinder um, von denen sie doch wissen, daß sie unschuldig sind.«

Auch La China wurde in Las Vueltas geboren. 1980, als sie gerade vier Jahre alt war, wurde ihr Vater von Angehörigen der Nationalgarde ermordet, der *Guardia*, die damals in Las Vueltas stationiert war. Ihre Mutter hat ihr erzählt, wie ihr Vater mit vier anderen Männern unter einen dicken Amate-Baum an der Brücke außerhalb von Las Vueltas getrieben wurde. Dann wurden alle mit einem Maschinengewehr niedergemäht. »Meine Mutter sagte, als sie mit dem Schießen aufhörten, lebte mein Vater noch. Alle anderen waren tot, aber er hatte nur einen Schock, versuchte aufzustehen, der Arme, und sein Blut abzuwischen. Dann kamen diese Männer und erschlugen ihn mit ihren Macheten ...«

La Chinas Gesicht verzerrt sich vor Abscheu. Es ist ein Bild, das sie nicht abschütteln kann: Ein Mann versucht inmitten einer Blutlache auf die Beine zu kommen, durchsiebt von Kugeln und mit blutigem Schaum vor dem Mund, und dann gehen seine Mörder auf ihn zu, mit langen Messern in den Händen, um auf ihn einzuschlagen und ihn in Stücke zu hacken. Sie zittert, als sie das erzählt; immer wieder durchlebt sie diesen Alptraum.

Aracely und La China vergleichen ihre Erfahrungen, wie andere Teenager über ein Popkonzert diskutieren. »Die *Guindas*, an die ich mich am besten erinnere, waren die im Oktober und November«, erzählt die Jüngere. Aracely nickt. Sie weiß sofort, von welchen *Guindas* La China redet – eine Jahreszahl ist gar nicht nötig.

Nach der Ermordung von La Chinas Vater ging die ganze Familie auf *Guinda*, floh um ihr Leben. »Ich erinnere mich, wie wir von La Montañona herunterkamen und all diese Schuhe und Sandalen sahen«, erzählt sie. »Alle waren weggerannt und hatten alles stehen- und liegenlassen ... Ich erinnere mich an ein Baby, das ich eingewickelt unter einem Baum fand, wo es zurückgelassen worden war ... Dann erinnere ich mich an den Leichnam einer Frau bei einer anderen *Guinda*; ich mußte über sie klettern, um eine steile Flußböschung hinabzusteigen.«

Nach einem anderen Massaker, La China kann sich nicht mehr genau erinnern, welches, fand ihre Mutter die zwei verwaisten Kinder ihrer Nachbarn und nahm sie auf. Seitdem sind alle Kinder gemeinsam wie Geschwister aufgewachsen.

Aracely lauscht still La Chinas Erzählungen, nur dann und wann nickt sie und blickt zu ihr hinüber. Keine der beiden weint. Ihre Qual wird nur dann sichtbar, wenn sie sich daran erinnern, *wie* ihre Verwandten umgebracht wurden. Seit langem haben sie gelernt, mit dem Tod zu leben; es ist die Art und Weise jenes Sterbens, die sie immer noch beschäftigt.

Bald verstummen die beiden Mädchen. Jetzt hört man nur noch das rhythmische Geräusch von Ramiros Hose, die Aracely über das Waschbrett schrubbt und hin und wieder ins Wasser taucht. Dann dringen ein paar andere Geräusche durch – Vogelzwitschern, Stiefelschlurfen. Auf dem Vorplatz das Summen der Jungs beim Waffenreinigen. Die Zeit scheint stillzustehen und der Tag sich in der Sonne rings um das Farmhaus aufzulösen.

Die meisten *Compas*, die erfahren mußten, wie skrupellos ihr Feind vorgeht, haben ihre eigenen Kinder weit entfernt von den Kampfgebieten bei Verwandten in der Stadt oder in Flüchtlingslagern untergebracht. Manche schicken ihre Kinder sogar ins Ausland. Obwohl sie sie so oft viele Monate lang nicht sehen, ist es den Eltern ein Trost, sie in Sicherheit aufwachsen zu wissen.

Heute kommt das gesamte Team von Radio Farabundo Martí nach Las Flores. Einen Tag lang halten sie sich in einer Bauernhütte gleich hinter der Plaza auf. Es ist stürmisch, und der Himmel hat ein purpurnes Blau aufgelegt, die Farbe von blauen Weintrauben. Am Himmel entlang wandert eine flache Schicht weißer Wolken, getrieben vom Wind. Die Farabundistas singen in ihren Hängematten und sehen dem Regen zu, wie er von den roten Ziegeln herabrieselt und im Lehmboden versinkt.

Sie sind eine lustige Gruppe alter Bekannter, alles ehemalige Studenten, und scheinen sich in ihrer Gesellschaft sehr wohl zu fühlen. Neben Haroldo sind da noch Justo, schlank, bärtig und bebrillt; er ist mit seinen neunundzwanzig Jahren der jüngste der Männer. Dünn, durchdringend und sehr blaß: Augustín, ein ehemaliger Theaterschauspieler. Er ist der Hauptsprecher des Radios. Er ist witzig und hat eine spitze Zunge. Erandery ist eine hübsche Frau von vierundzwanzig, und ihr Freund, Richard, ein ehemaliger Elektroingenieurstudent mit klaren Gesichtszügen, Mitte dreißig. Cristina ist einunddreißig, sie kam Ende der 70er Jahre direkt aus der Oberschule zur Revolution.

Erandery ist erst vor kurzem wieder nach Chalatenango zurückgekommen, nachdem sie einen Sohn zur Welt gebracht hat. Normalerweise hätte sie dann die zehn bis zwölf Monate genommen, die die FMLN Müttern mit ihren neugeborenen Babys zugesteht, aber sie wollte für die Offensive gegen die Hauptstadt, die vor ein paar Monaten ausgerufen wurde, wieder ins Feld und kehrte früher zurück. »Ich hätte das nicht alles verpassen wollen«, meint sie. »Deswegen habe ich mein Baby abgestillt.« Bei dieser Gelegenheit zieht Augustín ein Foto von einem großen, prächtigen Jungen hervor – seinem Sohn. »Er ist dreizehn«, verkündet er. Und dann fügt er mit sichtlichem Stolz hinzu: »Und in zwei Monaten werde ich wieder Vater.«

Auch Cristina hat ein Kind und holt jetzt ein Foto hervor. Ihr Junge ist noch sehr klein. Sie sagt, ihn zurückzulassen und den Vater des Jungen zu verlieren – er wurde im Krieg getötet – sei das schwierigste gewesen, was ihr je passiert sei. Ihr Sohn lebt jetzt mit Cristinas Mutter »in einem anderen Land«, und sie hat ihn schon seit einem ganzen Jahr nicht mehr gesehen. Die anderen hören aufmerksam zu, aber schauen weg, als Cristina mit den Tränen kämpft. Am Ende fließt keine einzige, aber ihre Stimme ist belegt, und sie kann einen Moment lang nichts mehr sagen. Es entsteht Stille. Schließlich seufzt Erandery: »Oh, Kinder!«

»Die Revolution ist wie eine Familie, aber jeder braucht auch seine eigene Familie«, meint Haroldo. Selbst nach all diesen Tragödien hat Haroldo den Glauben an die Liebe noch nicht verloren. Er hat jetzt schon seine dritte Lebensgefährtin, die ihm ein Mädchen geboren hat. Doch diesmal geht er kein Risiko ein: Sie sind nicht bei ihm an der Front, sondern »draußen«, in Sicherheit – ebenso wie sein Sohn, den er mit seiner ersten Freundin hatte. »Er wird jetzt schon bald erwachsen ...«

Nach dem Mittagessen ziehen sich Erandery und Richard in den einzigen Raum der Hütte zurück, um sich hinzulegen und allein zu sein, während die anderen in ihren Hängematten dösen. Gelegentlich dringt ein Lachen aus dem Inneren der Hütte, aber nach einer Weile ist es nur noch still.

Es ist früher Morgen, die Sonne scheint hell, und nach dem nächtlichen Regen ist es kühl. Luis, der Kommandant von Las Vueltas, steht in der Tür zum Comedor und hilft einem jungen Mädchen, das Fischernetze ausbessert. Las Vueltas ist immer schon nicht nur für seine Hängematten bekannt, sondern auch für seine guten Fischernetze. Das scheint zwar seltsam, weil Las Vueltas doch so weit vom Meer entfernt liegt, aber es ist so.

Luis grinst vor Freude und zeigt die Zahnlücke in seinem Unterkiefer; mehrere Zähne fehlen. Plötzlich ist er wieder der Dorfjunge, nicht der Guerillakommandant mit dem schmalen Mund, den harten Augen und den Schußwunden, die sich über den ganzen Körper verteilen. Seine Hände werden zart und empfindsam, fast wie die einer Frau, als er reflexartig die alten Bewegungen ausführt, mit denen er flink und gewandt seine Netze webt.

Luis stammt aus dieser Gegend; er kennt jeden, und jeder kennt ihn. Von seinem Lagezentrum in einem Haus, von dem man den offenen Kirchplatz überblicken kann, kann Luis die Hauptstraße des Dorfes hinunterblicken bis zu den öffentlichen Wasserhähnen, die in einer Reihe an Zementtrögen direkt vor dem Schulhaus stehen. Dort windet sich die Hauptstraße aus dem Ort heraus, bis sie von den Amate-Bäumen entlang der Landstraße im Schatten aufgenommen wird und zwischen den Hügeln verschwindet. Gleich hinter dem Ortsausgang führt die Straße über eine Brücke, die zur Provinzhauptstadt von Chalatenango führt. Diese Brücke war nun zehn Jahre lang unterbrochen, in die Luft gesprengt von den *Compas*, um der Armee den Zugang zum Tal zu versperren. Es war unter dem Amate-Baum an dieser Brücke, wo La Chinas Vater in Stücke gehackt wurde und wo Aracelys Großvater und ihr Onkel sich hinknien mußten und dann niedergemetzelt wurden.

Es waren Greueltaten wie diese, begangen von der örtlichen *Guardia* – Schußwechsel und Massaker, bei denen zwei seiner Schwestern und ein Bruder umkamen –, die Luis zur Waffe greifen ließen. Von diesem Moment an konnte Luis nicht mehr zu Hause bleiben. Er überlebte in den Hügeln außerhalb der Stadt, immer unterwegs, wie so viele andere junge Leute aus der Gegend. Erst seit auch die letzten *Guardia*-Posten eingenommen wurden und die Flüchtlinge zurückgekehrt sind, kann er wieder im Ort leben. Selbst jetzt hält Luis immer einen Blick auf die Berghänge in der Umgebung, als ob jeden Moment der Feind wieder auftauchen könnte.

Für Luis war es ein langes, hartes Jahrzehnt. Als er in die Berge ging, ließ er seine junge Ehefrau und eine Tochter im Babyalter zurück. »Ich hatte keine Wahl. Es ging ums Überleben. Damals bedeutete es, umgebracht zu werden, wenn man *nicht* ging.« Auch Luis' Frau verließ Las Vueltas, um bei Verwandten in einer sichereren Stadt zu leben, und nahm ihre einjährige Tochter mit. »Nach etwa einem Jahr«, meint Luis, »hörte ich, daß sie einen neuen Freund hat.« Schließlich fand auch Luis eine neue Partnerin, eine andere junge Frau aus dem Ort, und hat inzwischen mit ihr eine zweite Familie aufgebaut. Seine erste Frau hat er jetzt schon zehn Jahre nicht mehr gesehen.

Jetzt wird Luis von einem seiner Männer herausgerufen. Im knappen Schatten des einsamen Baumes vor der Kirche steht eine junge, stämmige Zivilistin. Sie trägt ein hellrosa Kleid. Neben ihr steht ein Mädchen im Teenageralter in einem gelben Rüschenkleid, weißen Söckchen und schwarzen

Lackschuhen. Ein gelbes Band hält ihr langes, gewelltes braunes Haar zusammen. Das Mädchen steht nervös auf einem Bein und klemmt einen Unterschenkel hinter den anderen. Die Frau an seiner Seite hält seine Hand so fest, als wollte sie sie daran hindern, wegzufliegen. Beiden ist bewußt, daß sie neugierig beobachtet werden, daß die Leute von Las Vueltas sie aus den Schatten der Häuser an der breiten Hauptstraße anstarren.

Auch Luis starrt sie einen Moment lang ausdruckslos an, dann nähert er sich. Jeder im Comedor und in den Häusern auf der der Kirche abgewandten Seite beobachtet, wie Luis ein Gespräch mit der Frau und dem Mädchen aufnimmt. Von ihrem Vormittagsspiel abgelenkt – sie schlagen auf den Kirchenstufen Kreisel – kommt eine kleine Bande Dorfjungen herbei, um aus einigen Schritten Entfernung zu lauschen. Innerhalb weniger Minuten geht im Ort das Gerücht um, daß die Frau und das Mädchen niemand anders sind als Luis' Exfrau und Tochter.

Bald kommen alle drei herüber zum Comedor. Die Kinder von Carmelos Einheit, die an dem einzigen Holztisch sitzen, stehen auf und machen ihnen Platz. Die Neuankömmlinge setzen sich, und die *Compas* stehen still um sie herum wie Oberkellner in Wartestellung bei einem großen Bankett. Die Frau lächelt unsicher, das Mädchen wirkt seltsam ausdruckslos und zappelt. Allen dreien hat es die Sprache verschlagen. Dann werden zuerst einmal in nüchternem Ton die neuesten Nachrichten aus den letzten zehn Jahren ausgetauscht. Luis und seine Frau sind sich völlig fremd; nichts in ihrer Körpersprache verrät, daß sie jemals verheiratet waren. »Also in welcher Klasse bist du jetzt?« fragt Luis seine Tochter, als er sich schließlich ihr zuwendet.

Das Mädchen schaut weg von ihm, hin zur Mutter, und dann wieder zu ihrem Vater. Scheu senkt sie den Blick und erzählt ihm mit dünner Stimme, daß sie in der vierten Klasse ist. Luis nickt und schweigt. Er weiß nicht, was er sagen soll. Er lehnt sich an den Tisch und sagt, jetzt zu seiner Exfrau: »Dann bist du also vor zehn Jahren gegangen, stimmt's?«

»Ja«, nickt sie mit heftiger Zustimmung. »Genau.«

Daraufhin wiederholt Luis: »Also zehn Jahre sind das dann schon ...« Er lehnt sich wieder zurück an die Bank, er weiß nicht, was er noch sagen soll. Das Mädchen und seine Mutter nicken mit dem Kopf: Ja, zehn Jahre sind es jetzt.

Plötzlich steht Luis auf und bittet, ihn einen Augenblick zu entschuldigen. Ohne weitere Erklärung geht er fort, überquert die Hauptstraße und verschwindet. Erst nach fast einer Stunde kommt er wieder. Inzwischen langweilt sich das Mädchen und flüstert laut seiner Mutter zu, sie sollten wieder gehen. Als Luis wiederkommt, ist er wie verwandelt. Er war am Fluß und hat gebadet. Jetzt, mit sauber gekämmtem nassem Haar, duftend nach parfümierter Seife und in einer neuen Uniform mit noch fabrikneuen Bügelfalten, fühlt sich Luis überhaupt nicht mehr unwohl. Er trägt neue Stiefel, die schwarz vor Schuhcreme blinken, und seine AK-47 hängt ihm frisch geölt über der Schulter. Das ist jetzt Luis, wie er gesehen werden will.

Die Exfrau und seine Tochter starren ihn an; sie sind beeindruckt. Jetzt sieht Luis viel eher nach dem FMLN-Kommandanten von Las Vueltas aus. Er setzt sich wieder, aber ist immer noch unruhig. Bald sieht er Ulíses draußen auf der Straße und ruft, daß er die Haare geschnitten haben möchte – Haare schneiden ist das Hobby von Ulíses –, und Luis geht mit einer erneuten Entschuldigung hinüber und pflanzt sich in einen Sessel vor der Kirche. Er legt sein Gewehr ab, zieht sein frisches Hemd aus und läßt sich unter den Augen seiner Exfrau, seiner Tochter und aller *Compas* von Carmelos Einheit die Haare schneiden.

Als Ulíses mit ihm fertig ist, zieht Luis seine Uniform an und setzt sich wieder mit seiner Exfrau und seiner Tochter zusammen. Jetzt ist er vollkommen entspannt; das Bild ist wieder perfekt; daß die Metamorphose in vollem Angesicht derer stattgefunden hat, die er beeindrucken will, scheint ihn nicht zu stören: Es ist nur das Endergebnis, das zählt.

Doch inzwischen ist es später Nachmittag, und Luis' Tochter zupft ihre Mutter ständig am Ärmel, um sie zum Gehen zu drängen. Schließlich kündigt ihre Mutter an, daß es jetzt wohl Zeit zum Aufbruch wäre, wenn sie denn ein Transportmittel organisieren könnten. Von und nach Las Vueltas zu reisen ist schwierig, wie jeder weiß. Luis stimmt zu und geht mit ihnen zurück bis zu dem Baum vor der Kirche. Dort verabschiedet er sich von ihnen und schaut zu, wie sie auf der Straße aus Las Vueltas hinaus zurücklaufen, hin zur gesprengten Brücke, und dann in die Welt dahinter.

Kawmura. Am Morgen kann man sie wie unirdische Erscheinungen vor dem Hintergrund des Bambuswaldes herannahen sehen, die Gesichter geweißt mit Tamarindenpaste, mit kurzen, schnellen Schritten in ihren engen Sarongs. Aus ihren Mündern ragen glühende *Cheroots* wie riesige Zigarren.

Es sind die Ehefrauen der Kämpfer, die ihren Männern eine warme Mahlzeit bringen. Manche machen diesen Weg jeden Tag, überqueren den Fluß von Thailand aus in einem löchrigen Einbaum, den sie mit eigenen Händen an einem Draht hinüberziehen. Wenn der Beschuß von burmesischer Seite zu stark ist, bleiben die Frauen auf der thailändischen Seite, in einem Haus auf Stelzen etwas abseits von Fluß, und warten, bis sich die Lage wieder beruhigt hat.

Wie die *Compas* in El Salvador versuchen auch die Karen-Guerillas in Burma sicherzustellen, daß ihre Kämpfer ein halbwegs normales Familienleben führen können. Auch hier gibt es viele Fälle von erzwungenen Trennungen und viele Kämpfer, für die »die Revolution« zu einer zweiten Familie geworden ist.

Doch damit enden auch die meisten Gemeinsamkeiten. Zum einen, weil in Kawthoolei die Kämpfer tatsächlich heiraten und die Hochzeit durch die Zeremonien der einen oder anderen Kirche gesegnet wird. Weil ihr Eheversprechen durch das Verbot des Ehebruchs noch an Bedeutung gewinnt, gibt es auch kein entsprechendes »Gesetz des Sees« wie in El Salvador. Und obwohl es eine neue Frauenbrigade gibt, die in Manerplaw stationiert ist, sind die meisten Frauen der Karen keine Kämpferinnen. Während ihre Männer Militärdienst leisten, bleibt die große Mehrheit der Frauen zu Hause bei den Kindern in einem der sechs Flüchtlingslager auf der thailändischen Seite der Grenze.

Dennoch werden die Kämpfer »gebeten«, nicht zu heiraten, bevor sie fünfunddreißig Jahre alt sind. »Das ist deswegen, weil die Revolution die Unterhaltskosten für die Familien übernehmen muß, und wir haben nicht genug für alle«, erklärt KNU-Premierminister Saw Baw Thin. Wenn ein Kämpfer früher heiraten will, dann darf er das zwar, und die KNU hilft ihm so gut wie möglich, aber wenn das Paar »zu viele« Kinder hat, fordert man die Männer auf, die Front zu verlassen und eine bezahlte Arbeit zu finden, um sich selbst zu versorgen. Diese Politik ist ein weiterer Grund, warum viele KNU-Familien oft noch ein Gewerbe nebenher haben, wie Ganemy mit seinem Obstgarten, die Teehauslady mit ihrem Edelsteinhandel oder Generaladjutant Hla Htoo mit seinem Reis-*Taungyo* oben in den Bergen.

Der General braucht diesen *Taungyo* unbedingt, um seine große Familie zu ernähren. Hla Htoo ist etwa siebzig und hat sieben Kinder gezeugt, von denen einige noch zu Hause in Tuvalu leben, dem Dorf in der Nähe von Manerplaw, an dessen Gründung er vor zwanzig Jahren selbst beteiligt war. Jeden Tag pendelt er zwischen Tuvalu und seiner Arbeit im »Verteidigungsministerium« in Manerplaw mit einem Motorkanu hin und her.

Sein großes, auf Stelzen gebautes Haus, das immer voller Leute ist, wird von unten durch den Stumpf eines riesigen Baums gestützt, und der Rauch eines Holzfeuers zieht hoch durch die Dielenbretter, um die Moskitos abzuhalten. Innen ist das Haus ausgestattet mit den üblichen Utensilien des Familienlebens: eine große, altmodische Anrichte, ein Küchenschrank und verschiedene Kommoden stehen neben Jutesäcken mit Kartoffeln, Reis und Zwiebeln, und in den spinnwebenbedeckten Regalen unter der Decke, nur schwach beleuchtet von fluoreszierenden Leuchtstreifen, geflochtene Körbe, Holzscheite und wacklig verstaute Angelruten.

Die Enkel des Generals laufen überall auf dem Vorplatz herum wie ein Schwarm Fliegen, aufmerksam beobachtet von einigen älteren echten und angeheirateten Tanten, die um den Küchenblock herumsitzen und auf die nächste Mahlzeit warten. Teenager kommen und gehen. Hla Htoo macht Witze über die Größe seiner Familie. »Auch wenn man für die Revolution arbeitet, hat man doch auch *Bedürfnisse*«, meint er und zwinkert.

So ist es. Dennoch konnten manche Guerillas erst nach vielen Jahren ihre eigenen Familien gründen. David, der Sprengstoffexperte der KNU, ist ein ruhiger, bebrillter Mann Mitte fünfzig. Er ist erst seit sechs Jahren verheiratet. David ist ein Nachbar von Major Soe Soe in Ban Mae Sot und lebt wie dieser nach außen ein geregeltes, normales Leben. An vielen Nachmittagen kann man ihn beim Einkaufen in Ban Mae Sots übervölkertem Markt im Hauptgeschäftsviertel beobachten, wenn er, mit seinem kleinen Sohn und seiner Tochter, die auf dem Lenker seines Fahrrades sitzt, vorbeiläuft.

Davids Frau ist achtundzwanzig Jahre jünger als er selbst. Gerne erzählt er, wie es zu ihrer Ehe kam. »Als ich 1978 zur KNU ging, kam ich nach Kawthoolei und wartete dann, daß meine Freundin aus Rangun nachkommen sollte, wie wir es ausgemacht hatten.« Er wartete und wartete, doch seine Freundin kam nie. »Schließlich, nach vier Jahren, wurde mir klar, daß sie nicht mehr kommen würde«, meint David mit einem treuherzigen Lächeln. »Deshalb bat ich einen Freund, hier für mich eine passende Braut zu finden.«

Der Freund suchte unter den KNU-Familien entlang der Grenze nach einer passenden Frau für David. Schon bald konnte er melden, er habe eine Braut für ihn gefunden. Zu Davids großer Überraschung war die Frau nicht nur weniger als halb so alt wie er, sondern sein Freund hatte an seiner statt bereits offiziell um ihre Hand angehalten. »Als ich sie dann endlich selbst kennenlernte«, meinte David, »gab es kein Zurück. Ich mußte sie einfach heiraten.«

David sagt, er sei eine Zeitlang wirklich wütend auf seinen Freund gewesen, doch schließlich sei ja alles gutgegangen.

Der Altersunterschied scheint keine große Rolle zu spielen, und sie führen eine glückliche Ehe, mit Kindern.

Davids Kollege Major Robert Zan hat unterdessen bereits seine dritte Ehefrau. Seine erste Ehe dauerte nur drei Monate. Dann wurde seine Frau gefangengenommen und für sieben Jahre eingesperrt. »Ich nahm mir eine andere Frau, und als die erste Frau freikam, ging sie auch mit einem anderen.« Seine zweite Ehe verlief nur wenig glücklicher; sie endete nach fünf Jahren mit der Scheidung, weil er immer an der Front war. »Manchmal war ich nur einen Monat im Jahr zu Hause«, sagt Robert Zan. »Das war nichts für sie.« Doch aus dieser Ehe stammt sein einziger Sohn, Du Du.

Seine jetzige Ehefrau schenkte ihm zwei weitere Kinder, beides Mädchen, und sie sind jetzt auch schon zehn Jahre zusammen, so daß es diesmal vielleicht für immer ist. Zum einen ist Robert Zan jetzt schon älter, fast fünfzig, und weil die Kämpfe immer näher an ihre Wohnorte heranrücken, ist es jetzt einfach nicht mehr notwendig, monatelang von zu Hause weg zu sein.

Als Ganemy ein Guerilla wurde, war es am schwersten für ihn, sich von seinen Eltern zu verabschieden. Er wußte, daß alle Kinder einmal erwachsen werden und von zu Hause weggehen müssen, aber dies war doch etwas anderes: Vielleicht würde er seine Eltern nie wiedersehen. Damals war er an der Universität. Hin- und hergerissen, ob er alles für den Kampf des Karenvolkes aufgeben sollte, kam er in das Dorf seiner Eltern, um sich zu besinnen. Er ging nach draußen und setzte sich in ein Feld voller Wildblumen an eine Stelle, wo er auch als kleiner Junge immer zum Nachdenken hingekommen war. Seine Entscheidung fiel dort. »Dann ging ich zurück, sagte meinen Eltern, was ich tun wollte, und bat sie um ihre Meinung. Sie sagten mir, ich solle das tun, wovon ich überzeugt sei. Also ging ich zur KNU.«

Nach fünf Jahren gelang es Ganemy, sich wieder in sein Dorf zu schleichen. Auf Drängen seiner KNU-Vorgesetzten begleiteten ihn zwei Guerillas. In Zivil und verkleidet als Händler zogen sie durch den Dschungel in das Dorf seiner

Eltern. Als sie schließlich dort angekommen waren, war es Ganemy klar, daß man ihn sofort erkennen würde, also verbargen er und seine Kameraden sich außerhalb des Dorfes. Fünf Nächte hintereinander schlich er sich ins Dorf, um seine Eltern zu treffen, aber schließlich mußte er wieder zurück. In den fünfzehn Jahren seitdem ist er nicht wieder dort gewesen. »Das war das letzte Mal, daß ich meinen Vater lebend gesehen habe«, meint Ganemy. »Jetzt ist meine Mutter sehr alt, und ich will sie noch einmal sehen. Der Präsident meint, das sei zu gefährlich und daß sie mich fangen werden, aber ich will gehen.«

Ganemy ist jetzt über vierzig, aber er vermißt seine Mutter und seinen Vater immer noch. Dieses Gefühl wird auch immer bleiben. Doch nachdem er während seiner Zeit an der Front viele Jahre Junggeselle geblieben ist, hat er kürzlich eine eigene Familie gegründet. Das hat sein quälendes Heimweh, welches er die ganze Zeit verspürte, etwas gelindert. Ganemy und seine junge Frau, eine Lehrerin in Manerplaw, haben nun zwei Töchter. Ihr erstes Kind nannten sie Poderplaw. Das ist der Name einer Wildblume, die auf dem Feld vor dem Dorf seiner Eltern wächst, wo er die Entscheidung traf, diese für immer zu verlassen.

Für David, Ganemy und Robert Zan hat es Jahre gedauert, ihr persönliches Glück zu finden, während sie zugleich ihre Aufgaben als Guerillas erfüllten. Sicherlich hat ihnen die Revolution ein Gemeinschaftsgefühl gegeben, aber für keinen von ihnen war das genug. Jeder verspürte das Bedürfnis, auch noch eine eigene Familie zu haben.

Die burmesischen Studenten haben im Moment noch Wichtigeres zu tun, als Familien zu gründen. Sie können sich kaum selbst ernähren, geschweige denn Witwen und Kinder unterhalten. Anführer der Studentenbrigaden in der Nähe von Manerplaw ist Myo Thant, ein dünner, sonnengebräunter Mann von vierunddreißig mit einem dünnen Schnurrbart und einem Revolver im Gürtel. Myo Thant war früher Lehrer für englische Geschichte in Mandalay. »Ich wußte, daß es Jahre dauern würde, diese Revolution zu gewinnen«, meint er. »Die jüngeren Studenten haben Schwierigkeiten, in so langen Zeiträumen zu denken, aber ich versuche, sie darauf vorzubereiten.«

Eines der größten Probleme, mit denen Myo Thant in seiner selbstgewählten Aufgabe zu kämpfen hat, ist das Heimweh. Die meisten Studenten haben noch intakte Familien in Burma, zu denen sie zurückkehren könnten, wenn sie das wollten. Dieses Wissen übt einen ständigen emotionalen Druck auf die jungen Exilierten aus, und Rangun hat clever versucht, dieses Gefühl auszunutzen, indem es eine Amnestie angekündigt hat, um sie nach Hause zurückzuholen. Um einen Massenexodus aus ihren Dschungelcamps zu verhindern, haben die Karen und die Studentenführer Gerüchte in Umlauf gebracht, daß Rückkehrern Folter und sogar die Hinrichtung durch die Militärregierung drohe. Doch diese Gerüchte konnten nur wenig ausrichten. Viele Studenten sind wieder nach Hause gegangen; von den neunhundert, die ursprünglich in das Gebiet Manerplaw geflohen waren, waren nach einem Jahr schon über fünfhundert wieder zurückgekehrt. Um die übrigen noch zurückzuhalten, hat Myo Thant genug zu tun.

Er will seinen Studenten selbst ein gutes Vorbild abgeben: Myo Thant hat seine Frau und seine drei Kinder zurückgelassen. »Ich habe sie für die Revolution aufgegeben«, erklärt er entschieden. »Natürlich hätte ich sie liebend gerne bei mir. Aber wir haben hier viele Schwierigkeiten.« Wenn sie herkämen, meint er, gäbe es Probleme mit der Ernährung, der medizinischen Versorgung und der Ausbildung für seine Söhne. Auch seine Frau würde dann in Manerplaw bleiben müssen, wenn er an der Front wäre. Am Ende wäre die Lage dann fast genauso wie jetzt. »Wir wären immer noch getrennt.«

Myo Thant argumentiert, daß jetzt wenigstens seine Frau bei ihren Kindern und ihrer Familie sei. Dann aber meint er, als wolle er alle persönlichen Zweifel über seine Entscheidungen zerstreuen: »Wie auch immer, ich habe keine andere Wahl: Meinem Land gegenüber habe ich die gleiche Verpflichtung wie gegenüber meiner Familie, und im Moment braucht mich mein Land mehr.«

Ob Myo Thants Hingabe ausreicht oder nicht, um seine Guerillaanwärter vom Absprung abzuhalten, bleibt abzuwarten. Im Lager Thay Baw Boe hat das Problem der Einsamkeit zu einem starken Anstieg an Hochzeiten geführt. Buddhistische Paare werden von im Lager lebenden Mönchen getraut, während Christen und Moslems in die nächste KNU-Siedlung gehen, wo es eine kleine Kirche und eine Moschee gibt.

Als sie neu in den Dschungel kamen, verordneten sich die Studenten Enthaltsamkeit und verboten das Heiraten für mindestens zwei Jahre. Sexuelle Beziehungen wurden mißbilligt. Doch die Umstände haben einen entspannteren Umgang mit diesem Thema erfordert. Aung Lwins Leutnant Aung Naing Oo erklärt reuig, wie es dazu kam: »Einer meiner Jungs brannte mit einem Karen-Mädchen vom Markt durch. Das hätte uns große Probleme mit den Karen aus dem Ort machen können. Deswegen mußten wir schließlich einer Heirat zustimmen.«

Seitdem haben vier weitere Paare geheiratet. Zwei der Hochzeiten wurden jedoch von der Gruppe angeordet. Lächelnd erklärt Aung Naing Oo: »Was passierte, war, daß sich zwei Paare heimlich trafen, was immer noch verboten ist. Deshalb beriefen wir ein Lagergericht ein und fragten sie, ob sie heiraten wollten. Dazu haben sie dann ja gesagt.«

Aus welchen Kulturen sie auch kommen und wie stark sie sich ihrem Kampf auch verpflichtet sehen, ist doch keiner der Guerillas fähig, seine persönlichen Bedürfnisse vollständig zu opfern, auch nicht nach Jahren des Krieges. In ihnen allen glimmt wenigstens die geheime Hoffnung auf eine eigene Familie. Es ist, als ob sich die Männer und Frauen letztlich bewußt werden, daß Ideale zerbrechlich sind, und weil das einzige Vermächtnis eines Guerillalebens das Streben nach deren Erfüllung ist, suchen sie noch nach etwas Konkreterem, das sie selbst formen und gestalten können, selbst wenn sie letztlich doch auf ihrem Weg des Todes bleiben.

7

Gespräche mit Gott

Ein wildes Getschilpe ertönt von den Vögeln, die auf den Zweigen des einzigen Baumes im Hof sitzen. Hadschi Din Muhammad kichert auf seinem Sitz in einer Ecke der Festungsbrüstung in sich hinein. Er sieht einen Sieg der Mudschaheddin in Dschalalabad voraus, aber er lacht über die Vorstellung, eine solche Tat könne von Menschen allein vollbracht werden. »Unsere Arbeit kann nie vollendet werden ohne den Willen Allahs«, sagt er. »Deswegen sage ich immer ›Inshallah‹ – So Gott will.«

Glaubensangelegenheiten können schon allein als Rechtfertigung für einen Krieg ausreichen, bei dem Menschen im Dienst verschiedener Götter und geistiger Herrscher einander töten und sterben. Doch auch unter weltlichen Gruppen entsteht in Zeiten des Krieges eine Art Religiosität – die Militärführer werden zu Halbgöttern, ihre Toten zu Märtyrern oder gar Heiligen. Es scheint, daß alle Menschen dieses Bedürfnis besitzen, sich selbst zu Göttern zu erheben, ihr Töten und Sterben aus der Banalität der weltlichen Schlachtfelder herauszuheben, um andere ebenso wie sich selbst zu überzeugen, daß ihre Sache das Sterben lohnt, weil sie getaucht ist in eine Art göttliches Licht. Es ist, als ob Menschen im Kriegszustand glauben, daß sie in ihren Kriegen zu den Göttern sprechen oder selbst zu Göttern geworden sind.

In Afghanistan ist im Chaos des Krieges der Islam unbestreitbar zum Gesetz des Landes geworden. Alles an diesem Krieg hat mit Religion zu tun, von den Friedhöfen der Märtyrer mit ihren Flaggen und Holzstangen, die sich aus dem zerbombten Schutt der Wüstenlandschaft wie junge Schößlinge aufrichten, bis zu dem beschwörenden »Inshallah« vor jeder Handlung, dem ständigen Beten – und natürlich der Atmosphäre, die über diesem Land liegt und geprägt wird durch den besonderen Fatalismus von Menschen, für die der Glaube an Gott und das Paradies die Angst vor dem Tod ersetzt hat.

Hadschi Din ist für eine der fundamentalistischen Parteien am Kommando der Belagerung von Dschalalabad beteiligt. Heute, im schwindenden Licht der Dämmerung, bestimmt er von dieser Festung etwa acht Kilometer westlich der Stadt über den Lauf der Geschehnisse. Von hier kann sein Blick über die brachliegenden Mohn- und Weizenfelder schweifen; das weite steinige, trockene Flußbett; und überall oberhalb davon die schneebedeckten Kappen der Safed-Koh-Berge. Am sich verdunkelnden Himmel hängt ein perfekter Halbmond.

Alles ist in der Hand Gottes. Wer hätte noch vor ein paar Jahren gedacht, daß sich die Dinge so entwickeln? Niemand. Nur Gott konnte es wissen. Fünfzehn Jahre sind vergangen, seit Hadschi Din seine ersten Aktionen gegen die Regierung durchgeführt hat, als er mit einer Axt Telefonmasten an der Straße nahe seines Dorfes umschlug. Danach zogen er und einige Freunde mit ihren alten Gewehren in die Berge, und damit begann der Dschihad, der Heilige Krieg.

Das Leben war hart damals. »Am Anfang war die Natur ebenso unser Feind wie die Russen«, sagt Hadschi Din. »Aber wir mußten lernen, und bald wurden die Bäume und Steine unsere Freunde.« Schließlich fanden er und seine Freunde heraus, wie sie das rauhe Land zu ihrem Vorteil nutzen konnten, um den Feind anzugreifen und sich selbst zu verstecken. Jetzt sind die Russen abgezogen, und die Mudschaheddin sind immer noch hier, mit mehr Männern als vorher und besser bewaffnet. Der Dschihad geht weiter, und sie belagern Dschalalabad.

»Wenn das Regime hier verliert, dann verliert es den Krieg. Aber für uns macht das keinen Unterschied. Solange wir leben, werden wir kämpfen. Sie sind umzingelt, also so gut wie im Gefängnis. Wir können überall hingehen, wir sind frei.«

Während der Teepause kommt eine Scud-Rakete angeflogen. Mit einem weißen Blitz schlägt sie an den blauen Flanken des Berges ein und explodiert. Mudschaheddin niederer Ränge rennen zur Mauer, um nachzusehen, wo genau die Rakete eingeschlagen hat. Hadschi Din steht nicht auf, sondern bleibt sitzen und schlürft weiter seinen Tee. Er nickt geistesabwesend, als ihm seine Männer sagen, wo die Rakete gelandet ist, und nimmt dann die Konversation wieder auf. »Die Leute fragen mich immer wieder: ›Wann nehmt ihr endlich die Stadt ein?‹, und ich antworte: ›Dann, wenn Gott will.‹«

Jenseits von Hadschi Dins Lehmfestung steigen Rauch- und Staubwolken von entfernten Hügeln auf, wie durch Wirbelwinde aufgepeitschte Staubteufel: die Einschläge von Bomben, die ihre Ziele verfehlt haben. Weitere Explosionen dröhnen im Hintergrund, und von oben kommt das donnernde Gebrüll der Düsenjäger. Das Land, von einem schönen Goldton, durchzogen mit Grün, ist entstellt durch schwarze Brandlöcher. Hier und da fügen sich rote Flammen zu einem Muster.

So sehen die Außenbezirke von Dschalalabad auch noch zwei Monate nach Beginn der Belagerung aus, trotz Hadschi Dins siegessicherer Vorhersagen. Auf der anderen Seite der Stadt sind die Linien der Mudschaheddin durchbrochen, und die Garnison der Regierungstruppen hat frischen Nachschub erhalten. Anstatt die Verteidiger von Dschalalabad einzukesseln, sind jetzt die Mudschaheddin selbst gefangen; jetzt schmoren sie in ihren exponierten Stellungen, unter ständigem Bombardement der afghanischen Luftwaffe und beschossen von Panzern, Feldartillerie und weitreichenden Scud-Raketen.

Zu allem Unbill ist die Region auch noch im Griff einer hochsommerlichen Hitzewelle, und das Tal von Dschalalabad wirkt wie eine Bratpfanne auf kleiner Flamme. An einem Tag ist die Hitze besonders unerträglich; das Thermometer zeigt knapp 50 Grad Celsius. Kein Lufthauch weht, und am Mittag ringt jeder nach Atem. Im Schatten eines Baumes bei einem Feldlazarett der Guerilla ein paar Kilometer hinter der Frontlinie warten Ärzte und Mudschaheddin völlig lethargisch auf die ersten Verletzten des Tages. Auf den Pritschen im Inneren des Zeltes liegen ein paar Patienten, die matt nach den Fliegen schlagen, die ständig um sie herumschwirren.

Ein alter Mann mit sonnengegerbter Haut humpelt in das Lazarett, gehüllt in schmutzige Lumpen und mit einer verrosteten Milchpulverdose in der Hand. Er geht aus der Sonne und stellt sich in den Schatten des Baumes. Dann stellt er die Dose zu seinen Füßen ab. Ärzte, Krankenpfleger und Kämpfer beobachten ihn von ihren Sitzplätzen aus. Es ist zu heiß für jede Bewegung.

Plötzlich beginnt der alte Mann, in die Öffnung der Blechbüchse zu seinen Füßen hineinzumurmeln. Binnen Sekunden windet sich eine silbergraue Kobra aus der Büchse. Bevor er die Hand wegziehen kann, beißt sie ihn ins Handgelenk. Aus den Bißstellen tröpfelt Blut. Mit seiner unverletzten Hand ergreift er die tödliche Schlange und schleudert sie einige Meter weiter auf den Boden.

Als die Kobra ihren Nackenschild aufbläht und ihn hin- und herschwenkt, bereit, erneut zuzuschlagen, stellt sich der alte Mann über die Schlange und verwarnt sie in Farsi, weil sie ihn gebissen hat. Dann verspottet er sie, greift nach ihr mit den bloßen Händen. Wieder beißt die Kobra zu; diesmal graben sich ihre Fangzähne tief in den Handrücken. Noch einmal greift der alte Mann nach ihr, wirft sie von sich weg und fängt wieder mit seinem Gemurmel an. Aus den Bißwunden tropft Blut auf die staubige Erde.

Bis jetzt standen die Zuschauer in einem weiten Kreis um den alten Mann herum und hielten sicheren Abstand von der fauchenden Schlange. Jeder starrt fasziniert. Ein oder zwei Männer lächeln sogar. Merkwürdigerweise scheint keiner auch nur im geringsten alarmiert. »Er hält die Schlange mit Koranversen unter Kontrolle«, sagt der leitende Arzt, der im Westen ausgebildet wurde. »Er hat diese Gabe von Gott. Das

Gift kann nicht in seinen Körper eindringen. Er ist ein religiöses Phänomen.«

Schließlich steckt der alte Mann die Schlange wieder zurück in die Büchse und verschließt diese mit dem Deckel. Stolz betrachtet er seine Wunden; er streckt seine Arme aus und zeigt der Versammlung die Narben früherer Bisse. Diese Kobra war nicht die erste, die ihn gebissen hat. Er ist ein Heiliger Mann, ein Sufi-Mystiker, und auf diese Weise zeigt er seine Verbundenheit mit Gott. Er grinst – in seinem Mund fehlen viele Zähne – und hält seine Daumen auf die blutenden Verletzungen an den Händen. Offensichtlich macht ihm das Schlangengift überhaupt nichts aus. Eine Weile verharrt er und murmelt leise einige schon vor langer Zeit auswendig gelernte Koranverse.

In der Ferne donnert Artillerie wie ein unberechenbarer Wüstensturm. Immer noch keine Verwundeten aus dem Kampfgebiet, und weil auch die Schau des Alten erst einmal vorüber ist, ziehen sich die Ärzte und Kämpfer für ein Mittagsschläfchen in ihre Kojen zurück. Sie machen sich keine besonderen Gedanken: Ihr Glaube an Gott hat sie dazu gebracht, Wunder geradezu zu erwarten. Kein Zweifel über das Wunder, das sie gerade erlebt haben, trübt ihre Gedanken. Immerhin sind sie schließlich Heilige Krieger, die Gottes Krieg kämpfen, und da sollten sich schon einmal Wunder ereignen.

Ob der Krieg, den die Mudschaheddin führen, ein richtiger Dschihad ist oder nicht, jedenfalls sorgt ihr Glaube dafür, daß sie sich mit ihrer Mission innerlich tief verbunden fühlen. Viele Kämpfer erklären ihre Teilnahme in erster Linie mit ihrer religiösen Interpretation dieses Krieges. Einige rühmen sich stolz mit geradezu kreuzfahrerischem Eifer: »Erst befreien wir Afghanistan, dann Buchara«, eine Stadt in der benachbarten zentralasiatischen Sowjetrepublik Usbekistan. »Allahu akbar!« – »Gott ist groß!« schreien sie dann laut, wenn sie ihre Waffen abfeuern, als ob durch diese Anrufung des Allmächtigen ihr Ziel noch legitimer würde.

In den Kampfgebieten wie in den Flüchtlingslagern in Pakistan tun die Mudschaheddin ihr möglichstes, um die nächste Generation auf ein islamisches Afghanistan vorzubereiten. Im Endstadium der letztlich erfolglosen Belagerung von Dschalalabad sind aus den Flüchtlingslagern um Peschawar immer mehr Jungen in den Kampfgebieten aufgetaucht. Sie sind noch Kinder und vollkommmen arglos, sie werden von ihren *Madrasa*-Lehrern dort hingeschickt, um an der Frontlinie als Kanonenfutter herzuhalten.

Das ist etwas, worauf sie schon von frühester Kindheit an vorbereitet werden. Im nächsten Nachbardorf von Charqulaba leitet ein strenger, ziegenbärtiger Mullah eine *Madrasa*, die von Mullah Naquib und Jamiat-i-Islami finanziert wird. Naquib stellt Bleistifte, Papier und Koranexemplare zur Verfügung. Im Inneren des quadratischen Ziegelgebäudes sitzen auf dem strohbedeckten Lehmboden etwa dreißig Jungen mit gekreuzten Beinen und lesen laut alle gleichzeitig aus dem Koran vor, ähnlich wie in einer altmodischen amerikanischen Sonntagsschule im Wilden Westen. Wenn die Jungen in die Pubertät kommen, ermutigt sie der Dorfmullah, sich dem Dschihad anzuschließen; das sei ihre Pflicht als Muslime. Unterdessen werden alle Kinder ermuntert, Mullahs zu werden, und der Lehrer schätzt, daß über die Hälfte seiner Schüler in seine Fußstapfen treten wird.

In ihrem Eifer, Nachwuchs für den Dschihad zu werben, nutzen die Mudschaheddin die traditionelle afghanische Verehrung des Klerus auf der einen und der traditionellen Clanchefs auf der anderen Seite voll zu ihrem eigenen Vorteil aus. Als Mullah ist Naquib nicht nur ein Clanchef mit der Autorität, die ihm seine Waffen verleihen, sondern auch eine religiöse Respektsperson. Sein Personenkult, der in Kandahar schon fest etabliert ist, wird dazu noch von Jamiat-i-Islami weiter propagiert; Naquib ist schon aufgenommen in ihren ständig wachsenden Pantheon heroischer Stammesfürsten.

In den Auslagen der Basare der Flüchtlingslager von Peschawar und Quetta liegen Bilder von Mudschaheddin-Kommandanten neben den allgegenwärtigen globalen Ikonen der

Heldenverehrung männlicher Jugendlicher: Bruce Lee, Sylvester Stallone und Chuck Norris – auch sie allesamt unbesiegbare Helden. Auf einem dieser Bilder ist der Mudschaheddin-Kommandant Ahmad Shah Massoud (auch bekannt als der »Löwe des Panschir«) als afghanischer Rambo dargestellt; ein anderes zeigt ein Panoptikum blutrünstiger historischer Figuren »sämtlicher Zeitalter«, Prominente der langen Reihe von Kriegen in Afghanistan. Auf einem dritten sieht man einen archetypischen Guerillakämpfer ganz in Schwarz: schwarzer Bart, schwarzer Turban, schwarzer Rock, einen gefüllten Patronengurt über der Brust und (schwarze) Augen, die kalt starren wie Onyx; die Parole dieses Posters verkündet: DER DSCHIHAD IST UNSER WEG.

Pir Sayyid Ahmad Gaylani ist nicht nur der Führer der Nationalen Islamischen Front, sondern auch eine Art Schutzheiliger. Seine Guerillas tragen ein Farbporträt von ihm auf laminierten Kärtchen mit sich. Als eine Gaylani-Einheit während der Operation gegen die Zuckerdiebe nach Arghandab kam, zeigte mir einer der Männer, ein unterernährter, grauhaariger Guerillakämpfer, das Bild seines Führers. Lange Augenblicke starrte er darauf und flüsterte stolz Gaylanis Namen, bevor er es wieder vorsichtig in seine armselige Brieftasche steckte, die er dann in ein Stück Stoff schlug und in seinem Rock verstaute.

Bei solch überlebensgroßen Charakteren als Leitfiguren ist die Anziehungskraft des Dschihad auf die afghanischen Kinder leicht zu verstehen. Zurückgelassen mit den Frauen in den übervölkerten, brütendheißen Flüchtlingslagern, sehnen sie sich nach einem ruhmvollen Leben, danach, Heldentaten zu vollbringen und das Paradies in der Gemeinschaft von Männern zu finden. Der Dschihad präsentiert sich als ihre Chance, all das zu erreichen.

Es ist früh am Morgen in einem Bunker in der Nähe des Flughafens von Dschalalabad. Mehrere Mudschaheddin und zwei kleine Jungen schauen erwartungsvoll nach zwei MiGs, die über ihren Köpfen auftauchen. Die MiGs sinken immer tiefer und werden immer lauter, erscheinen genau über dem schmalen Streifen Land, der den Bunker von der Landebahn trennt – und starten wieder durch. Beim Hochziehen werfen sie ihre Ladung ab, und sofort steigen dort, wo die Bomben in der benachbarten Hügelkette eingeschlagen sind, Rauchwolken auf.

Kaum sind die Kampfflugzeuge wieder verschwunden, erscheint eine verschleierte Frau auf dem Weg in der Nähe des Bunkers. Sie weint und schreit, ihre Arme zum Himmel gereckt. Der ältere der beiden Jungen versucht sich zu verstekken. Er sei doch gerade erst dreizehn, ruft die Frau verzweifelt, und er sei vor ein paar Tagen weggelaufen, um zu den Mudschaheddin zu gehen. Sie fleht die alten Männer an: »Bitte, laßt ihn wieder zu mir. Er ist noch zu jung für den Krieg, und wir brauchen ihn zu Hause.«

Die Mudschaheddin starren die Frau an und lachen über ihren Schmerz. Dann schauen sie uninteressiert wieder weg und scheinen sich nicht mehr um sie zu kümmern. Sie beobachten, wie an den Bombeneinschlagstellen der Rauch aufsteigt. Der Junge ist hier bei ihnen. Das reicht; er ist jetzt ein Mudschahed. Die Frau ist viel zu verängstigt, um sich näher heranzuwagen. Bald erkennt sie, daß sie ihren Jungen verloren hat. Sie wendet sich ab, taumelt in der stechenden Hitze zurück und weint hemmungslos.

Der andere Junge ist elf und mit seinem Onkel aus einem der Flüchtlingslager von Peschawar gekommen, um, wie er sagt, »*Kaffir* zu töten«, Ungläubige. Er sagt dies so mannhaft, wie er kann, und macht ein finsteres Gesicht. Er schaut zurück in Richtung des belagerten Flughafens, der Düsenjäger, der Landschaft des Krieges. Dort sind sie, die Ungläubigen, gleich hinter dem Hügel, im Herzen des Krieges. Wenn er sie auch nicht sehen kann, so weiß er doch, daß sie da sind.

Das mag Außenstehenden primitiv erscheinen, aber der afghanische islamische Nationalismus ist aus der Nähe betrachtet verständlicher. Wem sonst als dem Islam könnten sich diese Menschen denn zuwenden, um eine Erklärung dafür zu finden, was ihrem Land geschehen ist? Was sonst kann einem Töten in derartigem Ausmaß – über eine Million Tote in zehn Jahren – irgendeine spirituelle Dimension verleihen, wenn nicht die Religion? In einem vom Krieg zerstörten und zerrissenen Land, abgeschottet von Einflüssen der Zivilisation, werden die Symbole des Islam zu bedeutungsvollen Zeichen für Menschen auf der Suche nach geistiger Nahrung und geben ihnen ein gewisses Maß an Hoffnung für die Zukunft.

In dem verwüsteten Arghandab, wo die Anwesenheit eines Gottes noch weniger erkennbar ist als an den meisten anderen Orten, sind die Symbole des Islam allgegenwärtig – errichtet von Männern, die glauben, sie werden schließlich ihre Feinde bezwingen aus göttlichem Recht. Vom grünen Banner, das Mullah Naquib auf der zerschossenen Festung auf dem Hügel gehißt hat, wo der Heilige Mann Baba Wali begraben liegt, zu den flatternden Fahnen der Märtyrerfriedhöfe, die den blanken Wüstenboden in Wälder verwandeln, ist dies ein Land voller religiöser Zeichen. Es ist auch ein Land, wo die Toten stärker in Erscheinung treten als die Lebenden. Um die Gräber zu zieren, fällt man junge Bäume und schneidet ihnen die Äste ab, um den nackten Stamm als Grabstele der afghanischen Märtyrer aufzustellen. Die toten Männer, an welche die Stämme erinnern, sind allesamt Helden des Heiligen Krieges; unangreifbar alle, die im Dschihad gefallen sind.

Für die, die noch nicht tot sind, besteht wenig Notwendigkeit, auf diesen Sachverhalt hinzuweisen, um ihren Kampfesmut aufrechtzuerhalten: Der Krieg geht weiter, und die Flaggenfriedhöfe werden jeden Tag größer. Die Märtyrer sind überall um Kandahar präsent, und ihr Vermächtnis ein ständiger Ruf zu den Waffen.

In dieser spirituell orientierten Landschaft gewinnt selbst die weltlichste Alltagsroutine etwas Jenseitiges, und die Mudschaheddin mit ihrem von Gebetspausen zerrissenen Tageslauf erinnern an eine halbwilde Kaste mittelalterlicher Kriegermönche. Jeden Tag bei Sonnenuntergang sitzen Khalilullah und Abdul Hakim auf ihren Pritschen, bilden eine stille, fromme Gemeinschaft und lesen sich gegenseitig aus dem Koran vor.

Die Mudschaheddin beten nicht nur, sondern finden auch unfehlbare Richtlinien für sämtliche Aspekte des Lebens im Koran oder einer von Mohammeds Schriften. Selbst die Haartracht der Kämpfer wird aus dem Koran abgeleitet. Die Guerillas um Kandahar glauben, daß ihr langhaariger oder kahlrasierter Look dem Stil Mohammeds entspricht. Und das schwarze Kohl, das die Augen vieler Kämpfer ziert – und ihnen die bizarre Miene von Stummfilmschauspielern der zwanziger Jahre verleiht – , auch es wird getragen als Reverenz an Mohammed und seine angeblichen kosmetischen Vorlieben.

Gelegentlich führt die Interpretation islamischer Regeln zu absurden Situationen. Auf dem Weg zum obersten *Maulavi*, dem Mann, der das Scharia-Gesetz in Kandahar überwacht, besteht Khalilullah darauf, zum Aufzeichnen der Interviewfragen einen grünen Stift zu verwenden. Auch mir reicht er seinen grünen Stift und meint: »Bitte nimm meinen Stift. Deiner ist rot, die Farbe des Kommunismus. Meiner schreibt grün, das ist die Farbe des Islam.«

An einem Spätnachmittag gehen Naquibullah und Khalilullah mit ihren Leuten nach dem Beten in die Felder um Charqulaba. Sie streifen auf kraterübersäten Fußpfaden durch die unbewirtschafteten Weinberge, zwischen denen immer wieder Trümmer von Bauernhäusern aus Lehm liegen. Der Mullah spricht von Momenten der Tapferkeit, von Fehlern und Wundern in ihrem bisherigen Kampf. Hier – er weist auf eine bestimmte Stelle – rückten die sowjetischen Truppen in ihrer letzten Offensive auf das Lager vor; dort konnten seine Leute sie aufhalten. Naquib bleibt an einer Stelle stehen, wo ein Sowjetsoldat tot unter einem Steinhaufen liegt, und meint, die Shuravi, die Sowjets, seien sehr tapfer, aber sie hätten nie die Taktik der Mudschaheddin verstanden. Deswegen hätten die Mudschaheddin standhalten können, und die Sowjets seien jetzt auf dem Rückzug.

Ein Jugendlicher fährt mit einem Mofa vorsichtig den Pfad entlang. Hintenauf sitzt ein alter Mann mit einem weißen Bart. Es ist Naquibs Onkel, er ist auf dem Weg ins Lager, um etwas mit seinem Neffen zu besprechen. Die beiden Männer unterhalten sich eine Weile. Währenddessen wandern die Augen des alten Mannes ruhelos über die unförmigen Überbleibsel des Dorfes Charqulaba. Schließlich zuckt er mit den Schultern und meint, daß er sich anstrengen kann, wie er will, aber trotzdem nicht mehr genau zeigen kann, wo einmal sein Haus stand, obwohl er hier sechzig Jahre lang gelebt hat. Er schüttelt immer noch seinen Kopf, als er seine Fahrt in Richtung Lager fortsetzt, um dort auf die Rückkehr Naquibs zu warten.

Naquib und Khalilullah laufen weiter, verlassen bald die Anpflanzungen und betreten die kahle Ebene. Langsam schlendern die beiden Männer in Richtung des Märtyrerfriedhofs, auf dem die Gedenkwimpel wehen wie Masten in einem vollen Hafenbecken. Die Sonne, ein großer, orangeroter Ball, sinkt allmählich zum Horizont.

Plötzlich setzt das Gebrüll heranrasender MiG-Bomber über ihren Köpfen Naquibs idyllischen Träumereien ein jähes Ende. Die Düsenjäger stoßen weiße Kondensstreifen wie Pfeile hinter sich aus und bombardieren dann den Horizont. Die Bomben schlagen mit einem dumpfen Krachen ein, und Rauchpilze steigen in den blauen Himmel. Von überall her knattern und krachen die Waffen der Mudschaheddin los, die vergeblich mit Flinten, Maschinengewehren, Raketenwerfern, allem, was sie haben, auf die Jets losfeuern. Während das Drama in der Luft andauert, geht der Tag zu Ende, und es ist wieder Zeit zum Beten.

Khalilullah und der Mullah gehen ein paar Schritte in Richtung Sonnenuntergang, nehmen ihre bestickten Schals ab und legen sie als Gebetsteppiche vor sich auf den Boden. Dann knien sie nieder. Khalilullahs AK-47 blinkt im letzten Sonnenstrahl des Tages. Die beiden Männer beten, stehen auf, lassen sich fallen und verneigen sich rhythmisch gen Westen, wie es der Islam vorschreibt. Hinter ihnen wehen die Fahnen an den Masten im Abendwind.

Für die Mudschaheddin von Arghandab ist die Hand Gottes allgegenwärtig in allem, was sie sehen und tun. Es ist fast so, als ob sie ihr Glaube befähigt, über dieses Leben hinauszusehen in das nächste. Auch in Palästina gibt es diesen Sinn für Spiritualität, der das gesamte Alltagsleben und auch die Alltagsgewalt in einer Weise prägt, welche die üblichen Definitionen von Krieg in Frage stellt.

Als inzwischen ältester immer noch anhaltender Konflikt der Welt hat der Streit über den Besitz der palästinensischen Gebiete inzwischen eine vollkommen einzigartige, geradezu mystische Dimension erlangt, die alle Beteiligten zu seinen Sklaven macht.

Für die Palästinenser – ebenso wie für die Juden – sind ihr Land, ihre Geschichte und ihre Religion voneinander untrennbar. Sie sind miteinander verwoben zu einer fast mystischen Identität, die irrational erscheinen mag, aber doch leidenschaftlich empfunden wird. Diese Leidenschaft hat wiederum eine reiche Folklore hervorgebracht, die von Generation zu Generation überliefert wird, so daß die gesamte Geschichte in der Gegenwart kulminiert. Biblische Geschichten werden erzählt, als seien sie gestern passiert, und moderne Erzählungen haben die Qualitäten zeitloser Gleichnisse. So wie die Geschichte, welche die Mutter von Sami – dem messertragenden PLO-Kämpfer – erzählt, von der Nacht, als ihr Vater sie auf einem Esel von den heiligen Hügeln Hebrons über die feindlichen Linien bis nach Gaza brachte, wo sie aufwuchs, um Söhne zu gebären, die jetzt für ihr verlorenes Heimatland kämpfen.

An der Wand des Wohnzimmers bei Mahmoud zu Hause hängt wie in den meisten anderen Wohnungen ein Bild des Jerusalemer Felsendoms und der Al-Akhsa-Moschee, die auf der Stelle errichtet sind, wo nach der Überlieferung Mohammed auf einem weißen Pferd in den Himmel geritten ist. Das Bild dieser goldenen Kuppel, die über Jerusalem schwebt wie ein leuchtender Mond, ist das Ursymbol der Palästinenser, der geheiligte Beweis ihres Anspruchs auf das Land ihrer Vorväter und in seiner Heiligkeit der letzte Beweis ihrer Identität als eigenes Volk.

Das Land Palästina ist derart heiß ersehnt, daß es selbst zu einem heiligen Symbol für die Palästinenser geworden ist. Als Beweis für die historische Kontinuität ihres Volkes nennen sie die ältesten Olivenbäume »Römer«, denn sie stehen hier seit den Zeiten des Herodes; sie werden mit einer zärtlichen Ehrfurcht behandelt, als seien sie steinalte, lebende Verwandte. Arthritisch gebeugt und dennoch standhaft, sind diese Bäume stumme Zeugen der gesamten palästinensischen Geschichte.

Tatsächlich könnten die Palästinenser – so säkular ihre Ideologie auch sein wollte – die spirituelle Dimension in ihrer politischen Geschichte gar nicht ignorieren: Die Sprache des Islam ist das, was ihre Gemeinschaft durch die Zeiten zusammengeschweißt hat, der Beweis für den Ursprung ihres Anspruchs auf das Land Palästina. Ihre gemeinsame Geschichte als Moslemvolk bildet eine Identität, die ihrem Konzept von Nation lange vorausgeht. Der Aufstand mag zwar offiziell von einer Koalition von Kräften gesteuert werden, die auch die verschiedenen Splittergruppen der PLO mit einbezieht, aber die Dynamik der Intifada hat ihre Wurzeln im Islam. Mit seinem Paradiesversprechen für Märtyrer gibt allein der Islam der Aussicht, auf einer der schmutzstarrenden Straßen von Gaza elend zu sterben, eine Bedeutung über das Leben hinaus.

Die Moschee ist auch für das Lager Breij das spirituelle Zentrum. Selbst wenn Mahmoud nicht zum Beten in die Moschee geht oder die fünf täglichen Gebetszeiten beachtet, die von gläubigen Moslems erwartet werden, ist er immer noch in der Kultur des Islam verwurzelt. Es ist dieses Gefühl für kulturelle Identität, das es ihm zumindest eine Zeitlang erlaubte, keinen Widerspruch zu sehen zwischen säkularen Aktivisten wie ihm selbst und religiösen Militanten wie Hisham.

Für die jüngeren, weniger gut Ausgebildeten wie Yasir und Dasir sind die Gefühle des palästinensischen Nationalismus und der islamische Glaube voneinander ununterscheidbar. Die Fatah-Jugendorganisation Al Shabibeh hat dieser Generation ein Polittraining angedeihen lassen und eine Selbstverwaltungsstruktur gegeben, aber sie hat ihre religiösen Einstellungen intakt gelassen. Der Glaube, daß ihre Intifada nur die letzte Manifestation eines uralten Krieges ist, hat die Jugendlichen auch bei allem anderen, was sie tun, nach einer spirituellen Bedeutung suchen lassen.

Die Jungs sprechen davon, »für die Rückkehr zu den Heiligen Stätten zu kämpfen«, nennen sich selbst »Shabibeh-Muslims«. Selbst ihre Waffen kennen sie schon aus dem Alten Testament, von der *Mugla* (der selbstgebauten Steinschleuder) bis zu den »heiligen Steinen«, die sie damit abfeuern. Es ist, als seien diese Steine doppelt heilig: einmal, weil sie aus dem Heiligen Land selbst kommen, und dann, weil man, wenn man sie schleudert, dazu beiträgt, eine uralte Prophezeiung zu erfüllen – die nationale Erlösung. Und deshalb unterziehen sich die *Shabbab* auch an den Tagen, an denen später gewalttätige Demonstrationen zu erwarten sind, den Ritualen des Fastens, Betens und dem Besuch der Märtyrergräber. Die alltägliche ungleiche Konfrontation mit dem Feind erscheint wie die Wiederaufführung einer alten biblischen Geschichte – oder die Erfüllung einer Prophezeiung.

Seit mehreren Wochen schon steigen die Spannungen in Breij. Es ist jetzt vierzehn Tage her, seit die Israelis in Nassers Haus eindrangen, Gegenstände zertrümmert haben, einem Baby auf die Hand getreten sind und Nassers älteren Bruder, »den Scheich«, dazu gebracht haben, zum Messer zu greifen und heilige Rache zu schwören. Jetzt liegt der Scheich im Krankenhaus. Er wurde gestern von israelischen Soldaten bewußtlos geschlagen. Seine Familie sagt, der Angriff sei einzig durch den Bart ausgelöst worden, den er jetzt trägt und der ihn als Fundamentalisten ausweist. »Jetzt«, scherzt Nasser mit schwarzem Humor, »ist er der Imam des Krankenhauses.«

Heute steht das ganze Lager unter Ausgangssperre, und auch Nassers Familie ist zu Hause eingepfercht. Es liegt Spannung in der Luft, denn morgen ist Freitag, und nach einem Muster, das mittlerweile zu einem Ritual geworden ist, wird es auch diesmal im Anschluß an das Morgengebet Aufstände geben – eine garantierte Schlacht mit dem Feind.

Einer von Nassers Brüdern beobachtet gebannt in dem alten Schwarzweißfernseher der Familie ein Fußballspiel zwischen dem israelischen Team Makkabi Tel Aviv und dem Club aus Mailand. Natürlich ist der Bruder für Mailand. Ohne Interesse für das Spiel sitzt Nassers dicke Mutter auf einigen Kissen und läßt sich von einer Schwiegertochter die Fingernägel schneiden. Von Zeit zu Zeit stößt sie einen lauten Kummerseufzer wegen ihres Sohnes im Krankenhaus aus.

Die Israelis haben die Universität des Westjordanlands geschlossen, die Nasser besucht, wodurch er wieder im überfüllten Haus seiner Familie gelandet ist. Jetzt ist er zu einem »wiedergeborenen« Muslim geworden. Auf der Oberschule und zu Beginn seines Studiums hing Nasser wie die meisten seiner Mitstudenten der Staatsvision von Jassir Arafat an: Ein säkularer Palästinenserstaat sollte in den besetzten Gebieten entstehen und mit Israel zusammen existieren. Doch jetzt, wo seine Ausbildung abgebrochen wurde, er kaum Hoffnung auf Arbeit hat und dazu von einer Straßenschlacht neulich noch eine Kugel im Bein, haben sich seine Ansichten radikalisiert. Er orientiert sich jetzt wieder stärker nach Gaza – und zum Islam. »Die meisten Leute im Lager sehen das hier inzwischen als Religionskrieg«, meint er. »Es wird so weitergehen, bis wir die Juden hinausgeworfen haben.«

Am nächsten Morgen beklagt sich Nasser, daß er schlecht geschlafen habe. Noch halb in der Nacht ist er von Hundegebell wach geworden und konnte nicht mehr einschlafen. Er hatte Angst, die Israelis seien ins Lager gekommen, denn genau das bedeutet das Hundegebell für gewöhnlich. In der letzten Zeit kommen fast jede Nacht Soldaten in die Häuser und zwingen die Menschen, in ihren Schlafanzügen nach draußen zu gehen, wo sie ihnen Pinsel und Töpfe mit schwarzer Farbe in die Hand drücken, damit sie die Graffiti der *Shabbab* an den Wänden übermalen sollen.

Ein paar von Nassers Freunden kommen; nach einigen Täßchen mit heißem, süßem Tee gehen sie alle auf die Straße und schlendern in Richtung Moschee. Kinder stehen um brennende Reifen herum und lassen ihre Muskeln spielen. Gespannt warten sie auf Krawall. Über ein Megaphon beginnt der Muezzin seinen melodischen Ruf und fordert die Gläubigen zum Gebet auf. Plötzlich geht ein Ruck durch die Kinder, dann der Schrei: »*Jesh!*« – »Soldaten!«, und schon kreischen die Reifen der Jeeps.

Jeder verschwindet von der Straße und rennt davon, um sich in seinem Haus zu verstecken. Nasser trifft die Situation unvorbereitet, er rennt eine Straße entlang, die von der Hauptstraße wegführt. Plötzlich sind überall steinewerfende Jungen. Einige warten an Kreuzungen und halten Wache, bis die anderen vorbei sind, dann verschwinden sie selbst. Überall Fußgetrappel und gedämpfte Rufe. Nasser läuft in einen kleinen Olivenhain am Rand des Lagers – eine Sackgasse. Zurück in das Gassenlabyrinth, hinauf zur Straße. Doch von vorn wird gerufen, daß auch dort Soldaten sind, also wieder zurück, zurück zum Olivenhain, nur schneller. Jetzt steht eine Frau mit zwei Kindern am Ende der Gasse und teilt wortlos die Jungen in zwei Gruppen, schickt sie in andere Gassen, wo ebenfalls wachende Frauen stehen und warten. Dann rennen sie in einen Hauseingang, der von einer verschleierten älteren Frau offengehalten wird. Kaum sind sie drinnen, schlägt die Tür zu.

Schwitzend und außer Atem, aber in Sicherheit, dankt Nasser der Frau. Sie geht hinaus, um Tee zu kochen. An der Wand hängen eingerahmt künstlerische arabische Kalligraphien. Sorgsam mit Ornamenten verziert, sind es Sprüche von Hassan Al-Banna, dem verstorbenen Gründer der illegalen Moslembruderschaft. An der Wand hängen vier Käfige mit Kanarienvögeln und einige dekorativ bestickte Tücher. Als die Frau zurückkommt, fragt Nasser sie danach; einer ihrer Söhne hat sie gemacht, als er in Israel im Gefängnis saß.

Es vergeht eine lange Zeit. Stille hat sich wieder über das Lager gelegt. Plötzlich wird Nasser unruhig, und er bittet die Frau um einen Gebetsteppich, den sie ihm sofort bringt. »Ich habe die Gebete in der Moschee verpaßt«, erklärt er und macht sich ans Beten. Für Nasser ist das Gebet zum wichtigsten Element seiner palästinensischen Identität geworden. Ohne Gebet kommt er sich entwurzelt vor, schwächer, irgendwie weniger palästinensisch.

Plötzlich wird es draußen wieder laut – Schüsse und Schreie, und dazu ein Geräusch, das Gänsehaut verursacht: das lautstarke Geheul von Frauen, die dabei in schnellem Stakkato die Zungenspitze gegen den Gaumen trällern lassen. Nasser verliert die Ruhe: »Die Moschee! Die Moschee!« schreit er. »Das kommt von der Moschee. Die *Yahud*, die Juden, töten unser Volk!« Nasser stürzt aus dem Haus und rennt in Richtung der Gewalt. In den Hauseingängen an seinem Weg entlang stehen die Frauen von Breij mit hocherhobenen Köpfen und machen ihren schrecklichen Lärm, und Nasser rennt immer schneller in Richtung des Aufruhrs. Bei der Moschee hat einer der *Shabbab* versucht, einen Israeli niederzustechen, und wurde selbst erschossen. Die Kinder sind auf das Flachdach der Moschee geklettert, von wo sie die Straße überschauen können, und haben sich selbst in eine Art tödliche Ekstase hochgeputscht. Es ist Blut geflossen, und jetzt, auf diesem Flachdach mit der Kuppel der Moschee in der Mitte, sind sie bereit, selbst zu sterben. Sie werfen Steine und Armierungseisen auf die israelischen Soldaten herunter, die jetzt überall auf der Straße sind, verfluchen sie und schreien: »Allahu akhbar!« Das ist der Schlachtruf der Jugendlichen, wie um zu sagen, daß sie zu allem bereit sind, daß sie hier und jetzt töten und sterben können – nun haben sie vollkommen den Verstand verloren.

Schüsse pfeifen durch die Luft, Frauen heulen, Tränengas wabert, und der Muezzin heizt die Stimmung mit seinen pathosbeladenen Phrasen noch weiter auf. Jetzt zerreißen die Jungen ihre T-Shirts, strecken den israelischen Soldaten ihre nackte Brust entgegen und fordern sie auf, auf ihr Herz zu zielen. Sollen sie sie doch töten – hier und jetzt.

Nach dem Angriff auf die Moschee sind die Betondecke des Dachs und die Kuppel gespickt mit Kugeln. Die Einschläge bleiben der sichtbare Beweis für den israelischen Angriff auf einen muslimischen Gebetsort – als solcher werden die Ereignisse des Tages in die Chronik eingehen. Was den angeschossenen Jungen betrifft, der ist jetzt verblutet und wird nun zu einem echten Märtyrer. Denn er starb nicht nur bei der Verteidigung des Islam, sondern erhielt die tödliche Kugel auch noch im Schatten einer Moschee. Mit seinem Blut wurde die besondere Position der Moschee von Breij als Nervenzentrum der Intifada – die für die Gläubigen ein Dschihad ist – wieder einmal unter Beweis gestellt.

Die Moschee von Breij ist seit ihrer Erbauung ein Symbol des Widerstands, denn Hisham und seine Freunde von der Moslembruderschaft erbauten sie mit ihren eigenen Händen, illegal, ohne vorher die notwendige Erlaubnis von den israelischen Besatzungsbehörden einzuholen. In ehrenamtlicher Arbeit bauten sie sie heimlich nächtelang während mehrerer Monate. Als die Israelis mitbekommen hatten, was da gebaut wurde, zogen sie es weise vor, den Bau zu ignorieren, denn einen Abriß hätten die Bewohner als Sakrileg betrachtet. Inzwischen ist schon die Tatsache, daß sie überhaupt steht, ein doppelter Sieg für die Muslime von Breij, einmal, weil es ein Denkmal für den Widerstand des Lagers ist, aber auch, weil, so Fahed, »durch den Bau von Moscheen die Verbreitung des Wortes des Islam gefördert« wird.

Jeden Freitag kommen Fahed und Anis zum Sonnenuntergangsgebet zu Hisham nach Hause. Auch Hishams Vater und seine Brüder kommen gewöhnlich hinzu. Immer führt Hisham die Gebete an. Bis dann hat er den ganzen Tag weder etwas gegessen noch getrunken, und auf seinen Zähnen und Lippen liegt ein zäher weißer Belag, seine Zunge ist angeschwollen. Erst nach den Gebeten ißt und trinkt Hisham. In einem Raum mit einer Fototapete, auf der ein amerikanischer Bach zu sehen ist, umstanden von Bäumen in herbstlicher Laubpracht, versammeln sich die Männer zum Abendessen. Gelegentlich dudelt zur allgemeinen Erheiterung eine Art elektronische Eieruhr laut ein paar Akkorde aus »Rock-a-Bye Baby«. Das ist ein Zeichen für Hishams Bruder, wie ein Pfeil aus dem Raum zu schießen und mit Tabletts voller Essen wiederzukommen. Er bekommt sie von den Frauen des Hauses gereicht, die draußen im Flur unsichtbar bleiben.

Nach dem Abendessen und zahllosen Tassen *Yamsum* – Kamillentee mit Anis – sprechen die drei jungen Männer von ihrem Glauben an Gott und den Islam und über die Rolle des Islam im Krieg, der jetzt gegen die Juden begonnen hat. Fahed meint, die Intifada sei den Arabern schon von Mohammed prophezeit worden. »Er sagte doch: ›Ihr werdet gegen die Juden kämpfen, und ihr werdet gewinnen. Zu jener Zeit werden die Bäume und die Steine sagen: Hinter mir steht ein Jude: Kommt her und tötet ihn.‹ Mit anderen Worten, die Juden werden sich nirgends mehr verstecken können.«

Fahed stellt ein selbstzufriedenes Lächeln zur Schau. »Das klingt vielleicht grausam, jeden Juden zu töten. Aber das ist es nicht, wenn man die ganze Prophezeiung richtig versteht. In den Schriften heißt es, Allah gab ihnen zuerst die Chance, gut zu sein. Doch von Beginn der Schöpfung an wußte Allah schon, daß sie böse sein würden, und das ist der Grund für die Prophezeiung. Es ist das Wesen der Juden, das für ihr Ende verantwortlich ist.«

Für Fahed gibt es keinen Zweifel, daß die ziterten Verse einmal Wirklichkeit werden. Bis dahin hilft ihm sein Glaube, mit den erniedrigenden Umständen des Lebens unter der Besatzung zurechtzukommen. Indem er die Augen schließt und nur fest genug daran glaubt, kann Fahed fast schon allein durch seinen Willen die Juden und den Staat Israel zum Verschwinden bringen.

Der Islam hat viele Qualitäten, die verbreitet werden müssen, sagt Fahed, nicht nur im Gaza-Streifen oder dem Land Palästina, sondern überall auf der Welt. Heutzutage werde der Islam mißverstanden, ebenso das Konzept des Dschihad.

»›Heiliger Krieg‹ ist ein Begriff, der für die Europäer besonders schrecklich klingt, besonders für Christen. Das kommt aus der Zeit der Kriege zwischen Christen und Muslimen. Für uns bedeutet Dschihad etwas vollkommen anderes. Dschihad ist die Waffe, mit der du dich wehrst, wenn du ein Muslim bist. Wir glauben, wenn ein Muslim für die Verbreitung des Islam kämpft, für die Befreiung seines Landes, für die Verteidigung seiner Familie, das ist dann Dschihad. Wer für diese Dinge kämpft, ist ein Mudschahed, ein ›Heiliger Krieger‹. Wenn du ein Mudschahed bist, heißt das, du stehst am Jüngsten Tag besonders gut da und wirst sicher ins Paradies kommen. Das ist wichtig: Wenn du weißt, daß du ins Paradies kommst, dann gibt dir das eine besondere Kraft.«

Für Hisham ist dieser Glaube die geheime Waffe der Intifada. »Jeden Tag geben wir einen Märtyrer dafür hin, daß sich die Dinge ändern. Jedesmal, wenn jemand dafür stirbt, treibt das den Aufstand voran und stärkt ihn. Die Jugendlichen, die auf dem Dach der Moschee ihre T-Shirts zerrissen haben, taten das, weil sie glaubten, sie kommen ins Paradies. Anderenfalls hätten sie es nicht getan. Jeder weiß, wenn er stirbt, wird er zu einem Märtyrer, und ein Märtyrer ist nie wirklich tot. Wenn er getötet wurde, dürfen wir nicht sagen, daß er gestorben ist. Der Koran befiehlt uns zu sagen, daß er noch lebt.«

Fahed nickt zustimmend und meint: »Leute umzubringen ist keine sehr schöne Sache. Aber wir sind ein Volk, dem man seine Rechte genommen hat, sogar unsere heiligen Stätten. Was erwartest du von diesen Leuten? Zu Hause bleiben und Brathähnchen essen?« Er deutet auf die Reste der letzten Mahlzeit, die noch auf Tabletts auf dem Boden stehen. Jetzt nickt Hisham. »Wenn nötig«, kündigt er an, »sind wir bereit zu sterben. Wir Muslime lieben den Tod wie andere das Leben.«

Am nächsten Morgen versammeln sich Anis und einige seiner Freunde in der islamischen Buchhandlung. Anis spricht über die Bedeutung des Ladens und spielt eine Kassette ab. »Islamische Musik«, erklärt er ganz aufgeregt. Gestern nacht hatten Fahed und Hisham erklärt, daß in ihrem zukünftigen *islamischen* Palästinenserstaat alle Musik verboten sein würde – außer »islamischer« Musik.

Jetzt, wo das wilde, rhythmische Hämmern der Musik durch den Raum dröhnt und den Hintergrund bildet für den Sopran eines heranwachsenden Jungen, leuchten Anis' Augen. Um ihn herum rücken die jungen Männer näher zusammen, ihre Körper aufgerichtet und voller Energie. Sie haben große Augen und ein Lächeln im Gesicht. Anis grinst und sagt: »Dieser Song ist über die Hamas, die islamische Untergrundorganisation, die den Dschihad anführt. Diese Musik inspiriert uns und gibt uns das Gefühl, wir können für den Islam alles geben.«

Ebenso wie der Islam vom Geist der *Shabbab* in Gaza Besitz ergriffen hat und sie mit glühenden Visionen vom Leben im Paradies erfüllt, hat die Polisario die Seelen der Menschen in der einsamen Wüste der Westsahara in Besitz genommen. Indem sie bei der Ausübung ihrer eigenen Macht die Äußerlichkeiten des Islam beibehalten hat, hat die Polisario die Rolle der Religion im Alltagsleben der Sahraouis erfolgreich besetzt und so einen neuen und revolutionären Monotheismus propagiert.

Hanna lebte früher als Sklavin. Ihr Zuname, Baali, ist der gleiche wie der einer der führenden Familien der Revolution. Vor jenem Tag im Jahr 1975, als die Polisario die Abschaffung der Sklaverei erklärte und mehrere tausend ihrer Anhänger befreite, war Hanna Besitz der Baali-Familie. In der seit undenklichen Zeiten gepflegten Tradition der Sklaverei hatten ihr die Baalis ihren eigenen Familiennamen gegeben. Jetzt, Jahre später, sind sie ihre Nachbarn im Lager Aoussert, nur ein paar Zelte weiter.

Hannas Gesicht ist so schwarz, daß seine Konturen in dem Halbdunkel des Zeltinnern verschwimmen. Sie spricht von ihrer Vergangenheit als Sklavin mit einer scheuen, honigsüßen Stimme. Hanna erinnert sich, wie sie verkauft wurde. Sie und ihre ältere Schwester Selma wurden von verschiedenen Familien gekauft, als sie sieben oder acht Jahre alt war. Ihre Eltern konnten nichts dagegen unternehmen, meint sie, weil sie selbst Sklaven waren. Eines Tages nahmen ihre Besitzer Hanna auf einen Ausflug mit. Sie sagten, es sei nur für ein paar Tage. Ihr Vater protestierte und meinte, sie sei noch zu jung. Doch sie nahmen sie trotzdem mit und verkauften sie. Die neuen Besitzer sagten ihr, sie würden sie zurück zu ihrer

Mutter bringen. Nach zwei Tagen auf dem Kamel meinte sie, sie liefen aber den falschen Weg. Da schlugen sie sie mit Stöcken und befahlen ihr, ihre Mutter zu vergessen. So kam sie in die Familie Baali.

Hanna hat ihre Mutter und ihren Vater nie wiedergesehen. Sie weiß nicht, wie lange sie bei den Baalis lebte, aber sie denkt, daß sie jetzt »schon älter als fünfzig« ist, also ist sie den größten Teil ihres Lebens bei ihnen gewesen. Während all dieser Jahre führte sie ihren Besitzern den Haushalt und schleppte Wasser von der Quelle. Sie war auch verheiratet mit einem halbfreien Sklaven, der bei einer anderen Familie lebte. Aufgrund seines Status durfte er zu ihr kommen und bei ihr leben. Gemeinsam hatten sie sieben Kinder. Jetzt ist Hannas Ehemann alt und verbringt seine Tage, indem er sich um einen der Gärten in Aoussert kümmert. Ihre Kinder leben alle in den Lagern, außer einem Sohn, den Verwandte der Baalis ihnen noch vor der Revolution weggenommen hatten. Beim Exodus blieb diese Familie zurück und lebt heute noch auf der anderen Seite des Walls. Deswegen haben Hanna und ihr Mann seit 1975 nichts mehr von diesem Sohn gehört.

1976 kamen Hanna und Selma wieder zusammen. Sie waren einander in der Zwischenzeit vollkommen fremd geworden, und ihr Geschwisterverhältnis war erst bei Befragungen der Polisario über ihre Ursprungsfamilien herausgekommen, als sie die gleiche Vorgeschichte erzählten. Nach ihrer Wiedervereinigung lebten sie wieder als Geschwister. Hanna trägt den Baalis nichts nach, denn es hat keinen Zweck.

»Das ist alles Vergangenheit. Jetzt leben wir genauso wie die Weißen«, meint Hanna. »Sieh nur! Wir leben sogar direkt mit den Weißen zusammen, und unsere Kinder haben die gleichen Lehrer. Ich kann das gar nicht in Worte fassen. Ich danke bloß Gott und der Revolution, daß ich jetzt weiß, daß ich genauso wie die Weißen bin.«

Abba schaut triumphierend. Bis jetzt hat er eher unwirsch dreingeblickt. Er wollte zuerst gar nicht hierherkommen; er meinte, das sei Hanna peinlich, weil ihre Lebensgeschichte mit der »schmachvollen« Vergangenheit zu tun hat, der Zeit der Ungerechtigkeit vor der Revolution. In Wahrheit ist ihm auch unwohl wegen ihrer Unterwürfigkeit, und weil sie sehr offen ihre Gefühle zeigt. Sie sind beide Sahraouis und per Definition »Revolutionäre«, aber es ist offensichtlich, daß ihr Verständnis der Polisario-Revolution sich erheblich voneinander unterscheidet.

Für Hanna sind die Polisario-Front und Gott so gut wie dasselbe. Indem sie sie von einem Leben in Sklaverei befreit hat, hat die Revolution die Macht einer Gottheit offenbart. Als allmächtiges Geschöpf des Krieges kann sie Leben nehmen und auch wiedergeben. Sie hat aus Hanna ein menschliches Wesen gemacht – nun gehört ihr Hanna mehr, als es die Familie Baali jemals von sich behaupten konnte. Doch obwohl sie jetzt frei ist, kann sie doch nirgendwo sonst hingehen. Die Revolution ernährt, bekleidet und beherbergt sie und ihre Familie. Im Gegenzug hat Hanna sich in unsterblicher Dankbarkeit der Revolution hingegeben wie einem neuen Herrn, und sie wiederholt wie ein Papagei die Slogans der Polisario, stolz und doch ohne eigenes Selbstbewußtsein. »Jetzt«, sagt Hanna, »haben wir die gleichen Rechte und Pflichten wie die Weißen beim Kampf darum, unsere Heimat wiederzugewinnen.«

Sosehr das Konzept »Gott« bereits von der Revolution durchdrungen ist, lebt es aber doch noch bei Exsklaven wie Hanna und einigen anderen Sahraouis fort. Unter den Guerillas ist der Islam dagegen nur noch ein bloßes Lippenbekenntnis.

Auf der Fahrt an die Front ist der kampferfahrene Fahrer Moulay der einzige unter seinen Kameraden, der betet, und das sehr diskret, fast so, als müsse er sich dafür entschuldigen. Abbas geduldige Nachsicht läßt es offensichtlich werden, daß er Moulay für eine Art primitiven Menschen hält, einen Mann mit einem vorrevolutionären Bewußtsein. Zumindest scheinen Moulays Gebetsrituale in der Neuen Sahara der Polisario nichts mehr zu suchen zu haben.

Doch auch wenn der Islam keinen offiziellen Platz mehr hat, wird das nicht an die große Glocke gehängt. Er wird

Schritt für Schritt verdrängt, ohne großes Triumphgeschrei, und die Sahraouis, die an den alten Zeremonien und Ritualen festhalten, werden einfach toleriert und ignoriert. So ist zum Beispiel im Lager Dakhla die einzige, etwas abseits gelegene Moschee geschlossen, offiziell, weil es »für die Leute zu weit zu laufen« ist. Jetzt wird das Gebäude statt dessen für Lagerversammlungen genutzt; wenn Leute immer noch beten wollen, dann können sie das an den Gebetsstellen ihrer eigenen *Dairat* tun.

Tatsächlich hat die Revolution den Islam dadurch, daß sie die juristische Macht der Scharia-Richter auf eine zeremonielle Funktion reduziert hat – auf Heiraten, Begräbnisse und die Namensgebung von Babys –, im Alltagsleben der Menschen praktisch irrelevant werden lassen. Doch Polisario-Offizielle streiten ab, es gebe Bestrebungen, den Einfluß des Islam auf ihre Lagerbewohner zurückzudrängen. »Um die spirituellen Bedürfnisse unseres Volkes zu erfüllen, haben wir sogar Schulen zum Studium von Koran und Scharia eröffnet«, meint Kommandant Mahfoud Ali Beiba.

Die Sahraouis seien durchaus ein sehr islamisches Volk, erzählt er weiter, aber ihr Glaube sei rein, ursprünglich und unverändert seit den Zeiten, als die ersten Islamisierungsexpeditionen aus Arabien hierhergekommen seien. »Wir hatten niemals Imame hier. Wir brauchen keine Vermittler zwischen uns und Gott. Glaube ist eine Praxis jedes einzelnen. Die Westsahara ist nicht wie Afghanistan oder der Iran.« Das stimmt tatsächlich. Es steht wirklich kaum noch etwas zwischen der Polisario und Gott, und ganz bestimmt nicht der Islam.

Heute abend wird im Lager Aoussert eine Zeremonie für die neuesten Gäste der Revolution ausgerichtet, eine Gruppe von baskischen Polisario-Unterstützern. Auf der Bühne eines runden, schirokkogeschützten Amphitheaters aus Ziegeln tanzt eine Gruppe von Mädchen im Teenageralter und singt zum rhythmischen Stampfen einer großen Ledertrommel. Die Zuhörerschaft, darunter Guerillakämpfer und mehrere Dutzend Sahraoui-Kinder, ist begeistert, weil die Mädchen traditionelle Sahraoui-Melodien mit neuen, revolutionären Texten im Hassaniyah-Dialekt versehen haben. In einem Lied, das ursprünglich den Propheten Mohammed pries, lautet der Text jetzt: »Trotz der marokkanischen Invasion unseres Landes kann unser Wille nicht beherrscht werden.« Danach wiederholen die Kinder den Slogan und schreien ihn wie im Gottesdienst einer Gospelgemeinde in überbordend fröhlicher Harmonie heraus.

In einer Hinsicht hat Ali Beiba recht: Die Revolution ist nicht *gegen* den Islam eingestellt. Sie hat sich nur in der schon etwas muffigen Halle des Glaubens, die bereits vom Islam besetzt war, etwas mehr Raum für sich selbst erkämpft. Indem sie den alten religiösen Liedern neue Texte gibt, adaptiert und modernisiert die Polisario den Islam, um ihn der Sahraoui-Umgebung anzupassen. Aber immer noch gibt es nur Platz für *einen* Glauben in der Revolution der Westsahara, und es sieht sehr danach aus, daß die Polisario nur den Moment abwartet, daß die ältere Generation gestorben ist und nur noch Sahraouis übrigbleiben, die die Lieder der Polisario singen und deren Krieg führen.

Das zwiespältige Verhältnis der Polisario zum Islam wird noch deutlicher in einer Begegnung mit einer Guerillaeinheit in der Wüste, nicht weit von Hassans Wall entfernt. Um sich vor dem starken Schirokkowind zu schützen, haben sich die Kämpfer in einem Zelt zusammengekauert. Einer der Guerillas hat sich darangemacht, auf einem Kohlenfeuer Brot zu backen und Tee zu kochen, während die anderen die Rolle des Islam in den Befreiungskriegen der Sahraouis diskutieren – ob für sie der Tod bedeutet, daß sie Märtyrer würden?

Einer der Kämpfer, ein dunkler Mann mit Schnurrbart und krausem Haar, meint: »Am wichtigsten ist die Befreiung des Landes. Märtyrerschaft ist zweitrangig. Für das Land zu kämpfen ist eine nationale Pflicht, der Dschihad ist eine persönliche Angelegenheit und deshalb sekundär.« Sidahmed, der schlanke, scharfäugige Kommandant der Einheit, unterbricht. »Sobald wir zu Märtyrern geworden sind, haben wir unsere Pflicht erfüllt. Unsere Pflicht ist entweder dann erfüllt, wenn wir als Märtyrer sterben, oder wenn wir unsere nationale Unabhängigkeit erreicht haben.«

Die Guerillas mögen ja durchaus ein neues revolutionäres Bewußtsein erreicht haben, aber wenn es ans Sterben geht, halten sie sich doch lieber an die Vorstellungen des Islam. »Unsere Märtyrer bleiben unvergessen, und schließlich sind wir deswegen auch alle hier«, meint Sidahmed.

Um sicherzugehen, haben sie sich gut vorbereitet. Im Jugendclub »Märtyrer Sidi Gaswani Baha« in Aoussert, der in seinen weitläufigen Räumen Aschenbecher aus Raketentrümmern aufgestellt hat, hängen überall Poster mit Zitaten von El-Ouali Mustapha Sayed – genannt »Luali« – an der Wand, dem Gründer der Polisario und der allgegenwärtigste aller Märtyrer. WENN DU DEIN RECHT WILLST, MUSST DU DEIN BLUT VERGIESSEN, steht auf einem. Und auf einem Schwarzen Brett in der Militärausbildungsschule »Ouali Mustapha«, versteckt in den Dünen weitab von allen Lagern, wo die Polisario ihre Guerillas für den Kampf trainiert, kann man von Luali lesen: »Tag für Tag werden wir stärker und gewinnen mehr an jugendlicher Kraft hinzu, die den Tod nicht fürchtet. Das schüchtert die Ängstlichen ein. Für uns bedeutet das Leben.«

In dem Zelt in der Wüste nahe dem Wall werden die Kämpfer ehrfürchtig, wenn sie von Luali sprechen: »Er ist unser Vorbild«, sagt Sidahmed. »Er stammte aus einer armen Nomadenfamilie. Er war groß, bescheiden und gut zu allen Leuten. Er sprach mit allen, Jungen und Alten, und sorgte dafür, daß sie sich wohl fühlten. Er war sehr nationalistisch ...«

Offenbar war Luali schon sehr beliebt, als er noch lebte, doch nach seinem romantisch frühen Tod auf dem »Feld der Ehre« mit nur einunddreißig Jahren wurde er von der Revolution zu einer nachgerade mythischen Figur erhöht. Jetzt stellt er für die Sahraouis so etwas wie ein eigener Che Guevara dar, ein Held, den sich die Jungen zum Vorbild nehmen. Mutig, gutaussehend und tot, erzielt Luali mit seinem Aufruf zur Selbstaufopferung viel mehr Resonanz unter den jungen Guerillas als die alten, traditionellen Helden des Korans.

Während die Geschichten über ihn in der Wüste in den Zelten der Nomaden und Kämpfer immer wieder und wieder erzählt werden, wächst sein Mythos weiter, und Luali nimmt inzwischen einen ebenso prominenten Platz ein wie Mohammed, vielleicht sogar einen noch wichtigeren. Luali verewigt die Vergangenheit und hält als Vorbild auch die Schlüssel zur Zukunft. Luali winkt aus seinem Grab.

In der Westsahara wird die Sprache des Islam von der Rhetorik der Polisario-Revolution überlagert, aber beide schöpfen aus dem gleichen Reservoir des Glaubens. Es ist die traditionelle Frömmigkeit der Sahraouis, die es der Polisario erlaubt hat, sie im Kampf immer weiter voranzutreiben. Tatsächlich verlangt der Kampf vom Volk die Übernahme eines neuen Ideals: daß jenseits des Walls und des gegenwärtigen Konflikts die Unabhängigkeit und ein eigener Staat auf es warten – eine Art Paradies auf Erden.

Auch in Kawthoolei wird der Krieg, ähnlich wie in der Westsahara, von Mystizismus und Glaube geprägt. Hier hat die Kultur des Karenvolkes und ihre lange, mythologisierte Geschichte ihrer heutigen Realität eine einzigartige spirituelle Dimension aufgeprägt.

Major Than Maung hat jetzt einen Schutzwall um sich herum errichtet und dafür Stapel roh behauenes Teakholz um seinen vorher offenen Bunker angehäuft. Wenn man zu ihm will, ist das, als würde man in einen Keller hinabkriechen. Zuerst sieht man nur das Weiße in seinen Augen, wenn man aus der Sonne kommt.

Der Major hat seinen Bunker verstärkt, weil das Mörserfeuer des Feindes jetzt sehr viel treffgenauer geworden ist und ihn die Regierungstruppen neulich fast getötet hätten. Feindliches Schrapnellfeuer war in nur vier Meter entfernte Bambusstämme eingeschlagen. Jetzt hat er sich in seinen Keller aus Holz und Beton zurückgezogen, und es gibt keine träumerischen, nebligen Dschungelmorgen mehr aus dem Bett zu sehen, er kann nicht mehr beobachten, wie sich der

Bambus sanft im Morgenwind wiegt – aber wenigstens kann ihn jetzt auch kein Geschoß mehr treffen.

In dieser neuen Umgebung kann man sich Than Maung auch kaum noch als etwas anderes vorstellen als der Guerillakommandant, der er ist. Doch er war einmal Lehrer und hoffte, Priester zu werden. Zur Revolution kam der Major auf eher ungewöhnliche Weise. Eines Tages im Jahre 1959 erschien in der Missionsschule der Mormonen, an der er unterrichtete, eine Bande von aufständischen Karen und entführte ihn, die anderen Lehrer und ihre Schüler. Die Guerillas brachten die Gruppe in den Urwald und hielt sie dort einen ganzen Monat lang fest, bis die örtliche Kirchengemeinde das verlangte Lösegeld aufbringen konnte.

Selbst heute ist der Major bei dem Gedanken an dieses Erlebnis aufgewühlt. Ständig litt er damals unter Todesangst; anscheinend wurden alle Geiseln mit dem Tod bedroht für den Fall, daß das Lösegeld nicht bezahlt werden sollte. Schließlich, so erzählt er, wurden er und die anderen Geiseln freigelassen, und die Guerilleros entschuldigten sich. Sie erklärten, die Entführung sei in der irrigen Annahme geplant worden, die Missionsschule werde vom Staat betrieben. Die Entführung tue ihnen sehr leid, und jetzt könne Than Maung wieder sein normales Leben führen.

Doch für Than Maung war nichts mehr wie vorher. Das Erlebnis hatte ihn innerlich aufgewühlt. Vorher hatte er sich nie besonders um Politik gekümmert, aber der Monat mit den Guerillas hatte ihm die Augen geöffnet. Durch Gespräche mit ihnen und durch das Lesen ihrer Schriften, die sie ihm gegeben hatten, erfuhr er eine Menge über die Unterdrückungsgeschichte seines eigenen Volkes durch die Burmesen. Innerhalb eines Jahres ging er selbst zu den Guerillas, und inzwischen sind so dreißig Jahre vergangen. »Vielleicht war es Gottes Wille, daß ich ein Soldat geworden bin und kein Missionar«, grübelt er. »Vielleicht kehre ich wieder zu Gottes Werk zurück, wenn die Kämpfe abgeschlossen sind, aber das hängt wirklich vom Willen Gottes ab.«

Der Major hat seinen Glauben nicht verloren. Nacht für Nacht hört er die Kurzwellensendungen der Mormonen aus Guam, und am wöchentlichen Ruhetag kommt ein amerikanischer Pastor aus Bangkok angereist, um für den Major und seine Glaubensbrüder in Kawmura einen Gottesdienst unter freiem Himmel abzuhalten.

Von seinem Feldbett aus zeigt der Major hinüber zu der überwucherten Geisterstadt im Herzen von Kawmura, die jetzt verbotenes Gebiet ist, weil sie im Zielgebiet der gegnerischen Geschosse liegt. Es habe hier einmal drei Gottesdienstorte gegeben, meint er: eine protestantische Kirche, einen buddhistischen Tempel und eine Moschee. Aber jetzt verschwinden mit jeder Regenzeit die verrottenden Gotteshäuser von Kawmura weiter unter dem wuchernden Dschungel.

Im Bunker bekommt man Platzangst; man kann sich nirgends hinsetzen außer auf das Bett des Majors, und es ist heiß und stickig. Wenn man aus dem zweiten Ausgang nach draußen geht, stößt man in der gleißenden Sonne auf dreißig menschliche Schädel. Sie sind auf durchaus künstlerische Weise auf zwischen dreißig und neunzig Zentimeter hohe und zu beiden Seiten des Fußwegs in den Boden gerammte Pfähle gespießt. Der Major kommt ein paar Sekunden später ebenfalls heraus. Er blinzelt in der Sonne, schaut auf die Schädel und meint: »Einige von denen sind *Captains*, Hauptmänner, ein paar *Sergeants*, Unteroffiziere, und die anderen einfache Soldaten.«

Die Schädel gehörten feindlichen Soldaten, die bei einem Selbstmordanschlag getötet wurden. »Der Feind nimmt seine Toten nicht zurück«, sagt der Major mißbilligend. »Sie lassen die Leichen einfach hier. Manche liegen direkt an unserer Frontlinie, und an viele andere sind wir gar nicht herangekommen.«

Um diese Trophäen zu bergen, schleichen sich seine jungen Guerillas nachts zu ihnen hinaus und bringen sie zurück, zusammen mit allen Identitätsmarken, die sie finden können. Auf diese Weise ist Schädelsammeln wie ein Sport. Jeder Schädel bekommt seinen eigenen Pfahl, und die Identitätsmarken behält der Major. Mit diesen behält er den Überblick, wie viele feindliche Soldaten umgekommen sind; er schätzt, daß in den drei Angriffen seit Mai etwa hundert gefallen sind. Jetzt ist es September, und die Regenzeit geht zu Ende, deshalb erwartet er jeden Tag eine neue Angriffswelle.

»Bei den Burmesen müssen wir mit allem rechnen. Wir wissen, daß sie zu allem fähig sind. Sie respektieren die internationalen Gesetze nicht.« Der Major schlendert in seinem Schädelgarten umher, und er ist stolz darauf. Dann bleibt er plötzlich stehen. In die klaffende Nasenöffnung eines der Schädel hat jemand eine halbgerauchte Zigarre gesteckt. Der Major schaut entsetzt. Er bückt sich, entfernt den beleidigenden Gegenstand aus dem Totenkopf und wirft ihn auf den Boden. Dann richtet er sich wieder straff auf, überblickt die Schädelreihe und schaut zufrieden. Jetzt ist die klare, künstlerische Geometrie der Schädel wiederhergestellt. Nun herrscht wieder Ordnung, und genau so soll es auch sein.

Die Schädel stören ihn nicht. »Sie stören allerdings einige der burmesischen Studenten«, meint er lachend. »Und kleine Kinder. Zuerst fürchten sie sich davor. Dann kommen sie näher und berühren sie. Wenn sie sie dann eine Weile betrachtet haben, dann – ich weiß auch nicht, was dann passiert, aber plötzlich haben sie dann keine Angst mehr vor ihnen... und sind bald selbst bereit für den Kampf.«

Der Major dreht sich um und schaut in den Bunker. In der Hitze Kawmuras zirpen die Grillen. Barfüßige Guerillas laufen seelenruhig durch den Schädelgarten. Es herrscht ein ständiges Kommen und Gehen von und zu den Schützengräben an der Frontlinie, die etwa hundert Meter von hier verläuft. Drinnen, im Inneren des Bunkers, kaut jetzt der Major Betelnüsse und starrt nach draußen ins helle Tageslicht.

Vielleicht läßt sich das Verhalten des Majors durch die einzigartige Mischung von Animismus und Christentum bei den Karen erklären, die noch aus der Zeit vor den britischen Kolonialherren herrührt und einen der Schlüssel zur nationalen Identität der Karen darstellt. Im frühen neunzehnten Jahrhundert fanden die amerikanischen protestantischen Missionare die Karen außerordentlich aufgeschlossen für ihre Botschaften. Die Karen erkannten in den Geschichten der Bibel zahlreiche Parallelen zu ihrer eigenen Mythologie, wodurch bei vielen von ihnen die Überzeugung entstand, sie seien einer der verlorenen Stämme Israels. Schließlich sahen die Karen in den Schulen, Kirchen und Betrieben, welche die Missionare errichteten, Mittel zur Verbesserung ihres Lebensstandards und zur Überwindung ihrer traditionellen Abhängigkeit von den Burmesen.

Der missionarische Einfluß war tief, und doch hat das Christentum die animistischen Glaubenssätze und Praktiken der Karen nicht völlig verdrängt. Einerseits sind ihre Körper bedeckt von Tätowierungen, die dazu dienen sollen, sie vor bösen Geistern zu schützen, andererseits gehen die Karen tadellos gekleidet zum Gottesdienst – einige tragen die traditionelle Karen-Tracht, andere westliche Kleidung – und fühlen sich mit der exotischen Dualität ihres Lebens vollkommen wohl.

In dieser Frömmigkeit der Karen liegt ein anrührender Ernst. Jeden Nachmittag hält Major Soe Soe, ein Katholik, mit seiner Familie und seinen Bediensteten eine Andacht ab. Dieser Moment ist ihnen heilig. Falls Besucher eintreffen, werden sie im Flüsterton empfangen. Mit dem Finger auf den Lippen zeigt man nach oben und deutet mit einer Handbewegung an, sie mögen sich hinsetzen und warten. In Kawthoolei wird der Glaube der Menschen respektiert, egal welcher es ist.

Auch die burmesischen Studenten sind zutiefst religiös, und ob Katholiken, Baptisten, Moslems oder Buddhisten, haben sie ihren Glauben mit in den Krieg gebracht. Für die meisten war es tatsächlich eher ihre moralische Empörung als irgendeine zusammenhängende politische Überzeugung, die sie am Anfang in den Dschungel getrieben hat. Was die Armee tat – die bei den Pro-Demokratie-Demonstrationen Studenten umbrachte, ihr eigenes Volk –, war verwerflich; dem mußte widerstanden und die Verbrecher für ihre Taten bestraft werden. Jetzt muß das System insgesamt verändert werden, damit ein solches Morden dauerhaft unmöglich bleibt.

Der Führer des Lagers Thay Baw Boe und Baptistenaktivist Aung Lwin versieht seine Reden zur revolutionären Umwälzung der Gesellschaft mit Elementen marxistischer Rhetorik, aber weil seine Vorstellungen auf der radikalen katholischen Philosophie der Befreiungstheologie beruhen, sind sie im Grunde zutiefst religiös. Für Aung Lwin sind die Kämpfe zur religiösen Befreiung und der nationalen Demokratie eins.

In seiner Darstellung war die Flucht der Studenten in die burmesischen Dschungel – ähnlich wie in den Erzählungen der Sahraouis von ihrem Exodus in die Wüste – ein Übergangsritual für ihre spirituelle Wiedergeburt. Aung Thang erinnert an die alptraumhaften Trecks durch die zerklüfteten Dawna-Berge, sucht nach einem Bild aus der Bibel und findet »Abrahams Zug durch die Wüste«. Für ihn waren die Karen-Dorfbewohner, die den verlorenen und hungrigen Studenten auf ihrem Weg in die Freiheit halfen, wahre Samariter.

Tatsächlich wird Aung Lwin von seinem Glauben an einen Christus geleitet, der für eine gerechte Sache kämpft, und für ihn ist jede Etappe ihrer Erfahrungen eine Art Kreuzweg, etwas geradezu Erhabenes im Vergleich zu der oft erbärmlichen Existenz, als die sich die Realität oft darstellt. Dadurch hat er seinen Anhängern die hohen Ideale ihrer Bewegung nahegebracht. »Es ist kein Zufall, denke ich«, sagt Aung Lwin mit einem mystischen Lächeln, »daß wir unsere ersten Waffen gerade von dem Geld kaufen konnten, das wir am Anfang unseres Exils durch das Singen von Weihnachtsliedern gesammelt hatten. Jesus half uns, die Mittel für unseren Kampf zu finden, denn wir kämpfen für eine gerechte Sache!«

Ebenso wie es für viele Studenten schon zu Beginn ihr Glaube war, der sie zu den Waffen trieb, können sie sich auch jetzt durch die Analogie ihres Leidensweges mit Geschichten der Bibel sicher sein, daß sie mit ihren Erlebnissen ein vorbestimmtes Schicksal erfüllen und damit auch weiterhin für sich selbst und für ihr Land alles zum Guten wenden können.

Das religiöse Element der Verwandlung der Studenten in Guerillakämpfer wird noch durch die Anwesenheit von buddhistischen Mönchen in ihrer Mitte verstärkt. Sie schlossen sich den Studenten an, weil es ihr Gewissen so verlangte. Jetzt, sagen sie, würden auch sie zu den Waffen greifen, wenn die Lager angegriffen würden; einige von ihnen haben bereits mit einer militärischen Ausbildung begonnen. Unterdessen leben sie weiter als Mönche; ihre leuchtendorangen Gewänder in der eintönig grünlichen Umgebung lassen sie wie exotische Vögel erscheinen, die auf einem langen Flug nur eben zwischengelandet sind. Für die jungen, malariageplagten Studenten, die darum kämpfen, ihren flammenden Idealismus aufrechtzuerhalten, mit dem sie so weit gekommen sind, ist die Anwesenheit der Mönche eine Bekräftigung ihres Glaubens. So hart das Leben gegenwärtig ist, erfreut es sich doch des Segens Gottes und verspricht Belohnung in höherer Form – wenn nicht in diesem Leben, dann im nächsten.

Ebenso wie Aung Lwin das tiefreligiöse kulturelle Erbe der meisten seiner Anhänger genutzt hat, um ihrem Kampf Zusammenhalt und Kraft zu geben, sind auch die *Compas* der FMLN unter den katholischen Bauern der salvadorianischen Landbevölkerung oft auf offene Ohren gestoßen.

Es ist Nachmittag, als über Giovannis Lager ein heftiges Gewitter losbricht. Zuerst kracht ein heftiger Donnerschlag – wie eine Bombenexplosion –, und dann folgt in einem kalten Sturzbach der Regen. Santiago wartet in der verrauchten Dunkelheit der Küchenhütte aus Lehm, bis das Gewitter vorbei ist, während er an einem gegrillten Maiskolben mit Salz und frischem Zitronensaft knabbert und erzählt, wie er selbst zu einem Revolutionär geworden ist. Vor der Revolution arbeitete er wie so viele Landbewohner El Salvadors als Tagelöhner, um seinen Lebensunterhalt zu verdienen: Er baute Bewässerungsgräben, half beim Häuserbau und bei der jährlichen Kaffee-Ernte.

Während einer Erntesaison ging Santiago zum Arbeiten auf eine Pflanzung, die der Familie Guirola gehörte, einer der vierzehn »Oligarchenfamilien«, die bis zum Beginn des Krieges mit der Unterstützung des Militärs eine absolute Herrschaft über El Salvador ausübten. Das war in den frühen

1970er Jahren, bevor die *Compas* ihren bewaffneten Kampf begonnen hatten, aber bereits jetzt „verschwanden" die ersten *Campesinos*, Landarbeiter, im Hinterland. Santiago fand bald heraus, warum.

»Ich erfuhr von den Arbeitern, daß *el señor* Guirola, der Plantagenbesitzer, einer der sogenannten ›Pactados‹ war.« Die Pactados waren ein Geheimbund von Oligarchen, die einen Pakt mit dem Teufel geschlossen hatten, erklärt Santiago. »Der Teufel machte sie reich; im Gegenzug opferten sie ihm jede Woche einen Menschen. Und die Arbeiter erzählten, Guirola sei einer von ihnen.«

Santiago mußte herausfinden, ob das stimmte. Deshalb wartete er um Mitternacht in einem Versteck bei dem großen Eingangstor zur Hacienda Guirola. Nach einer Weile kam der Pactado heraus – Santiago unterbricht sich und imitiert das knirschende Drehen des Schlüssels im Torschloß und das Klappern von Pferdehufen. »Er ritt ein großes weißes Pferd und trug vor sich auf dem Sattel, unbeweglich gefesselt wie einen großen Schinken, einen Bauern. Er hatte seine Hunde dabei. Die Hunde waren groß und schwarz, mit Halsbändern, goldenen Zähnen und Ohrringen.«

Er war auf dem Weg zu einem Treffen mit dem Teufel – ein großer Mann, dem Rauch aus der Kehle stieg –, der ihn mit tiefer Stimme fragte: »Nun, hast du dabei, was du mir schuldest?« Und der Mann auf dem Pferd antwortete: »Ja, hier ist es«, und überreichte den mitgebrachten *Campesino*, und der Teufel nahm ihn mit auf seiner Schulter.

Santiago schwört, daß er diese gruselige Begegnung mit eigenen Augen gesehen hat und daß jede Einzelheit stimmt. Was ihn im Rückblick jedoch am meisten betroffen macht, ist nicht, daß er das Gerücht von den Pactados bestätigen konnte. Das war für ihn keine Überraschung. »Wir Bauern in El Salvador wußten das schon lange«, sagt er. Was ihn aber schockierte, war, daß die Hunde des Oligarchen besser genährt waren als die Landarbeiter.

»Siehst du!« ruft Santiago empört, als er sich daran erinnert. »Diese Ungerechtigkeit! Die Hunde bekamen Kalbfleisch, und was bekamen wir Arbeiter? Eine einzige pappige Tortilla!«

Er hätte sich schließlich einer revolutionären Bewegung anschließen können, die sich den Prinzipien von Marx und Lenin verpflichtet fühlt, aber für Santiago ist es einfacher, sich den »Klassenfeind« als einen Verbündeten des Teufels vorzustellen. Seine feste Überzeugung, daß er jene faustische Mitternachtstransaktion mit eigenen Augen sah, ist ein Beweis für die Kraft von Mythen, aber was noch wichtiger ist, sie stellt die Bekehrung Santiagos in den vertrauten Moralzusammenhang von Gut und Böse. Schließlich hat er dem Feind ins Gesicht geblickt, und dieser Feind ist niemand anders als der Teufel selbst.

Für die Landarbeiterguerilleros lassen sich die Menschen einteilen in Gute und Böse. Das ist der fruchtbare Boden, auf dem der Nachwuchs der FMLN gedeiht. Auch politisch aktive Kirchenmänner helfen, die die Guerillas und ihre Herde in den Bergen begleiten.

Der Gemeindepfarrer von Las Flores ist ein baskischer Jesuit, ein praktizierender Anhänger der revolutionären Doktrin der Befreiungstheologie, und sein Orden wird von der Armee mit offener Feindschaft betrachtet. Tatsache ist, daß der Priester froh ist, überhaupt noch am Leben zu sein. Vor sechs Monaten ermordeten Soldaten auf Befehl eines *Colonel*, eines Obersten, sechs seiner Priesterkollegen in der Hauptstadt.

Diesen Sonntag kommt ein Priester nach Las Flores; er kann seine Aufregung kaum verbergen. Er geht in den schmutzigen kleinen Laden neben dem Comedor popular und verlangt eine Flasche Limonade. Ein paar *Compas* und Dorfbewohner sind ebenfalls noch hier, beäugen die armselige Warenauswahl und tauschen Neuigkeiten aus. Nachdem er vom Ladenbesitzer sein Getränk bekommen hat, nimmt der Priester einen tüchtigen Schluck, zündet sich eine Zigarette an und beginnt zu erzählen.

Er kommt gerade aus der Militärgarnison in Chalatenango. Er hatte sich dort beschwert, weil die Armee ein Zivilistendorf drei Kilometer die Straße hinunter beschossen hat. Der Beschuß dauerte einen ganzen Tag und eine Nacht, und er meint, es sei »nur einem Wunder Gottes zu verdanken«, daß niemand verletzt oder getötet wurde. Die Geschosse seien sehr nahe eingeschlagen. Das war auch nicht das erste Mal, daß sich ein solcher Vorfall ereignete. Vor fünf Monaten wurde die gleiche Siedlung – eine der neuen *Repoblaciones* – durch feindlichen Mörserbeschuß getroffen und eine fünfköpfige Familie getötet. Das war schon schlimm genug, aber diesmal waren weit und breit keine *Compas*, so daß die Armee auch keine nachvollziehbare Entschuldigung für den letzten Angriff hatte.

Als der Angriff endlich zu Ende war, ging der Priester dorthin, wo die Aktion angeordnet worden war, in die Garnison in Chalatenango, um die Hintergründe herauszufinden. Er bat um ein Gespräch mit dem kommandierenden Offizier. Nach einer langen Wartepause wurde er hineingebeten. Als er sich erinnert, was dann geschah, schüttelt der Priester in ärgerlicher Entrüstung den Kopf. »Ich kann es immer noch nicht fassen. Wißt ihr, was dann geschah? Ich betrat sein Büro und berichtete ihm sehr höflich von dem Beschuß und fragte ihn, was er zur Bestrafung der Verantwortlichen unternehmen wollte. Und wißt ihr, was er sagte?« Der Priester läßt seinen Blick über die Runde schweifen. »Nichts. Ich meine, überhaupt nichts! Er hat nicht einmal seinen Mund aufgemacht oder registriert, daß ich mit ihm gesprochen habe! Überhaupt nichts!« Der Priester schaut immer noch ungläubig.

»Schließlich fragte ich ihn, ob er mich überhaupt gehört habe, und er antwortete immer noch nicht. Wir saßen noch eine Weile zusammen. Ich wußte nicht mehr, was ich noch sagen sollte. Er hat die ganze Zeit wirklich kein einziges Wort gesagt! Und schließlich ... bin ich einfach rausgegangen.«

Der Priester trinkt seine warme Limonade aus, verschränkt die Arme und schüttelt nachdenklich den Kopf. Der Ladenbesitzer und die *Compas* hören ausdruckslos zu. Auch hier sagt niemand etwas. Schließlich zahlt der Priester für sein Getränk und verläßt den Laden. Er geht über die Plaza zur Kirche, um den Sonntagsgottesdienst vorzubereiten.

Für keinen ist es eine Überraschung, von der offenen Feindseligkeit des *Colonels* zu hören. Neu war das Schweigen als Reaktion auf die Beschwerden des Priesters. Gewöhnlich tun Armeeoffiziere wenigstens so, als ob sie ihre Bittsteller anhörten, und versprechen, die Sache zu untersuchen, Übeltäter zu bestrafen und so weiter – und tun dann gar nichts. Das erwartet man; es wird zumindest irgendwie die Form gewahrt. Aber das beredte Schweigen des Colonels – natürlich hatte er selbst den Beschuß angeordnet – läßt die Zuhörer nichts Gutes ahnen.

Die Sicherheit von Las Flores und der anderen *Repoblaciones*, die in der Gegend mit Hilfe des Priesters Wurzeln geschlagen haben, ist nach wie vor bedroht. Als ausgebildeter Ingenieur versucht der Gottesmann, in dem verwüsteten Gebiet die Infrastruktur wiederherzustellen: Straßen und Brükken zu bauen, Stromleitungen zu legen und neue Brunnen zu bohren. Der Priester ist überzeugt, daß eine wiederaufgebaute ökonomische Infrastruktur das Überleben der Gemeinden sichern wird. Er arbeitet mit der FMLN zusammen und wird offiziell sogar von der Regierung unterstützt, aber in der Praxis tut die Armee, was sie kann, um ein Wiederaufblühen von Chalate zu verhindern; der Beschuß ist nur eine ihrer Methoden.

Unterdessen unterstützen die Guerilleros auch in Las Flores die Anstrengungen des Priesters, indem sie sich selbst gemeinnützig engagieren. So sind nicht lange nach dessen Besuch die Männer von Giovannis Propagandaeinheit eingetroffen und schwer am Arbeiten. Der mysteriöse Sandhaufen auf dem Basketballfeld schrumpft, als Conejo und ein paar andere ihn nach und nach in eine Schubkarre schaufeln und den Sand in Richtung Kirche karren. Dort mischen sie ihn mit Zement, um daraus Beton herzustellen. Sie sind fast schon fertig mit der Reparatur des zerfallenden Eingangs und der Stufen des Klostergebäudes neben der Kirche. Während sie den Beton verteilen und glattstreichen, lehnen sie ihre AK-47 gegen die zerbröckelnden Wände der Kirche.

Auf der anderen Seite der Plaza hat Adriano mit einem Stift Comicfiguren auf die grüngestrichene Fassade des kleinen Kindergartens gezeichnet. Mit Unterstützung von Olga, einer jungen *Compa*, malt er sie jetzt in leuchtenden Farben aus. Kleine Jungen und Mädchen hüpfen und kreischen entzückt umher und verschmieren herabgetropfte Farbe zwischen den Fingern.

Am Nachmittag, als sie am Kindergarten fertig sind, kommen Adriano und Olga auf die andere Seite der Plaza zur gekalkten Seitenwand der Kirche. Auf einer Leiter stehend und begafft von der Kinderschar der Plaza, zeichnet Adriano ein großes Wandbild. Es zeigt ein idealisiertes Las Flores, überschrieben mit einem Bibelzitat aus dem Buch Jesaja. Das Bild hat das Thema »Ein neues Volk erschaffen«. Der Anblick eines marxistischen Guerilleros, der ein Bibelzitat an eine Kirchenwand malt, ist ein weiteres Beispiel für den besonderen Charakter der salvadorianischen Revolution, die Katholiken ebenso wie Marxisten in ihren Reihen zählt. Die einmalige Allianz erklärt Justo so: »Die Mehrheit der Massen ist nun einmal religiös, und die Revolution mußte das respektieren.«

Diese Synthese zwischen Kirche und Revolution hat sich so weit entwickelt, daß religiöse Führerfiguren wie der ermordete Erzbischof Oscar Arnulfo Romero zu führenden Ikonen, zu Leitbildern der Revolution geworden sind. Das hängt auch mit der historischen Rolle zusammen, die Priester und Nonnen in den zentralamerikanischen Revolutionskämpfen gespielt haben. Diese Kirchenleute wie etwa der charismatische Romero haben die Theologie der Befreiung für sich als ein Mittel zur Schaffung von sozialer Gerechtigkeit erkannt. Man kann darüber streiten, ob diese Kleriker dadurch, daß sie die Armen dazu gedrängt haben, sich ihren Weg aus Elend und Ungerechtigkeit zu erkämpfen, auch als Rekrutierungspersonal für die Guerilla gedient haben.

Die Streitkräfte haben das jedenfalls immer so gesehen, und in den frühen Jahren des Krieges verfolgten ihre Todesschwadronen auch den Klerus unter dem Motto »Sei patriotisch, töte einen Priester«. Fatalerweise gab es tatsächlich genug ideologische Übereinstimmungen zwischen Kirche und Guerilla, daß rechtsgerichtete Verschwörungstheoretiker daraus den Mythos einer unheiligen Allianz zwischen den beiden Gruppen konstruieren konnten, was viele Nonnen und Priester das Leben kostete.

Tatsächlich war das Verhältnis zwischen Kirche und FMLN immer sehr komplex und nicht immer spannungsfrei. In ihrem Selbstverständnis als moralischer Schlichter will die Kirche ein Ende des Krieges und die Schaffung einer gerechteren Gesellschaft. Doch mehr als alles andere will sie, daß das Töten aufhört. Um das zu erreichen, drängt sie beide Seiten, einen Kompromiß zu akzeptieren und ihre Differenzen in einem friedlichen Dialog beizulegen. Statt dessen stellt sich die FMLN inzwischen auf den Standpunkt, wenn sie in Verhandlungen nicht erreicht, was sie will, lieber den Kampf weiterzuführen, bis es soweit ist.

Die Theologie der Befreiung ist ein nützliches Instrument, mit dem man ein frommes Landvolk organisieren und einen kann, um für eine Revolution zu kämpfen, aber die FMLN ist immer noch eine von Marxisten geführte Organisation. Selbst wenn viele niedrigrangige Guerillakader noch an Gott glauben, tun dies die meisten ihrer Anführer nicht mehr. Unvermeidlich üben aber die Ansichten der Führer einen mächtigen Einfluß auf die einfachen *Compas* aus – mit dem Ergebnis, daß sich auch mehr und mehr *Compas* als Atheisten fühlen.

In Las Flores gehen meist nur die Dorfbewohner in die wöchentlichen Gottesdienste. Die *Compas* halten sich respektvoll und schützend, aber unbeteiligt im Hintergrund. Ihr angelernter Atheismus zeigt sich auch in Alltagsgesten. Traditionell begrüßen sich salvadorianische Bauern, die sich auf einer Landstraße begegnen, immer mit »Adios« – »Geh mit Gott!«. Die *Compas* dagegen sagen immer nur »Was gibt's Neues?«, niemals »Adios«.

Ähnlich wie Polisariokommandant Ali Beiba erklärt auch Augustín von der Mannschaft von Radio Farabundo Martí, daß es keine Geheimpläne der FMLN gebe, gegen die Frömmigkeit ihrer Anhänger unter der Landbevölkerung vorzugehen. »Sie mußten nur die Realitäten anerkennen«, meint er. »Die Leute haben ihren Glauben nicht wegen uns, sondern aufgrund der Realität des Lebens im Krieg verloren.«

Tatsächlich haben die Kanonen der FMLN für viele ihrer Anhänger die Kanons des traditionellen Katholizismus ersetzt, ebenso wie die Polisario die Rolle des orthodoxen Islam im Leben ihrer Leute übernommen hat. Die Alltagsideologie der salvadorianischen Revolution ist eine kuriose Mischung aus Marxismus, Katholizismus und lokaler Folklore, einiges davon zweifellos widersprüchlich, aber doch innig und unauflösbar miteinander verbunden in einer Weise, die zu funktionieren scheint. Letztendlich handelt es sich bei der Verschmelzung von Glaubenssätzen in der FMLN eher um eine moralische als um eine ideologische Allianz, aber deswegen ist sie nicht weniger stark. Zudem hat die FMLN noch etwas anderes auf ihrer Seite: die Macht ihrer Waffen. Sie und nicht die Kirche besitzt Waffen und damit ein spürbares Mittel, Dinge zu verändern.

Jeden Tag, den der Krieg voranschreitet, geschieht etwas anderes, was die schwankenden Fundamente des alten Glaubens weiter bloßlegt, wodurch die Leute sich nur um so fester an die neuen Totems klammern. Jeder Vorfall trägt weiter zu der neuen revolutionären Folklore bei, die in den Bergen entsteht. Eine der Geschichten, welche die Symbolik einer religiösen Parabel angenommen hat, handelt von einer Episode, die sich angeblich vor einigen Jahren zugetragen hat.

Im Netz der geheimen Pfade der *Compas* in den Bergen gibt es einen wenig begangenen Weg, der durch einen tiefen Wald führt. Der Weg zieht sich an einem Fluß entlang, der von den Bergen fließt. Mehrere Jahre lang kamen alle *Compas*, die man dort vorbeigeschickt hatte, völlig aufgelöst wieder zurück. Sie alle erzählten, sie hätten eine Hexe gesehen. Die Lage spitzte sich derart zu, daß schließlich niemand von den *Compas* mehr dort entlanggehen wollte, und das Oberkommando der Guerilla konnte sie durch nichts davon abbringen. Vernünftige Erklärungen, es gebe einfach keine Hexen, stießen auf taube Ohren. Schließlich schickte das Oberkommando eine Untersuchungskommission aus, um den verwunschenen Wald zu erkunden.

Dort in dem Wald stießen die Guerilleros auf eine halb wilde, nackte und verwahrloste Frau, die wie ein Tier in einer Höhle lebte. Sie konnte nicht sprechen, sondern nur unverständliche Laute von sich geben. In ihrer Höhle fanden sich die Knochen von Hunderten kleiner Nagetiere, Vögel und Schlangen, die sie im Laufe der Jahre gegessen hatte; man fand auch den mumifizierten Körper eines Neugeborenen. Die *Compas* nahmen die Frau mit in ihr Lager, wo sie im Laufe der Zeit wieder zu Gesundheit und Verstand gebracht wurde. Schließlich kehrte auch ihre Sprache wieder zurück, und so erfuhr man ihre Geschichte.

Es stellte sich heraus, daß die Frau vor vielen Jahren mit ihrem Neugeborenen im Arm in die Wälder geflohen war, um einem Armeemassaker zu entkommen, bei dem alle anderen Mitglieder ihrer Familie getötet worden waren. In der Nähe des Baches fand sie eine Höhle, wo sie sich versteckte und die sie nur nachts zum Jagen und Sammeln von Pflanzen und Früchten verließ. Doch bald versiegte ihre Milch, und ihr Baby trocknete aus und starb. Danach verlor sie den Verstand, aber ihr Überlebensinstinkt blieb wach. So blieb sie in der Höhle und wurde für die *Compas* zur »Waldhexe«, vor der sie flohen. Heute geht es der »wiederauferstandenen« Frau gut, und sie lebt in einem Guerillalager irgendwo in den Bergen.

Während so neue Archetypen die alten ersetzen, schieben auch die Helden und Märtyrer der Revolution die Schar der verstaubten katholischen Heiligen beiseite. Erzbischof Romero ist bereits – wenn auch noch nicht vom Vatikan, aber doch schon durch die *Masas* der FMLN – zu einem Heiligen ernannt worden. In ihren Kirchen wird er wie ein Christus dargestellt, mit einem strahlenden goldenen Heiligenschein über seinem dunklen Kopf. Und da gibt es noch den Lokalhelden von Chalatenango, Dimas, der mich an Luali in der Westsahara erinnert.

Dimas wird von seinen Kameraden als guter militärischer Anführer schmerzlich vermißt – Augustín sagt, er war ein empfindsamer und humorvoller und dennoch »wahrer revolutionärer Geist«. Seit er tot ist, versucht die Revolution, seine positiven Qualitäten zu mythologisieren und für immer für ihren eigenen Heiligenschrein zu vereinnahmen. Jetzt, als Ergebnis einer von Olga, Adriano und Carlos geleiteten Propagandakampagne, blickt das kräftige Gesicht von Dimas von Tausenden Flugblättern, die überall in den Hügeln von Chalatenango an Bäumen und Laternenmasten hängen.

Noch aus seinem Grab fordert Dimas revolutionäre Wachsamkeit mit seinem unsterblichen Schlachtruf: »*Compañero*! Bist Du vollständig bereit, die Feinde des Volkes zu vernichten?«

Am Ende sind alle Guerillas Kreuzfahrer, Menschen, die geleitet werden von dem Glauben, daß es Dinge gibt, für die es sich zu sterben lohnt. Und woran auch immer sie glauben – Islam, Christentum, »Demokratie«, Marxismus-Leninismus oder einfach an eine Welt, in der es Gut und Böse gibt –, sie kämpfen für die Verwirklichung von Idealen, die größer sind als sie selbst. Und in der Zwischenzeit, während sie noch kämpfen, sind sie selbst zu überlebensgroßen Figuren geworden, die Heiligen, Götter und Märtyrer einer Welt, die sie sich selbst geschaffen haben.

Nachwort

Meine Reisen durch die Welt der Aufständischen fielen mit einer ganzen Reihe von historischen Ereignissen zusammen, welche die politische Landschaft des Globus tiefgreifend verändert haben und die auch direkten Einfluß auf viele der Guerillabewegungen hatten, mit denen ich eine Weile zusammenlebte. Der überstürzte Zusammenbruch des Sowjetblocks setzte dem langen kalten Krieg ein Ende und damit auch der Unterstützung Moskaus und Washingtons für viele ihrer Stellvertreterkonflikte in aller Welt. Plötzlich ohne Sponsoren für ihre Kriege, suchten viele Guerillatruppen jetzt nach Frieden.

Im Januar 1992 unterzeichnete die FMLN-Guerilla einen durch die Vereinten Nationen vermittelten Friedensvertrag mit der Regierung von El Salvador, mit dem der zwölfjährige Bürgerkrieg in dem Land formell beendet wurde. Gegen eine Amnestie und Regierungsreformen erklärten sich die Guerilleros bereit, ihre Waffen niederzulegen und sich an der Politik zu beteiligen. In den Jahren seitdem hat sich die FMLN in eine ganz normale politische Partei verwandelt. Im März 2004 trat Shafick Jorge Handal, der ehemalige Parteichef der Kommunistischen Partei von El Salvador, als Präsidentschaftskandidat der FMLN in den jüngsten Parlamentswahlen des Landes an. Obwohl Handal verlor, gab es ein knappes Ergebnis, und die dreiundvierzig Prozent der Stimmen, die er auf sich vereinigen konnte, zeigten, daß die Guerilleros von El Salvador seit ihrer Zeit in den Bergen einen langen Weg hinter sich gebracht haben.

Doch auch im Frieden sind El Salvadors soziale und wirtschaftliche Probleme noch ungelöst. Das Land bleibt eines der ärmsten und gewalttätigsten Mittelamerikas, das immer noch von einem ausufernden kriminellen Bandenunwesen geplagt wird; die Banden haben sich jetzt auf Mord, Entführungen, Autodiebstähle und Drogenschmuggel spezialisiert. Viele der Bandenmitglieder sind Söhne und Töchter von zurückgekehrten Flüchtlingen, arbeitslose ehemalige Soldaten und aus dem Kriegsdienst entlassene Guerilleros. Nicht jeder hat sich an ein Leben ohne »*mistica*« in der Nachkriegsrealität gewöhnen können.

Anfang 2002 bekam ich eine E-Mail von einem alten Freund aus El Salvador, der mir mitteilte, daß »Justo«, einer der *Compas* der Frente Farabundo Martí, mit denen ich in Chalatenango zusammengelebt hatte, nach Spanien ausgewandert sei, aber dort bis jetzt noch keine Arbeit gefunden habe. Justo hoffe, an spanischen Universitäten Veranstaltungen über »Kriegsjournalismus« halten zu können. Ich antwortete meinem Freund, Justo solle doch bitte Kontakt mit mir aufnehmen, aber ich habe bis heute nichts mehr von beiden gehört.

In der Westsahara unterzeichneten die Polisario und Marokko im Jahre 1991 ein Waffenstillstandsabkommen. Danach wurde eine spezielle Friedenstruppe der Vereinten Nationen eingerichtet, um die Einhaltung des Abkommens zu überwachen und eine Volksabstimmung zu organisieren, die über die Zukunft des Gebiets entscheiden soll. Aber Meinungsverschiedenheiten zwischen der Polisario und Marokko darüber, wer an der Volksabstimmung – auf beiden Seiten von König Hassans Wall – teilnehmen darf, haben immer wieder zu Verstimmungen bei den UN-Unterhändlern geführt, und das Referendum hat bis heute nicht stattgefunden. Durch den Tod von König Hassan II. im Jahre 1999 und seine Nachfolge durch einen reformistischen Thronfolger, Muhammad VI., entstanden voreilige Hoffnungen auf einen Ausweg aus der verfahrenen Situation, doch dieser Wunsch erfüllte sich nicht. Im Zentrum des Problems liegt das Beharren Marokkos, daß die Westsahara ein »integraler« Bestandteil des Staatsgebiets sei, während die Polisario ebenso verbissen für das Recht der Sahraouis auf »Selbstbestimmung« kämpft.

Es hat auf beiden Seiten Gesten des guten Willens gegeben, auch Freilassungen von Gefangenen. Ab 2000 entließ die Polisario viele ihrer am längsten festgehaltenen marokkanischen Kriegsgefangenen. Im September 2003 ließ sie dann weitere 234 Gefangene frei, darunter auch einen Mann, der seit achtundzwanzig Jahren in den Lagern festgehalten wurde, was ihn zum am längsten festgehaltenen politischen Gefangenen der Welt machte. Im Frühjahr 2004 waren immer noch über fünfhundert Männer in den Lagern, weil die Polisario immer noch Informationen über den Verbleib von etwa fünfhundert »verschwundenen« Sahraoui-Zivilisten und einhundertfünfzig ihrer Kämpfer fordert, von denen man annimmt, daß sie noch von den Marokkanern festgehalten werden.

Nachdem im April 2004 Marokko einen von dem UN-Sonderbeauftragten für die Westsahara, dem ehemaligen US-Außenminister James Baker, vorangetriebenen Friedensplan ablehnte, machte ein frustrierter Kofi Annan deutlich, daß die Vereinten Nationen nach dreizehn Jahren der Anstrengung und Ausgaben von insgesamt sechshundert Millionen Dollar kurz davor stünden, aufzugeben und ihre Friedenstruppen aus der Westsahara abzuziehen, wenn die beiden Seiten nicht in einen Kompromiß einwilligten. Annan setzte der Polisario und Marokko eine Frist bis Februar 2005, um zu einer Einigung zu kommen.

Bis heute leben die Sahraouis in den Wüstenlagern der Polisario, ebenso wie im Spätwinter 1989, als ich sie besuchte, in einem Übergangsstadium als Bürger einer Guerillanation im Wartestand.

Burma – inzwischen Birma oder »Myanmar« (wie es von der Regierung umbenannt wurde) – ist weitgehend der gleiche repressive Fleck Erde wie vor fünfzehn Jahren. Das lange schwärende Unentschieden zwischen den ungewählten Herrschern des Landes und den prodemokratischen Aktivisten hält weiter an, eine Lage, die, gemeinsam mit Burmas weiter andauernden Menschenrechtsverletzungen, das Land weiter ganz oben auf der Liste der internationalen Pariastaaten stehen läßt. Burmas führende politische Reformerin, Aung San Suu Kyi, stand den größten Teil der letzten fünfzehn Jahre unter Hausarrest, setzt sich aber weiter für den gewaltfreien Dialog mit dem Regime ein als beste Methode, einen friedlichen Übergang zur Demokratie zu bewirken. Weite Teile der burmesischen Provinz bleiben unterdessen faktisch unter der Kontrolle von unterschiedlichsten ethnischen Splittergruppen und Clanchefs von Opiumschmugglern; bei einigen von diesen vermutet man lukrative Beziehungen zu burmesischen Militärführern.

Nicht lange nachdem ich im Herbst 1989 Kawthoolei verlassen hatte, kaufte das burmesische Militärregime Waffen im Wert von einer Milliarde Dollar von China und startete eine landesweite Offensive gegen ethnische Aufständische. Bis Mitte der 90er Jahre hatten fast alle aufständischen Gruppen mit Ausnahme der KNU Waffenstillstandsabkommen mit Rangun geschlossen. Nachdem Ranguns Militärregierung 1997 bedeutende Gasförderverträge und Abkommen über grenzüberschreitende Pipelineprojekte mit Thailand und mehreren ausländischen Gesellschaften geschlossen hatte, startete sie eine Totaloffensive gegen die Karen und fügte ihnen eine vernichtende Niederlage zu. Die wenigen noch verbliebenen KNU-Basen fielen, auch Kawmura und das Hauptquartier in Manerplaw. Tausende Guerillakämpfer und ihre Familen flohen nach Thailand, wodurch die Zahl der Karen-Flüchtlinge dort auf schätzungsweise einhunderttausend anschwoll.

Die meisten burmesischen Studenten, die zu den Karen in Kawthoolei gestoßen waren, waren unterdessen längst wieder zurückgekehrt. Diejenigen, die noch nicht in dem Streit zwischen Splittergruppen, durch Malaria oder auf dem Schlachtfeld ums Leben gekommen waren, fanden bald ihren Weg in die Auffanglager in Thailand oder wurden Flüchtlinge in anderen Ländern. Einige der Karen-Guerillas, die ich kennengelernt hatte, konnten im Ausland ein neues Leben beginnen. Ganemy, der Berater des Premierministers, soll jetzt in Australien leben. Major Robert Zan, der anscheinend bis weit in die 90er Jahre seine Karen und die studentischen Kader weiter als »Terroristen« ausbildete, hat schließlich auch das Kampfgebiet von Kawthoolei verlassen und jetzt ein neues Zuhause in Minnesota gefunden.

Nach meinem letzten Besuch bekam ich noch zwei oder drei Jahre lang Überraschungspostkarten zu Weihnachten von dem japanischen Söldner-Scharfschützen Motosada Mori. Dann hörte ich nichts mehr von ihm. Vor kurzem habe ich dann in einem Söldnermagazin eine unbestätigte Meldung gelesen, daß »Moto«, wie ich ihn genannt habe, im Kampf in Kawthoolei getötet worden sein soll und dort auch begraben wurde.

Im Januar 2004 reiste eine KNU-Delegation unter der Leitung von General Bo Mya nach Rangun und unterzeichnete dort ein Waffenstillstandsabkommen im Austausch gegen das Versprechen des Regimes, eine Nationalversammlung einzuberufen, in der alle ethnischen Gruppen Burmas repräsentiert sein sollen und die eine neue Verfassung erarbeiten soll. Bei seinem Aufenthalt in Rangun richteten ihm seine Gastgeber ein Bankett zu seinem siebenundsiebzigsten Geburtstag aus. Damit dürfte der lange Aufstand der Karen jetzt beendet sein.

Im Gaza-Streifen endete die »erste« Intifada Anfang der 1990er Jahre, als zwischen Israel und den Palästinensern direkte Verhandlungen begannen. Mit diesen waren Hoffnungen auf eine dauerhafte Beilegung des langen israelisch-palästinensischen Konflikts verbunden. Beide Seiten machten weitreichende Konzessionen, wie etwa die PLO mit der Anerkennung eines »Existenzrechts« Israels, und die Anerkennung der PLO als legale politische Verhandlungspartei durch Israel. Die Palästinensische Autonomiebehörde, eine virtuelle Regierung unter der Leitung von Jassir Arafat, der zum ersten Mal seit 1967 wieder in seine Heimat zurückkehren durfte, wurde in den besetzten Gebieten von Gaza-Streifen und Westjordanland errichtet. Es schien, als sei es nur noch eine Frage der Zeit, bis es tatsächlich einen palästinensischen Staat geben würde.

Doch zu einem endgültigen Friedensabkommen kam es nicht, und im September 2000 begann die »zweite« palästinensische Intifada. Diesmal jedoch war es kein Widerstand durch steinewerfende *Shabbab*, sondern von ausgebildeten palästinensischen Kämpfern mit automatischen Waffen und zunehmend von jungen Selbstmordattentätern, die sich in den Straßen Israels selbst in die Luft sprengten, um so viele Juden wie möglich zu töten. Die große Tragödie der verspielten Friedenschance in den 90er Jahren bedeutete, daß noch eine weitere Generation von Palästinensern ohne Hoffnung auf eine Zukunft herangewachsen ist. Für eine erschütternd große Zahl von ihnen ist der Tod in einer »Märtyreroperation« zu einem erstrebenswerten Schicksal geworden. Die Bomben explodieren jetzt auch in Restaurants, auf offener Straße in Menschenmengen und in vollbesetzten Linienbussen. Sie haben grauenhafte Blutbäder angerichtet, und inzwischen sind Hunderte israelische Zivilisten dabei ums Leben gekommen.

Israels Antwort unter der Führung des Hardliners Premierminister Ariel Scharon bestand darin, unbarmherzig zurückzuschlagen. Es ist jetzt für die Israelis zur Routine geworden, Angriffe auf israelischem Boden mit Panzern und Kampfhubschraubern zu vergelten, die Häuser von Selbstmordattentätern zu zerstören, Hamasführer mit Raketen und Bomben zu töten und auf jeden Verdächtigen zu schießen. Wie ihre palästinensischen Gegenparts scheint auch die jüngste Generation der israelischen Soldaten sehr viel abgestumpfter und gewaltbereiter als die, die in der ersten Intifada ihren Dienst versahen. Unter ihren über dreitausend Opfern waren bis jetzt auch über fünfhundert palästinensische Kinder. Sie töteten auch mehrere ausländische Menschenrechtsaktivisten und Journalisten, anscheinend vorsätzlich. Eine davon war die dreiundzwanzigjährige Amerikanerin Rachel Corrie. Sie wurde im März 2003 von einem israelischen Armeebulldozer überrollt, als sie sich ihm in einem symbolischen Versuch, den Abriß eines palästinensischen Hauses im Flüchtlingslager Rafah im Gaza-Streifen zu verhindern, in den Weg stellte. Zwei Wochen zuvor tötete die israelische Armee im Lager Breij, wo ich während der ersten Intifada viel Zeit verbracht hatte, acht Menschen, darunter mehrere Zivilisten, während eines Angriffs auf einen Hamasführer. Eine von ihnen war Nuha al-Magadmeh, eine im neunten Monat schwangere Palästinenserin, die von Trümmern erschlagen wurde, als die Israelis ihr Nachbarhaus in die Luft sprengten und die Wand ihres eigenen Hauses über ihr einstürzte.

Der Terrorismus der neuen Intifada hat auch dem Kommen und Gehen der meisten Palästinenser zwischen dem Gaza-Streifen und dem Westjordanland ein Ende bereitet. Auch Israels System der pendelnden Tagelöhner, von dem trotz aller problematischen Aspekte doch der Lebensunterhalt so vieler Palästinenser abhing, ist ebenfalls fast ganz zum Erliegen gekommen. Israel hat seinen Mangel an Arbeitskräften inzwischen durch die Anwerbung von Zeitarbeitskräften aus Ländern wie China, den Philippinen und Rumänien gelöst. 1991, als ich zum letzten Mal im Gaza-Streifen war, wurde die Bevölkerung dort auf 750 000 Menschen geschätzt. Jetzt geht man von 1,3 Millionen aus, und die Zahl nimmt ständig zu. Nach wie vor ist der Gaza-Streifen eines der am dichtesten besiedelten Gebiete der Erde.

Schon bald wird eine riesige Betonmauer vollendet sein, welche die Israelis zur Zeit entlang der von ihnen selbst festgelegten Grenzen zu den palästinensischen Gebieten bauen. Israel erklärt, die Mauer werde der eigenen Bevölkerung besseren Schutz bieten, und das stimmt vielleicht auch. Aber die Mauer wird mit an Sicherheit grenzender Wahrscheinlichkeit auch einen unabhängigen Palästinenserstaat physisch unmöglich machen. Sie ist dazu gedacht, nicht nur die Palästinenser von den Israelis zu trennen, sondern auch sie untereinander, indem sie eine ganze Reihe von miteinander nicht verbundenen Inselterritorien, nicht unähnlich den sogenannten Homelands oder Bantustans im früheren Südafrika, schafft. Deshalb fürchten viele Palästinenser, daß sie, wenn die israelische Besatzung irgendwann endet, nicht in einem freien Staat leben werden, sondern in einem Gefängnis.

Auch in Afghanistan hat sich viel verändert, seit ich im Sommer 1989 einige Zeit bei den Mudschaheddin während ihrer Belagerung von Dschalalabad verbracht hatte, aber ich erinnere mich noch, als sei es gestern gewesen, an den elfjährigen Jungen im Kampfgebiet, der mir sagte, er wolle »*Kaffir* töten«. Im damaligen Afghanistan verstand jeder unter diesem Begriff etwas anderes. Wörtlich bedeutet der Begriff »Ungläubiger«, aber ich wußte, daß er auch Ausländer umfaßte – Leute wie mich –, die man ebenfalls umbringen durfte, weil sie nicht den gleichen Glauben, den Islam, teilten oder einfach anders aussahen. Obwohl ich direkt neben ihm stand, war der afghanische Junge zu jung und unbedarft, um zu erkennen, daß auch ich ganz leicht in dieses Raster gepaßt hätte.

Ein oder zwei Tage nach meiner Begegnung mit dem Jungen evakuierten mich meine Mudschaheddin-Begleiter in aller Hast von der Frontlinie, nachdem eine Gruppe von »arabischen Dschihadis« einen Späher entsandt hatte, um in der Umgebung der Hügelfestung zu spionieren, wo ich wohl abgeblieben sei. Die Dschihadis waren Freiwillige aus arabischen Ländern, die zum Kämpfen nach Afghanistan gekommen waren. Ich hatte keinen Kontakt zu ihnen gesucht, obwohl sie von einem benachbarten Lager aus operierten, weil sie angeblich unfreundlich zu Westlern waren. Der Dschihadi-Späher sprach mit einer der afghanischen Wachen. Er sagte ihm, er und seine Kameraden seien auf der Suche nach *Kaffirs*, die sie töten könnten, und glaubten, einen bei den Mudschaheddin in der Festung gesehen zu haben – *mich*. Die Wache log die Araber an und sagte, das müsse ein Irrtum sein. Hier gebe es keine *Kaffirs*, nur afghanische Mudschaheddin. Der Araber zog wieder ab, aber nach dem Eindruck der Wache, die uns gleich warnte, war er nicht sehr überzeugt.

Auf diese Nachricht reagierten meine afghanischen Gastgeber äußerst alarmiert und meinten, es sei nur eine Frage der Zeit, bis die Araber mit einer größeren bewaffneten Gruppe zurückkämen, um mich zu suchen. Schnell wurde ich unter einem Turban und einem afghanischen Wickeltuch, einem *Patou*, versteckt und dann zwischen schwerbewaffnete Krieger auf den Rücksitz eines Jeeps verfrachtet. Das Ganze dauerte nur wenige Minuten. Der einzige Ausweg in die Sicherheit führte direkt an dem Lager der Araber vorbei. Die Dschihadis standen zornig davor, als wir vorbeifuhren, aber immerhin eröffneten sie nicht das Feuer, wahrscheinlich, weil ich zusammen mit ihren örtlichen Alliierten war.

Das war einige Jahre bevor ich zum ersten Mal den Namen Osama bin Laden hörte, aber ich erfuhr später, daß er in jenem Sommer in Dschalalabad und diese Dschihadis seine Leute gewesen waren. Irgendwo, wahrscheinlich nicht allzu weit entfernt von jener Stelle vom Sommer 1989, jagen Bin Laden und seine Kämpfer heute immer noch *Kaffirs*, nur hat sich ihr Einsatzgebiet auf die ganze Welt ausgedehnt.

Die Belagerung von Dschalalabad war ein völliger Fehlschlag. Er kostete mehrere tausend Menschenleben, darunter viele der Jugendlichen, die ich an der Front getroffen hatte, Freiwillige aus den Flüchtlingslagern im benachbarten Pakistan. Drei Jahre später eroberten die Mudschaheddin schließlich die Macht in Kabul, legten die Stadt wie vorauszusehen zum großen Teil in Schutt und Asche und töteten Zehntausende Zivilisten. Mit dem Aufstieg der Mudschaheddin an die Macht wurde unterdessen mein ehemaliger Gastgeber in Arghandab, Mullah Naquib, der neue Oberkommandierende von Kandahar. Nach einer chaotischen Amtszeit von zwei Jahren übergab er dann die Stadt an bewaffnete religiöse Studenten, bekannt unter dem Namen Taliban, die 1994 von ihren *Madras* in Pakistan aus das Land überfluteten mit dem Vorsatz, Recht und Ordnung wiederherzustellen und das islamische Recht einzuführen. 1996 hatten sie dann auch Kabul unter ihrer Kontrolle, verwandelten das Land in einen streng islamistischen Tyrannenstaat und hießen bald auch Osama bin Laden wieder willkommen, der mehrere Jahre im Sudan gelebt hatte. Bin Laden kehrte in seine alten Schlupfwinkel in Afghanistan zurück und baute seine Terrororganisation Al Kaida für seinen globalen Dschihad gegen den Westen auf.

Mit den Angriffen auf New York und Washington am 11. September 2001 wurde die Welt der Aufständischen – in einem verheerend realen Sinn – schließlich ein Teil der Welt von uns allen.

Zwei Wochen nach den Attentaten reiste ich zum ersten Mal seit 1989 wieder nach Afghanistan. Dort fuhr ich drei Wochen lang kreuz und quer durchs Land; vor, während und nach der von den USA angeführten Militärkampagne gegen die Taliban. Ein paar Tage vor Jahresende erreichte ich Kandahar.

Als ich dort ankam, waren die Taliban bereits aus der Stadt verschwunden. Die neu angekommenen US-Truppen hatten eine Stellung am Flughafen außerhalb der Stadt eingenommen, und kleine Gruppen von schwerbewaffneten, bärtigen US-Spezialeinsatzkommandos fuhren in Pritschenwagen umher und trugen afghanische Kleidung. Ansonsten schien sich Kandahar seit 1989 nicht viel verändert zu haben; es war immer noch eine arme, am Boden liegende und staubige Stadt. Hier und dort lagen die Trümmer eines kürzlich von den Amerikanern bombardierten Gebäudes. Ich fand Mullah Naquib in seinem neuen Haus in einem nördlichen Vorort der Stadt nahe dem weitläufigen Komplex, wo der flüchtige Talibanführer Mullah Omar bis vor kurzem gelebt hatte.

Zur Zeit meines Besuchs hatte sich Naquib ziemlich aus der Öffentlichkeit zurückgezogen. Die Amerikaner und ihre afghanischen Verbündeten, die nun die Kontrolle über Kandahar hatten, verdächtigten ihn, Mullah Omar vor ihrer Ankunft bei der Flucht aus der Stadt geholfen zu haben. Während des Krieges, ein paar Wochen zuvor, als die Amerikaner und Anti-Taliban-Kräfte auf die Stadt vorrückten, hatte der Talibanführer zugestimmt, sich friedlich zu ergeben und vorher die Stadt an Naquib zu übergeben. Doch irgendwann während der Nacht, bevor die Stadt übergeben werden sollte, waren Mullah Omar, mehrere andere hochrangige Talibanführer und die meisten ihrer Kämpfer auf mysteriöse Weise verschwunden. Nach einem halbherzigen Versuch, die Stadt mit seinen eigenen Milizen zu halten, hatte Naquib sich ergeben und sich in sein Haus zurückgezogen mit der Behauptung, er habe »die Nase voll von Politik«. Er schwor, keine Ahnung zu haben, wie Mullah Omar entkommen konnte.

Naquib sah noch ziemlich genauso aus, wie ich ihn in Erinnerung hatte. Er war immer noch kräftig und schien bei guter Gesundheit, aber in seinen Bart hatten sich einige graue Strähnen gemischt. Er begrüßte mich in dem bescheidenen Empfangsraum seines Hauses auf einem Grundstück, in dessen Garten Bewaffnete logierten. Naquib erkannte mich zuerst nicht mehr, aber nach einigen Geschichten aus meiner Zeit in Arghandab kehrte die Erinnerung zurück. Er lächelte. Er war entzückt, »einen Freund aus den Tagen des Dschihad« begrüßen zu können, und ich nahm seine Einladung an, ihn am nächsten Tag auf einem Besuch im alten Basislager zu begleiten.

Naquibs glühender Adjutant Mazen Agha war ebenfalls dort, und als ich ihn begrüßte, strahlte sein Gesicht, als er mich erkannte, und er stieß das gleiche wiehernde Gelächter aus, an das ich mich von damals erinnerte. Aber Mazen Agha schien ziemlich gealtert und irgendwie geistesabwesend, und er war nicht mehr so prachtvoll gekleidet wie früher.

Als ich am nächsten Morgen wieder zu Naquibs Haus kam, verfrachtete er mich in einen großen weißen, luxuriösen Toyota Land Cruiser. Ich sah, daß dort noch mehrere solcher Wagen parkten, und gratulierte ihm zu seinem prächtigen Besitz. Er strahlte stolz und vertraute mir an: »Ich habe zehn davon; sie gehörten alle Mullah Omar.« Naquib zwinkerte verschmitzt. Als wir an dem zerstörten Haus seines früheren Nachbarn vorbeifuhren und die Straße nach Arghandab anstieg, fing Naquib an, an den Schaltern seines im Armaturenbrett eingebauten CD-Spielers herumzuspielen. Als endlich ein schmalziges Liebeslied aus dem Lautsprecher drang, lächelte er zufrieden. Ich fragte Naquib, ob die CDs schon in dem Wagen gewesen seien, als er ihn übernommen habe. »Ja«, meinte er.

»Aha!« sagte ich. »Soll das also heißen, daß der Mann, der seinen Leuten das Hören von Musik verbot, selbst welche hörte?«

Er zuckte mit den Schultern und meinte nur: »Sieht so aus.«

Naquib schwieg einen Moment und zwinkerte mir dann zu: »Was wäre das Leben auch ohne Musik?«

Dank

Als erstes muß ich den Guerillaorganisationen danken, die mir ihr Vertrauen schenkten. In Afghanistan der Jamiat-i-Islami, in El Salvador dem Frente Farabundo Martí para la Liberación Nacional, der Karen National Union of Burma sowie der Frente Polisario in der Westsahara. In Gaza waren meine Kontakte weniger offiziell und kamen eher durch die Hilfe von Einzelpersonen als von politischen Organisationen zustande.

Von den Leuten, die mir in den Kampfgebieten halfen, möchte ich folgende besonders erwähnen: Khalilullah, Ghulam Azrat, Mazen Agha, Muhammad Shoaib und Wali Khan (Afghanistan); Haroldo, Justo, Matilde, Giovanni und Carmelo (El Salvador); Mahmoud, Ahmed, Sami, Yasir, Dasir, Hisham, Anis, Nasser und Usama (Gaza); Ganemy, Robert Zan, Lydia, Soe Soe, Aung Naing, Pang, Moscow, Ying Sita und Robert Tuja (Burma); und Abba, Moulay und Foulan (Westsahara). Die meisten dieser Leute sind Guerillas – natürlich sind auch einige der hier verwendeten Namen nicht ihre richtigen – und tauchen in diesem Buch auf. Was sie darüber hinaus gemeinsam haben, ist die unschätzbare Hilfe, die sie mir während meiner Besuche geleistet haben, in einigen Fällen sogar unter erheblicher Gefahr für sich selbst.

Einer zweiten Gruppe schulde ich Dank für die Hilfe und Freundschaft während meiner Arbeiten an diesem Buch. Von diesen ist keiner Guerillakämpfer: Alberto Barrera, Robert Block, Rebecca Brian, Patricia Codina, Tony Davis, John

Gunston, Rex Henderson, Chris Hooke, Arna Mer Khamis, Mary und Muhammad Khass, Michelle Labrut, Donatella Lorch, Nancy McGirr, Douglas Mine, James Nachtwey, Robert Nickelsberg, Abu Hani Obeide und seine Familie, Tina Rathbone, Nick Richards, B.M. Rolfe, Vanadia Sandon-Humphries, Charles Siebert, Alessandra Stanley, Nohad Al-Turki und Rafael Winer.

Mit ihrem sachkundigen und ermutigenden Blick war auch meine Mutter Barbara Joy Anderson, selbst Autorin, während des Schreibens eine große Hilfe, ebenso wie mein Bruder, Scott Anderson, und mein guter Freund Francisco Goldman. Wie immer versorgte mich auch mein Vater, John William Anderson, reichlich mit den Früchten seiner Weisheit.

Schon früh setzten sich Henry Ferris und Kate Parkin für dieses Buch ein. In einer entscheidenden Phase kümmerte sich Deborah Schneider um meine Interessen und behielt den Glauben an mich, wofür ich ihr sehr dankbar bin. Meine tiefe Anerkennung auch für Amy Hundleys unschätzbare verlegerischen Einsichten, die in diese neue Ausgabe einflossen. Besonderen Dank an Scott Moyers für die Einwilligung, daß das Buch bei *Penguin Books* eine Wiederauferstehung erleben durfte, und Sarah Chalfant, die bei deren Verwirklichung half.

Schließlich danke ich meiner Frau Erica für ihre außerordentliche Geduld und unbeschränkte Unterstützung während der dreieinhalb Jahre, die für dieses Buch erforderlich waren. Während meiner langen und häufigen Abwesenheit, bei der infektiösen Hepatitis, die ich ihr aus Chalatenango mit nach Hause brachte, und in vielerlei anderer Hinsicht ist die Welt der Guerillas fast ebenso ein Teil ihres Lebens geworden wie des meinigen, und doch hat sie sich nie beklagt.

Bridport, England
Juni 2004

Register